Calvino

ARMANDO SILVESTRE

Calvino

o potencial revolucionário de um pensamento

Segunda edição
revista e ampliada

Vida

Todas as citações bíblicas foram extraídas da
Nova Versão Internacional (*NVI*),
©2001, publicada por Editora Vida,
salvo indicação em contrário.

Todas as citações bíblicas e de terceiros foram adaptadas
segundo o Acordo Ortográfico da Língua Portuguesa,
assinado em 1990, em vigor desde janeiro de 2009.
Todos os grifos são do autor.

■

Editor responsável: Sônia Freire Lula Almeida
Preparação: Noemí Lucília Soares Ferreira
Revisão de provas: Josemar de Souza Pinto
Assistente editorial: Alexandra Resende
Diagramação: Efanet Design
Capa: Arte Peniel

EDITORA VIDA
Rua Júlio de Castilhos, 280
Belenzinho
CEP 03059-000 São Paulo, SP
Tel.: 0 xx 11 2618 7000
Fax: 0 xx 11 2618 7044
www.editoravida.com.br
www.vidaacademica.net

Dados Internacionais de Catalogação na Publicação (CIP)
(Câmara Brasileira do Livro, SP, Brasil)

Silvestre, Armando Araújo
Calvino: o potencial revolucionário de um pensamento / Armando Araújo Silvestre — 2. ed. rev e ampl. — São Paulo: Editora Vida, 2009.

ISBN 978-85-383-0086-1

1. Calvinismo 2. Calvino, João, 1509-1564 3. Pensamento político I. Título II. Título: O potencial revolucionário de um pensamento

08-10910 CDD 323.011

Índice para catálogo sistemático:

1. Pensamento político : Teoria de João Calvino : Ciência política 323.044

Sumário

LISTA DE ILUSTRAÇÕES, DIAGRAMAS, TABELAS E QUADROS

ILUSTRAÇÕES

Parte I

Parte II

Parte III

DIAGRAMAS

Parte II

TABELAS

Parte II

QUADROS

Parte II

Parte III

Prefácio

O livro que você tem em mãos é muito mais que uma biografia de João Calvino. Diferente dos vários escritos congêneres existentes em língua portuguesa, ele tem condições de dar contribuição especial ao aprimoramento do conhecimento sobre o reformador de Genebra. Seu teor ultrapassa em muito o tratamento literário dado a esse tipo de escrito, em geral feito com o levantamento mais preciso possível dos dados referentes à vida e obra do biografado. Neste caso, mesmo ao se deter em dados biográficos essenciais, o autor não perde de vista a configuração contextual histórica e política em que eles ocorreram, demonstrando sua familiarização com a metodologia histórica contemporânea, o que só valoriza a sua pesquisa.

Tal método é aplicado tanto à organização político-administrativa da cidade de Genebra, como à sua organização social, jurídica e econômica, no contexto histórico suíço e europeu do século XVI. Seu objetivo, entretanto, não é outro além de proporcionar uma compreensão mais apurada e cabal de fatos há muito conhecidos na vida e obra do reformador Calvino, mas que ainda hoje parecem incompreensíveis ou obscuros.

Muito importante é a apresentação feita ao trabalho realizado por Calvino, dando originalidade e consistência teológico-organizacional a uma Igreja nascente que, em meio a ameaças e perseguições várias, se firmou em bases bíblico-teológicas oriundas do modelo neotestamentário.

Maior significação adquire a obra ao destacar, de maneira especial, a evolução político-teológica do reformador. É conhecida a história do trabalho missionário realizado por Calvino, a partir de Genebra, para alcançar seus compatriotas na França. Em pouco tempo, os huguenotes e suas igrejas alcançaram números prodigiosos, ameaçando o reino e o monarca. O país ficou dividido entre os fiéis à velha igreja e os partidários da fé evangélica. Em contrapartida, as perseguições se ampliaram e o sofrimento da igreja reformada se multiplicou. A correspondência de Calvino com esses huguenotes, que viveram antecipadamente a guerra religiosa que ocorreu na Europa mais tarde, é uma página pouco conhecida dos estudiosos.

Dedica-se o autor também a descrever a relação Igreja-Estado desenvolvida por Calvino a partir de fatos concretos filtrados nos acontecimentos tanto em Genebra como na França. Aí é considerada a maneira pela qual o reformador respondeu a seus irmãos oprimidos e perseguidos na França. Depois se detém na polêmica questão de como, partindo da obediência às autoridades, ele considerou a complexa questão da legitimidade da resistência, tanto ao Estado como ao tirano, em evidente contraposição à obediência passiva tradicional. Em relação direta com esta matéria, estende a discussão para tratar das posições divergentes dos seguidores do reformador, como Knox, Bèze, Buchanan e muitos outros.

Ampliando o tratamento teórico dado a tais questões no âmbito da Teoria Política, são considerados os temas que fundamentam a existência do Estado moderno e a possível contribuição dada por Calvino a seu desenvolvimento no entendimento de inúmeros teóricos, ora de modo afirmativo, ora contestando-o.

Apresentado em segunda edição, o livro do pesquisador Armando Silvestre origina-se de sua tese de doutorado e presta relevante serviço desde o momento das comemorações dos 500 anos do reformador Calvino (1509-2009). Torna-se lugar-comum lembrar que Calvino é muito mais celebrado do que conhecido. Superar essa infeliz constatação é um desafio para os herdeiros do legado desse pensador que, entre os reformadores, representa uma apreensão marcadamente latina da obra da Reforma Religiosa do século XVI. Nessa condição, é praticamente dispensável frisar sua importância para as igrejas de origem reformada e presbiteriana que fincaram raízes em terras latino-americanas, bem como para todos os estudiosos desse fenômeno religioso originado na Europa do século XVI e que alcança o mundo todo.

Eduardo Galasso Faria
Seminário Teológico de São Paulo (IPIB)
11.11.08

Introdução

João Calvino é uma figura histórica e enigmática, polêmica e controvertida. Sempre despertou o interesse das pessoas, até mesmo no plano acadêmico. Calvino estimula a curiosidade em busca da verdade por trás das narrativas que se têm em mãos. Quem era realmente essa personagem? Talvez, inicialmente por esse interesse, Calvino seja biografado neste livro.

Outra justificativa para que este livro fosse escrito é a constatação de que, embora haja muito material em outros idiomas, a falta de obras que apresentem, em português, a vida de Calvino torna a empreitada social e culturalmente relevante no contexto latino-americano.

O público, em geral, e os calvinistas, em particular, pouco conhecem sobre Calvino. Como atenuante, contentam-se com narrativas sem base, sem a leitura de textos reconhecidamente históricos e científicos.

Paradoxalmente, até entre os herdeiros do calvinismo, as críticas a Calvino rivalizam-se ou até mesmo superam as críticas dos que antipatizam com esse reformador. Mais uma vez, fruto do desconhecimento ou da falta de acesso a textos sérios sobre Calvino. Essa animosidade, porém, já é um tributo à força de Calvino. Mais um ponto, portanto, a despertar o interesse para o estudo sobre esse reformador.

Para entender a vida, a obra e o pensamento de João Calvino no século XVI, o livro foi organizado em três partes:

A parte inicial apresenta os retratos de Calvino. Vida e obras do reformador francês, radicado na Suíça. Retratos realistas, sem adornos, mas isentos de erros, claros e com base em pesquisa histórica séria. São nove os capítulos que compõem essa primeira parte do livro. A segunda parte tem outros nove capítulos. É uma investigação sobre a cidade de Genebra no século XVI e o seu destino cruzado com o de João Calvino. A parte final, com dez capítulos, analisa a origem e a extensão do pensamento político calviniano. Na parte final, a análise da teoria da resistência à autoridade é o principal foco. Isso porque houve real influência dessa teoria calviniana sobre seus seguidores calvinistas. Eles reformularam e se aprimoraram no desenvolvimento da teoria.

Quando o termo "Estado" ainda estava sendo definido, no século XVI, a pessoa do soberano era muitas vezes confundida com o próprio Estado. Com esse indicativo, essa terceira parte do livro poderia ter o título: *O direito de resistir ao tirano*, como de fato é o assunto abordado.

O termo "resistir" ou a "resistência ao Estado" é assunto apaixonante, necessário e extremamente atual. Até mesmo um tema explosivo, revolucionário. Quando essa resistência é fruto de um pensador religioso, a resistência à autoridade pode até parecer paradoxal. É justamente esse um dos focos de Calvino, em seu contexto, e como paradigma atual.

O século XVI, período em que ele viveu, pôs a questão da resistência à autoridade. Embora já estivesse presente nas disputas entre o império e o papado, em plena Idade Média, continuou a fazer parte das disputas políticas da Idade Moderna, quando o termo "Estado" já estava cunhado.

Para efeito de melhor aprofundamento, o "recorte" feito refere-se ao contexto imediato de Calvino. Vem desde Lutero, quando a velha ordem política medieval, fundada no feudalismo, entrava em colapso. Na época, já se deparava com autores como Dante Alighieri, Guilherme de Ockam, Marcílio de Pádua, Tomás de Aquino, Maquiavel, Erasmo de Roterdã, Guillaume Budé, entre outros. Eles estavam repensando a estrutura política e as suas relações com a organização religiosa do mundo.

Entre tantos autores, encontram-se os textos de Calvino acerca da teoria da resistência ao tirano, os quais lhe atribuem a sua importância devida. Tem o seu lugar destacado entre os pensadores fundadores do pensamento político moderno.

Os limites do texto que o leitor tem em mãos estendem-se até os calvinistas franceses — huguenotes — e os calvinistas radicais escoceses e ingleses; além de alusões aos holandeses que, nos tempos de Calvino, aplicaram sua teoria em disputas com a tirania de sua época e contexto.

A personagem que trata esse assunto por si só já aguça o olhar de um pesquisador atento. Por tantas razões, percebe-se a necessidade de contribuir para esse conhecimento de forma produtiva e que permita ao leitor comum um conhecimento sólido, bem embasado.

Para dar toda essa base segura aos leitores, a parte inicial do livro traz uma nova biografia de Calvino. Nova porque focaliza o Calvino histórico, sem preocupações religiosas, mas enfatizando os relatos que realmente têm base histórica. Com base nos referenciais usados, pode-se chegar a retratos fiéis dessa personagem histórica.

A parte inicial tem muitas referências, mas dá o devido destaque às mais recentes obras sobre Calvino; as que têm aparato crítico e que respeitam o rigor acadêmico. Somente assim pode-se ter segurança nas afirmações. O retrato, portanto, não fica distorcido. Não despreza, mas também não se baseia em textos de autores religiosos ou ligados a segmentos religiosos. Ao contrário, privilegia os textos de acadêmicos, por seu rigor e talvez até mesmo por sua esperada isenção.

Para isso, foram empregadas biografias como as de Bernard Cottret (1995), professor de Civilização das Ilhas Britânicas e da América colonial, na Universidade de Versailles-Saint-Quentin-en-Yvelines; membro sênior do Institut Universitaire de France — IRCOM, Paris IV — do centro de estudos sobre a América do Sul; e autor de muitos artigos e ensaios sobre a Reforma e questões religiosas, sempre ligando-as à política.

A segunda parte, sobre a cidade de Genebra, privilegia os estudos de Liliane Mottu-Weber e Anne-Marie Piuz (1990) e textos anteriores de Anthony Babel (1951, 1963). São pesquisadores da Société d'Histoire et d'Archéologie de Genève — GEORG — que apresentam pesquisas históricas, sociais, econômicas e demográficas, aliadas a estudos rigorosos sobre o contexto em que se deu a Reforma religiosa calvinista.

Para a parte final, sobre o pensamento político do biografado, o referencial mais constante é a obra de Harro Höpfl, *The Christian Polity of John Calvin* (1986); além do prefácio ricamente repleto de aparatos críticos, que fez aos textos sobre Lutero e Calvino, já lançados no Brasil (1995).

Para esse tema foi tratado profundamente o texto de Quentin Skinner, *Fundações do pensamento político moderno* (1996). Entre vários pensadores políticos fundamentais, Skinner destaca Calvino e alguns calvinistas que o sucederam. Skinner, por sua vez, recorreu à obra de Georgia Harkness — *John Calvin, The Man and His Ethics* (1931). Portanto, além das obras do próprio Calvino, recorreu-se aqui a tais fontes para dar profundidade e valor ao tema pesquisado.

Outra forma de compreender o fio de Ariadne, condutor nesse labirinto de datas e personagens, seria observar os três momentos do livro da seguinte forma "teatral": em primeiro lugar, o ator principal — o reformador Calvino; em segundo lugar, o palco — a cidade de Genebra no século XVI; em terceiro lugar, o enredo da trama — o pensamento calviniano, especificamente quanto à teoria da resistência ao Estado. A encenação se dá na passagem da teoria à prática da resistência, conforme alguns seguidores calvinistas em sua época.

Há uma pergunta básica para compreender o livro: nos escritos de João Calvino, houve uma teoria acerca do direito de resistir ao tirano? Em torno dessa pergunta, concebem-se outras indagações: de que tipo era a resistência a ser oferecida? A reflexão teológica de Calvino a esse respeito era diferente do pensamento dos demais reformadores de sua época? A sua reflexão divergia também das demais teorias seculares? Em que tessitura social forjou-se a sua teoria da resistência? Quais as condições sociais que permitiram a sua gênese ou, ainda, a sua reformulação?

O livro tenta responder a essas perguntas da seguinte forma: a teoria calviniana de resistência ao tirano partiu da postura dos pioneiros reformadores; de suas questões sobre a obediência e a resistência nos primórdios da Reforma. Eles foram relevantes para a formação do pensamento de Calvino, um reformador de segunda geração.

Calvino reelaborou essa postura, como demonstram as características principais do seu pensamento político, além de sua terminologia política peculiar. Mais especificamente, o capítulo XX, livro IV, ou o capítulo político das *Institutas,* indica a evolução política de Calvino, por meio de suas sucessivas edições, até chegar à teoria da resistência por parte dos magistrados populares ou inferiores.

A importância dessa resistência às autoridades superiores, por meio dos magistrados inferiores, trouxe ao pensamento calviniano um potencial revolucionário. E ele influenciou a prática realmente revolucionária de seus seguidores calvinistas. É nesse sentido que são analisados os retratos contraditórios de Calvino, buscando-se ajudar a desenhar um retrato "ainda inacabado" do reformador em sua cidade.

Por outro lado, o livro busca demonstrar que Genebra não oferecia condições para um regime totalitário, ou teocrático, quando é comum suspeitar-se acerca de um pretenso domínio de Calvino sobre aquela cidade. Na verdade, demonstra que o roteiro evolutivo de Calvino foi de uma ruptura com quaisquer pretensões intransigentes de domínio político-eclesiástico.

Por isso, seria um contrassenso julgar que Calvino tenha sido um tirano e, ao mesmo tempo, o defensor de uma teoria de resistência aos tiranos. Genebra, então, teria moldado e modelado Calvino e refreado seus arroubos da juventude? Nesse sentido, Genebra teria sido decisiva para o despertar de um Calvino maduro. Ele refaria seus escritos sucessivas vezes e evoluiria politicamente, até mesmo vindo a contribuir para a teoria de resistência ao Estado.

Na parte final, há também breves considerações sobre a obediência, a resistência às autoridades superiores e a importância de outros reformadores para a formação do pensamento de Calvino.

Depois, essa parte trata do desenvolvimento da doutrina do direito constitucional de resistência em três áreas. Na Escócia, onde se estabeleceu o radicalismo calvinista escocês. Na França, com a teoria da rebelião, onde os huguenotes franceses teriam ainda principiado a formulação de uma teoria política democrática. E na Inglaterra, onde a teoria e a ação calvinistas teriam sido suficientes para uma reviravolta no poder monárquico, estabelecendo-se um *commonwealth* puritano.

Segundo Calvino, o papel dos magistrados do povo acabou por constituir o viés pelo qual o seu potencial revolucionário influenciou outros calvinistas. Teria sido a partir desse viés que alguns de seus seguidores conseguiram ser mais radicais em suas considerações e ações, até desenvolverem um pensamento revolucionário? De fato, houve uma real contribuição calvinista para a elaboração do conceito moderno de Estado. Isso porque Calvino e os calvinistas, radicais e huguenotes, são considerados participantes das fundações do pensamento político moderno.

Para compreender a importância da contribuição política de Calvino, foi necessária uma longa e exaustiva pesquisa de toda a sua produção literária. O método de trabalho consistiu em ler primeiramente toda a obra de Calvino encontrada em diversas bibliotecas. Além disso, o uso da Internet permitiu o acesso interessante que facilita em muito a tarefa. Com a leitura da volumosa obra, foram rastreados aqueles textos que trazem subsídios para uma compreensão correta do seu contexto histórico.

Esse método permitiu descrever o conteúdo do pensamento político de Calvino e especificar a sua teoria da resistência ao tirano. E o seu pensamento foi analisado à luz do contexto em que se inseria, à luz das matrizes em que Calvino bebeu suas visões e interpretações do seu mundo.

Portanto, modestamente se pretende aqui dar uma pequena contribuição para o conhecimento que queira desvendar assuntos apaixonantes como a vida e obra de Calvino.

Parte 1

RETRATOS DE CALVINO

Cada época apresenta seus grandes desafios diante das pessoas. O passado teve seus desafios enormes e os gigantes que os enfrentaram. Os gigantes do passado tornaram-se paradigmas para o presente e o futuro.

Ser gigante não é apenas repetir o que os heróis do passado disseram, mas recorrer à sua vida e pensamentos para responder criativamente aos grandes desafios da atualidade. Muitos desses grandes homens do passado suscitaram biografias, narrativas e comentários. Poucos suscitaram uma literatura tão abundante, em vários países, com tantos traços diferentes e com tantos retratos divergentes, quanto Calvino. Ainda assim, no Brasil há pouca literatura a seu respeito, e ele permanece uma figura desconhecida da maioria dos brasileiros.

Então, quem foi esse João Calvino? Qual a importância dessa personagem do século XVI para o Brasil e o mundo do século XXI? Seria ele apenas mais uma personagem dos livros de História a perturbar a cabeça dos estudantes? O que se sabe de Calvino neste país? Será que há brasileiros que saibam algo a seu respeito ou que sejam herdeiros de seus pensamentos e ensinos?

A triste constatação de que nem mesmo os que se dizem fiéis calvinistas conhecem algo de substancial desse reformador universal chega a estarrecer. Há mesmo alguns que se dizem guardiães da herança deixada por Calvino, mas que não conseguem passar das meras citações a favor ou contra, com acusações pesadas ou defesas apaixonadas. Leitura e compreensão para acusar ou defender? Quase nada. Conhecimento? Praticamente nulo.

Há alguns bons conhecedores de Calvino. Parece, porém, que guardaram tudo isso para si mesmos. Por que não pesquisam e escrevem? Por receio ou por descaso, há o risco de perder o rumo da história e também o norte para o presente e o futuro. Quem sabe alguns retratos ajudem os leitores a visualizar e descobrir a importância de Calvino para o seu tempo e nossos dias?

Retratos de um homem e de seu tempo. Pois, sem dissociar esse homem de seu tempo, é possível aplicar as interpretações de seu mundo e contextualizá-las na busca de soluções para os problemas de nossa época. Seria, então, a herança deixada por Calvino tão importante para hoje?

Optar por apresentar retratos é apelar para algo não estático, mas sempre em movimento. No caso de Calvino, seus retratos congelam, condensam, identificam-se com a fugacidade do traço e com a verdade da alma. Portanto, se estão ainda em movimento, estão inacabados, e não poderão ser totalmente fechados ou concluídos. Calvino merece esse retrato em movimento.

Existem vários retratos contraditórios de Calvino. Mesmo que houvesse um só, ainda assim esse teria várias interpretações, de diferentes observadores. Toda personagem histórica passa por esse crivo. O que se pode tentar é desenhar ou insistir em um retrato ainda inacabado do reformador.

Há vários detalhes e traços a considerar. Entre tantos, pode-se detalhar a primeira estada em Genebra e a tentativa de Reforma, fracassada por parte de Calvino e seu mentor, Farel; ou a consequente expulsão de Calvino e o traçado de sua peregrinação por várias cidades, como Basileia, Genebra, Estrasburgo, até regressar novamente a Genebra.

Outros traços podem delinear o amadurecimento desse líder religioso e político, bem como as contribuições que, posteriormente, deu à cidade e ao mundo. Retratar Calvino é também fazer uma análise de seus escritos. Quando o foco é político, há que se privilegiar o que tange ao seu pensamento político, com todas as nuanças possíveis.

Para a fase de elaboração desse retrato, é preciso seguir a linha cronológica da vida de Calvino, desde 1509 até 1564, do seu nascimento à sua morte, detalhando cada passo. Posteriormente, pode-se buscar um entendimento melhor do pano de fundo, da paisagem ou do palco dos acontecimentos: Genebra e a revolução religiosa ocorrida no século XVI.

Partindo desse contexto de reviravoltas no cenário religioso e político da Europa renascentista, é possível desvendar alguns traços de sua personalidade e ainda tentar algumas pinceladas sobre o pensamento dessa personagem que, por sua vez, foi descoberta por Genebra.

A sequência cronológica das atividades de Calvino serve também para pintar e demonstrar o nascedouro de sua teoria de resistência, partindo de algumas suspeitas: o traçado de sua peregrinação foi um itinerário geográfico e ainda o dublê de seu progresso espiritual e político.

O retrato pode apontar os traços de um real amadurecimento do líder Calvino e suas relevantes contribuições políticas e sociais. É o retrato de um homem além dos seus limites religiosos. O contexto em que Calvino viveu apontava para a necessidade de uma teoria de resistência ao Estado. Isso só pode ser visto ao se analisar os seus escritos e indagar sobre o que tange ao seu pensamento político.

O retrato mostra o processo e o roteiro evolutivos de Calvino. E isso ajuda a descortinar sua real contribuição política também. Afinal, o reformador passou a ser um dos defensores da teoria de resistência a um tirano.

Para entender esse quadro é preciso dar umas pinceladas cuidadosas, pois entra em cena a sua obra-prima — *Institutas.* Outras pinceladas poderão ser dadas em vários outros escritos e atividades políticas de Calvino.

É preciso também viajar no tempo e no espaço para pintar melhor o pano de fundo: Genebra. A partir da cidade, pode-se compreender o protagonista dessa história e descobrir o seu pensamento. A Genebra que ficou conhecida como cidade calvinista, no sentido próprio, era um lugar de refúgio para onde afluíam os insatisfeitos, os insaciáveis, os que amavam Cristo, desejosos de construir uma sociedade cristã ideal, quinze séculos após a pregação de Jesus.

1
Um retrato inacabado

Existem muitos retratos de Calvino. Há também muitos textos biográficos que o retratam com traços detalhados, e muito mais interpretações e polêmicas acerca dessa personagem. Portanto, é preciso usar o senso crítico para entender Calvino. E isso não pode ser feito sem considerar a sua época, o seu contexto.

O biógrafo Bernard Cottrett (1995) produziu uma das obras mais recentes que apresenta a linha histórica e pinta um retrato ainda inacabado de Calvino. Quando ele retrata Calvino em seu tempo, traz a aposta da História em restituir a verdade de um homem e de uma época.

A verdade? Cottret, busca a inteligibilidade e o caráter interpretativo para apresentar o Calvino do historiador. Um Calvino do estudante universitário, nem teólogo nem homem da Igreja. Como retrata o Calvino leigo, não usa os adornos mediados pelo cristianismo.

Cottrett pinta um Calvino discreto, secreto, quase vulcânico de tão acanhado. Prefere não retratar uma *vedette* e apresenta um homem em toda a acepção do termo, um dublê dos primeiros grandes escritores de língua francesa. Escritor, pensador, pregador, organizador da cidade, filósofo pré-cartesiano, precursor da língua francesa, com toda a sua clássica severidade e sua clareza de estilo. Antes de tudo, ele retrata o Calvino consciente de seu destino, de seu chamado e de sua vocação.

São encontrados, entretanto, diversos retratos, alguns mais nítidos e benevolentes, outros ácidos e deletérios. Até mesmo um perfil de João Calvino do século XVIII, obra rara e criação de um desconhecido artista germânico. O quadro é quase todo formado pela combinação de textos bíblicos. Parece que a intenção imaginosa desse artista foi destacar uma das feições mais impressionantes do reformador genebrino: um homem impregnado da Palavra de Deus.

Outro quadro, de um artista flamengo do século XVII, retrata Calvino de pé, manuseando as Escrituras e cercado de seus livros: não apenas um homem embebido da Palavra de Deus, mas o arguto inquiridor das verdades.

Figura 1.1 Calvino jovem, na Biblioteca de História da Reforma.[1]

São diversas as imagens que deixaram uma impressão indefinível de força moral associada à fragilidade física de Calvino. O retrato de Calvino jovem, com uma longa barba sinuosa descendo pelo colo, está exposto na Biblioteca de História da Reforma, em Genebra.[2]

Em outro retrato, do Museu de Arte e História de Berlim, Calvino parece nervoso, com ares de pensador, um líder que aliava simplicidade e elegância: olhar apurado, pele diáfana, olheiras profundas indicando vigílias prolongadas e uma vida de austeridade.

Toda essa clareza de estilo e a transparência de suas reflexões demonstram a ascese de Calvino, sua proverbial castidade num corpo doentio. Espelha uma vontade de ferro, mas num físico frágil. Um sonhador, dublê de um homem de ação sempre inflexível, por vezes frenético, outras vezes doce e leniente. Um intelectual, um escritor, um artesão da língua e do pensamento, homem da Igreja e da cidade.

1 Calvino jovem. Disponível em: http://en.wikipedia.org/wiki/John_Calvin. Acesso em: 23 mai. 2006. (Todas as imagens aqui inclusas são de domínio público. [N. do E.])

2 Retrato da Biblioteca da História da Reforma, em Genebra. In: *Calvin Memorial Adresses*, 1909, p. 210. Essa obra é recolhida no relicário da Biblioteca de Teologia da Universidade Presbiteriana Mackenzie.

Para Raemond, escritor de 1605, Calvino foi mais um homem de Igreja que um homem de Estado. No entanto, foi homem de Igreja como se fosse homem de Estado (Raemond, 1605 apud COTTRET, 1995, p. 11). Ainda há, no *Rijksmuseum,* de Amsterdã, outro quadro de Lutero e Calvino, lado a lado, cercados por Wycliff, João Huss, Martinho Bucer e outros; e uma vela sobre a mesa que evocava naturalmente a Palavra de Deus e denotava o protestantismo de imagens piedosas.

Em Genebra, existe o célebre Memorial da Reforma que aponta para o seu caráter mais hierático ou sacerdotal. Na verdade, o plano era ter feito outro monumento que destacaria Calvino à frente dos demais reformadores. Mas o projeto não se concretizou, e o que se tem hoje é um monumento mais sóbrio, inaugurado em 1916.

Esse monumento, Memorial da Reforma, ou o chamado muro dos reformadores, é obra do francês Paul Landowski, o mesmo escultor de o Cristo Redentor, no Brasil. Landowski representou a toga talar preta comum à Alemanha luterana, mas omitiu a boina ou gorro que eles usavam. Substituiu-a por *callote* de pano parecido com solidéu ou quipá judaico. Eram os acessórios indumentários que clérigos e doutores clérigos usavam habitualmente, com os capelos e sob os barretes e chapéus. No muro, estão as estátuas de Farel, Calvino, Théodore de Bèze e John Knox. Quatro barbudos de pedra com a mesma Bíblia nas mãos, paralelamente, com roupas sóbrias e sem destacar uns dos outros.

Figura 1.2 Muro dos reformadores, em Genebra.[3]

[3] O muro dos reformadores homenageia os principais teólogos de Genebra. Disponível em: http://pt.wikipedia.org/wiki/Paul_Landowski. Acesso em: 23 set. 2006.

Torna-se difícil desenhar o retrato de Calvino, porque ele é tão enigmático quanto os traços de seu caráter. Por exemplo: no fim de sua vida, pediu que fosse sepultado em total anonimato, jamais se sabendo o local de sua sepultura. Sem cruz, sem tumba individual, sem epitáfio, sem ofício fúnebre no templo. Fiel à lei comum de Genebra, não deu importância a pedras mortas, pois a cidade se construía com pedras vivas (Febvre, 1968, p. 267).

Enigmático e por vezes inquietante, nos anos 1930 Calvino mereceu uma reputação totalitária dada pelo austríaco Stefan Zweig, em *Jean Calvin et la dictature* (1948). Para ele, Calvino era um ditador tirânico e sem escrúpulos que, com mão de ferro, teria feito de Genebra sua pátria de adoção. Quanto às *Institutas*, Zweig afirmou que essa obra-prima que Calvino deu à Reforma equivale ao código que Napoleão deu à Revolução. Mas, para Alister McGrath, Calvino e Lenin "[...] possuíam em comum um marcado grau de visão teórica e o gênio da organização" (1990, p. 204).

Figura 1.3 Variações sobre o "logotipo" de Calvino[4]

[4] Disponível em: http://www.ccel.org/c/calvin/. Acesso em: 9 out. 2006.

Já em sua época, Calvino ganhou uma espécie de logomarca ou carimbo. Nas laterais desse logotipo de Calvino, constam as datas de seu nascimento e morte. No alto, seu nome, em latim. Embaixo, o *slogan*: *Prompte et sincere in opere Domini* (Disposto e sinceramente na obra do Senhor). Esse *slogan* é adaptado do dístico *Cor meum tibi offero, Domine, prompte et sincere* (O meu coração te ofereço, Senhor, pronta e sinceramente).

Entretanto, Calvino também recebeu a sua *leyenda nera* (lenda negra), remontando ao próprio século XVI. Hourticq (1963), Stauffer (1964) e Perrot (1986), porém, acreditam que Calvino não foi *ni ange, ni bête* (nem anjo nem demônio); foi apenas um homem.[5]

Sobre o homem Calvino, o norte-americano Bouwsma faz uma audaciosa síntese distinguindo duas imagens, ou até mesmo duas pessoas. Ele retrata um Calvino conservador que detesta a dissonância e quer estabelecer a ordem, a inteligibilidade e a certeza. Mostra também um Calvino humanista e aberto, ligado ao paradoxo e ao mistério. No plano psicológico, esse novo Calvino, ou melhor, esses Calvinos situam-se ao lado de Tomás de Aquino e de Montaigne (Bouwsma, 1988, p. 4, 230-231).

Os seus amigos o retratam como um estadista *sui generis*, de cultura vasta e profunda, de rara inteligência e quase um protótipo de santo e apóstolo. Autores como Doumergue o classificam entre os servos mais prodigamente ativos da humanidade, cuja vontade tenaz fez dele um dos mais produtivos trabalhadores em favor da vida e da inteligência.[6]

Já os seus inimigos, como Michel Servet ou Miguel Serveto, não vacilam em chamá-lo de "Simão Mago, criminoso matador, desgraçado, vil, e até ignorante, um cão a ladrar" (Stickelberger, 1954, p. 120). Outro inimigo dele, Bolzec, quando foi expulso de Genebra, apontou Calvino como vingativo, ignorante e até sodomita (Ferreira, 1985, p. 27).

[5] A esse respeito: Hourticq, D. *Calvin, mon ami*. Genebra: Labor et Fides, 1963; Stauffer, R. *L'humanité de Calvin*. Neuchâtel: Delachaux, 1964. E ainda: Perrot, A. *Le visage humain de Calvin*. Genebra: Labor et Fides, 1986.

[6] Entre as obras de Doumergue, encontram-se: *Jean Calvin, les hommes et les choses de son temp* (1889); *La Genève calviniste* (1896) e *The Christian Institutes of Calvin and the Confession of Faith of La Rochele* (1896).

Figura 1.4 Retratos de Calvino[7]

Mais recentemente, há o trabalho do historiador francês Dennis Crouzet,[8] que analisa o perfil psicológico de Calvino e o cruzamento virtual de dois destinos: o de Calvino e o de Genebra. Para Crouzet, há sérios traços de neuroses e traumas na vida familiar de Calvino, bem como imensas dificuldades a superar, além das incoerências apresentadas durante a vida. Na contramão dos críticos, os admiradores e discípulos do reformador não economizam elogios à sua grandeza moral, cultural, inteligência e poder profético.

Mesmo os membros do Pequeno Conselho de Genebra, companheiros de longa data e acirradas discussões, acabaram reconhecendo o valor de sua luta e desprendimento. Eles o chamaram de "boca de Deus". Declararam e registraram por ocasião de sua morte: "Deus lhe concedeu um caráter de grande majestade" (FERREIRA, 1985, p. 27).

Optando por um Calvino *en mouvement* (em movimento), Bernard Cottrett analisou alguns trabalhos que demarcam e admitem um caráter

[7] Disponível em: http://www.arikah.net/commons/en/c/c4/John_Calvin.jpg. Acesso em: 9 out. 2006. O primeiro retrato à esquerda encontra-se na Biblioteca da Universidade de Genebra. Disponível em: http://translate.google.com.br/translate?hl=pt- BR&langpair =en|pt&u=http://en.wikipedia.org/wiki/John_Calvin&prev=/translate_s%3Fhl%3Dpt-BR%26q%3DConsist%25C3%25B3rio%2Bde%2BGenebra%26tq%3DConsistory %2Bof%2BGeneva%26sl%3Dpt%26tl%3 Den. Acesso em: 10 jul. 2008.

[8] Crouzet é professor da Universidade de Paris IV, Sorbonne. Fez várias visitas e palestras no Brasil. Alguns apontamentos são fruto de conversa do autor deste livro com o professor Crouzet, em seu gabinete de trabalho, em Paris (maio de 2002), pouco após ter lançado a biografia de Calvino, *Jean Calvin: viés parallèles*. Paris: Fayard, 2000.

relativamente estático de sua biografia. Cottret (1995) propôs, então, um retrato inacabado que jamais poderá ser totalmente fechado ou concluído. Como já foi pintado um retrato assim, em homenagem ao filósofo Montaigne, Calvino também merece um retrato *en mouvement,* no qual ele não é ditador nem fundamentalista.

O próprio Calvino reconheceu, e ele não alimentava ilusões quanto às suas limitações, que, se houve nele algo de bom, foi mais um fruto imerecido da graça divina. Sem dúvida, era ele dotado de excepcionais dons de caráter e inteligência, o que até mesmo alguns de seus inimigos reconheceram.

Em um autorretrato, Calvino, em seu próprio conceito, era "[...] modéstia, doçura e consolo [...]" (CALVINO, 1986, p. 85). Ele se considerava também "[...] naturalmente de índole tímida, vacilante e pusilânime em minha natureza" (CALVINO, *Salmos*, 1999, prefácio, p. 41). Isso surpreende os que o consideram um homem de ação ou doutrinador. À beira da morte, Calvino novamente afirmou que era "tímido e temeroso".[9] O retrato do pintor Albert Anker, de 1859, é uma das pinturas expostas em Genebra, onde existe o Museu Internacional da Reforma.

Figura 1.5 Calvino retratado por Albert Anker – Museu Internacional da Reforma[10]

[9] Dia 20 de abril de 1564, relatado por Théodore de Bèze (1565, v. 21, p. 43).

[10] MIR, Musée International de La Reforme. Maison Mallet Genève. Jubilée Calvin 2009, 13 mai. 2008. Disponível em: http://www.musee-reforme.net/2008/05/13/jubile-calvin-2009/. Acesso em: 8 jun. 2008.

No início do século XVIII, o mosteiro que existia no local ocupado hoje por esse museu foi substituído por um belo hotel particular, construído pelo banqueiro Mallet, francês refugiado em Genebra. A opulência do local do novo museu contradiz o próprio espírito do protestantismo e terminou sendo um desafio para os historiadores, porque "A Reforma privilegiou o preto e branco às cores mais alegres, por isso não é uma tarefa muito fácil criar um espaço sobre o tema".[11]

O local escolhido para albergar o museu é simbólico: o edifício onde ele se situa foi construído em 1723, precisamente no mesmo local do antigo Convento de Saint-Pierre. Ali, em 21 de maio de 1536, os habitantes de Genebra decidiram adotar a Reforma.[12]

O Museu Internacional da Reforma, em Genebra, programou as comemorações do Jubileu de Calvino 2009, para celebrar os 500 anos de seu nascimento. Em particular, projetou a exposição temporária: "Uma jornada na vida de Calvino".[13]

Com uma abordagem museográfica muito moderna, a exposição montou, pela primeira vez, uma interpretação virtual do mundo da Reforma e das suas principais ocupações. A figura de Calvino é simulada em 3D, permitindo compreender melhor sua vida e suas ações como em um documentário.

Para retratar a vida de Calvino em um dia, o museu leva o visitante a acompanhar, desde o seu despertar, às 4 horas, até o seu adormecer, às 21 horas, passando por um culto na Catedral de Saint-Pierre, uma reunião turbulenta no consistório ou uma entrevista decisiva entre o reformador e Serveto.

Cada um dos 12 pavilhões do museu oferece informações e simula vozes de Calvino, de seus amigos, de seus adversários e dos costumes da cidade,

[11] Comentário de Olivier Fatio, presidente do conselho da Fundação do Museu Internacional da Reforma, em reportagem sobre o MIR (SWISSINFO.CH, 3 de maio de 2005).

[12] Ao lado da Maison Mallet, fica a Catedral de Saint-Pierre. O museu foi inaugurado em 15 de abril de 2005.

[13] EICHENBERGER, Isabelle. *Calvino recebe museu em Genebra*. Trad. Alexander Thoele, 2005. Disponível em: http://www.swissinfo.ch/por/sobre_a_suica/guia_da_suica/turismo/Calvino_recebe_museu_em_Genebra.html?siteSect=36 1&sid=5753431&cKey=1115536513000&ty=st. Acesso em: 13 jun. 2008.

para que se descubram tanto a vida do homem quanto o cotidiano de Genebra no século XVI. Em três dimensões, o turista vê Calvino animado, falando e participando dos encontros familiares da época, graças aos recursos tecnológicos do laboratório MIRALab, da Universidade de Genebra, organizado pela professora Nadia Thalmann.

No MIR, estão expostos manuscritos, gravuras, pinturas, caricaturas, objetos, Bíblias e livros antigos, do século XVI. Muitos deles foram trazidos por refugiados huguenotes que fugiam da França, após a revogação do Edito de Nantes, por Luís XIV, em 1685.

Figura 1.6 O museu está localizado num prédio construído no início do século XVIII.[14]

A peça mais valiosa do MIR é a primeira Bíblia impressa em francês, datada de 1535. Foi traduzida para o francês por Pierre Robert, o Olivétan, e prefaciada por seu primo, João Calvino. Uma impressora da época foi reconstruída para lembrar o papel importante da invenção para a propagação do movimento religioso instituído pelo reformador alemão Martinho Lutero em 1517.

O MIR recebeu o Prêmio dos Museus de 2007, do Conselho da Europa, pela sua perspectiva internacional e por propagar a tolerância religiosa.

[14] EICHENBERGER, Isabelle. *Calvino recebe museu em Genebra.* Trad. Alexander Thoele, 2005. Disponível em: http://www.swissinfo.ch/por/sobre_a_suica/guia_da_suica/turismo/Calvino_recebe_museu_em_Genebra.html?siteSect=361&sid=5753431&cKey=1115536513000&ty=st. Acesso em: 13 jun. 2008.

O museu recebe 25 mil visitantes por ano, dos quais um terço vem do exterior. O MIR ressalta a importância de Calvino para o desenvolvimento de Genebra. A pastora calvinista e diretora do MIR, Isabelle Graesslé, comenta:

> Ele separou os poderes político e religioso, impondo também o ensino público e obrigatório, criou a universidade e manteve contatos com toda a Suíça e a Europa. Calvino continua sendo esse espírito de abertura e acolhimento (Ibid.).

A criação do museu de Calvino custou 4,1 milhões de francos suíços, originários de doações privadas. Na lista de benfeitores, destaca-se a grande maioria dos banqueiros genebrinos, cujos ancestrais se beneficiaram da autorização protestante para o empréstimo a juros.

Entre as preciosidades do MIR, encontra-se um manuscrito de 1545, autografado por Calvino, que mostra o reformador em seu ângulo mais humano. Para o novo museu, o achado é mais do que uma preciosidade. Trata-se de um raro manuscrito, de 23 de janeiro de 1545 — a única carta conhecida de João Calvino sobre o suicídio. O texto é surpreendente, raro e inesperado.

Dada a sua importância, em sua segunda parte este livro dedica um capítulo especial sobre Calvino e seu lado mais humano. Um capítulo especial e inédito sobre o assunto. Aborda também a questão dos heréticos e as polêmicas condenações que receberam. Ali são desenhados outros retratos surpreendentes de Calvino que, com certeza, fazem refletir e repensar a imagem real do reformador.

Quando há pessoas que oscilam entre o desencanto com a religião do passado e a procura por novas respostas às suas questões espirituais, a Reforma é um tema extremamente atual. Para conhecer melhor a biografia de Calvino e poder retratá-lo de uma forma melhor, Harro Höpfl (1995) recomenda as obras de M. Mullet, *Calvin* (1989), as biografias escritas por T. H. L. Parker, *John Calvin: A Biography* (1977), W. J. Bouwsma, *John Calvin: A Sixteenth Century Portrait* (1988) e a obra de Alister McGrath, *A Life of John Calvin* (1990).

Em *Calvin, The Origins and Development of His Religion Thought* (1963), F. Wendel faz uma avaliação sinóptica da teologia de Calvino. R. V. Schnucker analisa o estado da arte ou estado atual dos estudos sobre Calvino, em *Calviniana: The Ideas and Influence of Jean Calvin* (1988).

Sobre o pensamento político de Calvino, há obras como as de R. Oresko, *The Question of the Sovereignty of Geneva After the Treaty of Cateau-Cambrésis* (1988), que analisa a política externa de Genebra, e S. S. Wolin, *Politics and Vision* (1961).

As mais completas obras a esse respeito são tanto a do próprio Harro Höpfl (1985), *The Christian Polity of John Calvin*, como a de Quentin Skinner, esta já traduzida para o português, *As fundações do pensamento político moderno* (1996). Skinner analisa tanto o pensamento de Calvino quanto o de seus seguidores.

Sobre os escritos de Calvino, há a extensa obra de J. Dillenberger, *John Calvin: Selection from His Writings* (1971), que inclui o *Draft Ecclesiastical Ordinances,* de 1541, e seleções de outras obras. Para estudar as *Institutas*, a edição em dois volumes feita por F. L. Battles (trad.) e J. T. McNeill (ed.), em 1960, apresenta abundantes notas de rodapé. É uma tradução completa que atende aos padrões acadêmicos modernos.

No Brasil, a partir de 1995 foram editados importantes *Comentários* de Calvino. Anteriormente, em 1985, saiu a primeira versão em português das *Institutas.* A versão foi reeditada em 2006, com boa qualidade gráfica e com uma edição especial para estudos e pesquisa, em quatro volumes.

Ainda sobre a obra completa de Calvino, as *Institutas*, a Universidade Estadual de São Paulo, Unesp, passou a publicar, em 2008, os quatro volumes traduzidos por acadêmicos daquela instituição. Além do aparato crítico, a edição apresenta o rigor acadêmico que se faz necessário.

Acerca do pensamento de Calvino, foram lançados dois livros na década de 1990: *O pensamento social e econômico de Calvino*, de André Biéler (1990), e *Calvino e sua influência no mundo ocidental*, de W. Stanford Reid (1990). Mais recentemente, foram publicados: *A vida de João Calvino*, de Alister McGrath (2004), e *Calvino, Genebra e a Reforma*, de Ronald Wallace (2003). Esses são os esforços da editora oficial da Igreja Presbiteriana do Brasil — Editora Cultura Cristã.

Por parte da editora da Igreja Presbiteriana Independente — Pendão Real —, a partir de 1997 foram publicados dois textos introdutórios a Calvino e ao seu legado: *A tradição reformada: uma maneira de ser da comunidade cristã* (1997) e *Sempre se reformando: a fé reformada em um mundo pluralista* (2000).

Em 2008, foi lançado *João Calvino: textos selecionados*. Os textos selecionados são os primeiros escritos de Calvino, logo após a sua conversão, do Calvino jovem entre 1534 e 1541. Textos reveladores que apontam a base para a reestruturação da sociedade de Genebra. Textos fundamentais do protestantismo reformado nascente. São pequenos escritos simples, claros e vívidos, com linguagem teológica da época e objetivos práticos.

Os textos são: Prefácios à Bíblia. Primeiro prefácio — *Novo Testamento*: *Epístola a todos os que amam a Jesus Cristo e seu evangelho* (1535). Segundo prefácio — *João Calvino ao leitor* (1546); *Instrução na fé* ou *Catecismo de Calvino* (1537); *Epístola a Sadoleto* (1540). Apresenta também dois textos de período posterior, mas correlacionados: *Pequeno tratado da santa ceia* (1541) e *Acordo de Zurique* (*Consensus Tigurinus*) (1549).

O livro que o leitor tem agora em mãos nasceu da tese doutoral em Ciências da Religião, que o autor defendeu na Universidade Metodista de São Paulo — Umesp (2001). Em 2003, foi publicado como livro pela editora da Universidade Presbiteriana Mackenzie. Após ampla e cuidadosa revisão, o autor apresenta aqui um texto renovado, cuidadoso, detalhista, mas de fácil leitura.

Para superar os estereótipos em torno de Calvino, foram utilizadas ferramentas como a leitura e discussão de seus escritos e dos dados biográficos realmente confirmados. Com isso, acredita-se na redescoberta da personagem paradigmática que foi João Calvino.

Portanto, após 500 anos de seu nascimento, Calvino ainda desperta o historiador para conhecer os detalhes de sua vida, a importância de sua contribuição para a história humana, a relevância de seu papel de líder religioso, humanista, revolucionário. Homem do século XVI, paradigma para o século XXI?

2
Um jovem francês humanista — 1509-1532

Às 12h27 do dia 10 de julho de 1509, nasceu Jehan Cauvin, em Noyon, na Picardia, norte da França, em uma comuna histórica francesa, aproximadamente a 95 quilômetros de Paris.[1]

O avô de Jehan trabalhava como *tonnelier* numa cantina em Pont-l'Évêque[2], nas proximidades de Noyon, e ali nasceram seus três filhos: Richard, que foi serralheiro e instalou-se em Paris, no quartier de l'Auxerrois; Jacques, igualmente serralheiro, e, finalmente, Gérard Cauvin.

Dentre os três irmãos, Gérard foi talvez o que mais se tenha dedicado ao estudo. Fez carreira na cidade vizinha, como funcionário administrativo. Gérard estabeleceu-se em Noyon, em 1481, inicialmente como um simples secretário da chancelaria. Depois, mesmo sem diploma, tornou-se advogado e representante do bispado de Noyon. Mais tarde, foi funcionário relacionado com a cobrança de impostos e, finalmente, promotor ou procurador do Capítulo da Catedral. Conseguiu seu título de burguês em 1497 (Cottret, 1995, p. 22-23).

[1] Noyon é cidade da Picardia (*Picardie*) uma das 26 regiões administrativas da França, localizada no norte do país. Os limites da antiga Picardia não correspondem aos dos três departamentos que compõem a atual Picardia. Somente a maior parte do departamento de Somme, o noroeste de Oise e o norte de Aisne correspondem à antiga Picardia. Noyon vem do latim *Noviomagus Veromanduorum*, e é ainda uma pequena e histórica cidade de 14.471 habitantes (1990).

[2] Pont-l'Évêque tornou-se referência por causa de seu famoso queijo francês, originariamente manufaturado nessa comuna, localizada entre Deauville e Lisieux, nos departamentos de Calvado da baixa Normandia, e é provavelmente o mais antigo queijo ainda em produção. Disponível em: http://www.tourisme.fr/office-de-tourisme/pont-l-eveque.htm. Acesso em: 10 jun. 2008. *Tonnelier* ou tanoeiro era a profissão de fabricante de tonéis para guardar água e vinho.

Gérard casou-se com Jeanne Lefranc, filha de um hoteleiro de Cambrai, abastado e influente membro da sociedade de Noyon. O casal Gérard e Jeanne Cauvin era católico praticante e teve quatro filhos: Charles, Jehan, Antoine, que, mais tarde, passou a viver em Genebra, junto do irmão, Jehan, e François, que morreu ainda em tenra idade.

Jehan foi batizado na tradição católica e teve como padrinho o cônego da Catedral de Noyon, Jean Vatine. Em 1515, sua mãe, Jeanne, veio a falecer. Jehan tinha, então, apenas 5 anos. Jehan e seus irmãos tiveram ainda duas irmãs, do segundo casamento de Gérard: Marie, que, mais tarde, também viveria em Genebra, e outra irmã, da qual se sabe muito pouco.[3]

1509-1523 — PREPARANDO FILHOS PARA O SACERDÓCIO

Antes da morte de Jeanne, o casal Cauvin já havia consagrado o primogênito, Charles, ao sacerdócio, no ano em que o rei Francisco I assumira o trono da França. Em 1519, o filho Charles assumiu os direitos da capelania de la Gesine, na Catedral de Noyon. Em 1521, Jehan tinha apenas 12 anos e foi a sua vez de ser consagrado ao sacerdócio, recebendo a tonsura clerical e o cargo na capelania.

O bispo de Noyon era monsenhor Charles D'Hangest, que deu a Jehan parte da capelania, o que era costume na época: designar um garoto para o ofício na igreja, colocando-o na folha de pagamento, enquanto um sacerdote fazia o trabalho. Jehan foi educado como filho na casa do monsenhor D'Hangest.

Em 31 de outubro de 1517, Martinho Lutero havia pregado as suas 95 teses contra as indulgências papais. Deu-se início à Reforma nos países germânicos. Em 1519, em Zurique, Zwinglio fazia suas conferências sobre o Novo Testamento. No ano seguinte, Lutero foi condenado pela bula papal *Exsurge Domine* e, em 1521, foi excomungado, havendo, então, o anátema de Roma se dirigido a Lutero e seus partidários.

Com esses rumores da Reforma, Gérard passara a questionar a validade de preparar também Jehan para o sacerdócio, mesmo porque suas relações com o clero de Noyon entraram em crise.

[3] Disponível em: http://www.godrules.net/library/calvin/NEW1calvin5.htm. Acesso em: 23 jun. 2008.

Os irmãos Cauvin frequentaram inicialmente o *Collège des Capettes*, na Rue St. Maurice, em Noyon, onde adquiriram os conhecimentos básicos de latim. Desde 1521, os irmãos Cauvin recebiam o *bénéfice ecclésiastique*, um rendimento anual concedido aos elementos da hierarquia da Igreja e seus familiares. Nesse caso, era uma quantia anual de cereais paga pela capelania de la Gesine. Era o primeiro passo em sua formação para padre.

Contudo, o interesse de Gérard em ter filhos padres começara a desvanecer. Por causa disso, os planos de Jehan foram mudados e, em agosto de 1522, ele acabou indo para Paris, a fim de estudar teologia no *Collège de la Marche* (Faria, 2008, p. 216). Pode ser, entretanto, que tenha ido a Paris já em 1521. Pouco importa a data precisa, pois existem registros de que essa mudança aconteceu entre 1521 e 1523 (Parker, 1975, p. 156-161).

No ano de 1522, Lutero traduziu a Bíblia para o alemão, e Zwinglio lançou seus primeiros opúsculos reformados — *Von Erkiesen und Fryheit der Spysen* e *Architeles* — que defendiam a libertação dos crentes do controle do papa e dos bispos. Nesse período, o picardo Lefèvre d'Étaples[4] publicou uma tradução do Novo Testamento para o francês. Em Paris, em 8 de agosto de 1523, por adotar as teses luteranas, foi sentenciado o ex-monge agostiniano Jean Vallière, o primeiro mártir protestante.

1523-1528 — A EDUCAÇÃO EM PARIS

Jehan Cauvin morou com seu tio Richard na zona de Saint-Germain-l'Auxerrois de Paris. Frequentou o *Collège de la Marche*, onde foi aluno de latim de Maturin Cordier[5], um dos melhores pedagogos daquela época. Cordier influenciaria Jehan, em seus pendores pedagógicos e didáticos, por toda a vida. Este adotaria o método de Cordier para a transcrição direta de

[4] Jacques Lefèvre D'Étaples (ca. 1455-1536) foi um humanista e erudito bíblico, precursor da Reforma na França, que visou à reforma da Igreja católica, tendo iniciado as suas pregações em 1514. Grande filólogo da Renascença, foi perseguido pelos doutores da Sorbonne e refugiou-se em Navarra, no reino de Margarida d'Angoulême.

[5] Maturin Cordier (1479-1564) foi um pedagogo francês. Aderiu à Reforma. Calvino convidou-o para Genebra em março de 1545. Em fevereiro de 1550, Calvino dedicou o seu comentário às cartas aos Tessalonicenses ao seu antigo professor. Cordier havia sido o diretor do colégio de Lausanne e foi também professor na academia de Genebra. Faleceu em Genebra. Disponível em: http://wapedia.mobi/pt/Maturin_Cordier. Acesso em: 23 jun. 2008.

termos e expressões vernáculos em latim. Em 1550, Jehan viria a escrever, e dedicaria a esse antigo mestre, o comentário da primeira epístola aos Tessalonicenses.

Ele já mantinha uma sólida amizade com seus conterrâneos e filhos da família D'Hangest, do bispo de Noyon, que se assumia, de certa forma, como protetor dos Cauvins. Essa proteção nobiliária poderá também ter influenciado a personalidade de Cauvin. Quem sabe tenha começado aí a sua formação humanista, seu caráter altivo e mais inclinado a alguns amigos seletos? Esses amigos eram Joachim, Yves e Claude de Monmor, a quem mais tarde dedicaria o seu comentário a *De clementia*, de Sêneca.

Jehan Cauvin foi admitido no *Collège Montaigu*, escola renomada e reconhecida por sua rigidez, pelos castigos físicos e pela má alimentação. A França contava com renomadas escolas desde o século XIV. Jehan foi aluno interno de 1524 a 1528 e recebeu formação escolástica. Ao que parece, não sofreu intensos castigos físicos, por se destacar como aluno aplicado.

Noël Bédier, um dos líderes conservadores do *Collège Montaigu*, energicamente dominava a faculdade de teologia e participava ativamente da repressão à "heresia" reformada. Outra figura do microcosmo universitário atingiu reputação naquela escola conservadora: Pierre Tempête. Dirigindo-a com mão de ferro, de 1514 a 1528, recebeu a merecida alcunha de "tirano", por parte de ninguém menos que Rabelais (1962, v. II, p. 105 apud COTTRET, 1995, p. 32).[6]

Entre os seus professores, estavam o espanhol Antonio Coronel e o escocês John Mair, que foi o professor de alunos renomados, como John Knox,

[6] François Rabelais foi um dos clássicos autores franceses da época do Renascimento. Seguindo a tantos outros humanistas do século XVI e XVII, tais como Thomas More ou Campanella, também resolveu construir a sua cidade ideal, o seu mundo perfeito. Entretanto, em vez de colocá-la nos confins do Novo Mundo, recém-descoberto, Rabelais imaginou-a como um convento construído em terras francesas mesmo. A sociedade que ele imaginou como ideal, porém, não era para todos; era uma república da licença que dava preferência especial aos jovens, belos e aos ricos. Certamente era uma ironia. Em 1532, estabeleceu-se como médico num hospital de Lyon. No mesmo ano, publicou sua famosa comédia *Pantagruel*, sob o pseudônimo de Alcofribas Nasier, um anagrama de seu nome. Na época, Lyon era o centro cultural da França, famosa por seu comércio internacional de livros. Dois anos depois, com o mesmo sucesso, ele publicou *Gargantua*. Os livros, entretanto, foram condenados pela Sorbonne e pelo Parlamento.

o reformador escocês. Mair foi professor também de Inácio de Loyola, o primeiro jesuíta, fundador da Companhia de Jesus (Doumergue, 1899-1917, v. 21, p. 121).

O fundador do jesuitismo e célebres reformadores estudaram na mesma escola, com poucos anos de intervalo. Loyola nasceu em 1491 e formou-se no *Collège Montaigu*, oito anos antes de Jehan Cauvin. Entre as teses que o mestre escocês Mair ajudou seus alunos reformadores a popularizar, estão a valorização da fé, a predestinação, a insistência sobre a palavra ou, sobretudo, a assimilação da lógica e da gramática (Cottret, 1995, p. 32-33).

Estudando em *Montaigu*, Jehan passou a receber também parte das verbas do pastorado de Saint-Martin de Martheville, concedida pelos cônegos da Catedral de Noyon. Tornara-se o cura daquela catedral, recebendo outro *bénéfice* eclesiástico. Tudo muito natural naquela época. Em 1503, havia perto de 26 cardeais que viviam longe de sua paróquia, e somente 11 residiam em seus limites. O protetor dos Cauvins, Charles D'Hangest, aos 15 anos já recebera vários desses *bénéfices* (Almeida, 1996, p. 22).

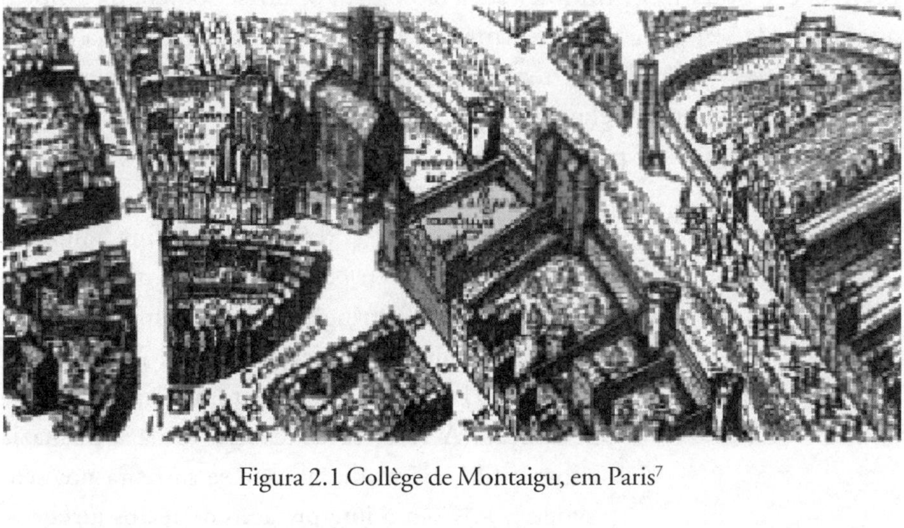

Figura 2.1 Collège de Montaigu, em Paris[7]

[7] Todos os famosos colégios, como Navarre e Montaigu, situavam-se próximos, na Montagne Sainte Geneviève do Quartier Latin, em Paris. Em Montaigu, estudaram Erasmo de Roterdã, François Rabelais, João Calvino, Inácio de Loyola e outros grandes pensadores do século XVI. Disponível em: http://www.renaissance-france.org/rabelais/pages/universite3.html. Acesso em: 23 jun. 2008.

Em 27 de setembro de 1527, Jehan trocou essa verba pela de Pont-l'Évêque, terra de seu avô e de seu pai, indo até lá várias vezes para pregar o evangelho. Nesse mesmo ano, em Marburgo, Alemanha, ocorreu um colóquio, ao final do qual os reformadores Lutero e Zwinglio se desentenderam sobre a eucaristia. Na França, Louis de Berquin escreveu a *Farce de théologastres*, denunciando os teólogos da Sorbonne, e foi torturado, em 1529. Ainda em 1529, na Suíça, Guillaume Farel publicou a primeira apresentação em francês da doutrina evangélica radical (Faria, 2008, p. 217).

1528-1532 — MUDANÇAS DE RUMO NOS ESTUDOS

Em 1528, Jehan Cauvin colou grau de mestre em artes. Pouco antes de completar 20 anos, em 1529, a sua vida sofreu uma súbita reviravolta. Seu pai mudou de planos em relação ao seu futuro e passou a exigir que ele fizesse o curso de direito, não mais o de teologia.

Obediente ao pai, Jehan deixou Paris e seguiu estudos de direito em Orleans e depois em Bourges, cidades próximas a Paris, mais ao sul. Sua preferência, porém, continuou a ser a teologia. Por um lado, Jehan cumpriu a vontade de seu pai e, posteriormente, afirmou que a providência divina lhe reservara o caminho da teologia, somado aos seus conhecimentos de direito. Inicialmente, Jehan se preparara para ser padre, agora para ser advogado como o seu pai.

> Direito e leis: [...] o teólogo, é no fim, também, [...] o jurista. O seu pensamento fica marcado pela austeridade, a adstringência e a geometria da lei, pelo seu fascínio ou aspiração por ela. No início do século XVI assiste-se no direito a uma verdadeira revolução. A retórica de Cícero toma a primazia sobre a filosofia medieval, que se sustenta nos seus silogismos. Com a interpretação de textos jurídicos, [...] toma contacto pela primeira vez com a filologia humanista (Cottret, 1995, p. 34).

Jehan peregrinou por várias cidades antes de estudar em Bourges, mas interrompeu o curso de direito por causa da doença do pai. Tristemente, seu pai adoecera, tendo um final de vida conturbado em relação à Igreja. Gérard Cauvin acabou excomungado porque se atrapalhou na prestação de contas da catedral que administrava. Talvez motivado por desmandos financeiros do filho mais velho, Charles. No final de sua vida, acabou entrando em conflito com o bispado. Graças a esse conflito, foi excomungado.

O seu filho mais velho, Charles, entrara cedo para o sacerdócio, mas também cedo o abandonou.[8] Recusou-se a servir à Igreja que atormentara os últimos dias de seu pai e negou-se a receber seus sacramentos (COTTRET, 1995, p. 24). Charles morreu excomungado e impenitente (FERREIRA, 1985, p. 33). O pai, Gérard Cauvin, faleceu em 1531, e até mesmo a autorização para o seu funeral foi dificultada por causa dessa querela.

Jehan voltara a Noyon, onde permaneceu até a morte do pai. Com a morte do pai, a família Cauvin permaneceu clerical em sua aparência e em suas funções, mas revelava-se extremamente anticlerical em seus atos e espírito (DOUMERGUE, 1899-1917, v. 7, p. 22).

Jehan circulou entre Bourges, Orleans e novamente Paris, onde se instalou em Chaillot. Com a morte do pai, mudou seu rumo e passou a estudar letras clássicas em Paris. Em Orleans, Jehan já havia sido influenciado pelo seu professor Pierre de L'Estoile, e, em Bourges (1530), seus professores Andrea Alciati (jurista) e Melchior Wolmar (helenista) o entusiasmaram com a literatura grega da Antiguidade.

Anos mais tarde, o professor luterano Melchior Wolmar Rufus receberia uma dedicatória no comentário de Jehan à segunda carta de Paulo aos Coríntios. Uma vez que esse mestre fora, providencialmente, colocado em seu caminho, quando ainda era estudante, Jehan reconheceu: "[...] homem mui ilustre e advogado [...], saudações. Genebra, agosto de 1546" (CALVINO, 2Coríntios, 1995, p. 7). Wolmar fora também o professor de Théodore de Bèze, que, mais tarde, se tornaria biógrafo e continuador da obra de Jehan Cauvin.

8 Charles Cauvin, excomungado por censura, acabou aderindo às doutrinas protestantes. Em 1534, ele foi acusado de negar o dogma católico da eucaristia. Morreu fora da Igreja, em 1536, sem direito à sepultura católica. Disponível em: http://www.newadvent.org/cathen/03195b.htm. Acesso em: 23 jun. 2008.

Na França, em 1531, Jehan prefaciou o livro de um amigo. Tomou o partido do seu professor de Orleans, o francês Pierre de L'Estoile, e confrontou o jurista italiano Andrea Alciati, também seu professor italiano em Bourges, talvez por lealdade e nacionalismo. Na Alemanha, em 1530, Filipe Melâncton havia redigido a *Confissão de Augsburgo*, símbolo de fé das igrejas luteranas.

Até 1531, Jehan ainda era, acima de tudo, um humanista. Jehan Cauvin teve contato com a ciência jurídica dos textos e sua filosofia humanista. Tem lugar uma nova exegese em matéria de direito romano que se fundamenta sobre o estabelecimento do texto, a interpretação linguística, o conhecimento das instituições e dos feitos da civilização (Millet, 1992, p. 39).

O estudante Cauvin se beneficiava do ensino de grandes mestres, bem como da genialidade de alguns seus condiscípulos, como François Daniel, François de Connan e Nicolas Duchemin (Cottret, 1995, p. 34). Naquela década, a renovação dos estudos de direito coincidiu com o desenvolvimento dos estudos humanistas. Colou grau em direito, em 14 de fevereiro de 1532 (Almeida, 196, p. 27).

1532 — O *DEBUT* DE UM GRANDE ESCRITOR

Foi nessa ocasião, em abril de 1532, que Jehan publicou seu comentário da obra de Sêneca *De clementia* (Sobre a clemência). Partindo da constatação de que no antigo Império Romano a clemência não tinha sido a virtude por excelência, Jehan Cauvin comentou aquele contexto. Aplicando-o à França do rei Francisco I, Jehan conclamou seu monarca a usar de clemência para com os reformadores. A Igreja francesa vinha condenando impiedosamente quaisquer novas ideias que surgissem no campo religioso.

Apesar dessa referência, nada apontava para nenhum engajamento sério de Jehan com a causa protestante; apenas pedia moderação ao rei, como uma causa humanitária qualquer, e isso ocorria porque ele abraçara a causa humanista. Os movimentos culturais que o influenciaram foram o humanismo e o Renascimento. Nesse seu primeiro trabalho publicado, Jehan cobriu os custos da publicação do livro com dinheiro do próprio bolso.

Aos 23 anos, Jehan Cauvin buscava ser um humanista reconhecido, seguindo os passos de Erasmo de Roterdã, que também escrevera sobre Sêneca naqueles anos. Em seu comentário a *De clementia,* não há nenhuma alusão explicitamente religiosa. Calvino analisa o estoicismo de Sêneca e a predestinação, mas no sentido estoico.

Sêneca escrevera apelando à moderação e à razão de um dos piores déspotas da Antiguidade: Nero. Dessa forma, o texto de Sêneca seria um bom espelho do príncipe. Destinava-se a temperar as tentações do poder. Ao enquadramento de sua sabedoria na aplicação da reta razão e da justiça (Grimal, 1991 apud Cottret, 1995, p. 27).

O jovem Cauvin acabou também apontando, em notas, o cristianismo e sua obrigação de obediência e sujeição à autoridade. Para isso, citou o clássico texto neotestamentário de Romanos 13. Já se configurava no jovem Cauvin um humanista amoroso, de boa linguagem, efetuando sua estreia literária; mas, até aqui, sua tentativa não se revestia de uma significação religiosa precisa (Bellincioni, 1984 apud Cottret, 1995, p. 27).

O próprio Sêneca influenciou durante longos anos o pensamento cristão, particularmente Lactâncio e São Jerônimo, ainda que existissem profundas diferenças entre o seu estoicismo e o pensamento cristão. Entre essas diferenças, Sêneca admitia que a razão pudesse elevar-se, atingir por si só a sabedoria. O cristianismo insistia, porém, no papel decisivo da graça divina, visto que o pecado original houvera impossibilitado e corrompido profundamente o homem.

Essa argumentação cristã só iria aflorar em Jehan na sua fase mais madura, nada transparecendo ainda nessa obra da sua juventude. Isso denunciava a sua confiança ainda nas luzes de uma natureza humana, mesmo que corrompida. Jehan Cauvin, jovem, pusera todas as suas esperanças na sua tradução crítica desse clássico. Em 1532, ele refletia sua filosofia pessoal, que era a das elites de seu tempo e sem alusões ao cristianismo. Exaltava, à maneira dos estoicos, a providência que "exclui a sorte e dirige os príncipes". Criticava as superstições opostas à religião, mas ainda não o fazia com características evangélicas. Mais tarde, até mesmo Bèze elogiou a sua dignidade moral, quando se referiu a Cauvin em sua juventude literária. O comentarista de Sêneca dedicou seu comentário a

De clementia a Claude de Monmor, aquele seu antigo camarada e conterrâneo que se tornara abade em Saint-Éloi.

Jovem, com apenas 22 anos, pôs-se a defender a inteligência francesa e atreveu-se até mesmo a querer rivalizar com o grande Erasmo de Roterdã (Ganoczy, 1966, p. 59).[9] A defesa de Sêneca era um ataque a Erasmo porque, na verdade, Erasmo esteve duas vezes por publicar textos de Sêneca (1515 e 1524), mas não o fez. Para Erasmo, "[...] se lemos Sêneca como um autor pagão, ele escreveu de modo cristão. Se lemos Sêneca como um autor cristão, ele escreveu como um pagão" (Millet, 1992, p. 59).

Assim, Erasmo acreditava que Sêneca tinha um estilo grandiloquente e afetado. Quando Jehan Cauvin publicou seu comentário da obra de Sêneca, por conta própria, em 22 de abril de 1532, ainda gabou-se: "[...] os dados estão jogados" (Ibid.). Seu público-alvo era o público universitário.

Jovem, órfão e humanista. Cauvin continuaria a servir à Igreja católica? Parece que a voz de seu pai ainda ecoava em seus ouvidos. Ele deixaria de dedicar-se à velha Igreja, como padre, para atuar como jurista a serviço do clero? Muito improvável. Naquele mesmo ano, o jovem Cauvin recebeu um convite para assumir o posto de juiz numa comarca da Picardia. Posteriormente, em cartas trocadas com François Daniel e outros bons e velhos condiscípulos, Jehan Cauvin segredou alguns detalhes desse período em que sofrera as maiores mudanças no rumo de sua vida e na própria fé. Até então, ele participava de manifestações religiosas que depois viria a considerar idolátricas.

[9] Desiderius Erasmus Roterodamus, conhecido como Erasmo de Rotterdam ou Erasmo de Roterdã, nasceu provavelmente em 27/10/1466, em Geert Geertsen, Rotterdam, Holanda do Sul. Faleceu em 12/07/1536. Foi um teólogo e um humanista neerlandês. Seu pai foi um padre chamado Gerard. Erasmo cursou o seminário com os monges de Santo Agostinho e realizou os votos monásticos aos 25 anos. Entretanto, nunca viveu como tal, sendo até mesmo um grande crítico da vida monástica e das características que julgava negativas na Igreja. Frequentou o Collège Montaigu, em Paris, e continuou seus estudos na Universidade de Paris, então o principal centro da escolástica, apesar da influência crescente do Renascimento da cultura clássica, que chegava da Itália. Erasmo optou por uma vida de acadêmico, independentemente de país, laços acadêmicos, lealdade religiosa e tudo que pudesse interferir em sua liberdade intelectual e expressão literária.

3
Um humanista adere ao protestantismo — 1532-1536

Até 1532, ainda não se via nenhum indício de que o jovem Cauvin tivesse aderido à nova fé reformada que surgira na Alemanha desde 1517. Em 14 de fevereiro desse ano, foi lavrado o termo "licenciado em leis" para Calvino. Ele passou a residir no *Collège Fortet* e acompanhou os cursos dos leitores reais: Budé, professor de latim; Danès, de grego; Vatable, de hebraico. Esses leitores eram nomeados pelo rei Francisco I. Foi também em 1532 que François Rabelais lançou o *Pantagruel* (Faria, 2008, p. 217-218).

Como o jovem Jehan Cauvin, humanista e comentarista de Sêneca, tornou-se Jean Calvin, o reformador? Qual era, afinal, o sentido de sua vocação? Há muitas questões para as quais nem sempre se obtêm respostas e que demandam investigação histórica.

O sobrenome *Cauvin* existiu até o momento em que houve necessidade de sua mudança para o latim *Calvinus,* que deu origem ao nome *Calvin* — Calvino. Após 1532, pode-se falar de Jean Calvin — João Calvino.

Ainda permanece envolta em mistérios a data em que Calvino se converteu ao protestantismo. O que se sabe é que ocorreu entre 1532 e 1534, quando tinha 23 ou 24 anos. Sobre isso, mais tarde, em 1557, o próprio Calvino escreveu no prefácio ao seu comentário do livro dos Salmos:

> Quando era ainda bem pequeno, meu pai me destinou aos estudos de teologia. Mais tarde, porém, ao ponderar que a profissão jurídica comumente promovia aqueles que saíam em busca de riquezas, tal prospecto o induziu subitamente a mudar seu propósito. E assim aconteceu de eu ser afastado do estudo de filosofia e encaminhado aos estudos de

> jurisprudência [...]. Inicialmente, visto eu me achar tão obstinadamente devotado às superstições do papado, para que pudesse desvencilhar-me com facilidade de tão profundo abismo de lama, Deus, **por um ato súbito de conversão**, subjugou e trouxe minha mente a uma disposição suscetível, a qual era mais empedernida em tais matérias do que se poderia esperar de mim naquele primeiro período de minha vida. Tendo assim recebido alguma experiência e conhecimento da verdadeira piedade, imediatamente me senti inflamado de um desejo tão intenso de progredir nesse novo caminho que, embora não tivesse abandonado totalmente os outros estudos, me ocupei deles com menos ardor. Fiquei totalmente aturdido ao descobrir que antes de me haver esvaído um ano, todos quantos nutriam algum desejo por uma doutrina mais pura vinham constantemente a mim com o intuito de aprender, embora eu mesmo não passasse ainda de mero neófito e principiante. Possuidor de uma disposição um tanto rude e tímida, o que me levava sempre a amar a solidão e o isolamento, passei então a buscar algum canto isolado onde pudesse furtar-me da opinião pública; longe, porém, de poder realizar o objetivo de meus sonhos, todos os meus retraimentos eram como que escolas públicas [...]. Deus me guiava através de crises e mudanças, de modo a jamais me deixar descansar em lugar algum, até que, a despeito de minha natural disposição, me transformasse em atenção pública [...] (CALVINO, 1999, v. 1, p. 37-38; grifos nossos).

Sobre a sua conversão, Calvino proferiu também um sermão, em 1557, no qual se inspirou no salmista Davi, aludindo ao modo em que Deus o chamou também, a ele que era de humilde condição, para ser um pregador do evangelho.

Explicou como seu pai o escolheu para ser sacerdote romano e depois o afastou dos estudos teológicos para o estudo das letras clássicas e das ciências da lei, por ser este um caminho mais promissor. Calvino sempre entendeu que essa mudança dos estudos de teologia e filosofia para o direito, bem como a sua obediência ao pai, faziam parte da secreta providência divina. E, continuamente, em seus outros sermões, a figura de Davi era apontada como modelo de humildade e submissão aos decretos divinos, exemplo para todos os cristãos.

O Davi que o fascinava não era tanto o pastor que derrotou Golias. Nem o rei em seu esplendor. Era o salmista que buscou a face de Deus. O Davi meditativo que brilhou tanto por sua grandeza quanto por sua humildade. Uma personagem que espelhava a fidelidade e que deveu sua elevação totalmente à operação divina.

De todo modo, a sua *conversio subita* não foi de fato uma conversão súbita, nem instantânea (Fischer, 1983, p. 203-220). Calvino usava essa expressão em suas pregações. Ele usava sua experiência de forma teológica, mais que de uma perspectiva histórica e biográfica. Para ele, a ideia de conversão era subordinada à ideia de vocação (Ganoczy, 1966, p. 302). Era sempre um caminho de Damasco, uma verdadeira crise de identidade biográfica (Theissen, p. 168 apud Cottret, 1995, p. 69).

Esse modo de explicação retórica aproxima-se muito do chamado complexo agostiniano, no qual Santo Agostinho narrava sua conversão dramaticamente, passando por várias fases filosóficas, até assumir a fé cristã (Millet, 1992, p. 553). Com Calvino, o processo foi semelhante; e se pode observar um jovem humanista, amante das belas letras, tornar-se *amateur* de Cristo.

1534-1536 — UMA CONVERSÃO NÃO SÚBITA

Um dos motivos para a conversão de Calvino foi ele ter passado a residir em Paris, na casa de Etienne de Laforge, um adepto da Reforma. Foi lá também que Calvino tornou-se amigo de outro novo adepto da Reforma — Nicolas Cop —, professor de filosofia na Sorbonne.[1]

[1] A Universidade de Paris foi fundada aproximadamente em 1170, a partir da escola da Catedral de Notre-Dame; naquela época, era comum haver escolas junto às catedrais francesas. Os professores eram nomeados pelo bispo, que controlava o ensino por meio de seu chanceler ou secretário geral do bispado. Quando o sempre crescente número de estudantes fez a escola de Notre-Dame se tornar insuficiente para abrigá-los, os professores particulares foram autorizados a abrir escolas ao redor da catedral. Para defender seus

A partir de então, começou a metamorfose de Cauvin em Calvin, no outono de 1533. Calvino começou a passar de espectador a ator. Tornou-se militante no *affaire des placards* e prefaciou a Bíblia de Olivétan. Foi inicialmente um humanista. Nunca chegou a ser ordenado sacerdote católico. Depois, veio o seu gradual afastamento da Igreja católica.

Esse intelectual começou a ser visto, passo a passo, como a voz do movimento protestante. Pregava em igrejas e acabou por ser reconhecido por muitos como "padre". Vítima das perseguições aos protestantes na França, percorreu uma rota de fuga própria de um refugiado. Essa fuga durou até que Genebra se tornasse definitivamente um centro do protestantismo europeu e até que João Calvino se tornasse a figura central da Reforma naquela cidade.

1534-1536 — O ITINERÁRIO DE UM REFUGIADO

Há muitos fatos ainda misteriosos em torno da conversão de Calvino ao protestantismo e sua rápida ascensão a líder do movimento reformado. Muitos detalhes perderam-se acerca daqueles anos — 1532 a 1536. Importantes pormenores que poderiam explicar melhor o que se passou entre o jovem Jehan Cauvin e o novo Calvin e sobre a maneira em que ele abraçou o novo movimento reformado que incendiava a Europa.

interesses e suas ideias, esses mestres reuniram-se e associaram-se, formando a sua "corporação", uma "universitas", um modo de união à semelhança dos modernos sindicatos. Assim surgiu, por volta de 1170, a Universidade de Paris. Cada mestre, ou grupo de mestres, tinha a própria escola. Quando a corporação tinha de deliberar sobre algum assunto de interesse comum, em geral eles se reuniam em uma ou outra igreja. A organização dessas reuniões, bem como a representação dos mestres perante a Igreja e o governo, fez surgir o posto e a figura do reitor. Os assuntos, as disciplinas e as necessidades práticas comuns a várias escolas terminaram por promover o agrupamento em escolas maiores: as faculdades. Os principais prédios da universidade, apesar de não serem contíguos, têm por centro o edifício da Sorbonne. Esta, originária de uma escola fundada pelo teólogo Robert de Sorbón, por volta de 1257, foi o mais famoso colégio de Paris. Sua proximidade da faculdade de estudos teológicos, e o uso do seu auditório para grandes debates, fez o nome Sorbonne tornar-se a designação popular para a faculdade de teologia de Paris. Sua localização atual, no Boulevard Saint-Michel, data de 1627, quando Richelieu a reconstruiu às suas custas. Desde o século XVI, por ser a faculdade mais importante, a Sorbonne acabou sendo considerada como o núcleo principal da Universidade. Sorbonne e Universidade de Paris passaram a ser sinônimos. Disponível em: http://pt.wikipedia.org/wiki/Universidade_de_Paris#Hist.C3.B3ria. Acesso em: 24 jun. 2008.

Entre os fatos não muito conhecidos da ruptura de Calvino com sua antiga fé romana, estão: a sua amizade com Nicolas Cop, a publicação de seu livro *Psychopannychia* (1534), a disputa dos *placards* (1534), o prefácio que escreveu na Bíblia traduzida por Olivétan (1535) e todos os detalhes de sua rota de refugiado na França, Itália e Suíça.

Além do humanista Nicolas Cop, outras pessoas e situações passaram a exercer decisiva influência nesse novo Calvino, que começara a se tornar protestante. No entanto, de forma indelével, foi marcante a amizade com Nicolas Cop.

Cop foi nomeado novo reitor na Universidade de Paris. No dia 1º de novembro de 1533, Dia de Todos os Santos, proferiu um discurso de abertura do ano letivo na Igreja dos Franciscanos. Falou perante os mais altos representantes das quatro faculdades: Teologia, Direito, Medicina e Artes.

Conforme o costume daquela instituição, ele deveria proferir um discurso e saudar a continuação da sua relação com a Igreja de Cordeliers. Cop referiu-se ao texto do dia, sobre as Bem-aventuranças. Depois, transformou esse convencional discurso em verdadeira apologia do espírito novo. Explicitamente, revelou sua simpatia para com o pensamento de Lutero e a nova teologia da Reforma. Os teólogos ficaram estupefatos, e a Sorbonne repeliu esse discurso, passando a perseguir tanto Cop quanto seu "discípulo" Calvino.

Posteriormente, acusaram o jovem Calvino de ter não só abraçado as ideias de Cop, como também de ter sido ele o coautor desse discurso bombástico (Cottret, 1995, p. 86). No discurso, Nicolas Cop fizera o paralelismo entre a perseguição aos primeiros cristãos e a que ocorria na França de sua época, visando a perseguir os cristãos protestantes. Cop argumentara: não eram também chamados de heréticos os primeiros seguidores do cristianismo?

O resultado desse bombástico discurso foi a indiciação do próprio Nicolas Cop para comparecer perante o *Parlement* de Paris. Entretanto, ele conseguiu um refúgio na cidade onde nascera — Basileia.[2]

[2] Nicolas Cop nasceu em Basileia. Era filho do médico do rei Francisco I, da França. Como erudito, era amigo de Erasmo de Roterdã e de Guillaume Budé, e estava desde logo próximo da Reforma. Foi nomeado reitor da Universidade de Paris em 1533. Após seu escandaloso sermão, foi perseguido, tendo-se refugiado em Basileia.

Não foi até hoje esclarecido completamente o que se passou. Contudo, foi encontrado em Genebra um fragmento do discurso de Nicolas Cop, escrito pela mão de Calvino. Na verdade, talvez Calvino tenha apenas feito uma cópia desse discurso. Por reconhecerem sua letra, atribuíram-lhe a coautoria do discurso (ALMEIDA, 1996, p. 32).

O documento original completo encontra-se hoje em Estrasburgo. Foi levantada a tese de que Calvino poderia, pelo menos, ter participado na elaboração do discurso. A questão continua em aberto, pois a atribuição de autoria a Calvino é tardia e posterior à sua morte. Foi Théodore de Bèze quem descobriu um fragmento do discurso de Cop nos papéis de Calvino e resolveu, timidamente, chegar a essa conclusão somente em 1575 (LeFranc, 1893, p. 122-123; Müller, 1905 apud COTTRET, 1995, p. 86, nota 6).

Uma vez que Nicolas Cop fugira para Basileia, simultaneamente João Calvino fugiu de Paris. Refugiou-se por alguns dias em Claix, perto da cidade de Angoulême, em casa do seu amigo e padre da cidade Louis Du Tillet. Naquela cidade, reinava Marguerite d'Angoulême, protetora dos reformados.[3]

Em Paris, o seu quarto no *Collège de Fortet* foi revistado, e seus papéis e correspondência foram confiscados. Portanto, Calvino permaneceu em Angoulême até abril de 1534. Seu amigo Tillet preferiu continuar fiel à religião de seus pais, enquanto Calvino, aos poucos, se tornaria o célebre reformador daquele século.

Curiosamente, foi na casa desse seu amigo padre que Calvino começou a escrever a sua obra-prima da fé protestante: as *Institutas*. Ainda não havia, porém, rompido totalmente o cordão umbilical que o prendia à velha Igreja oficial (COTTRET, 1995, p. 89). Naquele mês de abril de 1534, Calvino se dirigiu a Nérac, onde se encontrou com Jacques Lefèvre d'Étaples. Era outro picardo, seu conterrâneo, cujo nome latinizado é Jacobus Faber Stapulensis.

3 Marguerite d'Angoulême (11 de abril de 1492—21 de dezembro de 1549) ou Margarida de Navarra, ou Margarida de Valois, era irmã do rei Francisco I, da França, e filha de Carlos I, de Valois, ou Carlos d'Orleans-Angoulême (1459-1496). Rainha de Navarra (1527), Marguerite d'Angoulême era mulher de letras, no centro da vida cultural e espiritual de sua época, e encorajava os novos ideais reformados. Disponível em: http://www.museeprotestant.org/Pages/Notices.php?scatid=5&noticeid=211&lev=1&Lget=FR. Acesso em: 24 jun. 2008.

Regressou depois a Noyon, onde, em 4 de maio de 1534, renunciou aos seus *bénéfices*. Há algumas suspeitas de seus biógrafos, não conclusivas, de que também Calvino ficou preso por breve período — de 26 de maio a 3 de junho (Almeida, 1996, p. 33). Os parcos registros apontam que, nessa ocasião, quando Calvino compareceu ao palácio do bispo de Noyon, a fim de renunciar ao cargo de capelão e aos *bénéfices*, acabou na prisão por um período curto. Libertado logo depois, achou melhor fugir do país. O que se sabe é que, depois de Noyon, Calvino dirigiu-se novamente a Paris e a Orleans.

Noyon era a cidade onde o jovem Jehan Cauvin se preparara inicialmente para ser padre. Esperava-se que ele viesse a ser ordenado padre ali mesmo. Contudo, ao renunciar aos *bénéfices*, Calvino rompera os laços com o sistema a que pertencera até então. A consequência disso poderia ter sido sua morte na fogueira.

1534 — *PSYCHOPANNYCHIA*

Ainda em 1534, aparentemente quando estivera em Noyon, Calvino escreveu o seu segundo livro, intitulado *Psychopannychia*, palavra grega que significa "o sono da alma". Foi o seu primeiro livro religioso. O livro é ainda pouco conhecido, se comparado às suas outras obras. Em *Psychopannychia*, Calvino criticou acidamente os anabatistas radicais. Nele, acrescentou mais questões teológicas do que respondeu às que já haviam sido levantadas.

Era ainda o jovem Calvino, com apenas 24 anos. Esse livro também reunia uma parte das suas discussões com Louis Du Tillet, em Angoulême. O próprio título completo da obra já era um ataque aos anabatistas: *Psychopannychia — tratado pelo qual se prova que as almas permanecem vigilantes e vivas uma vez que tenham deixado os corpos, o que contraria o erro de alguns ignorantes que sustentam que elas dormem até o último momento.* Escrito em 1534, só em 1542 foi publicado.

1534 — O CASO DOS *PLACARDS*

Em 18 de outubro de 1534, a história do protestantismo francês viveu um dos seus momentos mais tensos: a disputa dos *placards* (painéis ou cartazes). Os *placards*, de 37 cm por 25 cm, afixados em vários locais, criticavam a celebração da missa tal como ela era realizada oficialmente pela Igreja católica. O ano de 1534 foi o da criação da Companhia de Jesus e da ordenação do papa Paulo III, que viria a excomungar o rei Henrique VIII, o criador da Igreja anglicana.

Calvino ajudou seus conterrâneos picardos Antoine Marcout e Lefèvre d'Étaples a espalhar os cartazes em algumas cidades próximas a Paris, condenando a "horrenda missa" como blasfematória. Os *placards* foram vistos em Paris, em Orleans e até em Amboise, onde residia o rei Francisco I.[4] Estava decretada a perseguição aos reformados. Os protestantes pregaram proclamações contra a missa até na própria porta do rei, no Castelo de Amboise.

Até então, Francisco I tinha mostrado muita abertura de espírito, sem hesitar aliar-se aos protestantes da Alemanha ou ao sultão. Em represália ao que ficou chamada *affaire des placards*, ordenou a caça aos heréticos. Depois de anos de trégua, a intolerância religiosa recomeçaria.

O picardo Antoine Marcout era o pastor de Neuchâtel, onde também fixou esses *placards* impressos em caracteres góticos. O corpo do delito: o repúdio à missa. A santa ceia protestante diferia da eucaristia católica, e esta última era tida como verdadeira blasfêmia. Em 1533, Marcout já havia publicado o seu *Livro dos mercadores*, no qual satirizava o mercantilismo do clero. Seu texto era influenciado pelo *Pantagruel*, de Rabelais.

Os *placards* atacavam particularmente a repetição sacrificial da morte de Cristo, simbólica, no altar. Se o sacrifício já foi consumado, por que se

[4] François I d'Angoulême, ou Francisco I, da França (1494-1547), chamado pelos franceses de "o pai", *le père*, "o restaurador das letras", ou o "Grande Golas". Francisco pertencia à casa dos Valois, dinastia que o levou ao trono. Foi um grande mecenas e ajudou a difundir o Renascimento. Convidou a vir à França os grandes artistas da Itália, como Leonardo da Vinci, Rosso, Primaticcio, Benvenuto Cellini, Andrea del Sarto. Deu início ao atual palácio do Louvre, construiu ou redecorou os castelos de Fontainebleau e Chambord, foi o patrono dos poetas Marot e du Bellay. Seu mais importante serviço ao humanismo foi ter fundado o Collège de France. Embora permitisse o desenvolvimento de certas ideias protestantes nos círculos intelectuais, depois de 1534 foi hostil à propagação do protestantismo entre o povo. Seu reinado teve medidas destinadas a estabelecer na França o predomínio do poder real. Tentou por todos os modos, mesmo por tribunais de exceção, destruir entre os nobres, tanto bispos quanto senhores, o espírito de independência. A fórmula dos editos reais — *car tel est notre bon plaisir* (por ser esta minha vontade) — data de seu reinado. Disponível em: http://pt.wikipedia.org/wiki/Francisco_I_de_Fran%C3%A7a. Acesso em: 24 jun. 2008.

apoderavam os sacerdotes católicos desse ritual simbólico? Os argumentos teológicos dos protestantes fundamentavam-se na carta aos Hebreus. A propaganda protestante pretendia transmitir a ideia de que a eucaristia, segundo a concepção católica, é uma blasfêmia, uma vez que a morte de Cristo não se deixa repetir.

Atitude imatura dos reformados mais radicais. A situação tornou-se particularmente crítica e descambou numa reação brutal por parte da Igreja católica e do governo francês. Essa disputa já tivera início no ano anterior. Nasceu após um acordo feito em Marselha, entre o papa Clemente VII e o rei Francisco I, da França, no outono de 1533, contra os reformados.

Na sequência, em 4 de janeiro de 1534 a procissão à Catedral de Notre-Dame foi acompanhada de um solene sermão de gratidão ao favor real para com a fé católica (Dupèbe, 1986, n. 48, p. 410). O rei francês promulgara seu edito contra os que escondiam os "criminosos luteranos", considerados também como heréticos (Léonard, 1961-1964, v. III, p. 209).

Entretanto, o movimento dos reformadores não surtiu, em Paris, o mesmo efeito que as 95 teses de Lutero haviam surtido na Alemanha. Um pequeno paralelo pode ser feito entre esses episódios, mesmo porque essas manifestações francesas não foram tão polêmicas em nível internacional, nem o marco da ruptura protestante, tais como o foram as 95 teses de 31 de outubro de 1517. Houve, então, na França, apenas a polarização de opiniões católicas e reformadas, com essa disputa dos *placards* ocorrida em outubro de 1534, em Paris.

O pivô do combate era a missa católica, mas o exato conteúdo desses painéis ou cartazes foi descoberto em Berna somente em 1943 (Berthoud, 1963, p. 287-289). Como resposta aos hereges, a posição da Escola de Teologia de Paris foi explicitada em forma de artigos. A disputa teve repercussões seriíssimas, e protestantes franceses foram encarcerados e assassinados. O rei Francisco I acionou o seu tenente da Justiça para fazer rigorosa aplicação da "justiça".

Desde janeiro de 1535, o rei Francisco I organizou uma procissão macabra pelas ruas de Paris, parando em seis locais distintos. Em cada uma dessas seis paragens, havia um pódio, onde o rei, os embaixadores e dignos membros do *Parlement* se instalavam para assistir à morte, na fogueira, de seis "heréticos" envolvidos no caso dos *placards* de 1534.

O rei Francisco I publicou o Edito de Coucy em 16 de julho de 1535, como medida de contemporização para com os protestantes. Na verdade, essa foi uma das facetas de uma nova guerra de Francisco I contra Carlos V da Alemanha. Essa guerra se desenrolou entre 1535 e 1538. Como Francisco I necessitava do apoio dos protestantes para o esforço de guerra, não lhe convinha, necessariamente, perseguir os luteranos em terras francesas. Dessa forma, o rei da França prometeu que deixaria os protestantes em paz. Para isso, esses luteranos teriam de viver como bons cristãos e renunciar à sua fé.

Após a guerra contra Carlos V, em 1538 Francisco I suspendeu o Edito de Coucy e retomou com violência as perseguições aos protestantes franceses. Anos depois, em abril de 1545, Francisco I veio a consentir no massacre de 3 mil pessoas — os *vaudois*, ou valdenses, estabelecidos nas montanhas do Lubéron, no sul da França.

Cerca de 20 aldeias valdenses vieram a ser devastadas pelos soldados do senhor de Oppède. Esse massacre marcou desastrosamente os últimos anos de Francisco I, que morreu em 1547, com remorso por essa decisão.

Os protestantes valdenses eram seguidores de Pedro Valdo, que pregara em Lyon, no século XII, e que fora excomungado em 1182. Assim como os cátaros da região de Toulouse, os patarinos italianos, e também como São Francisco de Assis, eles denunciavam com vigor a decadência moral do alto clero. Reivindicavam uma Igreja mais próxima das virtudes evangélicas da caridade e da pobreza. Após o massacre do Lubéron, os últimos valdenses se uniram à Reforma.

Assim, vivendo na era da Reforma, Francisco I combateu sua propagação, o que não o impediu de apoiar os soberanos protestantes alemães quando precisou deles na guerra contra Carlos V, de Habsburgo. Por aderir ao movimento ou *affaire des placards*, em 1534, foi forçosamente necessário que Calvino saísse de Paris (D'Hangest, 1992; Highman, 1992 apud Cottret, 1995, p. 91).

Já em janeiro de 1535, Calvino havia fugido da França para a Suíça, permanecendo na cidade de Basileia até março de 1536. Basileia era o lar do humanista Erasmo de Roterdã e do reformador Johannes Oekolampad.

1535 — O REFÚGIO EM BASILEIA E A BÍBLIA DE OLIVÉTAN

A ideia de Calvino era viver em Basileia e sustentar-se com seus escritos. Para tanto, usava o pseudônimo Lucianus, um anagrama de Calvinus (Faria, 2008, p. 219), ou ainda Alcuinus (Almeida, 1996, p. 40), ou mesmo

Charles d'Espeville (Bonnet, 1854, v. Ii, p. 126 apud Cottret, 1995, p. 149, nota 15).

Ali em Basileia, em 1536, Calvino viria a publicar a sua primeira edição das *Institutas*. Foi também nessa cidade suíça que se publicou a primeira Bíblia traduzida para o francês por um protestante. Essa tradução era feita diretamente das línguas originais das Escrituras: o hebraico veterotestamentário e o grego neotestamentário. Não era traduzida das versões latinas que se costumava utilizar na época. Novos tempos, novos ideais próprios do século XVI, o século do humanismo e de Erasmo de Roterdã, Rabelais, Calvino e outros grandes pensadores.

O autor dessa tradução foi Pierre Robert, o Olivétan (1506-1538), primo de João Calvino, e oriundo também de Noyon. Olivétan aderiu à Reforma antes de seu primo quando era discípulo de Lefèvre d'Étaples. Os cristãos valdenses de Piemonte financiaram a tradução, obtiveram a ajuda de muitas pessoas, sobretudo do seu editor, Pierre de Vingle. Essa Bíblia foi publicada em Neuchâtel em 1535. Vingle também ajudara Marcout no *affaire des placards* e havia sido expulso de Lyon. O apelido Olivétan lhe foi dado por ser ele um trabalhador incansável na tradução dessa Bíblia, quando tinha apenas 29 anos. Olivétan se referia à luz que o óleo de oliva queimado iluminava permanentemente à noite a fim de lhe permitir trabalhar.

Os principais méritos dessa versão francesa foram: traduzir o tetragrama sagrado *YHWH* por *l'eternel* (o eterno), e *presbuteros* (presbíteros) por *ancien* (ancião), não por *prêtre* (sacerdote). Conforme o viés protestante abraçado por essa tradução, só Cristo é sacerdote e dispensa outras mediações. Assim, como Cristo é o Sacerdote universal, não há necessidade de outros. Estava feita a contraposição à doutrina de Roma.

O primo de Calvino, Olivétan, tinha um bom conhecimento do hebraico e do grego, mas o seu estilo de tradução e escrita foi considerado de difícil compreensão. Faltava-lhe a fluidez discursiva, e, mais tarde, o texto precisou ser revisado e publicado novamente.

Calvino foi convidado para colaborar desde a primeira versão; afinal, já se tornara célebre como um dos primeiros escritores de língua francesa. Esse novo fato, em 1535, selava a ruptura radical de Calvino com a Igreja católica: ao escrever o prefácio da Bíblia de Olivétan, Calvino oficialmente se deixava reconhecer como adepto da causa protestante.

Nesse prefácio, Calvino escreveu dois textos introdutórios: uma epístola latina ao leitor, com o título *Salutem* (Saudação), e uma dedicatória aos *amateurs* — aos que amam Jesus Cristo. Posteriormente, em Genebra, Calvino participou de duas novas revisões da Bíblia de Olivétan. O trabalho prosseguiu até que, em 1546, deu origem à edição da famosa Bíblia de Genebra, cuja influência foi extraordinária nos países francófonos. Calvino prefaciou também essa Bíblia de Genebra.[5]

O prefácio escrito por Calvino na Bíblia de Olivétan trazia a primeira declaração pública e apaixonada da fé reformada feita por Calvino. Isso ocorreu antes mesmo de ele publicar as *Institutas*. O prefácio fazia um apelo à reforma da Igreja e ainda responsabilizava as autoridades religiosas e civis para que difundissem a Bíblia na linguagem do povo simples. Essa também era a luta que movia Lutero desde o início da Reforma. Usando uma linguagem entusiasta e poética, Calvino aflorava a sua paixão e piedade para com os que amam (*amateurs*) Cristo.

A simplicidade com que tratava a fé era diferente dos padrões escolásticos daquela época. Por essa razão, esse prefácio veio a ser "[...] uma obra-prima de clareza literária" (Faria, 2008, p. 12).

Agora, Calvino tornara-se *amateur* de Cristo? O bom nome de "cristão" guardava sob a pluma desse escritor aquela verdadeira dimensão metafísica que se tornara um desafio a ele e a toda a Igreja? De fato, essa forte tonalidade laica e o orgulho de ser considerado um eleito servem como uma filigrana, uma marca d'água no prefácio de Calvino à Bíblia de seu primo Olivétan.

Dessa forma, tanto o caso dos *placards* quanto o do prefácio da Bíblia de Olivétan são duas faces da mesma moeda: a ruptura de Calvino com a fé católica romana. Foi por causa dessa postura anticatólica que Calvino precisou deixar Paris. Inicialmente, ele se instalara próximo de Angoulême. Depois, foi para Nérac, no sudoeste da França, uma comuna francesa na região administrativa da Aquitânia, no departamento Lot-et-Garone, que era outro refúgio de protestantes.

5 Essa foi a primeira Bíblia a utilizar a divisão dos textos também por versículos. Até então, só havia a divisão por capítulos.

1535 — UM BREVE REFÚGIO NA ITÁLIA

Da França, Calvino mudou-se para a Suíça e fixou-se em Basileia. Em março de 1535, refez o seu itinerário e deslocou-se da Suíça para Ferrara, na Itália, acompanhando novamente o seu amigo e clérigo católico Louis Du Tillet (Cottret, 1995, p. 113). Supostamente, foi quando esteve na casa desse mesmo amigo e padre de Claix, próximo a Angoulême, que Calvino iniciou a sua obra-prima, as *Institutas,* que publicaria meses depois em Basileia.

Depois disso, quando voltou à sua terra natal — Noyon —, supostamente foi preso e libertado em seguida, em razão de sua amizade com alguns clérigos de sua cidade. Então, voltou ainda outra vez para Paris, seguindo daí para Orleans e Poitiers. Da França, seguiu para a cidade que, na época, pertencia à Alemanha — Estrasburgo. O seu roteiro continuou por Estrasburgo e de lá novamente para Basileia, onde havia escrito o prefácio da Bíblia de Olivétan e publicou sua primeira edição das *Institutas* (1535-1536). Basileia foi a cidade real que durante quinze anos abrigou o gênio Erasmo de Roterdã e onde ele morreu, no dia 12 de julho de 1536, ano em que Calvino estivera ali.

Na Itália, quando Calvino esteve em Ferrara, em março de 1536, ficou sob a proteção da duquesa Renée de France, filha de Luís XII, protestante, esposa de Hercule Borgia, o duque de Ferrara.[6] A convite da duquesa,

[6] Renée de France, ou Renata de França (1510-1575), foi condessa e depois duquesa de Chartres e Montargis. Era filha de Luís XII e de Ana da Bretanha, irmã da rainha Cláudia, da França (1499-1524), a mulher de Francisco I. Sua corte em Ferrara foi das mais brilhantes da Renascença. A duquesa Renata era aluna de Lefèvre d'Étaples, graças parcialmente às indicações de sua tia Margarida de Angoulême ou de Navarra, com quem se relacionava estreitamente na França. Em Ferrara, a duquesa e seu esposo recebiam os nobres e escritores que os dispuseram para a Reforma: sua governante Michèle de Soubise, que tentou traduzir os salmos para o francês; Clément Marot, que celebrou seu casamento e tornou-se seu secretário depois do *affaire des placards* (no verão de 1535); e sobretudo Calvino, que, em março de 1536, visitou Ferrara e pregou diante da corte. Seu esposo, Ercole II d'Este, ou Hércules II, nasceu em 1508 e morreu em 1559. Hércules II casou em 1527 ou 1528 com a princesa Renée de France, ou Renata de França (1510-1575). Em 1534, era duque de Ferrara, também duque de Módena, duque de Reggio e senhor de Rovigo, porque era filho de seu anterior duque, Afonso I d'Este (1476-1534), e de sua segunda esposa, Lucrécia Bórgia (1480-1519). Lucrécia era a filha do cardeal Rodrigo Bórgia, papa, como Alexandre VI, e sua concubina Rosa Vannozza dei Cattanei.

Calvino pregou diante da corte. Ainda quando estava em Ferrara, Calvino endereçou duas epístolas a seus amigos. Essas cartas foram dois textos que representavam o estado de espírito de Calvino no momento crítico quando deixara a França.

Na primeira dessas *epistolae*, Calvino condenou a participação em ritos católicos e a endereçou a seu amigo Nicolas Duchemin, antigo condiscípulo em Orleans. Essa epístola serviria mais tarde de base para seu *Petit traité* (Pequeno tratado), em 1543, quando repreendeu as mesmas "formas imundas de impiedade" dos ritos romanos em Genebra (COTTRET, 1995, p. 113-114).

A segunda epístola foi traduzida para o francês, em 1554, e intitulou-se *Traité de bénéfices* (Tratado sobre os benefícios). Criticava o sacerdócio católico. Foi endereçada ao bispo de d'Oloron, Gérard Roussel. Nessa epístola, Calvino definiu a função do pastor ideal segundo as Escrituras — ensinar a Palavra de Deus, defender a Igreja contra Satanás e ter uma vida exemplar.

Foi precisamente em Ferrara que Jehan Cauvin mudou definitivamente seu nome para Calvino, o que era estratégia comum de sua época, para fugir das garras da Inquisição.[7] Essa mudança pode apontar também a sua metamorfose ou ainda a sua *conversio non subita*. Calvino ainda morou por pouco tempo na Itália, na cidade de Aosta, limítrofe com a Suíça, nos Alpes, de onde também fugiu da perseguição.

[7] Na cidade de Ferrara, o refúgio dos protestantes não foi duradouro. Como temia intervenção do papa, Hércules II expulsou Michèle e Calvino de lá. Em 1550, expulsou todos os demais protestantes. Além disso, apelou a seu sobrinho Henrique II para que lhe enviasse o próprio ou o chefe da Inquisição na França, Ory. O inquisidor Ory, em 1554, foi condenado e detido pela própria duquesa Renata. Protestante convicta, fazia tempo que havia renunciado a receber os sacramentos da velha Igreja. Liberada pouco depois, a duquesa reatou com os protestantes e se correspondeu com Calvino e com seus outros amigos que também foram expulsos. Em 1559, morreu seu marido, Hércules II, ao qual a duquesa jurara renunciar à heresia. Em 1560, Renata voltou para a França a fim de escapar da hostilidade do filho, o novo duque, Afonso II d'Este. Retirada em Montargis, a duquesa Renata foi liberada de sua jura pelo próprio Calvino. Com isso, ela passou a apoiar abertamente o partido protestante nas guerras de religião.

1536 — A PRIMEIRA EDIÇÃO DO SEU *BEST-SELLER* — *AS INSTITUTAS*

Calvino ainda não completara 30 anos e lhe era impossível retornar à sua pátria. Dessa forma, tornou-se a voz que, de Basileia, de Estrasburgo ou de Genebra, incitava a França a aderir à Reforma. Uma nova igreja protestante era chamada a nascer e se desenvolver à margem do catolicismo. Essa foi a tarefa de Calvino durante os anos seguintes que lhe restavam para viver.

Em junho de 1536, ele aproveitou uma trégua na perseguição aos "hereges" para voltar a Paris e a Noyon, a fim de resolver assuntos familiares. Deixou, então, uma procuração para seus dois irmãos em junho daquele ano.[8] Em agosto de 1536, saiu definitivamente de Paris, dessa vez levando também para a Suíça os irmãos Antônio e Maria. Mais uma vez, Calvino tinha a intenção de fixar residência na cidade de Basileia, agora com seus irmãos.

No período em que esteve em Basileia, preocupado com a perseguição aos protestantes, Calvino julgou necessário escrever algo que diferenciasse os reformados desses radicais. Para isso, deveria explicar quais eram os pontos fundamentais da verdadeira fé reformada:

> [...] e não foi publicada com outro propósito senão o de que os homens soubessem qual era a fé defendida por aqueles a quem eu via sendo ignominiosa e perversamente difamados por celerados e pérfidos aduladores (Calvino. *Salmos.* Prefácio, 1999, p. 39-40).

Começava a brotar o germe de sua obra-prima — as *Institutas*. Inicialmente, tinha apenas seis capítulos; depois, passou a ser sucessivas vezes revisada e reeditada, até o ano de 1559:

> Pareceu-me que, a menos que eu lhes fizesse oposição, usando o máximo de minha habilidade,

[8] Procuração para a venda de um campo em Monte Sain-Louis, próximo de Noyon, por uma soma de 144 livros (Cottret, 1995, p. 392, nota 46).

> meu silêncio não poderia ser justificado ante a acusação de covardia e traição. Essa foi a consideração que me induziu a publicar minha *Instituição da religião cristã* [...] meu objetivo visava a que, como as mesmas crueldades poderiam ser praticadas contra muitas pessoas infelizes e indefesas, as nações estrangeiras fossem sensibilizadas [...] (CALVINO. *Salmos.* Prefácio, 1999, p. 39).

Enquanto pessoas estivessem sendo queimadas vivas por sua fé, Calvino não se queria calar ou se acovardar. Combatendo os que falseavam a verdade e, com isso, ocasionavam tumultos e mortes, Calvino pretendia estabelecer a doutrina correta, a fim de ajudar a estabelecer a ordem social.

As Institutas eram uma exposição breve e sistemática dessas verdadeiras doutrinas reformadas. O sucesso foi estupendo, tal a necessidade dos protestantes perseguidos e acusados de sedição. A primeira edição esgotou-se em apenas um ano.

Em seu prefácio, Calvino faz uma dedicatória ao rei Francisco I, para justificar o conceito de que os reformados não deveriam ser confundidos com aqueles anabatistas anarquistas que o governo francês não tolerava. A posição clara dos reformados deveria ser explicitada. E coube a Calvino fazê-lo. A carta ao rei era um verdadeiro e excepcional resumo das bases da fé cristã, e as *Institutas* organizavam as linhas mestras para o pensamento teológico.

O destino ainda traçava o roteiro desse célebre refugiado. Em Basileia, ele já escrevera o prefácio da Bíblia de Olivétan e a primeira edição das *Institutas*. E, de Basileia para Genebra, Calvino fez a viagem inicial que o conduziu das belas letras à Reforma.

1536 — HAVIA UMA "GENEBRA" NO MEIO DO CAMINHO

Caminhando para Basileia, os irmãos Calvino precisaram desviar seu itinerário, de Estrasburgo para o sul. Principalmente em razão de estarem ocorrendo naquela região lutas entre as tropas do rei francês Francisco I e as do imperador alemão Carlos V. O desvio acabou sendo longo demais, podendo até parecer que, de modo fortuito, Calvino acabou passando por Genebra, onde ocorreu então o seu famoso encontro com Farel.

Guillaume Farel foi o líder protestante que começara a Reforma em Genebra. Agora estava determinado a não deixar Calvino escapar de suas mãos. Farel acreditava ser ele o homem capaz de realizar a obra para a qual ele próprio não possuía envergadura suficiente: reconstruir Genebra. Afinal, tinha nas mãos o célebre autor das *Institutas* e não o deixaria escapar simplesmente. O famoso encontro obrigou Calvino a ficar em Genebra. O próprio Calvino nunca deixou de escrever e comentar sobre esse momento decisivo e indelével:

> [...] Farel me deteve em Genebra, não propriamente movido por conselho e exortação, e, sim, movido por uma fulminante imprecação [esconjuro ou maldição], a qual me fez sentir como se Deus pessoalmente, lá do céu, houvera estendido sua poderosa mão sobre mim e me aprisionado (Calvino. *Salmos.* Prefácio, 1999, p. 40).

Enquanto Calvino contava apenas 26 anos, Farel já tinha a experiência dos seus 47 anos. O experiente reformador, porém, discerniu qualidades naquele jovem tímido e franzino. O apelo de Farel acabou por confirmar definitivamente a vocação de Calvino, que havia iniciado uma nova etapa de vida após sua *conversio subita*.

De forma indelével, Calvino abraçou o espírito do século XVI protestante, com uma fé verdadeira e um caráter heroico. O jovem aprendiz de humanista, erudito, pensador e escritor, viria a se tornar um homem público de forma notória. Foi o início da identificação dos dois destinos: o de um homem e o da sua cidade eleita. Tudo começou com o imponderável que presidiu esse encontro providencial. Calvino e Genebra — uma história de amor cheia de nuanças e meandros que aguçam os seus pesquisadores. Antes, porém, Calvino teve lá sua primeira experiência espinhosa e frustrante.

4
O primeiro fracasso em Genebra — 1536-1538

Todo intelectual passa um dia pela questão de seu engajamento. E o jovem Calvino via-se agora bruscamente confrontado com uma tarefa política que o aterrorizava. Antes, já fizera aquele longo itinerário, quando algumas oportunidades lhe apareceram em Basileia (1536). Depois, faria outros, além de sua primeira estada em Genebra (1536 a 1538), indo para Estrasburgo (1538 a 1541) e, por fim, retornando definitivamente para Genebra (1541 a 1564). Seria esse percurso geográfico o *doublé* de seu itinerário espiritual?

Seu trajeto iniciou-se com um breve período na cidade de Basileia, local da publicação da sua primeira versão das *Institutas* em 1536. De Basileia a Genebra, observou-se uma peripécia que levou Calvino dos estudos das belas letras à causa da Reforma. E, depois de Genebra, surgiria Estrasburgo como também mais uma etapa em seu caminho. Estrasburgo viria a se tornar o elã entre o jovem e o maduro Calvino, um devaneio antes de uma utopia.

Em Estrasburgo, Calvino viria a tornar-se "calvinista" (Courvoisier, 1935, p. 107 apud Cottret, 1995, p. 143). E somente após Estrasburgo é que ele seria real e definitivamente descoberto por Genebra; mas isso ocorreu somente após 1541.

Basileia, Estrasburgo e Genebra — as três cidades tinham em comum a proximidade geográfica: ficavam ao nordeste da França atual, na zona fronteiriça entre a Alemanha, a França e a Suíça de hoje. Eram lugares das línguas francesa, germânica e italiana. E o calvinismo tornou-se inseparável dessas fronteiras, próximas às margens do Lac Léman, ou lago de Genebra.

Na sua primeira estada em Genebra — de 1536 a 1538 —, Calvino sentiu que a cidade continuava sempre rebelde, reticente ou reativa. François

Bonivard comparou Genebra ao povo hebreu: difícil de lidar, mas eleito (1865, p. 149 apud Cottret, 1995).

Geograficamente falando, foi em Genebra que, depois de passar pelas fronteiras das três cidades, Calvino fixou residência. Genebra foi a cidade em que se refugiou definitivamente. Isso, porém, somente após 1541.

Na sua derradeira estada em Genebra, Calvino viria a ser um novo Moisés? Provavelmente, não. Para o próprio Calvino, não só em teoria, como na prática, o pastor distinguia-se do magistrado. Ele acreditava naquela velha divisão de tarefas entre o espiritual e o temporal, que jamais foi esquecida pelo reformador. Portanto, ao contrário de Moisés, Calvino não se sentiu dirigindo verdadeiramente o povo genebrês; ele apenas o guiava. Ele julgou que estava mais para um novo Arão que para um novo Moisés.

Para compreender Calvino, é preciso primeiramente analisar essa primeira etapa de sua vida em Genebra. Com isso, se observará que o período de 1536 a 1538 coincidiu com a recente libertação da cidade do poder do duque de Savoy e da tutela do bispo de Genebra. Essa foi a época em que o reformador Guillaume Farel arriscara sua vida para obter o resultado almejado: a cidade afinal aderiu à causa reformada.

Consciente de suas limitações, Farel acreditava que a chegada de Calvino tinha sido providencial, pois este poderia fazer o trabalho para o qual ele mesmo não se considerava capaz.

1536 — FAREL DESCOBRE O GRANDE REFORMADOR

Quando lá chegou, Calvino talvez desconhecesse as próprias qualidades de líder (McKinnon, 1936, p. 54). Inicialmente, ele aceitou a função apenas de professor de literatura sagrada (*lecteur*), não a de pregador (*prédicateur*) ou a de pastor (*pasteur*). Em pouco tempo Calvino passou a participar na organização da Igreja de Genebra, dadas as suas prementes necessidades.

Logo depois de chegar a Genebra, Calvino começou a redigir um de seus primeiros e mais importantes escritos: o primeiro *Catecismo de Genebra*, ou o *Catecismo de Calvino*. Esse catecismo é lembrado como um resumo das *Institutas*, tal o seu valor. Primeiramente, foi escrito em francês e, depois, recebeu a versão latina.

Genebra libertara-se do duque de Savoy e do bispo Pierre de la Baume. O povo de Genebra havia jurado solenemente que adotaria as novas ideias reformadas e que passaria a viver segundo o evangelho.

Não poderia haver, então, momento mais importante para a publicação desse catecismo. Como o duque e o bispo continuaram a pressionar a cidade para que voltasse a ficar sob o seu domínio, esses gestos e atos solenes eram necessários para a consolidação da independência de Genebra (Faria, 2008, p. 38).

Aproveitando que Farel já começara a prepará-lo, Calvino redigiu esse primeiro catecismo ou manual de doutrina cristã para aquela igreja. Portanto, essa primeira passagem de Calvino por Genebra mostrava-se providencial.

Usando o catecismo, Calvino e Farel puderam instruir a população para que adotasse costumes coerentes com os ditados pelas Escrituras. Os princípios fundamentais da fé cristã reformada passaram a ser ensinados de modo claro e compreensível às pessoas simples da cidade, principalmente os seus jovens habitantes.

Para Calvino, algo estava claro antes de escrever o catecismo e desde que começara a redação das *Institutas*: ele deveria estabelecer os limites exatos entre os evangélicos e os católicos, no que dizia respeito à doutrina e à prática (Ferreira, 1985, p. 74).

Dessa forma, Calvino antecipara-se à mesma estratégia que o Concílio de Trento usaria décadas depois. No caso de Trento, o mesmo foi feito, mas no sentido inverso, para que a Igreja católica efetuasse sua investida oficial e dogmática contra a Reforma. O alvo principal de Calvino não era combater o catolicismo, e sim afirmar positivamente a nova fé reformada. Era estabelecer os fundamentos de uma fé sólida e viva, firmada no ensino de Jesus Cristo (Faria, 2008, p. 38-39).

Nesse catecismo, portanto, observa-se não apenas essa vibrante defesa dos ideais protestantes, nos primeiros anos de experiência evangélica do novo reformador, mas também a própria espiritualidade de seu autor. Nessa época, o mundo conhecia a visão dos primeiros tempos da Reforma. Era necessário edificar uma nova igreja, realmente fiel aos ensinos bíblicos e praticante da verdadeira piedade cristã.

Enquanto redigia o catecismo, e apenas três meses após sua chegada a Genebra, Calvino foi convidado a participar da disputa de Lausanne (do dia primeiro ao oitavo do mês de outubro de 1536). Isso marcou sua entrada na vida pública. Os reformadores suíços ousadamente decidiram promover esse debate teológico para definir, de maneira solene, o futuro daquela cidade. Haviam rompido o cordão umbilical com a autoridade religiosa e convidaram teólogos como Farel, Carolli e outros representantes da fé reformada.

Genebra, Neuchâtel, Berna e outras cidades tornaram-se protestantes, e era o momento de mostrar, de modo impactante, a superioridade da fé que haviam abraçado. Uma grande disputa teológica e pública se fazia necessária, como já se tornara comum desde 1523, convertendo-se numa característica da implantação da Reforma na Suíça.

Zurique (janeiro de 1523), Berna (1528) e agora Lausanne (1536): essas disputas se constituíram em atos de fundação da Reforma (Junot, 1988 apud Cottret, 1995, p. 133). Em Zurique, Zwinglio havia debatido pontos teológicos com os representantes do bispo de Constança, perante 600 pessoas. Em Berna, foi a vez de debater com os estraburguenses Martinho Bucer e Wolfgang Capito. Na Alemanha, Lutero havia participado de disputas semelhantes, em 1519, em Leipzig.

O objetivo de tais disputas era evidente: o governante criava condições e permitia a demonstração pública da verdade evangélica. No caso da disputa de Lausanne, foram publicadas dez teses para o debate e afixadas nas igrejas. O principal autor era Pierre Viret (1511-1571), reformador do País de Vaud.

Posteriormente, Calvino relatou que o sínodo se reuniu na igreja dos franciscanos, contando mais de cem ministros da Palavra do território de Berna, uma vintena do condado de Neuchâtel, e somente três de Genebra: ele, Farel e Couraud (apud Cottret, 1995, p. 135).

Ocorreu, porém, um incidente entre Pierre Carolli (1480-1550) e os representantes de Genebra.[1] Carolli os acusou de não aceitarem o dogma da

[1] Carolli tornou-se adepto da Reforma. Antes de deixar a Igreja católica, tivera problemas morais e de outros tipos, mas conseguiu tornar-se ministro da nova Igreja e casar-se. Farel opunha-se a Carolli deliberadamente. A questão com Carolli iniciou-se durante a disputa de Lausanne de 1536. Essa disputa marcou também o início da vida pública de Calvino como reformador, na Catedral de Notre-Dame de Lausanne. Essas disputas visavam a mostrar a superioridade da fé reformada em territórios que estavam por aderir à causa. Ocorrera primeiramente em Zurique, em 1523, com o primeiro reformador suíço,

Trindade segundo os credos de Niceia e Atanásio.[2] Calvino respondeu com uma confissão de fé perfeitamente trinitária: "Nós reconhecemos esta essência de Deus eterna, espiritual, infinita [...] o Pai com o Verbo, sem, portanto, confundir o Pai com o Verbo ou o Verbo com o Espírito" (apud COTTRET, 1995, p. 135). Revelou também sabedoria ao mencionar as duas naturezas de Cristo, conforme o concílio de Calcedônia, do ano 451, e ao denunciar os erros teológicos de Sabélio, Ário e Nestório.

O modesto e tímido Calvino revelou-se em grande estilo: um temperamento de ferro quando se trata de ataques às suas convicções. E, dessa forma, ele se manifestaria futuramente ainda contra o próprio Carolli, contra Miguel Serveto e contra o pastor Briard, que fora o primeiro ministro de Lausanne (1536).

Seu foco principal era o combate ao arianismo, que já fora condenado pelo Concílio de Niceia no ano 325. Ário considerava o Filho como a primeira das criaturas, superior aos homens, mas inferior ao Pai (nota 65). O termo "arianismo" passou a ser usado para as opiniões heterodoxas que negam a divindade do Salvador.

Também a disputa de Lausanne foi promovida pelo Concílio de Berna, para instruir os ministros nos princípios reformados. Nela, ofereceram a Calvino uma oportunidade de exposição bíblica sobre a santa ceia. Claramente, ele combateu a transubstanciação. Manifestou, também, sua posição contrária à presença apenas memorial de Cristo na ceia, tese que era esposada por Zwinglio. Calvino começou, por isso, a tornar-se conhecido.

Zwinglio. Depois disso, ocorreu em Berna, em 1528, e em outras cidades. Era um verdadeiro "ato fundante" da Reforma naqueles locais. Em Lausanne, estavam na disputa os representantes de Berna, Zurique, Genebra, País de Vaud e Savoy (JUNOD, 1998, p. 14-15).

[2] Há um texto atribuído a Calvino, cujo título é: Défense de Guillaume Farel et de sés collègues contre les calomnies du théologastre Pierre Carolli par Nicolas des Gallars. Paris: PUF. *Études d'histoire et de philosophie religieuses*. 1994, p. 57. O texto data de nove anos após a disputa de Lausanne. Os credos de Nicéia-Constantinopla e o símbolo de Atanásio são raramente mencionados na atualidade, mas eram documentos de grande autoridade no século XVI. A esse respeito, recomenda-se a obra: FATIO, O. et al. (Ed.). *Confessions et catéchismes de la foi réformée*. Genebra: Labor et Fides, 1968.

QUANDO CALVINO TORNOU-SE PASTOR?

Não é apenas com preocupações terminológicas, mas também eclesiológicas, que cabe aqui uma questão: quando Calvino foi ordenado ao ministério? Curiosamente, a resposta é: nunca!

Primeiramente, ele se viu qualificado de *lecteur* ou literato, professor de literatura bíblica; após alguns meses, utilizava em relação a si mesmo a expressão *predicateur*, e até mesmo *pasteur*. Uma coisa, porém, é certa: jamais recebeu uma consagração pastoral.

Ora, em Genebra e nas demais cidades havia o registro de todas as cerimônias importantes, como a do casamento de Calvino, por exemplo. Logo, seria estranho não haver referência à sua ordenação sacerdotal, o que era eclesiasticamente muito mais importante que os fatos mencionados nesses registros.

O assunto está longe de ser tranquilo aos olhos atuais, quando a ordenação é tão valorizada, tanto por protestantes tradicionais quanto pela Igreja católica. Mesmo se há a real base escriturística para a ordenação eclesiástica, já é assunto para muita discussão.

O fato é que, ao passar a ser considerado pastor, definitivamente Calvino consumou sua ruptura com os ministérios da Igreja romana. O seu pastorado definiu-se, então, mais pelo exercício dessa função que por qualquer poder que uma ordenação lhe tivesse conferido. Não fora consagrado nem na velha nem na nova Igreja. Calvino rejeitara essa cerimônia em Genebra, em Estrasburgo ou em qualquer lugar.

E, ainda analisando o debate de Lausanne, tais disputas entre os diferentes tipos religiosos passa pela distinção proposta por Ernest Troeltsch (1911, em alemão; 1956, em inglês) entre a comunidade de tipo seita e a de tipo igreja.

A igreja fundamenta-se como conjunto da sociedade; a seita pressupõe uma retirada. Uma é institucional; a outra é voluntária e fundamentada sobre a adesão fortemente individual. A igreja organiza-se "do alto"; a seita, "de baixo". O alto e o baixo se estendem pela escala social; referem-se a uma hierarquia de poder ou de conhecimento que considera a competência uma chave para o sucesso.

Dessa forma, o calvinismo baseia-se totalmente em um projeto de igreja: educar as massas, jamais deixando isso por conta de sua espontaneidade.

Calvino combateu acirradamente as seitas, as quais ele qualificou com o termo geral de "anabatistas".

E quem eram os anabatistas? A rigor, era um movimento que combatia o pedobatismo, ou seja, contestava a ministração do batismo às crianças. Além disso, o movimento se revestia de conotações políticas radicais. Como muitos anabatistas provenientes dos Países Baixos se refugiaram em Genebra, Calvino precisou dialogar com eles.

1537 — *O CATECISMO DE CALVINO*

Era preciso, portanto, elaborar um manual de doutrinas, um catecismo que permitisse inculcar na população os princípios evangélicos que a cidade abraçaria. Essa seria a resposta ao catolicismo que fora abandonado pelos genebreses. Adotaria os pontos teológicos disputados em Lausanne, em razão da necessidade de posicionamento perante os anabatistas.

Com esse caldo fervente, foi redigida em 1537 a *Instrução na Fé,* ou *Catecismo de Calvino*. Desde o outono de 1536, Farel já vinha redigindo uma confissão de fé, que apresentou oficialmente no dia 10 de novembro daquele ano.

O próprio título da confissão de fé apontava para um projeto político amplo: levar cada cidadão de Genebra a subscrevê-la e aceitá-la. Era a confissão de fé que todos os cidadãos, burgueses e habitantes de Genebra, bem como os moradores da região, deveriam guardar e adotar sob juramento.

No dia 16 de janeiro de 1537, as autoridades de Genebra aprovaram a confissão de fé, assim como os artigos distintos apresentados por Calvino — ele se mostrava favorável à celebração mensal da santa ceia. A insistência na comunhão deve ser entendida paralelamente ao poder disciplinar das igrejas. A comunhão ou a excomunhão não eram simples atos espirituais no século XVI, mas constituíam um modo de gerir a moralidade pública.

Portanto, o *Petit Conseil* (Pequeno Conselho), ou PC de Genebra, resolveu que a ceia seria celebrada somente quatro vezes por ano, que os batismos deveriam ser celebrados publicamente e que os casamentos poderiam ser realizados três domingos depois desses batismos. Durante os cultos, o comércio deveria permanecer fechado. As imagens deveriam ser impiedosamente destruídas.

Os anabatistas acabaram sendo banidos em março de 1537. Em abril, Calvino encarregou um síndico do PC de ir de casa em casa, acompanhado de capitães da vizinhança, para assegurar-se de que os cidadãos subscreveriam a confissão de fé. No mês seguinte, o PC percebeu que a tarefa era inexequível e suspendeu a operação. Surgiram as primeiras desavenças oficiais entre Calvino e o PC (Cottret, 1995, p. 139).

Como homem de Igreja, Calvino recusava o controle estreito do poder civil sobre questões eclesiásticas. E a sua posição em Genebra começou a se tornar precária. Carolli aproveitou-se da situação e acirrou a disputa de Calvino com os anabatistas.

Havia ainda colaboração entre o poder civil e a Igreja. Após insistentes tentativas e operações para conseguir assinaturas dos genebreses para a nova confissão de fé, em 12 de novembro de 1537 os recalcitrantes receberam ordem de abandonar a cidade (*Annales calviniani*, O. C., v. 21, p. 16 apud Cottret, 1995, p. 139, nota 77).

1538 — RAZÕES PARA O PRIMEIRO FRACASSO

Em Genebra, porém, havia circunstâncias que levaram essa primeira tentativa reformista de Farel e Calvino ao fracasso. Entre elas, estava o fato de Calvino idealizar uma Igreja superior, mesmo à *Utopia* de Thomas More ou à *República* de Platão.

Longe desse seu ideal, a situação real de Genebra era outra. Deixara de ser a próspera cidade das feiras internacionais, ainda lutara por décadas contra a tirania do duque de Savoy e do prepotente bispo da cidade.

Diante disso, os cidadãos genebreses restauraram o Conselho dos Duzentos, ativaram o *Petit Conseil*, com seus 25 membros, além da assembleia do povo ou Conselho Geral. A partir dessas medidas, nenhuma autoridade sobrara para o duque de Savoy, Charles III, ou para o bispo, Pierre de la Baume.

Como, então, essa autoridade seria relegada a um refugiado francês, recém-chegado, que jamais poderia atingir o *status* de cidadão genebrês? Teria ele alguma chance de dominar uma cidade rebelde? Uma vez que o privilégio de cidadania era exclusivo dos nascidos na cidade, os refugiados jamais chegaram a fazer parte de quaisquer desses concílios que a governavam. Com isso, Calvino jamais teve a oportunidade de dominar a cidade, como alguns suspeitam e afirmam.

Na verdade, mesmo com a adesão à Reforma, Genebra ainda estava longe de ser uma típica cidade reformada. Uma reforma de cunho político não produzira os efeitos morais e espirituais necessários, e a cidade "estava longe ainda de ser protestante por condição doutrinária" (Walker apud FERREIRA, 1985, p. 77).

O moto adotado pela cidade — *Post tenebras lux* (Luz após trevas) — mais parecia uma afirmação profética que uma realidade presente nessa primeira estada de Calvino. Desse modo, a tentativa de Calvino em conseguir total adesão à religião cristã, com abjuração aberta do papado e com a aceitação de sua disciplina, não obtivera êxito. Muitos genebreses se recusaram a aderir. Somente em 20 de julho de 1537, o Conselho Geral e o povo de Genebra solenemente declararam sua aceitação das principais doutrinas e disciplinas da religião cristã (Bèze apud FERREIRA, 1985, p. 77).

Entretanto, ainda restavam ser aceitos pela população genebrina tanto o *Catecismo* como a *Confissão de Fé* que Calvino redigira, e eles deveriam ser confirmados por uma subscrição individual. Muitos genebreses novamente se recusaram a fazê-lo.

Com o desacerto dessas medidas, o PC de Genebra resolveu afrouxar as suas exigências. Esse mesmo PC chamou a si a jurisdição da comuna, tanto em assuntos morais como religiosos. Desse modo, os membros do PC contrariaram Calvino, pois ele julgava que o poder civil era incapaz de resolver os assuntos morais e religiosos. Para Calvino, essas eram tarefas da Igreja, por meio de suas autoridades, presbíteros e pastores, e de seus consistórios ou presbitérios.

Além disso, Calvino debatia-se contra as práticas que para ele eram detestáveis. Julgava também inconvenientes certos costumes que os genebreses herdaram de outras épocas, como a quebra do domingo, os jogos, as festas sem recato e com muita pompa, adultérios, bebedeiras, discussões etc. (FERREIRA, 1985, p. 78). A prostituição era sancionada e oficializada pelas autoridades, e a supervisora dos prostíbulos era eleita pelo PC, sendo chamada de "rainha do bordel" (Ibid., p. 79).

Para Calvino, a questão de honra era: a capital, Berna, conseguira ser moralizada pelo seu concílio, ou PC, em 1528. E isso ocorrera com a introdução da doutrina reformada, contida em dez artigos e sob a orientação de Haller. Também na cidade de Basileia havia muito a Reforma se firmara. Então, por que em Genebra ele não faria isso? Contudo, essa reforma não foi possível, porque o descontentamento de Genebra foi crescendo contra Calvino e Farel. Por parte do povo e também por parte do PC, que passara a reprimi-los.

Calvino, porém, demonstrou certo pragmatismo na busca do bem comum da sociedade e um admirável senso prático revelado na sua teologia. O que desejava fazer de Genebra? Uma cidade de Deus? Por que o empenho em exigir de todos os habitantes a subscrição do catecismo e da confissão de fé?

Seu objetivo era que o cidadão genebrino fosse realmente cristão; não apenas nominalmente, mas de fato. O que um francês desejava impor àquela cidade suíça? Como poderia arrogar a si o direito de excomungar honestos genebreses nativos? Essas pretensões eram exorbitantes, e Genebra ainda viria a "domar" ou "dobrar" Calvino. No entanto, as demarcações entre o espiritual e o temporal continuaram como o centro de múltiplos conflitos fronteiriços. O debate permanente causou rejeições durante a vida de Calvino.

Entre outras razões, essa é a grande dificuldade para entender a doutrina política de Calvino a partir de sua vida pastoral, pelo simples fato de ele não se contentar em estabelecer uma doutrina política à parte de sua teologia. Como Calvino era teólogo, seu sistema teológico inevitavelmente apontava para a preocupação de estabelecer a doutrina em relação a todas as atividades do homem, incluindo a política (Doumergue, 1909, p. 82-83 apud Cottret, 1995, p. 298).

Dessa forma, Calvino tentaria implantar uma teocracia semelhante à de Gregório Magno, apenas com um ministério protestante em lugar do papa? Seguindo essa linha de oposição, Stefan Zweig não viu em Calvino senão um fanático cego. Trabalhador incansável, embora enfermo. Uma espécie de maníaco, com ideias de profeta carismático. Um ditador, sem alma nem afeição. Para atingir seu alvo, usava meios lícitos e ilícitos, tornando-se assim desleal e insincero (Zweig, 1936, p. 46).

Isso, porém, demonstra a ignorância de Zweig acerca do contexto histórico e cultural e da geração à qual Calvino pertencia. Talvez seja querer muito ou esperar o irrealizável exigir de Calvino a aplicação ao pé da letra de seus preceitos teológicos em Genebra.

Nessa época, a cidade era conturbada por conflitos, quando ele mesmo se tornava alvo de críticas e acusações severas, e ainda mais que ele lidava com um concílio de homens sem grande expressão, até mesmo meros oportunistas.

Com a força da oposição de Genebra contra Calvino e Farel aumentando, os líderes contrários a eles obtiveram fácil vitória nas eleições de 1538. Eram os chamados "libertinos", os elementos do PC mais favoráveis a uma atitude mais liberal com respeito aos costumes.

Inicialmente, a postura diferente do catolicismo banido de Genebra, depois a disputa em Lausanne, os entreveros com Carolli e os anabatistas, as dificuldades com o PC, e agora a oposição ferrenha dos libertinos. Não, realmente não foi um período fácil para uma primeira experiência pastoral. Contrário radicalmente aos libertinos, Calvino chegou mesmo a negar-lhes a possibilidade de participarem da ceia nos cultos dominicais. Calvino negava a sua ministração àqueles que estavam em pecado "notório", como jogo de cartas, excessos no vestir e nos penteados etc.

Havia ainda outra questão relativa à santa ceia e que veio a agravar a situação: o PC pensava em negá-la apenas àqueles que, por própria decisão, se afastassem. A fazer isto, Calvino preferia morrer.

Por fim, continuaram as desavenças com o líder reformado Pierre Carolli, que desejava vingar-se de Farel e de Viret, contra os quais disputara em Lausanne no ano anterior. Carolli se voltara também contra Calvino, acusando-o de heresias.

Embora Calvino conseguisse explicar-se, ficou abalada a confiança em sua ortodoxia, por parte de Berna. Como na época Berna exercesse jurisdição eclesiástica sobre Genebra, a situação de Calvino ficou à deriva. Dessa batalha, Calvino saiu ferido e desgastado. Após o caso Carolli, a Igreja de Berna acentuou suas pequenas diferenças rituais quanto à Igreja de Genebra. Berna continuou insistindo no uso de pão sem fermento na ceia, no uso da pia batismal, na celebração do Natal, Ano Novo, Anunciação e Ascensão etc. Mais por respeito a Farel do que por convicção, Calvino rejeitou as práticas de Berna e recusou-se a aplicá-las em Genebra.

Como os homens do PC de Genebra quisessem as boas graças de Berna, eles adotaram essas práticas litúrgicas diferenciadas. Fizeram-no à revelia de Calvino e dos outros pastores, os quais consideraram a atitude uma intromissão em assuntos de exclusiva competência da Igreja. Eram assuntos de liturgia e doutrina.

No dia 4 de janeiro de 1538, O PC decretou que não fosse recusado servir a ceia a qualquer libertino. No dia 3 de fevereiro, quatro novos síndicos hostis a Calvino insistiram em sua postura de constituir quem eram efetivamente os executivos da cidade. Eram reticentes à ingerência daquele francês ali refugiado.

Em março daquele ano, o PC suspendeu a liberdade de os pregadores da cidade ingerir-se em processos civis. O golpe de misericórdia foi dado quando um velho pastor cego, Courand, que fora trazido a Genebra por Calvino, passou a pregar violentos sermões insultando essas autoridades.

Courand acabou preso por haver tratado o governo de Genebra como "reino das rãs" e os magistrados como "beberrões" (Calvino, Salmos, prefácio, p. 22 apud Cottret, 1995, nota 80). Farel e Calvino exigiram a sua soltura. O PC não só rejeitou o pedido, como ainda os obrigou a adotarem os ritos de Berna, que vinham rejeitando. Os reformadores sentiram-se ofendidos, recusando-se até mesmo a celebrar a ceia na Páscoa que se avizinhava. Em represália, Calvino e Farel foram proibidos de pregar. Como não obedeceram, houve tumulto e quase um derramamento de sangue.

Calvino e Farel enfrentaram a interdição no domingo seguinte, 21 de abril de 1538. No dia seguinte, o Conselho dos Duzentos perante o Conselho Geral pronunciou sua sentença de expulsão dos reformadores. A partir de 23 de abril, deram mais três dias para que Courand, Farel e Calvino saíssem da cidade.

Courand acabou morrendo, vitimado pela peste, em outubro desse mesmo ano (Cottret, 1995, p. 140, nota 81). Farel e Calvino acabaram expulsos da cidade. Com a sua expulsão, a resposta de Calvino foi (*Annales calviniani*, O. C., v. 21, p. 226-227; *Registres du Conseil*, 32, f. 36):

> Se fôssemos servos dos homens, teríamos então recebido uma triste recompensa. Mas servimos a um grande Mestre que nos recompensará.

Ou, em outro lugar: "[...] bem que estou servindo àquele que nunca deixa de fazer aos seus o que lhes tenha prometido" (Bèze apud Ferreira, 1985, p. 83). O orgulho da cidade estava ferido, pois como puderam insultar a cidade que os acolhera? Calvino, por sua vez, prometeu não mais repreender Genebra. Restou-lhe dirigir-se a Berna e depois a Zurique, com Farel.

Suas últimas tentativas de reconciliação encerraram-se em maio de 1538: apesar da intermediação dos representantes bernenses, o caminho de volta foi interditado por Genebra.

5
Estrasburgo e os melhores anos de Calvino — 1538-1541

Após o fracasso em Genebra, de volta para a estrada. E então, para onde ir? Calvino e Farel tentaram exilar-se na cidade de Berna. Lá procuraram as autoridades religiosas para lhes expor o que ocorrera. Apresentaram também seus planos de continuar com o trabalho evangélico.

O concílio estava reunido em Zurique e, depois de se exporem a esse concílio que os jurisdicionava, perceberam a frieza dos líderes religiosos de Berna. O máximo que conseguiram desses embaixadores foi um pedido para que Genebra reabilitasse Farel e Calvino. Então, a dupla descartou Berna e foi novamente tentar a sorte em Basileia.

O que Farel e Calvino esperavam de Genebra era uma transformação radical impossível à sociedade genebresa em tão curto tempo. Não era bastante apenas aquela sua formal aceitação dos princípios morais e religiosos da Reforma. Era difícil aceitar; mas, para os genebreses, aderir à iconoclastia poderia ser um caminho mais fácil. Os genebreses foram pródigos em clamar contra a imoralidade do clero e em quebrar altares. Fizeram isso no caso da expulsão de algumas freiras do convento de Saint Claire (Dyer, 1850, p. 58 apud Ferreira, 1985, p. 84). Estas, sob a aparência de piedade, mantinham passagens subterrâneas que as conduziam até o convento dos monges franciscanos.

Os genebreses, porém, não estavam prontos para assumir uma vida cristã moralizada à la Calvino. Para a dupla Farel e Calvino, restava lembrar com tristeza que os chamados "irmãos em Cristo" reuniram-se num só partido de descontentes contra eles (Ferreira, 1985, p. 84).

Esses irmãos eram taberneiros que se sentiram prejudicados por não poderem mais vender bebidas, jogadores e beberrões privados de seus vícios, ou ainda outros que consideravam que as novas práticas calvinistas seguiam novos padrões incompatíveis com sua profissão de fé cristã.

Na verdade, todas essas exigências vinham do período anterior à chegada de Farel, e bem anterior a Calvino. O problema cresceu quando esses dois reformadores foram muito severos em exigi-las. Faltaram a Farel e a Calvino maior experiência e melhores perspectivas para compreenderem racionalmente a situação.

Essa combinação — Farel e Calvino — parece não ter sido a melhor fórmula para o sucesso naquela cidade. Farel era zeloso e fanático, até irracional em suas exigências. Com sua voz de trovão, era antipático e indomável; como se dizia, em cada fio de sua barba ele trazia um demônio (Dyer, 1850, p. 78 apud FERREIRA, 1985, p. 85). Bem diferente de Farel, Calvino era tímido, reservado, mais moço e intelectualizado.

Os dois reformadores continuaram amigos por toda a vida, respeitando-se mutuamente. Contudo, Genebra não gostava dessa dupla. Até o estrasburguês Martinho Bucer, que passou a ser amigo comum de ambos, julgou melhor que se separassem, por isso convidou apenas Calvino para refugiar-se em Estrasburgo[1]

Farel foi para Neuchâtel. Quando surgiu o desejo de terem Calvino de volta, os líderes do PC de Genebra não estenderam o mesmo convite a Farel. Com certeza, isso não teria sido conveniente, pois Genebra esperava o apoio de Berna, mas Farel era intransigente e contrário aos ritos litúrgicos daquela cidade. Para o PC, não seria politicamente correto trazê-lo de volta a Genebra. Em Neuchâtel, Farel se acertou e lá permaneceu até o final de sua vida.

[1] Na década de 1520, Estrasburgo abraçou as teses religiosas de Martinho Lutero. No século XVII, os novos reformados estabeleceram na cidade uma universidade. A cidade era livre e autônoma do Sacro Império Romano-Germânico e foi anexada à França somente em 1681, conforme estatuto confirmado pelo Tratado de Ryswick (1697). Estrasburgo foi anexada ao Império Alemão, como capital do Reichsland da Alsácia-Lorena (Alsace-Lorraine), em 1871, após a Guerra Franco-Prussiana, pelo Tratado de Frankfurt. A cidade voltou à França após a Primeira Guerra Mundial, em 1919, pelo Tratado de Versalhes. Tornou-se novamente parte da Alemanha, durante a Segunda Guerra Mundial, de 1940 a 1945, para retornar à França no final dessa última grande guerra.

Calvino estava próximo de seus 30 anos e, com esse fracasso em Genebra, passou a mudar suas atitudes, temperamento, estilo; amadureceu e parece ter descoberto a fórmula que o tornou um reformador diferenciado de seus antecessores. O elo entre os dois Calvinos foi Estrasburgo.

1538 — ESTRASBURGO RECICLOU CALVINO

Esse novo momento pode ser confirmado a partir dos novos escritos de Calvino, que publicou a primeira edição de suas *Institutas* (1541) em língua francesa. Antes, porém, fizera a segunda edição em latim (1539), na qual nitidamente estampou seu pensamento como diferenciado do luteranismo. Começou a evoluir um pensamento genuinamente calviniano.

A fórmula calviniana que se distingue de seus predecessores reformadores é uma questão de estilo, sem dúvida, mais até que diferenças doutrinárias. Questão de estilo e de temperamento, pois o calvinismo atingiu o mais alto ponto de equilíbrio entre o pensamento e a forma. Ele nasceu de uma paixão literária (Cottret, 1995, p. 143).

Entretanto, o que mais distingue Calvino nessa nova fase é o seu *Comentário à epístola aos Romanos* (1539-1540), quando declara a todos que não é Melâncton, nem Bucer, nem Bullinger; é simplesmente Calvino (Cottret, 1995, p. 143).

Quando saiu de Genebra, Calvino não tinha a intenção de instalar-se em Estrasburgo. Pretendia retomar seus estudos de belas letras, mas acabou tornando-se o grande reformador do século XVI.

Para Cottret (p. 143), decididamente Deus contrariava Calvino: ele o envia precisamente para lá ou não lhe permite ir ali, para trazê-lo finalmente ao seu ponto de partida — Genebra ou Basileia, Estrasburgo ou Genebra —, sempre o trajeto de um predestinado.

Por ora, o destino de Calvino seria Estrasburgo, onde chegou em julho de 1538. Em setembro, ele foi convidado para pastorear a comunidade de língua francesa e lecionar na Escola Alta (Faria, 2008, p. 220). Começou naquela cidade um profícuo trabalho que se estendeu até 1541.

Participou de colóquios interconfessionais, completou sua formação teológica, reescreveu as *Institutas*, publicou o comentário de Romanos, a carta a Sadoleto e outros documentos importantes — um livro de liturgia e um tratado sobre a santa ceia. Progrediu como exegeta, tornou-se amigo de grandes reformadores e até mesmo casou-se. Estrasburgo fez muito bem a Calvino, e esses foram os três melhores anos de sua vida.

A experiência em Estrasburgo concedeu a Calvino não apenas um modelo eclesiástico, mas um modelo do que deveria ser o protestantismo: mais que teologia, um fato civilizatório (Cottret, 1995, p. 144).

Na divisa entre a França e a Alemanha, Estrasburgo era cidade germanófona, mas a sua localização permitiu a instalação de refugiados franceses na cidade que pertencia à Alemanha daquele período.

Calvino assumiu o pastorado desses refugiados e teve ainda a oportunidade de convívio com outros reformadores, como Gaspar Hédio, Niger, Capito e Jean Sturm. As ideias educacionais de Sturm acabariam por influir Calvino na futura organização da Academia de Genebra.

Mais de 20 obras de Lutero haviam sido publicadas naquela cidade. Muitos notáveis constam da galeria de reformadores de Estrasburgo: Matthieu Zell (1477-1548)[2], era o cura da catedral da cidade e foi o primeiro a tornar-se ardente propagador das ideias evangélicas.

Dois leigos deram à cidade um prestígio inestimável: Jacques Sturm (1489-1553), o artesão de uma revolução que tirou o poder do bispo e o confiou aos burgueses, e Jean Sturm (1507-1589).

Jean Sturm era teólogo, político e pedagogo. Fundou seu colégio-modelo com o *Gymnase de Strasbourg*, escola protestante cuja arte de ensinar tornou-se modelo humanista durante aquele século e em toda a Europa. Juntamente com Calvino, Sturm demonstrava que a política é estreitamente tributária de uma pedagogia.

Entre esses notáveis de Estrasburgo, ainda estavam Martinho Bucer (1491-1551)[3], que merece lugar entre os grandes teólogos como Lutero,

[2] Mattthieu era casado com Catherine Zell (1497-1562), uma reformadora militante. Catherine publicou duas obras (1524): uma para confortar as mulheres que tinham sido perseguidas por suas convicções evangélicas; outra para defender o casamento dos clérigos.

[3] Martinho Bucer ou Butzer (latim Martinus Buccer, Martinus Bucerus) nasceu em Schlettstadt, na Alsácia (hoje Sélestat, França). Em 1506, entrou para a ordem dominicana e foi enviado para estudar em Heidelberg, onde se familiarizou com as obras de Erasmo e as ideias de Lutero. Ele tornou-se reformado e, em seguida, abandonou a ordem dominicana (1521). Foi excomungado. Casou-se com uma antiga freira, Elisabeth Silbereisen. Em 1522, foi pastor em Landstuhl, no Palatinado, e grande propagador das doutrinas do

Melâncton e Calvino, por causa do vigor de seu pensamento e de suas ações. O mesmo se pode dizer de Wolfgang Köpel, chamado de Capito (1478-1541)[4], que era um intelectual e amigo de Erasmo de Roterdã.

Calvino ainda recebeu de Martinho Bucer a ajuda necessária para realizar seu chamado. Como Farel fizera em Genebra, Bucer sabia que a presença de Calvino em Estrasburgo era providencial e soube tirar proveito desse talentoso francês proveniente da Picardia.

De certa forma, a moderação de Bucer até mesmo irritava esse fogoso picardo (O. C., v. 10b, p. 137-144). Diferentemente de Farel, Bucer não lançou imprecações sobre Calvino, mas impressionou-o a ponto de fazê-lo se estabelecer em Estrasburgo.

Calvino não se portou como Jonas, conforme afirmou no prefácio aos Salmos, e aceitou a função de ensinar. Estrasburgo acabou sendo a escola onde Calvino aprendeu a lidar com pessoas de todas as classes, de humildes refugiados a mestres e teólogos.

As práticas de Calvino foram aceitas: ele excluía faltosos da celebração eucarística, bem como podia aplicar seu Código de Disciplina e a Confissão de Fé, além de obrigar crianças a aprenderem o catecismo.

UM PASTOR DE REFUGIADOS FRANCESES

Os refugiados franceses pastoreados por Calvino se reuniam na Igreja de Saint-Nicolas-des-Ondes; depois, na capela dos penitentes de Sainte-Madeleine e, finalmente, no coro da Igreja dos Dominicanos. Suas reuniões

protestantismo. Depois da sua excomunhão, em 1523 ele fixou sede em Estrasburgo, sendo o seu principal reformador. Mais tarde, seguiu para a Inglaterra de Henrique VIII, onde tornou-se professor de teologia na Universidade de Cambridge (1549), tendo sido fundamental para a reformulação do *Livro de oração comum* da Igreja anglicana (1552). Bucer influenciou Calvino de forma indelével: os quatro ofícios, a doutrina do Espírito Santo, a disciplina eclesiástica e tantos outros pontos.

4 Wolfgang Fabricius Capito (1478-1541), cujo sobrenome de nascimento era Köpfel, havia ficado viúvo em 1531 e, no ano seguinte, casou-se com a viúva do reformador Ecolampádio, de Basileia. Ele e Martinho Bucer foram os compiladores da *Confissão tetrapolitana* (1530). Atendendo ao apelo de Haller, Capito redigiu a *Declaração sinodal de Berna*, também conhecida como o *Consenso de Berna* ou *Artigos e admoestações do Sínodo de Berna*.

eram célebres pela beleza de seus cânticos. Cada membro da igreja tinha disponível um *livre de musique*, o Saltério huguenote, em sua primeira edição de 1539 (Weber, E., 1979, p. 28 apud Cottret, p. 146, nota 8). Era intitulado *Aucuns psaumes et cantiques mis em chat (*alguns salmos e hinos adaptados para o canto), cujas melodias provinham do repertório estrasburguês.

Era também curiosa a forma com que Estrasburgo considerava obrigatório a pessoa pertencer a alguma de suas corporações de ofício para ser aceita como burguês nessa cidade. Para que Calvino recebesse o título de burguês, precisou ser registrado na corporação dos alfaiates. Para manter-se, Calvino ocupou as funções de pastor daqueles refugiados franceses e de professor na Escola Alta. Como seus rendimentos eram insuficientes, precisou estabelecer uma pensão de estudantes, em regime semimonástico, com todo um sistema de orações e estudos (Almeida, 1996, p. 56). Era a forma de conseguir meios para o seu sustento.

Os anos em Estrasburgo foram felizes, mas de muita pobreza. Calvino foi pródigo em despertar jovens para o ministério pastoral, e alguns vinham de outras cidades para estudar ao seu lado.

Conforme Pierre Du Moulin, em *De la vocacion des pasteurs* (1618 apud Cottret, 1995, p. 146, nota 12), os estudantes foram: Michel Mullot, que veio de Montbéliard; Jean Curie, bretão; Gaspard Carmel, primo de Farel; Jacques Sorel e Robert Louvat, de Briard; depois Sébastien Castellion[5], além de Louis e Charles de Richenbourg, seu parente Malherbe, e Claude Feray, um jovem erudito em quem Calvino depositava suas esperanças.

Em julho de 1539, Calvino foi oficialmente aceito em Estrasburgo, quando lhe concederam o título de burguês. No século seguinte, em 1618, esse pastor huguenote francês, Pierre Du Moulin (1568-1658), discutiu sobre a vocação de pastores. Ele distinguiu entre as "vocações ordinárias" e as "extraordinárias", apontando para a possibilidade de descontinuidade da vocação em casos de perseguição, por exemplo.

E onde se situou Calvino? Um reformador é mais um profeta em períodos extraordinários? Um profeta ou apóstolo? Um novo Isaías ou um novo

[5] Sébastien Castellion chegou a Estrasburgo somente em 1540. Treze anos depois, Castellion se tornaria um dos oponentes de Calvino e o acusaria de intolerância.

Paulo? Para Du Moulin, Calvino estava mais para um Robinson Cruzoé (Ibid., nota 13) em sua ilha. Um homem cercado por "nativos", aos quais se habituou por necessidade e os instruiu na religião cristã. Um pastor? Um missionário?

Oficialmente, não, pois, mesmo quando anteriormente foi solicitado por Farel e por Bucer, Calvino não aceitou ser ordenado pastor. Como reformador, manifestava não ter mesmo a vocação pastoral. Nunca recebeu a unção ou imposição de mãos. Reconhecia, no entanto, que Deus o chamara, por meio de homens que insistiam em sua ordenação. Não obstante, jamais aceitou receber uma missão que ele mesmo julgava tão elevada (Cottret, 1995, p. 150).

1540 — O CASAMENTO COM IDELLETE

Finalmente, Calvino casou-se em Estrasburgo. Pôs fim à aparente contradição entre a própria situação de solteiro e os seus ferrenhos ataques ao celibato que, para ele, tanto prejudicava a Igreja em sua falta de base bíblica.

Parece ter havido um pequeno concurso para achar a companheira ideal, até que Calvino casou-se, em 14 de agosto de 1540, em Estrasburgo, tendo como celebrante o seu amigo Farel. Antes disso, ele já confessara que demorara a casar porque a única beleza feminina que o seduzia era a de uma mulher pudica, modesta, econômica, paciente, que pudesse cuidar de sua saúde não muito boa (O. C., v. 10-2, p. 348, 19 maio 1539, e v. 11, p. 12).

Havia essa jovem viúva, cujo irmão, Antoine, esforçava-se para arranjar-lhe o casamento com Calvino. A jovem Idellete não falava o idioma de Calvino, e Antoine arranjou um subterfúgio para aproximá-los: Calvino deveria ensinar o francês para a moça. Difícil tarefa para o reformador junto a uma jovem estrasburguesa à qual restava tempo apenas para algumas tarefas daquele século XVI — *kinder, kirche, Küche*: crianças, igreja, cozinha (Cottret, 1995, p. 152).

Em poucos meses, Calvino conseguiu comprometer-se com essa jovem simples e honesta, que, como o incrédulo Farel constatou, era mesmo jovem. Idellete de Buren era viúva de um anabatista, Jean Stordeur, que havia morrido durante um surto de peste em Estrasburgo. Ela já tinha dois filhos, um garoto cujo nome é desconhecido (provavelmente, Jacques) e a filha,

Judith. A lua-de-mel foi muito breve porque a doença que já havia deixado Idellete viúva continuava a ameaçar Estrasburgo.

Aquele jovem talentoso e promissor erudito Claude Feray, que Calvino treinava para o ministério, foi vitimado pela peste e faleceu em março de 1541. Também morreram os outros aprendizes — Louis de Richebourg e Malherbe. A própria Idellete teve a saúde fragilizada e refugiou-se com seus dois filhos na casa de seu irmão, fora da cidade. Nesse período, Calvino participava da Dieta de Ratisbona, e sua esposa teve de enfrentar sozinha esse tempo angustiante.

De fato, não puderam desfrutar longamente a vida conjugal: o único filho que tiveram juntos, em 28 de julho de 1542, morreu poucos dias após ter nascido (Almeida, 1996, p. 56). A própria Idellete morreu de tuberculose, apenas nove anos após seu casamento (1549).

Apesar disso, Calvino pôde mostrar que não era um homem sem afeições e sentimentos, pois parece ter sido bastante sensível para com sua família, embora tivesse sido uma família de curtíssima duração (Carta a Viret, opus 13, p. 330 apud Ferreira, 1985, p. 94). Não há informações sobre o paradeiro de seus enteados após a morte da mãe. Suspeita-se que tenham retornado a Estrasburgo para ficar com os familiares de Idellete.

Dificuldades familiares e apertos financeiros. Por outro lado, grandes progressos intelectuais. Em 1539, Calvino conseguiu um significativo avanço teológico com a nova versão de suas *Institutas*. O novo texto era o triplo de sua primeira versão. Passou a insistir sobre o conhecimento de Deus e de si mesmo, com desenvolvimentos substanciais a respeito da predestinação e da providência. Calvino amadurecia intelectualmente (Wendel, 1985, p. 38).

O AMADURECIMENTO INTELECTUAL DE CALVINO

No Ginásio de Jean Sturm, Calvino proferiu um curso de exegese bíblica e, logo após, publicou o texto latino de seu comentário à epístola aos Romanos. Provavelmente, esse comentário à carta paulina tenha sido o resumo das aulas que Calvino ministrara em Genebra, entre 1536 e 1538, e que repetira em Estrasburgo.

Como após Lutero o texto de Romanos tornara-se referência obrigatória da Reforma, Calvino precisou abordar essa obra-prima. Magistralmente, ele transformou um percurso obrigatório em golpe de mestre, justamente pelo fato de amar a concisão e a clareza (Cottret, 1995, p. 154).

O calvinismo tornou-se assim uma questão de estilo ou de escrita. Calvino tinha consciência de sua originalidade como pensador e escritor, mas nunca deixou de citar seus grandes mestres: Melâncton, Bullinger e Bucer. Reconheceu humildemente os grandes méritos e créditos, no entanto sempre brilhou ao ser comparado a eles.

O comentário de Romanos acabou sendo a prova de seu amadurecimento intelectual. Sua dedicatória a Simon Grynée, ou Grynaeus, é de 18 de outubro de 1539, mas o texto foi publicado em março de 1540. Os secretários de Calvino anotavam seus sermões e conferências e os redigiam para que Calvino os revisasse. Ele os escrevia no francês clássico, o que o ajudou a pôr esse idioma numa posição de importância, buscando a clareza e a brevidade em seus escritos (Almeida, 1996, p. 55).

Calvino escreveu em linguagem simples para despertar o interesse desses leitores desacostumados aos textos mais difíceis escritos pelos demais reformadores. O estilo breve e conciso de Calvino se contrapunha ao de Melâncton, Bullinger e Bucer, comentadores contemporâneos e ligados a Estrasburgo. Ele fugia da aridez escolástica, e seu estilo era o de evitar discussões filosóficas extensas (Calvino, Romanos, 1997, p. 13, nota 23).

Fazendo um levantamento bibliográfico ou, ainda, uma revisão do estado da arte em seu contexto, Calvino referiu-se aos comentaristas já mortos e deteve-se nos que ainda estavam vivos e à sua volta. Em seu referencial teórico, mencionou que Melâncton (1497-1560) parece ter sido breve demais em suas reflexões, justificando assim sua reputação de moderado.[6] Calvino afirmou sobre Melâncton:

> [...] seu único objetivo, entretanto, pareceu-me ater-se à discussão de pontos que nada possuíam de concreto ou de especial [...] deliberadamente passa

[6] Philipp Schwarzerd, mais conhecido como Philipp Melanchthon e, em português, Filipe Melâncton ou Melantone, nasceu em Bretten (16 fev. 1497) e faleceu em Wittenberg (29 abr. 1560). Foi colaborador de Lutero, redigiu a *Confissão de Augsburgo* (1530) e converteu-se no principal líder do luteranismo após a morte de Lutero.

> por alto muitas questões que geralmente trazem grande ansiedade às pessoas de cultura mediana (CALVINO, Romanos, 1997, p. 21).

Bullinger (1514-1575), mais jovem que Calvino, assumira a concepção apenas cerimonial ou memorial da santa ceia.[7] Superando essa concepção, Calvino admitia a presença real e espiritual do Salvador nos elementos da ceia e não concordava com Bullinger em outros pontos. No entanto, em seu comentário de Romanos, Calvino fez referência a ele: "Bullinger expôs questões doutrinais com facilidade de expressão, daí ser ele tão amplamente recomendado" (Ibid.).

Com referência a Bucer, julgou que ele se alongava demais para fazer-se compreendido pelos leitores. Ele era prolixo no que escrevia, enquanto os leitores que tinham outras questões em mente encontravam dificuldade para ler seus escritos. Profundos demais para pessoas de "[...] inteligência mediana e com mais dificuldade de introspecção" (Ibid., p. 22). Audaciosamente, Calvino se destacava acima desses três pilares de Estrasburgo, embora julgasse que seria

> [...] lamentável sinal de rematada arrogância pretender competir com eruditos de tal estirpe, e jamais me ocorreu detrair um mínimo sequer de seu mérito (Ibid., p. 21-22).

A partir de Romanos, Calvino se dedicaria, até o final de sua vida, a comentar quase todos os livros da Bíblia. Fez isso também em seus sermões. Veio a destacar-se como um dos mais importantes exegetas de todos os tempos, recebendo elogios como "o exegeta da Reforma" (CALVINO, Romanos, prefácio, 1997, p. 8).

7 Heinrich Bullinger (18 jul. 1504 a 17 set. 1575) foi um reformador protestante suíço e sucessor de Ulrico Zwinglio (1484-1531), como chefe da igreja e pastor em Zurique. Por ser uma figura muito menos controvertida que João Calvino ou Martinho Lutero, sua importância tem sido desde muito subestimada. Uma pesquisa recente mostrou, porém, que ele foi um dos mais influentes teólogos da Reforma no século XVI. Escreveu cerca de 150 importantes obras, destacando-se a *A Segunda Confissão Helvética* (1562-1566).

O objetivo principal de um expositor é a *perspicua brevitas* — uma fácil e lúcida brevidade. Com isso em mente, Calvino buscava nortear seu pensamento por meio da brevidade na interpretação. Além disso, sua acuidade hermenêutica e exegética era singular e lhe permitia interpretar textos difíceis com clareza e simplicidade, sem ferir a fidelidade textual (Ibid., p. 8). Enquanto escrevia seus comentários, ele ampliava a sua obra-prima — as *Institutas* —, como fruto desse seu aprofundamento e amadurecimento intelectual, sempre tendo em vista os questionamentos de seu tempo.

Calvino soube bem empregar as ferramentas de que dispunha em sua época para realizar uma boa exegese. Quando escrevia, dispunha claramente o seu material, usava de simplicidade e lógica. Por essa razão, foi reconhecido como o "príncipe dos expositores" (Singer, 1989, p. 6).

Exegeta da Reforma de reconhecida excelência (Fischer, 1984, p. 204), sustentava que as Escrituras são a melhor intérprete de si mesmas (Calvino, Romanos, 12.6, 1997, p. 430 et seq.), pois é o Espírito Santo quem ensina por meio das Escrituras (*Institutas*, v. I, cap. 7.4-5, 9.3; v. III, cap. 21.3).

Tal como escrevia, Calvino usava o mesmo método em suas pregações (Parker, 1992, p. 79 et seq.). Apresentava um monumento de exegese, clareza e fidelidade bíblica, aplicada com maestria aos seus ouvintes, dada a sua grande e precípua preocupação pastoral (Strohl, 1963, p. 222; Crampton, 1992, p. 28).

Com tamanha profundidade teológica e reconhecida capacidade, durante os bons três anos de Estrasburgo, Calvino participou de várias dietas e conferências em outras cidades: Hagenau, Worms, Regensburgo, Frankfurt, Ratisbona etc. Ele foi eleito representante de Estrasburgo nesses debates teológicos entre católicos e protestantes, convocados pelo imperador Carlos V.

Isso o ajudou a fazer-se conhecido e acabou por projetar o seu nome entre os reformados. Calvino tornou-se amigo dos grandes teólogos da época, e até mesmo o grande reformador Melâncton passou a tratá-lo como "teólogo", dele tornando-se bom amigo.

Em Estrasburgo, Calvino também amadureceu suas ideias sobre a ceia e publicou um tratado a respeito — *Ceia como meio de graça* —, no qual mostrava pensar de maneira diferente de Lutero e sua doutrina da consubstanciação, bem como de Zwinglio, Bullinger e a concepção de ceia memorial. O ponto em que divergia daqueles outros reformadores era a real presença de Cristo na celebração eucarística, entendendo-a como meio de graça.

Enquanto isso, o nome de Calvino espalhou-se por vários países da Europa. Os seus contemporâneos passaram a considerá-lo um autêntico líder intelectual da Reforma. Isso se devia também ao sucesso obtido por ele na acolhida que dera a centenas de refugiados em Estrasburgo, protestantes que fugiam de várias regiões e que eram atraídos pela fama do pregador.

Durante esse período, Calvino ainda escreveu inúmeras cartas, revisou as *Institutas*, seus livros tiveram grande repercussão após sua publicação, pregou muito, deu aulas de teologia e, apesar de começar a definhar fisicamente, fazia o trabalho de quatro a cinco diferentes profissões (Cottret, 1995, p. 298).

1541 — GENEBRA SENTE A FALTA DE CALVINO

E Genebra? Ainda era possível manter relações com a antiga cidade em que tinha fracassado?

Durante a ausência da dupla Farel e Calvino, o PC de Genebra restaurou os ritos de Berna e a celebração das quatro festas que havia abolido em 1536: Ascensão, Circuncisão, Anunciação e Natal (Roget, 1976, p. 116).

Foi preservada a disciplina férrea ao se exigir a presença aos cultos dominicais e à santa ceia. Havia ainda perseguições contra os católicos e anabatistas além da expulsão dos estrangeiros refratários. Portanto, entre 1538 e 1541, Genebra não registrou nenhum relaxamento moral ou doutrinário.

Os pastores substitutos levados a Genebra foram: Jean Morand e Antoine Marcout — aquele amigo de Calvino e militante do caso dos *placards*. Mais dois pastores genebreses os auxiliavam: Jacques Bernard e Henri de la Marre. Parece, entretanto, que esses pastores eram pusilânimes aos olhos dos protestantes genebreses, principalmente com respeito às questões teológicas referentes à santa ceia.

Os antigos opositores genebreses de Calvino tinham o nome pitoresco de *articulantes* (*articulans* ou *artichauts*) e eram liderados pelo capitão-general Jean Philippe. Seus simpatizantes ou partidários eram liderados por Ami Perrin, até então seu amigo (*ami*), mas que depois se tornaria o seu mais ferrenho opositor. Os partidários de Calvino eram conhecidos como os *guilherminos*, em alusão ao nome Guillaume Farel.

Enquanto ausente de Genebra e atuante em Estrasburgo, a boa reputação de Calvino se fazia notória. Com a eleição de novos síndicos para o PC de Genebra, em fevereiro de 1539, a opinião pública favorável a Calvino se reacendeu. Foram eleitos os *guilherminos* Girardin de la Rive, Antoine Chiccand, Hudriod Du Mollard e Jean Coquet (Cottret, 1995, p. 160, nota 50).

No final de 1539, deu-se uma reviravolta ainda em Genebra. O motivo era a deterioração das suas relações com Berna, e, em 1º de fevereiro de 1540, as duas cidades se distanciaram politicamente.

Os *articulantes* de Genebra eram favoráveis a Berna e agora perdiam seu prestígio, sendo acusados de traidores. Como resultado das lutas internas, o líder *articulante* Jean Philippe foi sentenciado como traidor e decapitado. Os *guilherminos* assumiram o controle do PC. Como eram simpatizantes de Calvino, passaram a requerer o seu retorno à cidade.

Com essa ideia em mente, Louis Dufour, membro do Conselho dos Duzentos, foi a Estrasburgo, com mensagem de 22 de outubro de 1540. Declarou perante as autoridades de Estrasburgo que o seu Conselho dos Duzentos, juntamente com o PC e o Conselho Geral de Genebra, pedia o retorno de Calvino (Roget, 1976, p. 292).

Após três anos de sua ausência, os genebreses reconheceram que Calvino havia mudado muito em Estrasburgo: sua experiência tinha sido muito rica, e até se havia casado. As *Institutas* se tornaram um *best-seller,* e os genebreses, magnânimos, queriam perdoar seus erros passados e recebê-lo de portas abertas em sua cidade.

1541 — A CARTA AO BISPO SADOLETO

Um dos fatores que mais pesou nesse desejo de ter novamente Calvino em Genebra foi a sua postura ante o cardeal Sadoleto, em episódio importante para todos eles.

Tiago ou Jacopo Sadoleto (1477-1547) queria retomar Genebra para a Igreja católica. Ele era o bispo de Carpentras, no sul da França (1517), e foi nomeado cardeal em 1536. Tornou-se latinista, filósofo, teólogo e um dos mais conhecidos cardeais de sua época. Em 1538, Sadoleto convocou um colóquio na cidade de Lyon, para debater estratégias para a reconquista de Genebra. Como diplomata, era muito habilidoso.

O antigo bispo de Genebra, Pierre de la Baume, era o maior interessado nessa estratégia. Sadoleto já havia enviado cartas diplomáticas a Melâncton e Sturm (1538), para que também Estrasburgo retornasse ao catolicismo. Agora, ele se dirigia a Genebra com o mesmo propósito.

A argumentação do cardeal baseava-se em dois pontos: primeiramente, ele reputava que somente a Igreja católica estabelecia as normas verdadeiras da vida cristã, por causa de seu conjunto de tradições, cuja origem remontava ao Espírito Santo. Como segundo argumento, afirmava que o cristão deveria agir continuamente por conta própria, mas dentro das balizas dessa Igreja. Somente assim se poderia assegurar da salvação (Faria, 2008, p. 93). Eram argumentos inteligentes e coerentes com sua posição teológica semipelagiana.

Contando com seu poder de argumentação, em 18 de março de 1539 entregou essa carta de 48 páginas em Genebra (Almeida, 1996, p. 57). Enviou também cópia para a cidade de Berna, uma vez que era esta a cidade que jurisdicionava Genebra.

O PC da cidade deveria incumbir um de seus pregadores de dar a resposta ao cardeal Sadoleto. Eles, porém, consideravam-se inaptos para a tarefa. Então, Pierre Kunz, em nome desses pregadores e a pedido de Berna, propôs que Calvino fosse encarregado dessa resposta (Faria, 2008, p. 92-93). Portanto, levaram outra cópia da carta de Sadoleto a Estrasburgo. Os pregadores daquela cidade, Bucer, Sturm e Capito, insistiram para que Calvino os atendesse.

Em setembro de 1539, ele publicou a resposta, em latim, que era a língua dos intelectuais da época, e seu editor foi Wendelin Rihel. A resposta foi redigida em seis dias e continha 63 páginas.

Em 5 de setembro de 1540, em Genebra, Michel Dubois publicou a versão francesa dessa *Resposta de João Calvino à carta do cardeal Sadoleto endereçada ao conselho e povo de Genebra*. Não se sabe quem fez a sua versão para o francês[8], mas a carta teve uma repercussão bombástica em várias

[8] Em 2008, foi publicada a primeira tradução da resposta de Calvino a Sadoleto, por Claude Emmanuel Labrunie. A resposta de Calvino veio a ser considerada a melhor apologia da fé cristã redigida no século XVI.

cidades da Europa. Lutero a elogiou: "Eis um escrito que tem pés e mãos. Alegro-me ao ver Deus suscitar homens assim" (apud ALMEIDA, 1996, p. 57).

A resposta de Calvino ao cardeal Sadoleto trazia um pequeno tratado sobre o sacramento da ceia. Mostrava a finalidade e a razão de sua instituição, os frutos e utilidades ao recebê-la, seu uso verdadeiro, os enganos e superstições que corrompiam a sua celebração e as diferenças entre os evangélicos e os católicos. Calvino ainda fez alusão à disputa entre os luteranos e zwinglianos a esse respeito.

Tanto a carta do cardeal como a resposta de Calvino tinham um caráter de carta aberta a todos os cidadãos, burgueses e habitantes de Genebra. Publicamente, parece que Calvino esqueceu suas mágoas de Genebra em face desse inimigo comum, considerado como a hidra papista, sempre pronta a lançar seus tentáculos contra os pobres.

Calvino fez uma introdução cortês, com elogios à ilustre pessoa que era o cardeal. De resto, no entanto, sua carta foi um contra-ataque aos argumentos de Sadoleto e um de seus mais belos textos panfletários. Texto de um profeta à frente de sua igreja. O habitualmente reservado Calvino rompeu com sua modéstia. O comentarista de Sêneca e aprendiz de humanista, refugiado e *amateur* de Cristo, pastor por imposição e depois rejeitado em Genebra, acomodado e *estagiário* em Estrasburgo, agora não se embaraçou em defender a causa do evangelho.

O humanista Calvino confrontou, briosa e brilhantemente, o também humanista cardeal Sadoleto. A resposta foi considerada a melhor defesa do protestantismo daquele período. A questão central da resposta era a autenticidade cristã e o reconhecimento da verdadeira igreja. Para Calvino, o critério essencial que distinguia uma igreja não era a sua antiguidade, como alegava o cardeal, mas o anúncio genuíno da Palavra.

Segundo Calvino, as comunidades católicas até mereciam ser chamadas de igrejas de Cristo. Seu ponto fraco, porém, era o fato de serem dominadas pelo papa e seus falsos bispos, verdadeiros lobos cruéis e perigosos.

Calvino soube contra-argumentar e ainda refutar a artimanha do cardeal e suas tentativas de chantagem para que Genebra orbitasse novamente sob o catolicismo. Por tudo isso, Genebra insistiu em convidá-lo de volta.

Então, após três anos produtivos em Estrasburgo, num ambiente de camaradagem e de bom entendimento, além do prestígio que desfrutava, Calvino daria o salto para a grande obra de sua vida: voltaria a Genebra?

Como Calvino sempre se explicava com base em sua disposição "pronta e sincera" ao serviço divino, desse mesmo modo sentira no chamado de volta a Genebra um imperativo divino e o desejo de obedecer com prontidão. Conforme as cartas que trocou com Farel, pedindo conselhos sobre se deveria voltar a Genebra, dizia que até mesmo preferia morrer com seus problemas de saúde em Estrasburgo a voltar ao calvário de Genebra.

Figura 5.2 O lema de Calvino

Data dessa época o surgimento do seu lema *Cor meum tibi offero, Domine, prompte e sincere* (O meu coração te ofereço, Senhor, pronta e sinceramente)! Seu emblema ou selo mostra um coração em chamas colocado sobre a mão aberta. Na primeira vez, atendera ao esconjuro de Farel. Agora, seguia seus conselhos e atendia a esse imperativo:

> Não há lugar debaixo do céu que eu mais tema do que Genebra; não que eu dela desgoste, mas porque vejo tanta dificuldade no meu caminho que me sinto desqualificado para enfrentá-la. Quando me recordo do que ali passei, não sinto outra coisa senão um calafrio de pensar que serei obrigado a renovar as velhas disputas (Carta a Viret, opus 25 apud FERREIRA, 1985, p. 99).

E a cidade de Estrasburgo, que já lhe concedera o título de cidadão, abriria mão de Calvino? Para isso ser possível, foi preciso a intervenção de Berna, Zurique e Basileia nas negociações. Além disso, houve o esperado *mea culpa* de Genebra: "[...] desde a hora em que foram banidos [Farel e Calvino], não temos tido senão dificuldades, lutas, inimizades, contendas, desordens, facções e homicídios" (Dyer, 1850, p. 144 apud Ferreira, 1985, p. 100).

Com lamentos, Calvino deixou Estrasburgo, levando consigo seu direito de burguesia. Como gato escaldado tem medo de água fria, Calvino não pretendia ou não acreditava que retornaria definitivamente a Genebra. Durante os anos seguintes, ainda consideraria Genebra como uma rota de passagem.

Calvino deixou um sucessor em Estrasburgo — Pierre Brully —, um antigo dominicano que havia tentado pregar a Reforma na cidade de Metz. Anos depois, em 1554, Calvino solicitaria outra missão a Pierre Brully: ser o primeiro missionário reformado na Holanda, enviando-o para pregar em Tournai e Vallenciennes. Lá, ele não permaneceu senão por três meses, tendo sido capturado e queimado vivo por causa de sua pregação reformada. Deixou ali, entretanto, a semente do movimento reformado no sudeste dos Países Baixos (Godfrey apud Reid, 1983, p. 98).

Calvino teve honras de chefe de Estado em sua chegada, festas e flores. Nem sequer mencionou o passado recente em seu primeiro sermão após o retorno — as coisas velhas passaram.

6
O retorno definitivo a Genebra — 1541-1564

Três anos após ter sido expulso, Calvino voltou a Genebra, no dia 13 de setembro de 1541. Lá permaneceu até o final de seus dias.

Genebra o expulsara em 1538. Três anos depois, aceitou-o de volta, mas em nenhuma das duas vezes permitiu que um francês, refugiado, que jamais poderia ser considerado cidadão e que, no máximo, poderia comprar um título de burguês, viesse a dominar a cidade. Dessa forma, as suspeitas de que Calvino tenha implantado uma teocracia naquela cidade, além de mera falácia, é mesmo uma impossibilidade.

Quando ainda era católica, Genebra já expulsara o seu antigo líder espiritual, o bispo La Baume. Quando recém-adepta da Reforma protestante, expulsou seus reformadores Farel e Calvino. Estendeu, então, a segunda oportunidade a Calvino, desde que este refreasse qualquer tipo de poderio religioso.

Em Genebra, o poder executivo pertencia ao Pequeno Conselho e aos demais conselhos, com autoridade exclusiva dos síndicos que os compunham, cargos exclusivos dos nativos genebrinos. Os estrangeiros nunca ocupavam cargo executivo naquela cidade. Isso permanece como regra em Genebra até hoje.

Mesmo após Calvino tornar-se a grande voz do protestantismo em toda a Europa, os conselhos de Genebra conservaram seu direito de se opor às propostas de Calvino, do consistório, ou de qualquer líder ou conselho eclesiástico. Isso incluía questões religiosas sobre as quais esses conselhos deliberavam. Muitas vezes, o fizeram sem ao menos consultar a liderança religiosa da cidade. Portanto, é mais lógico afirmar que a liderança civil de Genebra se impunha sobre a religiosa.

Chamar Genebra de "a cidade de Calvino" é compreensível, dada a sua proeminência histórica e o destaque internacional que ele conferiu à cidade. No entanto, chamar Calvino de ditador de Genebra ou papa protestante é descabido e um contrassenso. Fazê-lo é ignorar todas as evidências históricas, desprezar registros e fatos comprovados; é partir para meras conjeturas que não se sustentam.

Nessas interpretações errôneas, há sempre má-fé e preconceito. Erros históricos que dificultam compreender o próprio sentido das coisas e o modo em que a vida se articula e acontece. São acusações sem solidez nenhuma e que se desmancham no ar de qualquer evidência simples. Basta, para isso, estudar a vida de Calvino e a de Genebra, para entender a importância desses destinos cruzados.

Calvino foi um reformador religioso. Alguns de seus pontos teológicos foram desprezados, e algumas de suas opiniões eclesiásticas foram consideradas letras mortas, tais como a compreensão que ele mostrava ter da celebração mensal da eucaristia. Genebra preferia que a celebração fosse realizada apenas quatro vezes por ano. E assim ficou estabelecido. Calvino acatou a decisão.

No domínio civil, Calvino nunca foi um ditador onisciente, nem um demiurgo, nem sequer um grande legislador que teria dotado a cidade de leis ou instituições. Seu papel findou-se modestamente: ele acompanhou, muito mais do que iniciou, a evolução da cidade. Genebra jamais teria sido uma teocracia (Cottret, 1995, p. 169).

Restou a Calvino a sua prontidão no serviço de organizar a igreja, tal qual ele fizera em Estrasburgo. Ajudou a estabelecer ali a disciplina e a ordem, instituindo a liturgia e os estatutos. Ainda que atualmente o poder civil e o poder religioso se interpenetrem, não era assim no século XVI. O magistério e o magistrado jamais se confundiriam nessa disputa entre o poder religioso e o poder político.

Calvino empenhou-se arduamente para manter a autonomia da Igreja em relação à atuação dos conselhos de Genebra. Algumas vezes, a questão da excomunhão tornou-se o centro dos debates: era um ato religioso, conforme defendia Calvino e seus colegas do consistório, ou era um ato sob a alçada da jurisdição civil, como queriam seus opositores?

Diante disso, Calvino nunca foi investido de poder administrativo pelo Estado; nunca foi um comandante, um chefe ou algum tipo de aiatolá. Bem ao contrário, ele apenas lutou para garantir um mínimo de liberdade de ação da Igreja (Roget, 1867, p. 5 apud Cottret, 1995, p. 169).

1541 — GENEBRA AFINAL DESCOBRE CALVINO

Ao retornar a Genebra, como forma especial de deferência, Calvino recebeu uma casa na Rua dos Cônegos, uma carruagem para buscar a esposa e sua mudança em Estrasburgo, um salário e um púlpito novo, além de novas condições de trabalho. Posteriormente, a Rua dos Cônegos recebeu o nome de *Rue de Calvin*.

Figura 6.1 Detalhe da *Rue de Calvin* hoje.[1]

Pela primeira vez, o casal Calvin teria condições de subsistência digna, com uma situação financeira regular, casa confortável e condições de trabalho consentâneas com os seus encargos. Salário anual de 5 mil florins, duas medidas de cereais e duas pipas de vinho, o equivalente a mil litros anuais. Na casa dos Calvinos residiam os filhos de Idellete, os enteados de Calvino, Jacques e Judith; o cunhado, Antoine Calvin, sua esposa, Ana, e seus quatro filhos. As visitas e hóspedes eram costumeiros naquela casa número 11 (Almeida, 1996, p. 60).

Na rotina familiar daquela casa sempre cheia, Calvino despertava diariamente às 5 horas. Aos domingos, pregava duas ou três vezes. Fazia preleções nas terças-feiras, nas quintas-feiras e nos sábados. Pregava outros sermões nas segundas, quartas e sextas-feiras. Participava das reuniões do consistório nas quintas-feiras. Visitava enfermos e prisioneiros. Cuidava dos

[1] Disponível em: http://www.waymarking.com/waymarks/WMY63. Acesso em: 10 jul. 2008.

interesses dos refugiados que não paravam de chegar à cidade. Celebrava batismos e casamentos.

Escreveu comentários de quase todos os livros bíblicos. Escreveu milhares de cartas. Reescreveu sucessivas vezes as *Institutas*. Chegou a pregar cerca de 3 mil sermões. Seu segundo período em Genebra foi muito frutífero, e até a influência de Calvino estendeu-se além das fronteiras dessa cidade.

Dando um salto nas datas, pode-se afirmar que o calvinismo passou a ter a sua projeção internacional principalmente durante o período de 1555 a 1564. Com as primeiras igrejas calvinistas erguidas na França, em Poissy, o calvinismo estendeu-se desde Genebra até Londres, ainda em Heidelberg, na Escócia e nos Países Baixos, sempre apresentando-se com seu duplo papel — doutrinário e eclesiástico. Isso não quer dizer que Calvino tenha esquecido Genebra, pois ele seguiu com a cidade sem relaxar.

Com certeza, esse calvinismo caracterizou-se por um símbolo, pela encarnação mesmo de "outra" Reforma, que não era nem luteranismo, nem anabatismo, nem *a fortiori* parecida com o catolicismo romano.

Calvino mostrou ser um homem de chamado, resistência e intransigência dignos de nota. Fez da "insularidade" genebresa um refúgio e um asilo, ainda que, por outro lado, experimentasse por parte de vários genebreses a sua cólera mais fria e inextinguível (Cottret, 1995, p. 167).

Quando em Estrasburgo, Calvino havia conseguido ordenar a vida material dos fiéis de uma comunidade caracterizada pelo estado de miséria dos seus refugiados, desprovidos de recursos. Calvino fez isso segundo o que ele entendia por um modelo fiel ao da igreja primitiva: assim, ele organizou o ministério diaconal naquela cidade (Biéler, 1990, p. 222-223).

1541 — AS *ORDENANÇAS ECLESIÁSTICAS*

No regresso a Genebra, Calvino evidenciou o traço de sua personalidade nem sempre lembrado: o de homem de ação, pronto a pôr sua teologia em prática. Ao reiniciar o trabalho na cidade, ele insistiu com o PC de Genebra para que fosse adotado um manual de práticas religiosas na cidade. Era uma nova ordem civil e eclesiástica denominada *Ordenanças eclesiásticas*.

Pediu para elaborá-las em setembro. Em novembro de 1541, o PC adotou as *Ordenanças,* para ajudar a estabelecer a estrutura básica ou constitucional da Igreja e da cidade (Faria, 2008, p. 181). Tratava-se de uma constituição bem simples, com base nas Escrituras Sagradas e na prática da igreja apostólica do século I. Adotava uma forma democrática de governo, representativa e republicana. Tornou-se clássica e paradigmática para as instituições similares em todo o mundo (Ibid.).

As *Ordenanças* de 1541 instituíram o ministério diaconal ou a quarta ordem do governo eclesiástico (Cottret, 1995, p. 165). Esse órgão de assistência era misto, da Igreja e do Estado, tendo recursos provenientes da generosidade dos fiéis e também do tesouro do Estado. A fiscalização era do Estado. Era o aproveitamento da experiência que Calvino adquirira em Estrasburgo.

A assistência diaconal não discriminava nacionalidades e incluía um serviço de assistência médica, tendo um profissional mantido a expensas da cidade. Para que os necessitados tentassem mudar a própria situação, havia outro profissional, um mestre, encarregado de instruir as crianças no albergue, encaminhando-as para uma profissão.

Em 1541, quando do retorno de Calvino a Genebra, havia ali três ministros: Aimé Champereaux, que pediu sua aposentadoria semanas depois, Jacques Bernard e Henri de La Mare (Cottret, 1995, p. 167).

Calvino também lutou por condições decentes de vida para os pastores, incluindo melhores condições de moradia e outros benefícios, e por melhores salários para os docentes. Isso se relacionava diretamente com a doutrina reformada, que considera o salário sinal da providência divina. Calvino também lutou contra a insolência do luxo em relação aos pobres e contra os seus gastos supérfluos (Biéler, 1990, p. 224).

A respeito dessa assistência hospitalar, mesmo antes da adoção da fé reformada já havia em Genebra sete hospitais privados ligados a ordens religiosas. Com a expulsão dos católicos, o PC tomou as propriedades das ordens religiosas claretianas e abriu um só hospital para atender às necessidades de todo o povo.

Como a prática medieval da mendicância fora proibida, insistiu-se em que todas as necessidades humanas fossem atendidas no hospital. Ali passaram a ser recebidos órfãos, anciãos sem família, todo tipo de enfermos, famintos, viajantes e gente que necessitava de trabalho. Aos domingos, eram repartidas grandes quantidades de pão entre famílias reconhecidas como carentes.

Um diácono "hospitalar" e sua esposa moravam no hospital e eram responsáveis por sua direção. Havia também outros diáconos "procuradores", responsáveis pela assistência social da cidade e que visitavam os lugares, buscando soluções para problemas domésticos dos que estavam em apuros (DEIROS, 1986, p. 52).

Após sua chegada, Calvino adaptou-se à situação encontrada. A contribuição de Calvino em Genebra é, sem dúvida, notada principalmente em seus esforços para reformar a Igreja. Para tanto, ele estabeleceu ou deu melhor forma e dignidade aos quatro ofícios: pastores, mestres e doutores, anciãos ou presbíteros e diáconos.

Estas eram as funções dos pastores: pregar a Palavra de Deus, admoestar, exortar e ministrar os sacramentos. Os mestres deveriam ensinar sólida doutrina aos fiéis e preparar os jovens para o ministério e o governo civil.

As funções dos anciãos ou presbíteros compreendiam: vigiar a vida de cada cidadão, admoestar amavelmente aqueles que fossem apanhados em vida desordeira; se necessário, deviam levá-los à assembleia, onde seriam disciplinados fraternalmente. E os diáconos eram incumbidos de cuidar dos pobres e doentes e de pôr fim à mendicância (ROGET, 1976; MONTER, 1967, p. 137-139; HENDERSON, 1962, p. 56-71).

Adaptando-se à situação encontrada, Calvino elevou o ministério dos diáconos "hospitalares" (DEIROS, 1986, p. 52) e dos "procuradores" do hospital à dignidade do ofício eclesiástico de diácono. Eles passaram a ser nomeados pelo PC para responder às necessidades das pessoas.

Em sermão pregado em Genebra[2], Calvino referiu-se à classe dos diáconos com toda a naturalidade, como se o texto bíblico se referisse mesmo às

[2] Trata-se aqui de sermão sobre 1Timóteo 3.8-13 (CALVINO, 1998, p. 92-96). No seu comentário, sobre o mesmo texto, o autor afirma: "[...] isto refuta o ponto de vista daqueles que pensam que, pelo termo 'diáconos', ele quer dizer servos domésticos. Tampouco há fundamento para o outro ponto de vista de que ele, aqui, está se referindo a presbíteros inferiores aos bispos. [...] A conclusão é que, pelo termo 'diácono', devemos entender aqueles oficiais mencionados por Lucas, em Atos 6.3, ou seja, a quem é confiado o cuidado dos pobres. Mas, se alguém quer informar-se mais sobre esse ofício, recorra-se às minhas *Institutas*. [...] A meu ver, sem negar que o diaconato possa às vezes ser o berçário de onde presbíteros são escolhidos, todavia prefiro uma explicação mais simples das palavras de Paulo, ou seja, que aqueles que se desincumbiam bem desse ministério eram dignos de não pouca honra, pois ele não é uma tarefa servil, e, sim, um ofício de muita preeminência [...] que seja desempenhado por homens criteriosamente escolhidos, pois o santo desempenho desses deveres granjeia estima e reverência [...]".

classes existentes na cidade. Esses distintos ministros eram dignos de estima, como os que desempenhavam os demais ofícios, constituindo-se em uma das características da civilização calvinista, que, por sua vez, deve muito ao amigo estrasburguês que influenciou Calvino: Bucer (WENDEL, 1942, p. 189).

As *Ordenanças eclesiásticas* de 1541 também definiam as duas funções dos diáconos com esse mesmo sentido (HÖPFL, 1985, p. 58). Propunham que o PC deveria consultar o Conselho dos Pastores ou a chamada Venerável Companhia, sobre a nomeação tanto de diáconos como de presbíteros.

Apesar da aprovação das *Ordenanças* por parte do PC, não existe evidência de que esse tipo de consulta tenha sido feita até 1547, no caso dos anciãos, e até 1562, no caso dos diáconos. Ou seja, essa prática só foi levada a efeito, especificamente no caso dos diáconos, dois anos antes da morte de Calvino. Isso reitera e reforça o que vem sendo dito: Genebra não concedeu poderes plenos a Calvino e não admitiria que ele tentasse controlar a cidade.

Os pastores continuaram sendo eleitos pela Venerável Companhia dos Pastores e depois eram referendados pelo PC. O PC indicava os presbíteros, que eram eleitos pelo Conselho dos Duzentos. A Igreja de Genebra era dirigida pela Venerável Companhia e pelo consistório ou presbitério. A Catedral de São Pedro era a principal paróquia da cidade e passou a ser pastoreada por Calvino.

À Venerável Companhia, eram atribuídas as funções estritamente eclesiásticas: educação e exame de candidatos à ordenação. Ao consistório ou presbitério, eram atribuídas as funções de manter a disciplina eclesiástica dentro da cidade. Sua corte era o poder controlador da Igreja, sem direito, contudo, à punição civil (ROGET, 1976; MONTER, 1967; HENDERSON, 1962; SCHAFFS, 1979; MACKINNON, 1936).

Calvino insistiu em reformar a Igreja e, assim, poderia induzir uma mudança na sociedade genebresa, quando os próprios pastores estariam também sujeitos à disciplina. Não importando quanto o cidadão fosse ilustre, as leis da cidade deveriam ser respeitadas por todos e ser rigorosamente aplicadas (SCHAFF, 1979, p. 481-482; MACKINNON, 1936, p. 77-81).

Portanto, Calvino e a Igreja de Genebra não controlavam de fato o governo civil. Em 19 de março de 1543, o Conselho dos Sessenta determinou que fosse dele a competência de excomungar pessoas (ROGET, 1867, p. 31-37).

Outra prova disso advém de uma norma, de setembro de 1548, pela qual o PC determinou que os pastores pudessem apenas exortar o povo, não excomungá-lo. Somente em 24 de janeiro de 1555, foram concedidos ao consistório os direitos estabelecidos nas *Ordenanças eclesiásticas* de 1541 (Hugues, 1964, p. 257, 261-265; Cunningham, 1967, p. 224; Fischer, 1888, p. 435; Good, 1913, p. 16; Staehelin, 1897, p. 144).

A questão de fundo das *Ordenanças* era o relacionamento entre o poder secular e o espiritual ou religioso. Lutero também já havia deparado com a questão na Alemanha, e Zwinglio a enfrentou na própria Suíça. A contribuição de Calvino, porém, tinha embasamento jurídico para apresentar uma proposta substanciosa.

Calvino insistiu na distinção, porém sem a separação, desses dois poderes. Com isso, lançou bases para uma constituição ao mesmo tempo religiosa e civil (Cottret, 1995, p. 175). Em momento nenhum, há indícios de algum tipo de fusão da Igreja com a sociedade civil.

Enquanto cabia à Igreja o dever de preservar a pureza da Palavra de Deus, cabia ao Estado exercer jurisdição sobre as questões seculares e ainda dar proteção à própria Igreja, para que esta exercesse o seu papel específico. Ajudam-se mutuamente, mas cuidam de jurisdições distintas. Mais uma prova de que, tanto no conceito calviniano quanto no exercício do poder genebrino, não havia espaço para nenhum tipo de teocracia (Ibid.). Interessante também é apontar que os pastores não tinham nenhum poder civil. Por outro lado, nenhuma das demais atividades está fora da área do chamado divino. Todos são vocacionados para exercer funções, dentro ou fora da igreja. Não há aquela antiga separação entre vocação divina e profana.

Para alguns, só existe vocação no âmbito religioso; fora disso, simplesmente não há vocação. Calvino, Lutero e os demais reformadores contribuíram muito para alterar essa visão equivocada.

O exercício do pastorado em Genebra foi sofrendo aperfeiçoamentos, segundo atestam as próprias revisões posteriores das *Ordenanças*. O consistório passou a contar com uma maioria de leigos — 12, ao todo —, além dos pastores. Era o estilo determinado para os presbitérios de hoje. Em Genebra, esse consistório tinha reuniões periódicas, semanais, e foi fundamental para a disciplina de Genebra na implantação da Reforma. Sempre sob os auspícios dos conselhos civis da cidade.

Os 12 membros leigos eram enviados pela própria autoridade civil: 2 provinham do PC, 4 do Conselho dos Sessenta e 2 do Conselho dos Duzentos. Todos eram nomeados pelo PC, e o Conselho dos Duzentos subscrevia a nomeação (COTTRET, 1995, p. 175, nota 20).

Quando o pêndulo da disputa entre os poderes oscilava, houve até mesmo a exigência de obediência ao PC para que o consistório não exercesse o poder civil. Nem mesmo no caso de excomunhão ou suspensão da participação na eucaristia. O consistório e a Venerável Companhia dos Pastores somente poderiam fazer admoestações. Quem julgava os casos de disciplina era o PC.

Essas *Ordenanças* de 1541 apresentaram normas que ajudaram na moralização da vida social, de uma ética do trabalho, com a interdição da mendicância e a assistência aos pobres. Foram as ferramentas que o PC de Genebra utilizou para implementar a revolução que Calvino idealizou.

Calvino desempenhou mais um papel de redator que de legislador das *Ordenanças eclesiásticas* (Roget, 1870, v. II, p. 66 apud COTTRET, 1995, p. 177, nota 26). Estava mais para Arão que para Moisés, numa sociedade em que esses papéis continuavam distintos.

Para François Bonivard (1865), a organização política e constitucional de Genebra assemelhava-se à de Esparta e Veneza, cidades dotadas de governo misto. Genebra associava as três formas puras de política: monarquia, aristocracia e democracia. Como se fossem três Estados, cada qual com seu conselho distinto (apud COTTRET, 1995, p. 172, nota 11).

Ser cidadão de Genebra era também uma questão de distinções rigorosas. A cidadania pressupunha o nascimento e o batismo na cidade. E somente os cidadãos poderiam ocupar cargos administrativos nos diversos conselhos da cidade. A burguesia era um título que poderia ser concedido aos novos moradores. Somente a burguesia, e mediante pagamento de um valor considerável. E ainda assim um burguês não chegaria a ocupar cargos administrativos.

Em Estrasburgo, Calvino recebeu o título de burguês e o conservou consigo quando deixou aquela cidade. Passaram-se muitos anos em Genebra, até que ele ganhasse o mesmo título. Isso ocorreu somente no final de sua vida. Para Bonivard, é até uma questão hilária aceitar a via política genebresa (Ibid., nota 12).

Para resistir à anexação da Igreja pelo Estado, ou mesmo essa diluição da dignidade eclesiástica sob a hierarquia secular, Calvino propôs as *Ordenanças,* que foram aprovadas logo em 1541. As discussões para a sua aprovação demoraram desde a chegada de Calvino. Começaram no dia 27 de setembro de 1541, arrastaram-se até a sua adoção pelo Conselho dos Duzentos em 9 de novembro e, finalmente, pelo Conselho Geral, no dia 20 de novembro.[3]

1541 — O PEQUENO TRATADO DA SANTA CEIA

No mesmo ano em que redigiu as *Ordenanças eclesiásticas,* Calvino ainda lançou um tratado sobre os fundamentos de um calvinismo doutrinal diferente do luteranismo e do zwinglianismo: o *Pequeno tratado da santa ceia*, de 1541. O nome completo da obra é bem extenso: *Pequeno tratado da santa ceia de nosso Senhor Jesus Cristo, no qual são demonstrados sua verdadeira instituição, proveito e utilidade: e o motivo por que vários contemporâneos a abordam de modo diverso.*

O *Pequeno tratado* foi redigido em francês e publicado logo quando da chegada de Calvino a Genebra, tendo sido impresso por Michel Dubois. Calvino já vinha redigindo o texto em Estrasburgo desde 1539.

Existe, porém, uma carta trocada entre Calvino e Veit Dietrich, de Nuremberg, datada de 17 de março de 1546, na qual Calvino dá a entender que já trabalhara o texto desde 1537 (O. C., v. xii, n. 781, p. 315-317).

Entre os reformadores, vinham ocorrendo desavenças sobre a eucaristia, a ponto de, em 1529, discordarem ferozmente durante o Colóquio de Marburgo. Lutero e Melâncton, de Wittenberg, combateram a doutrina católica da transubstanciação e adotaram a interpretação conhecida como consubstanciação: presença concomitante da substância do pão e da substância do corpo de Cristo. Zwinglio, Ecolampádio[4] e Bucer enfatizaram

3 As *Ordenanças eclesiásticas* de 1541 foram revisadas em 1546, depois da morte de Calvino; novas revisões em 1561 e em 1576 (Roget, 1867, p. 35, 27, 28, 45 apud Cottret, 1995, p. 174, notas 15-18).

4 John Ecolampadio ou Oecolampadius (1482-1531) foi um reformador religioso alemão, cujo nome verdadeiro era Hussgen ou Heussgen. Seu nome foi mudado para Hausschein, que significa "farol". O equivalente a farol em grego é Oecolampadius. As principais

que o sacramento da eucaristia era apenas um memorial, um sinal da presença de Cristo.

Polarizaram suas opiniões e se separaram sem acordo acerca da eucaristia. Esse trágico episódio traumatizou Calvino, a ponto de levá-lo a evitar ler textos de Ecolampádio e Zwinglio. Como se aproximava mais das ideias de Lutero e Melâncton, Calvino insistiu na presença real de Cristo no sacramento, não apenas na presença simbólica. Nesse aspecto, Calvino mostrou toda a sua pujança profundamente ecumênica. Isso também se faria notório em sua carta de 1552, endereçada ao bispo anglicano Cranmer (O. C., v. xiv, p. 314 apud FARIA, 2008, p. 141). Para Faria (2008), esse ecumenismo não era retórico e sua concepção de unidade da Igreja não era apenas espiritual.

Por essa razão, em 1549, Calvino viria a assinar o *Consensus Tigurinus* ou *Acordo de Zurique*, juntamente com seu amigo estrasburguês Bullinger. Este estava sucedendo Zwinglio, que falecera em meio a um campo de batalha. Juntos, Bullinger e Calvino conseguiram elaborar o texto sobre o sacramento da ceia. Esse texto desanuviou as desconfianças existentes entre os suíços de fala alemã e os de fala francesa, possibilitando, assim, a unidade de todos esses reformados calvinistas ou presbiterianos.

O *Consensus Tigurinus* é uma forma aprimorada de sua teologia eucarística, feita alguns anos mais tarde. Já em 1541, o *Pequeno tratado* apontava que o calvinismo era dotado de uma política e de uma teologia que o distinguiam das outras confissões protestantes. As *Institutas* de 1539 privilegiavam os leitores mais cultos.

Com as *Ordenanças eclesiásticas* e o *Pequeno tratado,* ambos de 1541, após toda a experiência adquirida em Estrasburgo, Calvino entregava à Igreja em geral esses meios doutrinais e institucionais. Como a catequese de Estrasburgo marcara seus três anos de privilegiado aprendizado, restava a Calvino a questão primordial de popularização de suas teses conciliatórias.

personagens da controvérsia foram: no lado dos defensores da interpretação simbólica, André Karlstadt, os reformadores suíços Zwinglio, em Zurique; João Ecolampádio, em Basileia; e o teólogo leigo Gaspar Schwenkfeld, na Silésia (Alemanha); do lado luterano, Lutero, João Bugenhagen e João Brenz.

Com o seu *Pequeno tratado*, Calvino oferecia aos diferentes teólogos uma nova alternativa doutrinária acerca da santa ceia. A intenção era obter adesões entre luteranos e zwinglianos e reconciliá-los.

Como Lutero, Calvino insistiu na presença real de Cristo na eucaristia. Como Zwinglio, também usou o texto de João 6.22-59 como ponto de partida para entender esse sacramento neotestamentário. Usou a hermenêutica que apontava o evangelho de João como mais espiritual que os Sinópticos, e centralizou a ceia na relação entre Cristo e o cristão — uma relação pessoal de comunhão.

Calvino adotou a mesma estratégia exegético-teológica nos seus outros escritos sobre a eucaristia. Se a eucaristia era, no século dos reformadores, o maior ponto de discórdia teológica, Calvino deu a esse ponto uma especial atenção, como o fez em *A verdadeira vida cristã* (2000), ou em *Consensus Tigurinus*, por exemplo.

1542 — O CATECISMO REEDITADO

Tanto a Reforma protestante quanto a católica usaram esse tipo de recurso literário e dogmático em seus esforços por manter seus membros na igreja ou mesmo alcançá-los para a sua confissão. Primeiramente, os protestantes utilizaram-se dessa forma de codificação; depois, os católicos fizeram o mesmo, o que se impôs posteriormente na Igreja romana.

De forma dialogada e sem deixar questões por responder, ainda que de modo previsível, o catecismo se constituía como forma ou símbolo de ideias recebidas e reconhecidas. Isso durou até os séculos seguintes, vindo a servir de base para catecismos não religiosos, como o catecismo revolucionário ou o stalinista (FURET, 1978, p. 113).

O catecismo é uma forma pedagógica na qual o mestre e o aluno se entretêm numa relação de ventriloquia. Há um jogo de questões e respostas para que o aluno afirme com sua voz a opinião definida por outrem que toma a palavra em nome da ortodoxia. A doutrina oficial é assim posta nos lábios dos aprendizes. Esse tipo de aprendizagem assume um valor tipológico numa religião que se dirige prioritariamente aos neófitos, aos pobres e às crianças.

No catecismo calviniano de 1542, é utilizada a primeira pessoa do plural. A palavra "catecismo" deriva do grego e significa "fazer reter". Tem a intenção de transmitir a boa-nova, a fim de que seu eco se propague até o infinito. Essa é sua técnica específica de difusão em momentos que preparam o novo convertido para seu batismo e confissão pública de sua fé.

Do confronto entre católicos e protestantes, no século XVI, nasceu o moderno catecismo. A iniciativa coube a Lutero, em 1529. Ele publicou dois manuais complementares: o *Grande catecismo alemão* e o *Pequeno catecismo, para o uso de pastores e pregadores pouco instruídos* (COTTRET, 1995, p. 180). Esses catecismos seguiam uma ordem: os dez mandamentos, conteúdo de fé, Oração Dominical, batismo e santa ceia.

Naquele período, Martinho Bucer fez circular o catecismo latino do alsaciano Leo Jud. Em 1534, ele publicou o primeiro catecismo alemão. Em 1537, publicou um resumo desse catecismo. Depois, traduziu-o para o francês.

Gaspar Grossman, ou Megander, usava a *Exposição cristã dos dez mandamentos aplicados e moderados segundo a capacidade e entendimento das crianças* (1537), cujos originais são de 1533. Megander usou esse catecismo para manifestar suas diferenças eucarísticas com relação à ortodoxia luterana (COTTRET, 1995, p. 180, nota 36).

Os católicos não emudeceram diante dessa proliferação de catecismos protestantes (COTTRET, 1995, p. 180, nota 39). Publicaram seus catecismos em alemão e culminaram com o trabalho bem elaborado por Pierre Canisius, ou Pedro Canísio (1521-1597), que se instalara em Vienne na década de 1550. Esse jesuíta publicou, em latim, a *Suma da doutrina cristã por meio de perguntas e respostas* (1555). Depois, publicou um *Catecismo mínimo* e um *Catecismo maior*.

O papa Pio V promulgou em 1565 o catecismo romano. Em 1566, foram incorporadas ao catecismo as decisões do Concílio de Trento. Em Lyon, em 1563, o padre Edmond Auger (1515-1591) publicou o *Catecismo e sumário da doutrina cristã*. Este último foi elaborado para combater as ideias teológicas de Calvino.

O primeiro catecismo de Calvino foi elaborado durante a sua primeira estada em Genebra, de 1536 a 1538, quando compôs uma *Instrução e confissão de fé para o uso nas igrejas de Genebra* (1537). Em seu retorno, em 154 2, ele publicou seu catecismo da Igreja de Genebra, isto é, o formulário para instruir as crianças na cristandade (FATIO et al., 1986, p. 25-110).

O catecismo de Calvino deixou uma herança dupla: intelectualista e pedagógica, com redobrado interesse pela infância. O título do catecismo passa um sentido dúbio, mas seu significado é mais amplo, se compreendida a extensão semântica do termo. A ordem desse catecismo era: o credo, a lei, o Pai-nosso. Apenas uma inversão da exposição luterana: lei, fé e oração.

O primeiro catecismo (1537) seguia a ordem do grande catecismo alemão de Lutero e ainda usava a forma expositiva. No segundo catecismo (1542), Calvino adotou a forma de perguntas e respostas (COURVOISIER, 1935, p. 106 et seq.). Nessa última edição, ele seguiu os passos de Bucer, em seu *Kurze Schrifftliche Erklärung*, de 1534. Na verdade, Bucer também seguia outro reformador, Capito, que o precedera em 1527 no uso da forma dialogada.

Calvino seguiu seu plano pedagógico: a Lei está posta para revelar a existência do pecado; nos dizeres do apóstolo Paulo, a Lei é o aio — o preceptor —, que conduz o pecador a Cristo (Gl 3.24, *ARA*). Depois vem a fé, que aponta Cristo morrendo para redimir esses pecados e dar vida eterna aos que creem.

Em 1542, ele substituiu o esquema "Lei, fé e oração", pelo esquema "fé, lei e oração". Seu plano pedagógico era mesmo um plano teológico (MILLET, 1988, p. 199).

1543 — *O SALTÉRIO DE GENEBRA*

Calvino fez de seu trajeto França-Genebra uma paródia do deixar o Egito e adentrar a terra santa. Seu itinerário geográfico assumiu ares espirituais. A alusão era evidente nos salmos cantados pelos contemporâneos de Calvino em Genebra. Esse Saltério huguenote era utilizado em Genebra, e a própria Reforma francesa foi o Saltério (COTTRET, 1995, p. 181).

Os primeiros reformadores ignoravam a proliferação dos cânticos. Eles se contentavam em cantar, a plenos pulmões e em ritmos marciais, melodiosamente cadenciados, o amor de Deus por seu povo, a derrota do mal e a beleza do mundo. Para a Reforma de língua francesa, o cântico dos Salmos desempenhou o mesmo papel que o coral teve na Reforma alemã. A música atuou intimamente na cultura calvinista. Serviu para compartilhar, por meio de uma fórmula admirável, a "música das esferas" para um mundo inexplicável onde reinava a suprema graça (GOUDIMEL, 1967).

Até mesmo Rabelais cita o salmo 100 como emblemático da Reforma francesa, apesar de toda a antipatia mútua que existia entre Rabelais e Calvino, principalmente porque Rabelais nunca perdia uma chance de escarnecer das Escrituras (Calvino, O. C., v. 27, p. 261, sermão sobre Dt 13.6-11).

Clément Marot e Théodore de Bèze foram os artistas que traduziram e versificaram os salmos. Marguerite de Navarra ou de Angoulême contribuiu com o salmo 6, com o título *Espelho da alma pecadora*. Claramente se confirma a utilização daquela edição de 1539, feita em Estrasburgo, de *Alguns salmos e cânticos adaptados para o canto* nos cultos em Genebra. O belo trabalho anterior englobava uma parte dos salmos, o cântico de Simeão, os dez mandamentos e uma confissão de fé. A partir desse livro de cânticos, a Igreja de Genebra publicou a *Forma das orações*, em 1542. Marot e Bèze contribuíram com novas traduções e, em 1543, reagruparam 50 salmos (Weber, É., 1979, p. 12, 31).

A tradução completa dos salmos com acompanhamento musical ficou pronta apenas em 1562, pouco antes da morte de Calvino. Nessa edição definitiva do Saltério huguenote, constaram 150 salmos, adaptados por Clément Marot e Bèze, além dos dez mandamentos, o cântico de Simeão, ou *Nunc dimitis*, as orações antes e após as refeições, a Oração Dominical, os artigos de fé e alguns cantos raros. Claude Goudimel fez a sua harmonização musical entre 1564 e 1580 (Ibid.).

Em 1543, Calvino definiu claramente seu pedido de um Saltério que ajudasse o povo a cantar e se expressar de forma racional, sem apenas empregar sinais cuja significação nem sequer compreendiam. Como tinha consciência muito profunda da força da música, ele desejava que ela fosse duradoura e que elevasse almas e corpos, que poderiam, por sua vez, libertar-se de seus males e contemplar a beleza da música, pois, de uma ou de outra forma, ela move os corações (Calvino, O. C., v. 6, p. 167-170).

Para Calvino, a música deveria estar a serviço do texto e da Palavra de Deus, para ilustrá-la e ajudar em sua compreensão. A música deveria garantir a inteligibilidade do texto, não obscurecê-lo. A ação dupla da música é criativa ou destrutiva, sob uma sensibilidade que percebe o perigo da instabilidade constitutiva mesmo da psicologia barroca, conforme analisa Gisele Venet (1984, p. 85).

7
Genebra, a cidade de Deus?

Após o "estágio" de amadurecimento em Estrasburgo, como ficou Calvino nos anos seguintes em Genebra? O jovem francês inquieto, humanista, tornara-se um reformador. O jovem pastor de Genebra fora escorraçado de lá e precisou refugiar-se por três anos em Estrasburgo, para enfim tornar-se o grande Calvino.

O que mudou naquele *amateur* de Cristo? O que se passava na mente daquele grande escritor, humanista, orador, teólogo, sistematizador de uma religião e reformador renomado? A maturidade em Genebra trazia nostalgias dos bons tempos em Estrasburgo?

Mesmo maduro, Calvino continuou a duvidar de si mesmo e a desconfiar de Genebra. Em cartas a amigos, como Bullinger, ele se interrogava acerca de seu papel naquele lugar (O. C., v. 13, p. 1.187, 7 maio 1549). Sua vida particular foi duramente afetada nessa segunda e definitiva estada em Genebra. Dificuldades terríveis tiveram de ser enfrentadas por Calvino: a perda de seu filho recém-nascido, a viuvez, problemas morais envolvendo seu irmão e sua cunhada, surtos de epidemias e criminosos que se empenhavam em espalhar a peste pela cidade, prisões, torturas, execuções e pânico. A cidade preservava requintes da crueldade medieval e tinha dificuldades em se abrir para os novos tempos modernos. Como, então, pensar em Genebra como paradigmática, como cidade de Deus?

1543-1545 — PROBLEMAS E EPIDEMIAS NA CIDADE

As epidemias em Estrasburgo afastaram Calvino daquela cidade. Agora, em Genebra, a peste continuava a grassar. Em 1541, ele havia presenciado de perto os efeitos terríveis da peste negra ou peste bubônica que vitimara amigos, pessoas próximas e discípulos. Agora, em Genebra, ele enfrentou os mesmos problemas.

A liderança da cidade, então, preferiu preservar Calvino e designar-lhe o pastoreio, reservando aos demais pastores a responsabilidade de lidar com os doentes, conforme Calvino explicou em carta a seu amigo Viret, em outubro de 1542 (O. C., v. 11, p. 457).

O pastor Pierre Blanchet ofereceu-se para o trabalho perigoso, pois Calvino, era evidente, estava assustado com a doença e a morte. Consciente de seu valor, não se expunha inutilmente. Não deixava, entretanto, de assistir os seus confrades. Em resposta a Calvino (29 de maio de 1543, O. C., v. 11, p. 563), Viret declarou ter tido experiências semelhantes e compartilhou as suas dificuldades com o amigo.

Em 1543, Genebra estava agitada e inquieta. Quando os pastores se recusaram a visitar os atingidos pela epidemia, acabaram por delegar a tarefa e suas taxas pastorais aos leigos que pudessem desempenhar essa função. Em maio daquele ano, o PC de Genebra ameaçou demitir os pastores recalcitrantes.

Pierre Blanchet, que, desde 1542, se havia oferecido para o perigoso trabalho, aceitou receber a nova taxa com certo heroísmo: dez florins por mês (Cottret, 1995, p. 188). Vítima do dever, o pastor Blanchet morreu, em janeiro de 1544. Quem poderia, assim, socorrer os aflitos e consolar os pobres infectados? Determinou-se que isso não deveria ser feito por Calvino, pois sua importância frente à igreja fazia com que o poupassem desse contato arriscado.

Para assumir a dura tarefa, restava escolher entre os cinco pastores refugiados em Genebra, todos franceses: Mathieu de Geneston, Philippe Osias, chamado de Ecclesia, Louis Treppereaux, Abel Poupin ou Aimé Champereaux? Esses pastores entendiam que era seu encargo cuidar dos afetados pela peste, mas receavam fazê-lo. Geneston até sugeriu que tirassem sorte entre eles. Acabaram conseguindo que Simon Moreau, de Tours, se apresentasse para a função, desempenhando-a por cinco meses — junho a outubro de 1543 —, convivendo com a doença. Em 1544, Geneston acabou por substituí-lo (Buisson, 1892, v. I, p. 186-190 apud Cottret, 1995, p. 188, nota 74).

Em 1544, somaram-se novos horrores à cidade — além da epidemia, agora a fome. Acrescentado a isso, no restante do inverno entre 1544 e 1545, seguiu-se uma vontade irracional de punir os causadores de males, aqueles que contaminavam a cidade e espalhavam a epidemia.

Descobriram, então, que Bernard Dallinges e um comparsa chamado Dunant Lentille espalharam o gérmen que colheram das cascas dos ferimentos do pé descoberto de um enforcado. Eles grudaram pedaços dessa camada de pele infectada nas fechaduras das portas de várias casas.

Infelizmente, quando Lentille foi morto, sob tortura, em fevereiro de 1545, não havia confessado que era ele o causador desses malefícios e que estava contaminado. Seus torturadores foram tão desajeitados que lhe provocaram uma hemorragia fatal quando o torturavam. E ainda demoraram demais para tirar o corpo do meio da cidade, apenas para não privar o populacho do direito que tinha de acender uma pira e queimar aquele malfeitor.

Como os bruxos e os heréticos parecem ter certa característica combustível, longe de aplacar os espíritos, essa "saudável diversão" provocou verdadeiro pânico e intensificou a epidemia. Os espectadores assistiam com ansiedade ao espetáculo, participavam da execução, cortavam as mãos do sentenciado e ainda lubrificavam as maçanetas das portas com pedaços do criminoso morto.

Entre os alucinados espalhadores de epidemia, foram presos um barbeiro e um funcionário do hospital que havia feito pacto com o Diabo. Esses foram executados e duas mulheres acabaram sendo também sentenciadas em 7 de março de 1545. Calvino intercedeu, pedindo que fossem mais humanos e que não prolongassem aqueles sofrimentos dos sentenciados.

Após esse dantesco episódio, o próprio PC interveio e exigiu que fossem diligentes quando cortassem as mãos dos criminosos. Quanto à qualidade do "espetáculo", decidiram também que um bom fogo seria suficiente e que não era necessário que o bruxo fosse queimado vivo. Era mais fácil estrangular antes o condenado. Um simples garrote, como aqueles que utilizavam para estrangular gatos, e *voilá*!

As execuções se prolongavam. Os detidos, porém, recusavam-se a confessar. Então, combinavam as torturas para evitar matar os culpados por qualquer motivo: usavam a estrapada e outros métodos bárbaros típicos daquela época. Condenavam sem provas ou evidências. Torturavam até que os condenados falassem. Enquanto isso, decapitavam um ou outro bruxo que houvessem espalhado a epidemia e matado pessoas.

Para evitar tantas torturas, alguns sentenciados se suicidaram na prisão, usando para isso as próprias algemas. Algumas mulheres se atiraram pelas janelas. A última dessas macabras execuções ocorreu em 16 de maio de 1544: sete homens e 24 mulheres já haviam sido mortos, outros fugiram.

O fenômeno não era novo: Genebra já passara por epidemia semelhante em 1530, e, em 1545, atingiu uma amplitude incomum. Mais tarde, em 1568, maior ainda. Para os que acusam Calvino de ter sido até mesmo o incentivador dessas atrocidades, restam os fatos de que, antes e depois dele, a cidade era pródiga em tais barbáries.

Restaram a Calvino a desolação e o temor de que também houvessem contaminado a porta de sua casa, como escreveu a Myconius em 27 de março de 1545 (O. C., v. 12, p. 55). Em suas cartas, Calvino disse que, durante três anos, aqueles homens e mulheres criminosos se mancomunavam para espalhar a peste pela cidade por meio de sortilégios inexplicáveis ou de natureza ignorada.

Mulheres foram queimadas, homens foram estrangulados com mais rigor, muitos criminosos ficaram enfermos na prisão e, ainda assim, não paravam de aparecer os "lubrificantes" contagiosos nas fechaduras das portas das casas. Calvino, homem dessa época, seguia o pensamento pobre e cruel de seus contemporâneos. Teve ocasião de exortá-los à caça às bruxas (Roget, 1870, v. II, p. 179 apud Cottret, 1995, p. 190).

No mês anterior a essa pregação de novembro de 1545, haviam queimado um casal suspeito de ser partidário de Satanás. Outro bruxo confessara e fora banido perpetuamente da cidade. O calvinismo não nasceu totalmente racional, apesar de ter valorizado a pedagogia e a educação. A vontade de erradicar a idolatria ou a superstição não o impediu de adotar comportamentos chocantes e condenáveis.

Ainda era o século XVI, e a humanidade levou mais tempo para superar esses métodos arcaicos. Entretanto, terá ela superado ou reinventado atrocidades piores? O que dizer das atrocidades cometidas durante todo o século XX e que adentraram o século atual? São, de fato, tempos melhores?

Calvino não foi totalmente moderno. Ele cria que o remédio para a heresia e para a bruxaria eram aqueles métodos de que dispunham naquele contexto bárbaro, medieval: prisão, tortura e fogueira.

Os velhos demônios ainda assaltavam Calvino e seus contemporâneos. Seus temores nasciam da cumplicidade da vida e da morte, da fragilidade do instante. Em agosto de 1545, já nos meses de verão, Calvino ainda evocava os males da praga endêmica.

1542-1554 — LUTO E DIFICULDADES NA FAMÍLIA

Enquanto Idellete de Buren, esposa de Calvino, dedicava-se à pacata vida doméstica, entre a reverência ao evangelho e o cuidado do marido, filhos, cunhados e hóspedes constantes, a doença tomava conta de seu físico, fazendo gerar preocupações entre os familiares.

Em 20 de julho de 1542, nasceu o pequeno Jacques Calvin. Tristemente o pequeno bebê prematuro não teve forças para sobreviver. Dolorosa circunstância que trouxe a Calvino muita aflição (O. C., v. 11, p. 430).

Não bastando o luto pelo filho morto, agora, por mais tímida e recatada que fosse a vida dos Calvinos, a doença da esposa mostrava que se estava agravando. Em 1545, Idellete adoeceu gravemente de tuberculose. Faleceu no dia 29 de março de 1549. Calvino sofreu profunda e terrivelmente tamanha perda.

Em cartas a Rivet e a Farel, ele exprime sua dor intensa. A Farel, confessou que era difícil não ficar totalmente abatido pelo luto, tristeza profunda na alma (O. C., v. 13, p. 228-229, carta de 2 de abril de 1549). Ele devorava a própria dor, para que não interrompesse seu trabalho. Em 7 de abril, escreveu a Rivet revelando ser difícil moderar a dor pela perda da amada, privado que foi de sua excelente companhia (O. C., v. 13, p. 230).

Calvino nunca mais se casou. Consciente de sua fragilidade física, resolveu não fazer outra pessoa sofrer ao seu lado. Anos mais tarde, declarou que se absteve de um novo relacionamento para dedicar-se mais livremente a Deus, conforme pregou em sermão baseado em 1Timóteo, no outono de 1554 (O. C., v. 53, p. 255).

Enquanto Calvino sofria a perda da esposa, seu irmão Antoine Calvin sofria de outro modo: sua esposa, Anne, filha de Nicolas Lefer, envolvia-se com um jovem chamado Jean, filho de Jean Chautemps (COTTRET, 1995, p. 195).

Em 27 de setembro de 1548, Calvino compareceu ao consistório para ouvir e disciplinar a própria cunhada (O. C., v. 21, p. 437). O objetivo não era constranger ou embaraçar Anne e sua ilustre família, que se estabelecera em Genebra, até mesmo tendo vindo a receber o direito de burguesia, em 1555. Calvino precisou ajustar-se, mesmo porque havia falta de provas contra Anne e Jean. Vivendo sob o mesmo teto que Calvino, como a cunhada poderia ter se portado tão mal?

Ela afirmou que resistira estoicamente aos avanços desonestos de Jean Chautemps. Este confessou que havia tentado desonrá-la no domingo anterior, mas que se arrependera. Aproveitando-se de que o marido, Antoine Calvin, estava na Borgonha, a trabalho, entrou em seu quarto sorrateiramente. As suspeitas de adultério permaneceram, e os dois foram detidos por terem agido mal.

Em 16 de outubro, Anne foi libertada. No dia 18, solenemente, Jean pediu perdão, de joelhos, ao marido de Anne e ao próprio Calvino, porque este também se havia magoado com o que sucedera. No entanto, não eram apenas suspeitas. Infelizmente, Anne caiu no mesmo erro em janeiro de 1557, nove anos mais tarde, com um serviçal de seu marido, Pierre Daguet. Para se defender, Anne pediu o divórcio e acusou Daguet de diversos furtos (O. C., v. 21, p. 658-659). Uma família tão honrada não seria poupada dessa vergonha?

1541-1554 — POLÊMICAS CONTRA OS ESCÂNDALOS

Calvino radicalizou sua oposição às diferentes heresias que surgiam na Igreja ou às perversões doutrinárias de seus contemporâneos: nicodemismo, anabatismo, libertinagem espiritual ou astrologia judiciária.

Nesse período sombrio, ele escreveu muitos trabalhos polêmicos contra os seus adversários: *O pequeno tratado mostrando o que deve fazer um homem fiel* [...] *quando se encontra entre os papistas* (1543); *Pretextos para os senhores nicodemistas* (1544); *Breve instrução, para munir todos os bons fiéis contra os erros dos anabatistas* (1544); *Ensaio contra a seita fantástica dos libertinos que se dizem espirituais* (1545); *Tratado das relíquias* (1543); e, em 1549, *Advertência contra a astrologia que se chama judiciária* (Cottret, 1995, p. 196).

Essas produções culminaram com a publicação do *Tratado dos escândalos*, em 1550, adicionado ao seu admirável *Consensus Tigurinus* que, em 1549, serviu para sistematizar as posições reformadas sobre a eucaristia. Somando a tudo isso o impacto de suas *Institutas*, Calvino se mostrava o homem capaz de uma construção confessional e até mesmo o fundador de uma civilização (Léonard, 1961-1964, v. I, p. 258 et seq.).

Sua personalidade austera e sua abstinência sexual pós-viuvez o faziam insurgir contra todo tipo de imoralidade, chegando a exigir que um barbeiro da cidade (24 nov. 1552), que lera seus escritos e discordara deles, o chamasse de mestre Calvino, não apenas *monsieur* (O. C., v. 21, p. 517-518, 523 e 527).

Calvino sentiu-se na alça de mira da sociedade genebresa. Em março de 1551, ele se queixou do seu contrato na Igreja de Saint-Pierre e de outras atividades profanas na cidade. Criticou os jogos de cartas no domingo de santa ceia (10 set. 1552), afirmou que os músicos tinham comportamento lúbrico enquanto entoavam salmos (19 set. 1552) e fez outras críticas com base em sua austeridade moral.

Especificamente, foi polemista com relação aos libertinos, pois não os considerava espirituais, mas hereges que se emancipavam da lei bíblica e das leis civis. Os nicodemistas eram pessoas intimamente convictas da vaidade dos costumes católicos, mas que resistiam em assumi-los exteriormente. Como o Nicodemos da Bíblia, que foi às escondidas encontrar-se com Cristo, esses nicodemistas mantinham secretas as suas convicções heréticas.

Quanto aos adeptos da astrologia judiciária, Calvino os distinguia da astrologia científica. Hoje, essa astrologia científica recebe o nome de astronomia. Astronomia é ciência séria, em busca de evidências sobre o mundo físico. A astrologia, entretanto, é esotérica, não-científica, embora atraia muito as pessoas, ludibriando-as.

O calvinismo também é tributário de uma retórica que deu muita atenção à gramática, às formas e figuras que constituíram o próprio estilo do classicismo francês. Curiosamente, a Contrarreforma católica, com os jesuítas e jansenistas, pôs essa distinção ainda mais em evidência. Com isso, o calvinismo não é uma religião, porque religião é o cristianismo. O cristianismo reformado, segundo os seus conceitos e conclusões, é uma cultura (COTTRET, 1995, p. 197).

Calvino nunca pretendeu ser o fundador de uma religião, o que, para ele, seria um verdadeiro sacrilégio. Certamente, porém, direta ou indiretamente, com a ajuda de seus imitadores e até mesmo de seus detratores, ele deixou como legado ao mundo moderno uma parte considerável de suas referências. A começar, por exemplo, por seu desencantamento com o Universo e com a denúncia da superstição que todos os demais clérigos ecoaram em seus livres pensamentos.

Com todas as suas perdas irreparáveis, seu temperamento colérico, seu estilo polemista e sua intransigência contra escândalos, heresias e licenciosidades, ele foi um propagandista extraordinário que deixou como legado ao mundo moderno um admirável conjunto de conceitos.

1546-1555 — TEMPOS SOMBRIOS NA CIDADE

Esses foram considerados *annus miserabili* — anos sombrios, miseráveis, terríveis.

Em 1546, o sentimento antifrancês cresceu em Genebra, em parte dirigido ao próprio Calvino. Entre os genebreses, havia pessoas que não simpatizavam com as doutrinas desse francês da Picardia. Havia entre eles um fabricante de cartas de baralho, Pierre Ameaux, que detestava o rigor calvinista (O. C., v. 21, p. 368, *Registres du Conseil*, v. 40, f. 359). Em 8 de abril, ele acabou sendo condenado a percorrer a cidade só de camisa, cabeça descoberta, com uma tocha acesa na mão e pedindo clemência ao povo — punição típica e vexatória daqueles tempos sombrios.

Havia pessoas cansadas com a ingerência dos franceses nos costumes genebreses. Até mesmo certa xenofobia se pressentia entre os cidadãos nativos contra os habitantes e até contra os que já eram burgueses em Genebra. As famílias poderosas, como a dos Perrins, resistiam contra as normas morais e de conduta prescritas pela Venerável Companhia de Pastores.

Enquanto os pastores da cidade polemizavam com respeito a vestimentas, costumes, superstições e idolatria, eles mesmos eram acusados de frouxidão moral e insolência (Roget, 1867, p. 43-44 apud Cottret, 1995, p. 198, nota 28). Em face disso, portanto, foi necessária a publicação do *Tratado dos escândalos*, ecoando os próprios problemas e conflitos internos da cidade (1550).

Atitudes banais aos olhos modernos eram punidas com um rigor exacerbado, como no caso das mulheres convocadas perante o consistório porque tinham sido vistas dançando (23 jun. 1547). Entre as "dançarinas", estava Françoise Favre, a segunda esposa do ilustre cidadão genebrês Ami Perrin. Como já havia sido admoestada, em abril de 1546, e se recusara a delatar as amigas que participaram da dança, ela acabou encarcerada por vários dias. A cólera da sua ilustre e influente família se manifestou contra o pastor Abel Poupin.

O marido da pobre Françoise, Ami Perrin, estava na França, a serviço da cidade. Demandava com o rei da França, Francisco II, que recentemente sucedera a Francisco I. Parentes de François intercederam inutilmente por ela.

Os rumores contra Calvino e os pastores se avolumaram, e até foi encontrado um *placard* contra os "malditos franceses". Escrito em dialeto genebrês, foi colocado numa cadeira na Catedral de Saint-Pierre (Cottret, 1995, p. 200).

Retornando da França, Ami Perrin precipitou-se, encolerizado, contra o conselho, aflito e indignado com tamanho desrespeito, por ser ele o ilustre cidadão que representava a cidade. Não se conteve ao ver na prisão a esposa enferma, bem como o próprio sogro, idoso. Extravagâncias de uma Venerável Companhia de Pastores, composta de muitos franceses que eram insolentes contra os cidadãos respeitáveis de Genebra?

Jacques Gruet confessou, sob tortura, ter sido o autor do *placard* contra os franceses. Foi executado em julho de 1547. Calvino foi muito duro contra Gruet, e alguns escritos a ele atribuídos foram queimados publicamente, num festivo ato de fé. Seria Gruet de fato um ateu? Provavelmente. No entanto, era também parente dos Favres e dos Perrins e cidadão genebrês. Acabou sendo condenado pelos excessos de Calvino e da ordem moral que ele encarnou, contra todas essas evidências.

Até onde chegava a tutela desse grande homem, francês, picardo, apenas habitante em Genebra, que nem mesmo possuía o direito de burguesia? Como poderia ele se arrogar o direito de afrontar legítimas famílias genebresas? Como poderia ele concorrer com os Perrins, os Favres, os Septs ou os Bertheliers?

Conseguiu verdadeiros opositores, poderosos, de famílias renomadas e importantes no município. Restou à Venerável Companhia dos Pastores alcunhar esses opositores poderosos de "libertinos", título com que esses *enfants de Genève* (filhos de Genebra) ficaram conhecidos pela posteridade.

Perrin e seus familiares amavam a vida. Era o "César cômico" e um *bon vivant* (O. C., v. 14, p. 657, Carta a Farel, 26 out. 1553). Era ele amante de boas roupas, perfumes, e um rico homem de negócios. Até os anos 1530, era partidário de Calvino. Era o chefe desses *guilherminos* que apoiaram Farel e Calvino logo após a crise de 1538. Foi ele o principal articulador da volta de Calvino a Genebra.

Teve, porém, de suportar esses infortúnios que envolveram sua esposa. Essa Françoise Favre acabaria por condenar muitos à fogueira; além dela, posteriormente seriam queimados o marido, o pai e seu irmão. Todos sofreriam em razão de suas querelas e arrogância perante o insolente consistório. Perrin foi traído e mal recompensado por tantas benfeitorias que promovera em Genebra, conforme aponta Henry Meylan (1965, p. 164).

Calvino angariou a inimizade de muitos anos com esse verdadeiro clã familiar. O patriarca François Favre, pai da esposa de Ami Perrin, a moça que amava a dança, era um antigo *Eidguenot*, muito querido na cidade e ativo no conselho.

Favre, contudo, não soube adequar seus filhos aos novos moldes morais de Genebra. Seu filho Gaspard tinha a reputação de briguento e jogava cartas durante os cultos. A filha gostava de dançar. Então, François Favre enfureceu-se e afirmou que Calvino se autoproclamara o bispo de Genebra e que os franceses haviam reduzido a cidade ao regime de escravidão.

Juntamente com ele, foram aprisionados Ami Perrin e sua esposa, bem como outro *magnifique* membro do PC, Laurent Mégret. Foram todos acusados de trair Genebra. Ami Perrin foi destituído do cargo de capitão-general, em 9 de outubro de 1547. Próximo ao Natal de 1548, decidiram perdoar Perrin e convidá-lo a participar da santa ceia. Perrin rejeitou cortesmente o convite, mas o seu gesto foi entendido como uma ameaça (O. C., v. 21, p. 443). Laurent Mégret foi libertado em janeiro de 1548, mas perdeu o direito à burguesia.

Um ano depois, os piores receios se confirmaram. Em 18 de janeiro de 1549, o conselho publicou uma proclamação que arranhou a imagem dos pastores. Acusaram os ministros de negligentes e de não cumprirem com seus deveres de admoestar e repreender aqueles vícios. Como não mostravam nenhum bom exemplo, não tinham vocação para a tarefa que receberam (Roget, 1976, p. 47-48).

Em março de 1549, outro incidente apimentou a crise. Esse caso envolveu o pastor Philippe Osias, conhecido como De Ecclesia. Os pastores de Genebra queriam destituir esse colega acusado de delação, usura, maus-tratos à sua esposa e opiniões teológicas erradas. O PC, porém, recusou-se a fazê-lo, em janeiro de 1553. A cidade passou a queixar-se de que havia pastores demais e que não eram qualificados para o cargo.

No outono de 1553, Calvino viveu suas horas mais sombrias em Genebra. Impopularidade. Rejeição. Críticas ácidas. Confrontos. Seria o momento de procurar novo exílio? Ocorreria o mesmo trágico episódio de expulsão, como o de 1538? Sua autoridade vinha sendo contestada dia após dia. Em 1553, piorou muito a crise.

O opositor Philibert Berthelier fora excomungado, mas recusou-se a admiti-lo. Fez disso um cabo-de-guerra com seus partidários contra Calvino. O seu ódio já nascera de algo banal e típico de um alvoroço juvenil. Ele tivera crises intempestivas de tosse durante um sermão e foi repreendido.

Os genebreses sentiram-se ameaçados e, sem nenhuma sutileza teológica, responderam: *"Calvin ne veut pas que nous toussissons* [sic]*? Nous péterons et roterons!"* — "Calvino não quer que tussamos? Pois então, roncaremos e arrotaremos!" (O. C., v. 21, p. 417 apud COTTRET, 1995, p. 204).

Havia também querelas teológicas, como as de Jean Trolliet, que criticava a doutrina da predestinação. Calvino respondeu com um sermão sobre o livro do profeta Daniel, cujo original desapareceu no século XIX (STAUFFER, 1965, p. 216).

O verdadeiro debate, porém, era acerca dessa excomunhão. Calvino defendia que esse gesto tinha real valor. Consistia em recusar ao pecador endurecido a sua participação na santa ceia. Ele não era digno daquele sacramento (O. C., v. 52, p. 153, 46º sermão sobre o livro de Daniel) e estaria difamando o sacramento.

A celeuma tomou vulto após fevereiro de 1553. Ami Perrin foi novamente eleito o primeiro síndico do PC. Voltou a ocupar a mesma posição que ocupara em 1549. Agora viria a revanche dos Perrins, Favres, Septs e Bertheliers.

Uma explosão de anticlericalismo se deu em Genebra. Alguns pastores foram proibidos até de assistir às reuniões do conselho geral ou assembleia. Queixaram-se bravamente por intermédio de Calvino. O Conselho dos Duzentos manteve essa exclusão. No dia 15 de abril de 1553, o PC convocou alguns ministros para uma audiência, pois havia um conjunto de habitantes da cidade que estavam já cansados de tantas admoestações do consistório (O. C., v. 52, p. 55).

Philibert Berthelier foi suspenso da participação na santa ceia; a despeito disso, porém, conseguiu uma concessão do PC para dela participar. Como era membro do clã Perrin, ilustre participante da revolução que tornara Genebra uma cidade reformada, seria agora o primeiro mártir de sua liberdade?

Como Perrin, também Berthelier tinha a fama de ter sido mal criado, durante a sua infância. Sua mãe era tida como grande hipócrita e faladeira. Considerava como virtudes os próprios vícios (Bonivard, 1845, p. 65).

Pressionado, Calvino recusou-se a ceder perante a assembleia extraordinária de 2 de setembro de 1553. Temendo um escândalo, aconselharam Berthelier a não comparecer ao culto dominical. Calvino preparou-se para pregar nesse domingo, dia 3 de setembro. Com certa impassibilidade, acreditava que esse seria seu último sermão em Genebra. Subiu ao púlpito com a voz embargada pela emoção. A voz elevou-se, e Calvino descobriu em si mesmo uma grande determinação e segurança. Ele não cederia, pois Deus o ordenara (Stauffer, 1965, p. 217). Preferia ser morto a usar as coisas santas de Deus e servir a ceia a homens declarados culpados (Stauffer, 1965, p. 218). Berthelier não foi ao culto. Calvino passou de largo. Cessaram, entretanto, as inquietações? De modo nenhum!

Após o almoço, Calvino pregou sobre o discurso de despedida de Paulo aos presbíteros de Efésios: "[...] Vós bem sabeis de que modo me tenho portado entre vós sempre [...]" (At 20.18). Calvino aplicou a si esse texto paulino (Ibid.). Diante da ingratidão, a recusa em continuar naquele lugar sombrio. Era o triste outono de 1553 — *annus miserabili*.

Durante esse período extremamente grave, até mesmo Miguel Serveto fora executado na cidade. A fogueira ainda estava acesa, e a fumaça da madeira ainda subia. Ouviam-se ecos dos gritos do condenado, e podia-se até sentir ainda o horrível cheiro de carne humana carbonizada.

Observa-se até que ponto chega o fanatismo de uma sociedade cristã, mesmo reformada. E onde estava Calvino naquele 27 de setembro de 1553 quando Serveto subiu à fogueira? Como se verá ainda em capítulo dedicado exclusivamente aos heréticos e à intolerância, de fato Calvino mostrou ter boa alma. Isso vai contra a opinião disseminada de um Calvino cruel e vingativo.

Como tal, Calvino fez piedosos protestos ao PC, defendeu seus direitos eclesiásticos, advogou a necessidade de excomunhão em muitas páginas de correspondência e estava prestes a pedir sua demissão. No entanto, não cedia perante as autoridades civis. Naqueles momentos, Calvino poderia passar a ser considerado um dos mártires da História. Entretanto, preferiu a última alternativa, ficar na cidade em acordo com os genebreses. Contudo, não ministraria a ceia àqueles homens condenados.

No caso Berthelier, o PC continuou a insistir em sua prerrogativa. O consistório, contudo, decidiu não acatar essa ingerência em assuntos religiosos. Nem mesmo aceitou que o caso voltasse a ser julgado em seus limites, pois isso já fora realizado pelo PC (Roget, 1976, p. 59). O Conselho dos Duzentos convocou uma reunião. Calvino escreveu a seus companheiros de ministério, de Zurique, explicando por que se recusava a ministrar a santa ceia a pessoas acusadas de escândalos (O. C., v. 14, p. 674-678, 26 nov. 1553).

Novembro de 1553 foi o mês de muitas humilhações. E, finalmente, em dezembro daquele ano, o conselho deu ganho de causa a Calvino: Berthelier não seria admitido à comunhão. Calvino não precisaria mais servir a ceia àquele "ímpio". Em1554, o PC tentou aproximar Calvino e Ami Perrin. Ofereceu um banquete fraternal de reconciliação. A atmosfera da cidade, porém, era pesada e de suspeição. Calvino passou a ser injuriado por meio de escritos difamatórios. A excomunhão era ainda a pauta principal. O consistório continuaria a privar os fiéis da comunhão?

Em 1555, Calvino continuou rigoroso com os casos semelhantes ao de Berthelier (O. C., v. 35, p. 201, sermão sobre o livro de Jó). A cidade se dividiu. Havia os que se consideravam almas pias e agregados a Calvino; os outros eram os pecadores endurecidos. Esses libertinos se recusariam a fazer o que Pierre Ameaux fizera anos atrás: carregar tochas pela cidade em atitude de contrição?

A juventude genebresa foi a primeira a se insurgir contra esse tipo de moralidade. Houve alguma balbúrdia noturna, e, em janeiro de 1555, os moços aproveitaram-se da escuridão para se manifestar. Os jovens satirizaram o ritual de arrependimento, e todos saíram com tochas nas mãos cantando salmos. Desafiaram a autoridade de Calvino. No domingo seguinte, ele deixou extravasar sua ira do alto do púlpito (O. C., v. 53, p. 405, 438, sermão sobre 1Timóteo).

Afinal, ocorreram as eleições de fevereiro de 1555. E foram favoráveis a Calvino. Com a crescente pressão dos novos burgueses, todos refugiados estrangeiros, os quatro novos síndicos do PC eram partidários de Calvino. Eram a oposição aos ilustres *enfants de Genève*, os perrinistas.

Em maio de 1555, houve um tumulto e sedição contra o síndico, Henri Aulbert. Sacaram-se as espadas, e quase houve derramamento de sangue entre os concidadãos. Portar espadas era privilégio exclusivo dos cidadãos de

Genebra. Nem mesmo os que adquiriram o direito de burguesia poderiam portar espadas.

Nesse tumulto, Perrin cometeu um erro irreparável: ele tirou o bastão da mão de um síndico. Justamente o bastão que simbolizava o próprio cargo e a dignidade de um síndico do PC. Ao fazer isso contra o *magnifique seigneur* Pierre Bonna, Ami Perrin cometeu um ato simbólico e insidioso, como se fosse um golpe de Estado. No dia seguinte, o insensato Perrin fugiu juntamente com Philibert Berthelier. Publicamente, Calvino apelou para a repressão (O. C., v. 26, p. 501, 51º sermão em Deuteronômio).

No dia 3 de junho de 1555, foram julgados culpados por contumácia os comparsas Balthésard, Chabod, Vernat, Michalet. Se fosse preso, Ami Perrin seria condenado a ter o punho do braço direito decepado, uma vez que o usara para tirar o bastão da mão do síndico. E todos eles seriam decapitados. Teriam a cabeça e os braços pregados em galhos e o corpo esquartejado em quatro partes (*Annales calvinian*, O. C., v. 21, p. 608, *Registres du Conseil*, v. 29, f. 96).

Condenaram ainda os dois irmãos, Comparet e Girard Thomas, a carregar tochas pela cidade, pedindo clemência, e à perda do direito de portar espadas. Claude Galloys foi condenado à morte. Com exceção dos fugitivos, os condenados à morte foram todos executados (Bonivard, 1867, p. 146-147).

Hoje, há em Genebra museus que expõem os instrumentos utilizados nessas cerimônias macabras. São chocantes para a sensibilidade moderna e eram comuns no século XVI. Quem poderia afirmar que, séculos depois, Genebra viria a se tornar uma das grandes cidades humanitárias, sede da Organização das Nações Unidas e de outros órgãos internacionais em prol da vida? Por todas essas atrocidades ocorridas em Genebra, seus cidadãos afirmavam que Calvino trouxera a guerra, não a paz, àquela cidade.

Naqueles primórdios da Reforma, eram ingentes as dificuldades para a sua implantação de modo autêntico. Calvino portou-se como um paladino desse movimento religioso.

GENEBRA ERA MESMO UMA CIDADE DE REFÚGIO?

Considerando o aspecto de acolhimento a Calvino e outros refugiados, era responsabilidade humana e pastoral de grande urgência receber pessoas que, por questões religiosas, eram perseguidas em seus países de origem. Tanto assim que, quando Genebra contava com sete pastores, seis deles eram refugiados.

Nem todos os genebreses, porém, viram com bons olhos a chegada de tantos refugiados. Por que perturbar a tradicional tranquilidade e ordem de Genebra com tantos estrangeiros que incomodavam os cidadãos nativos? O resultado foi a oposição das famílias poderosas na cidade e também de seu governo.

No período mais sombrio de Calvino, em 1555, houve uma verdadeira crise xenófoba. Foi mais intensa contra os "franceses" — maioria dos refugiados. Provocou-a o grupo de cidadãos liderados por Ami Perrin, representante dos ilustres *enfants de Genève*. Revoltados, gritavam pelas ruas: "Morte aos franceses!", incluindo no grupo rechaçado Calvino e a Companhia de Pastores.

O PC conseguiu reprimir as rebeliões. Após o líder Perrin e sua família fugirem e os demais líderes serem executados, foi consolidada a nova liderança de guilherminos. Os novos síndicos eleitos favoreciam Calvino e lhe deram mais apoio nos nove últimos anos de implementação de seus programas. Nunca, porém, de forma absoluta.

Juntamente com a reforma eclesiástica pretendida, Calvino conseguiu introduzir uma espécie de reforma na própria sociedade genebresa, ambas por meio da aplicação da disciplina eclesiástica.[1] A nova organização da sociedade afetou a forma de trabalho do corpo pastoral. Tanto os seus assuntos eclesiásticos como as tarefas diaconais constituíram dois aspectos importantes, também para o PC.

[1] Para Calvino, a disciplina servia para "proteger a igreja como corpo de crentes, proteger o cristão individualmente dentro da Igreja e, também, levar os transgressores ao arrependimento. A maneira de aplicar a disciplina consistia, primeiramente, em admoestar de modo particular o transgressor, procedimento seguido pela admoestação perante testemunhas e, finalmente, caso a admoestação não alcançasse êxito, a aplicação da excomunhão. A grave condenação à excomunhão era aplicada somente para as faltas mais sérias. É importante lembrar que, como um dos objetivos da disciplina era levar o transgressor ao arrependimento, era necessário que a comunidade tivesse cuidado em sua maneira de agir com os punidos. A Igreja era também protegida pelo fato de os próprios pastores não estarem isentos da disciplina. Calvino queria que eles também fossem sujeitos à jurisdição civil, pois deveriam ser os melhores exemplos para o povo" (Gamble, 1990, p. 65).

Nesse último período em Genebra, logo em sua chegada, em 1541, Calvino já havia formulado um esquema completo de política eclesiástica. As *Ordenanças eclesiásticas* foram, melhor dizendo, um esboço que continha o digesto de sua experiência pastoral em Genebra e Estrasburgo, mediada por sua reflexão sobre as Escrituras.

Uma coisa, porém, era mediar um esquema político; outra, era ter isso recebido como lei. Esse fato ocorreu apenas formalmente em 20 de novembro de 1541, ocasião em que todo o Conselho de Genebra aceitou o projeto de Calvino.

Ainda uma terceira coisa era transformá-lo em esquema e lei dentro de uma realidade de vida, especialmente porque o esquema tinha pontos essenciais, considerados vagos pelo PC, sobre a relação entre a Igreja e a autoridade secular. E ainda mais grave: nada estava especificamente claro sobre o que exatamente estes dois poderes, denominados *potestates* ou *regimes,* tinham de fazer, seja separadamente, seja em conjunto. Sobre a finalidade de ambos, havia pouco a atribuir-lhes em termos gerais, e pequena capacidade e autonomia. O mesmo pode ser dito sobre o caráter e as condições de sua "cooperação" ou ação conjunta.

Por sua vez, Calvino compreendeu que seu papel principal era reorganizar a Igreja, defender sua autonomia com relação ao poder temporal, controlar a doutrina e os meios de graça aos fiéis e, por fim, dar à sua missão uma repercussão internacional (Cottret, 1995, p. 168).

Em Genebra, Calvino foi essencialmente um homem da Palavra, pregador ou escritor, que dispensou considerável energia a serviço de sua vocação. A correspondência que mantinha com fiéis de outras igrejas distantes mostrou a face oculta do organizador eclesiástico: nervoso, sensitivo, inquieto, quase irônico — com um estilo que igualmente conseguia buscar nas Escrituras essa paixão de uma alma que procura a clareza.

Outro fato realmente impressionante, após 1542, com a definitiva instalação de Calvino na cidade, foi o verdadeiro surto de refugiados que chegavam a Genebra. Em dez anos, afluíram mais de 5 mil refugiados, numa cidade que mal tivera entre 10 mil e 12 mil habitantes. Era um crescimento real de 5% ao ano. Em poucos anos, a população genebresa dobrou. Até 1560, já contava 20 mil habitantes, além de sucessivos casamentos e nascimentos que se sucediam (Perrenoud, 1979, p. 37). Atingiu um ponto de saturação e de tensões dificilmente sustentável.

Uma comunidade de italianos, contaminada pelas ideias de Sébastien Castellion, fez desencadear embates teológicos. Desde 1542, os italianos vinham celebrando seus cultos em Genebra. O primeiro pastor dessa comunidade foi Bernardino Ochino (1487-1564), originário de Sienne e ex-capuchinho. Esteve em Basileia, Estrasburgo, Inglaterra (1547) e depois em Genebra. Morreu acometido pela epidemia de peste, na Morávia.

Calvino e Bèze opuseram-se a esse pregador inflamado que admitia em seu catecismo fazer orações aos santos — *Il catechismo, o vero institutione christiana* (1551 apud COTTRET, 1995, p. 259, nota 89). Os italianos reuniam-se no templo de Madeleine. O pastor Celso Matinengo morreu em julho de 1557. Surgiram, então, entre eles várias dissensões, principalmente depois que Matthieu Gribaldi, um advogado de Piemonte, passou a criticar a doutrina da Trindade (O. C., v. 17, p. 175, carta a P. Martyr, 22 mai. 1558). Georges Blandrate, presbítero da comunidade italiana e seguidor de Gribaldi, chegou a Genebra em 1557.

Em 16 de maio de 1558, Calvino, o pastor e os presbíteros daquela igreja se apresentaram perante o conselho para denunciar a contaminação com as ideias de Miguel Serveto. Os fiéis da comunidade italiana foram obrigados a assinar a confissão de fé. O piemontês Jean Paulo recusou-se a fazê-lo, sendo por isso preso, juntamente com Valentin Gentilis e Nicolas Gallo. Gallo retratou-se e foi liberto. Gentilis até acusou a doutrina de Calvino de pregar uma "quaternidade", não a Trindade. Depois, acovardou-se e retirou o que disse. Oito anos mais tarde, em 1566 e em Berna, ele viria a ser condenado à morte (ROGET, 1870, v. 5, p. 159 apud COTTRET, 1995, p. 260-261).

No século XVI, o afluxo de franceses e italianos favoreceu o espírito empreendedor que transformou economicamente Genebra — surgimento de relojoarias, tecelagens etc. —, bem como o desenvolvimento da língua francesa na cidade (Ibid.). Entretanto, teria sido Genebra uma "cidade de Deus"? Isso não pôde ser analisado por Calvino, nem em sua primeira nem em sua segunda tentativa.

8
O calvinismo tornou-se internacional

Após tantos problemas e crises sofridos em Genebra, afinal Calvino funda o calvinismo? O homem se tornaria uma ideologia, uma doutrina, até mesmo uma religião? Ao menos se tornou uma cultura, como hoje é inegável.

Fisicamente, vê seu corpo fragilizar e sua força moral ser engrandecida. Como Jó, parece um homem a quem Deus fez sofrer múltiplas dores: febres, hemorroidas, cólicas renais, gota. A morte lhe viria como a última libertação. Uma morte sem requintes, pompas e mesmo sem sepultura, como as águas que se perdem no mar. Sem apoteose, mas que consagrou a separação do homem e da doutrina. O calvinismo sobreviveu a Calvino e tornou-se uma disciplina, uma ascese, um estilo legado à própria língua francesa (Cottret, 1995, p. 243).

Após o período sombrio em Genebra, chegaram para Calvino os anos em que sua influência foi incontestável, quando teve a indelével consagração de sua obra de reformador. Passaram-se as agruras com seus inimigos genebreses, os *enfants de Genève*, libertinos, que tanto lhe fizeram andar tropegamente. Foram superados os episódios macabros que envolveram os heréticos Serveto, Castellion, Bolsec e outros. Calvino se via de mãos livres para atuar. Atingiu, então, sua estatura internacional.

O calvinismo, que parecia encarnar toda a rigidez moral, tornou-se uma forma alternativa para o protestantismo. Diferenciava-se do luteranismo alemão. Sua influência na França e em sua cultura já se fazia sentir, como atesta a controvérsia que ocorreu entre Calvino e François Rabelais (Fatio, 1984, p. 138).

O mestre Rabelais citava os demoníacos calvinistas, impostores de Genebra (Rabelais, 1962, v. II, p. 137). Calvino replicou a acusação por meio de um sermão sobre Deuteronômio e no *Tratado dos escândalos*. Criticou esse mestre que contendia com a verdadeira religião, por meio de suas vilanias publicadas no *Pantagruel* (O. C., v. 27, 261-262).

Em meio a essa controvérsia, João Calvino enviou para a França alguns pastores que já haviam estabelecido igrejas protestantes em diversas comunidades. Naquele seu país de origem, uma forma de pensamento ligado ao humanismo se mostrava hostil à Reforma. Seus membros eram Erasmo de Roterdã, François Rabelais, Pierre de Ronsard e outros.

Tentaram opor-se ao calvinismo e reconciliar o céu e a terra, tendo fé no homem sem deixar de ter fé em Deus. Esse movimento, porém, não impediu que, até 1560, cerca de 18 milhões de franceses já fossem favoráveis à Reforma.

O CALVINISMO CHEGOU AO BRASIL

Olhando a partir da Europa, o Brasil estava entre os países mais longínquos. Era o fim do mundo. A América figurava, no século XVI, como um desafio autêntico. Um fim de mundo dominado pelo pecado e por inocentes. Era o inferno ou o Éden perdido (Lestringant, 1993, p. 331-347). Terra onde persistia o canibalismo, vícios inomináveis, animismo e outras barbáries (Ibid., p. 8).

Em face desse novo mundo, o esforço calviniano se fez presente, conforme definiu o opositor Pierre de Ronsard em 1562 (apud Cottret, 1995, p. 244). Ronsard utilizou o termo “calviniano” para assemelhá-lo a “luterano”. Esse movimento calviniano, porém, distinguiu-se do luterano e buscou inserir-se até mesmo entre civilizações tidas por bárbaras, entre os anos 1550 e 1560. Mais tarde, seria cunhado o termo “calvinista”.

Nas Américas ou no Novo Mundo, um destino ilustra os infortúnios que eram reservados ao movimento calviniano: o Brasil. Um jovem sapateiro refugiado em Genebra prontificou-se para ser enviado às Américas, em 1556: era Jean de Léry (1536-1613). Esse jovem esteve no Brasil entre 7 de março de 1557 e 4 de janeiro de 1558.

O jovem sapateiro retornou a Genebra, onde ficou dividido entre a antiga profissão, o auxílio no albergue de sua esposa e a vocação pastoral. Em 1574, em Genebra, ele publicou sua *Histoire mémorable* da cidade e, em 1578, a *Histoire d'un voyage fait em la terre du Brésil*, na qual narrou seus meses de viagem pela baía de Guanabara. Para Claude Lévi-Strauss, esse texto constitui um verdadeiro breviário de etnologia (LÉRY, 1992, p. 9).

A *História de uma viagem à terra do Brasil chamada América* (1961) menciona a participação de Léry em outro texto: a *Histoire des martyrs*, numa versão de 1564. É também da lavra de Léry a notícia sobre o martírio de três reformados — os protomártires da Guanabara, como passaram a ser chamados no Brasil.

Jean de Léry embarcou para o Brasil em novembro de 1556. Seu destino era a França Antártica, na entrada da baía de Guanabara. Lá havia uma controvérsia religiosa memorável, mesmo num mundo cercado pelos indígenas, local onde se fundara uma colônia desde 1555. Nicolas Durant de Villegagnon[1] dirigia com mão de ferro essa França Antártica.

Villegagnon fora colega de João Calvino na Universidade de Paris e obteve o grau de Direito, em 1530, sendo notório seu talento jurídico. Ele, no entanto, preferiu os ardores de uma vida de ação, entrando para a Ordem Militar dos Cavaleiros de São João de Jerusalém. Com sede em Malta, destinava-se à proteção dos lugares santos da Palestina. Ele se tornou grão-mestre dessa ordem extremamente rica que possuía uma frota naval de fazer inveja a todos os reis católicos da Europa.

Em 1541, reuniu-se ao exército de Carlos V, para combater os infiéis da Argélia, na África. Foi como enviado do rei francês, para observar os atos de Carlos V, que sonhava em transformar o Mediterrâneo em um lago espanhol. Nessa época, manteve suas conversas com Rabelais. Quando se falava do país imaginário que o gênio de Rabelais inventara, a ideia de criar um novo país em novos mundos estava presente na imaginação de Villegagnon.

Em 1542, voltando à França, foi recebido como herói e agraciado pelo rei com os privilégios do tamborete e da carruagem, duas das mais cobiçadas honrarias reservadas à nobreza. Villegagnon concebeu um ousado plano de fundar no Brasil a França Antártica. Tinha a ambição de tentar expulsar daqui os portugueses e comerciar com a metrópole. Interferiu de forma

1 O sobrenome *Villegaignon*, com um *i* antes do segundo *g*, figura em uma assinatura fac-similada por Arthur Heullard (1897). Embora Paul Gaffarel, o próprio Heullard e Peillard, seus principais biógrafos, tenham ignorado o *i*, Chermont de Brito (1985), no Brasil, optou por grafar *Villegaignon*. A utilização das duas formas é correta e corrente no Brasil, mesmo que a forma *ai* seja tida como antiquada.

agressiva no comércio marítimo com as Índias e tornou-se chefe incontestável de uma França Ultramarina.

A iniciativa de tal empreendimento coube de fato a Villegagnon e houve, na corte, consenso quanto a encarregá-lo de chefiar a missão. Não há dúvida de que Henrique II, rei da França, e seu principal ministro, o almirante Gaspard de Coligny, não ofereceram resistência; antes, entregaram a Villegagnon o comando da missão.

Os armadores de Dieppe apoiaram a expedição contando com os bons lucros que poderiam obter. O Cavaleiro de Malta era sem dúvida o melhor chefe possível. Possuía bravura, preparo militar, experiência de luta no mar, inteligência e cultura superior. Como os problemas religiosos na França se intensificaram, intensificou-se a perseguição aos huguenotes, como eram conhecidos os calvinistas franceses.

O almirante Gaspard de Coligny converteu-se à Reforma. Vislumbrou na França Antártica um refúgio para os perseguidos. Então, divulgou que Villegagnon lhe escrevera, pedindo recursos financeiros e solicitando-lhe que enviasse colonos protestantes para o Brasil.

Já em 1554, o rei Henrique II convencera-se da conveniência de executar o ousado plano de Villegagnon. O almirante Coligny foi seduzido com a promessa de que a França Antártica seria um refúgio para os calvinistas franceses que aspiravam à liberdade de religião.

Villegagnon prometeu ao cardeal de Lorena, o duque de Guise, o respeito pela doutrina da Igreja. Convenceu-o das vantagens que haveria para a difusão do catolicismo neste vasto continente que se abria ao futuro da França. Acordo feito, liberdade aos calvinistas.

Chegaram ao Brasil em 6 de novembro. Quatro dias depois, adentraram a baía de Guanabara. Ancoraram em frente a uma ilhota, à qual deram o nome de Ratier. Hoje, é denominada ilha de Lage.

Logo foi constatado que a ilhota não possuía condições de defesa e não era própria para construções. Os franceses transferiram-se, então, para uma ilha vizinha, a ilha de Serigipe, a atual ilha de Villegagnon. Transformaram-na em reduto murado, com construções de armazéns, casas e fortificações. Na colina do centro, foi erguido um castelo, que recebeu o nome de Forte de Coligny, em homenagem ao almirante francês.

Fazia parte da expedição André Thevet. Este também escreveu um livro fascinante sobre a estada dos franceses na Guanabara. O texto tornou-se uma das fontes mais importantes sobre o episódio: *As singularidades da França Antártica* (1978). Nele, são relatados vários aspectos do Brasil da época: habitantes, costumes, religião e doenças, além de observações sobre fauna e flora.

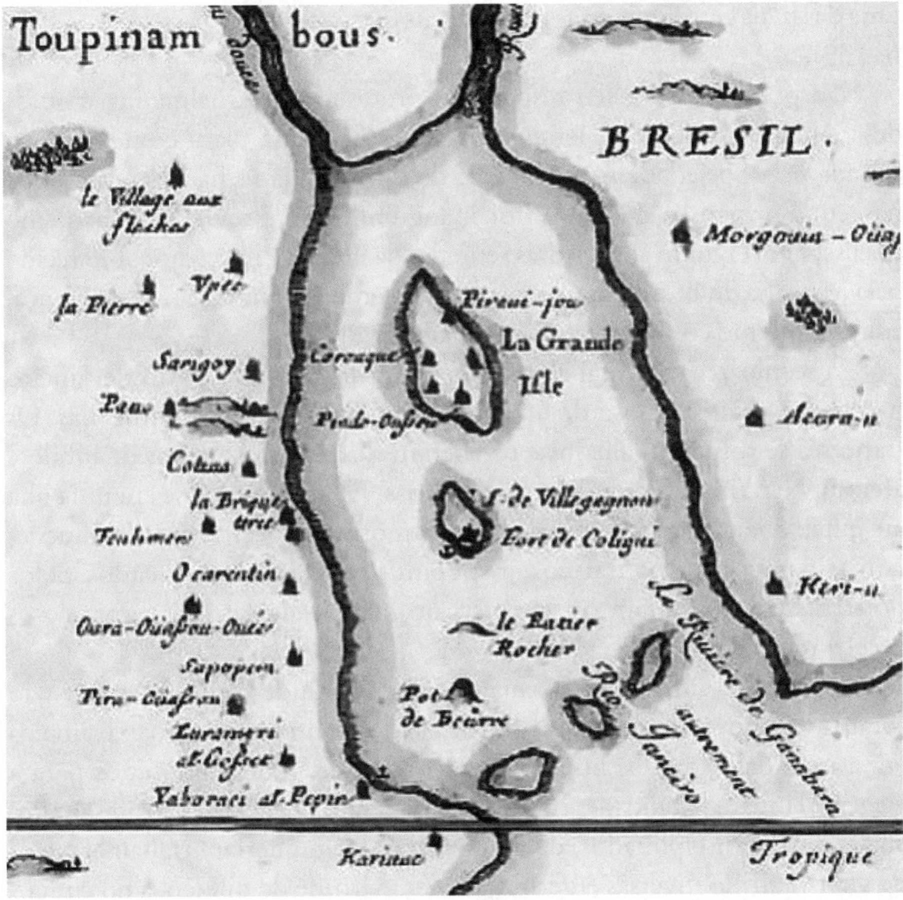

Figura 8.1 França Antártica na baía de Guanabara[2]

[2] Disponível em: http://pt.wikipedia.org/wiki/Fran%C3%A7a_Ant%C3%A1rtica. Acesso em: 17 jul. 2008. Entre os detalhes do mapa, aparece o *Pot de beurre* — Pão de Açúcar, quando era afastado da praia. Com os morros da Urca e Cara de Cão, ele formava a *ilha da Trindade.* Hoje, a antiga ilha está integrada ao continente em consequência de assoreamento e da construção de um aterro no final do século XVII. Outra curiosidade é a indicação de pontos de interesse, ora em francês, ora em língua indígena.

Quando, em 1555, Villegagnon instalou-se na baía do Rio de Janeiro, procurava dar vida a uma colônia de moradores franceses que fosse, ao mesmo tempo, o núcleo de uma futura França Ultramarina. No início, Villegagnon contou com o apoio dos índios tupinambás. Segundo um de seus mais importantes biógrafos, Paul Louis Jacques Gaffarel, Villegagnon foi "[...] uma das mais extraordinárias personagens do século XVI" (GAFFAREL, 1878, p. 139).

Não pensam isso a seu respeito os protestantes. Atualmente, é quase desconhecido na França, lembrado apenas por uma placa comemorativa afixada pela Sociedade Arqueológica de Provins, na fachada da casa onde nasceu. Em agosto de 2000, foi inaugurado em Provins um pequeno obelisco. Foi erguido com pedras retiradas da ilha de Villegagnon. Oferecido pela Marinha do Brasil, foi inaugurado pelo embaixador do Brasil na França, conjuntamente com o prefeito da cidade de Provins.

No século XVI, o estabelecimento de Villegagnon no Rio de Janeiro não teve o caráter odioso de uma conquista em relação aos indígenas. Os franceses se tornaram aliados e receberam dos tamoios provas de júbilo e afeição. Não tiraram os índios de suas tabas. Estabeleceram-se em uma ilha até então abandonada, e Villegagnon se mostrava severo com as infrações cometidas contra os nativos. Esperando que fossem atacados pelos portugueses, adestraram os selvagens no manejo das armas, tornando-os excelentes soldados.

Villegagnon enfrentou na Guanabara três grandes problemas que não foram avaliados seriamente na preparação do empreendimento: o primeiro era a má qualidade dos homens que conseguiu como voluntários para a viagem. Tinham habilidades como artesãos e eram operários eficientes. Eram, entretanto, indisciplinados, de mau caráter e não queriam trabalhar, além de terem sofrido diversas enfermidades em virtude da diferença do clima.

O fator sexual que envolveu os tripulantes foi o mais grave. Como eram quase todos jovens, atiraram-se às índias desnudas com a complacência dos maridos e do chefe indígena Cunhambebe. Este recebia presentes pelos favores concedidos pelas moças. Houve também a dificuldade de aceitar a antropofagia indígena. Por vezes, foi necessário resgatarem-se prisioneiros e indispor-se com Cunhambebe.

Cercada pelos índios tupinambás, aquela pequena população da colônia perdeu uma parte de seus efetivos para esses indígenas. Então Villegagnon apelou ao próprio Calvino, com quem estudara em Orleans, para que enviasse à França Antártica os que eram perseguidos na França, na Espanha e até além-mar. A França Antártica seria uma colônia para esses refugiados (Lestringant, 1980, p. 167-192).

Villegagnon escreveu a Calvino essa carta em 31 de março de 1557. Falou sobre as graves dificuldades que enfrentava. Manifestou a desilusão que a terra havia produzido em sua alma, fazendo esvanecer toda a sua esperança de glória e de triunfo (Gaffarel, 1878). Como nessa época os problemas religiosos na França se intensificaram, a perseguição aos huguenotes, como eram conhecidos os calvinistas franceses, aumentou.

Figura 8.2 Almirante Gaspard de Coligny[3]

Uma frota trouxe os calvinistas ao Brasil, comandada por Bois-le-Comte. Este era sobrinho de Villegagnon e retornava à Guanabara, após sua missão

[3] Gaspard de Châtillon, conde de Coligny, barão de Beaupont e Beauvoir, Montjuif, Roissiat, Chevignat e outros lugares, mais conhecido como Gaspard de Coligny (16/02/1519, Châtillon-sur-Loing – 24/08/1572). Foi um almirante francês e líder huguenote. Foi assassinado em Paris, em 1572, durante o Massacre da Noite de São Bartolomeu. Antes de seu martírio, sofreu um atentado praticado por Maurevert, do qual saiu ferido, depois de uma visita ao rei Carlos IX. Apesar de gozar de grande estima do rei, foi traído e assassinado por comando do duque de Guise, Henrique de Lorraine. Seu corpo foi jogado pela janela e depois decapitado. Foi um influente estadista e líder dos calvinistas franceses, os huguenotes. Disponível em: http://pt.wikipedia.org/wiki/Gaspard_de_Coligny. Acesso em: 17 jul. 2008.

na França. Foi nessa leva de franceses enviada pelo almirante Coligny que viajou Jean de Léry. Sua obra importante acerca da viagem depois se tornou uma polêmica sobre a estada dos franceses na Guanabara. *Viagem à terra do Brasil* (1961) mostra as dificuldades vividas pelos calvinistas e descreve a terra e os seus moradores. Thevet e Léry foram antagonistas implacáveis. Léry é considerado pelo historiador francês Arthur Heulhard um grande mentiroso.

A frota compunha-se de três navios: o *Petit Roberge,* comandado pelo vice-almirante Bois-le-Comte, com 80 pessoas, entre as quais soldados e marujos; o *Grand Roberge,* com 120 pessoas e o capitão Sainte Marie, apelidado Espine; e o *Rosee,* assim chamado por causa do seu comandante, que trazia a bordo 90 pessoas. Entre elas, havia seis rapazes que vinham para aprender a língua falada no Brasil, e cinco donzelas dirigidas por uma matrona. Estas foram as primeiras mulheres francesas a chegar a estas plagas sul-americanas.

A frota somava 290 pessoas. Somente 16 eram protestantes calvinistas. Entretanto, os atos de pirataria realizados por Bois-le-Comte e seus marinheiros, católicos, como expressamente declara Léry (1961), são atribuídos aos calvinistas. Na ocasião, entretanto, é certo que os protestantes francamente os condenaram.

Os protestantes da expedição eram: Jean Cointa, que daria muito trabalho a todos; Philippe de Carguilleray, o senhor Du Pont, amigo de Coligny, e encarregado pelo almirante de recrutar as pessoas para a viagem. Dois pastores: Pierre Richier e o jovem Guillaume Chartier, um estudante de teologia em Genebra.

Os demais expedicionários eram profissionais em várias artes: Pierre Bourdon, torneiro; Matthieu Verneuil, Jean du Bourdel e André la Fon, alfaiates; Nicolas Dénis, Jean Gardien, perito retratista; Martin David, Nicolas Raviquet, Nicolas Carmeau e Jacques Rousseau.[4]

Ao todo, foram enviados 14 genebreses, em sua maioria imigrantes recentes. Desembarcaram no Rio de Janeiro em 7 de março de 1557. Eram 14 aventureiros que, em 21 de março de 1557, decidiram prestar um culto a Deus, celebrando solenemente a primeira santa ceia calvinista no Brasil.

[4] Disponível em: http://igreja-virtual.blogspot.com/2008/04/o-primeiro-culto-realizado-no-brasil-e.html. Acesso em: 17 jul. 2008.

Figura 8.3 Escultura representando a primeira celebração eucarística protestante nas Américas, oficiada pelos pastores Pierre Richier e Guillaume Chartier.[5] [6]

Quando se celebrou a santa ceia segundo o rito evangélico, Villegagnon também fez a sua profissão de fé. De joelhos, recebeu das mãos do pastor Pierre Richier os sagrados elementos da comunhão. Assim, abjurou o almirante suas crenças no papismo (LÉRY, 1991). Na mesma ocasião, abjurou o romanismo o ex-frade Jean Cointa, que fora estudante da Sorbonne e que se dizia chamar Hector.

Jean Cointa era inteligente e culto. Entretanto, era dúbio, inconstante, e tudo indica que foi um elemento perturbador da harmonia da colônia. Envolveu-se nas fatais questões teológicas ali suscitadas. Ora inclinava-se à ortodoxia católica, ora abalava suas crenças pela argumentação dos emissários de Calvino: Richier e Chartier. Foi ele talvez o maior causador das graves perturbações que comprometeram a sorte da colônia.

O ex-frade desposou uma das donzelas que vieram da França, parente do negociante La Rouquette, de Rouen. Tendo esse negociante falecido algum tempo depois da chegada dos huguenotes, deixara como sua universal herdeira aquela sua sobrinha. Jean Cointa, cobiçando a moça e a fortuna, resolveu desposá-la. A cerimônia religiosa desse primeiro casamento de um ex-frade, no Brasil, foi celebrada pelo mesmo pastor Richier.

[5] Disponível em: http://pt.wikipedia.org/wiki/Guillaume_Chartier. Acesso em: 17 jul. 2008.

[6] A escultura é de autoria de Christian Bitencourt e localiza-se na Catedral Presbiteriana do Rio de Janeiro, RJ. [N. do R.]

Após a chegada dos huguenotes ou calvinistas, era de esperar que a colônia ganhasse um ambiente mais harmônico. No entanto, não foi isso que ocorreu. Logo a discórdia espalhou-se pela colônia. De início, os calvinistas estranharam a vida em condições tão simples e o fato de terem de trabalhar duramente. Tiveram vontade de voltar para a França. Villegagnon ficou na defensiva em relação a Du Pont. Ele parecia ter vindo com o propósito de relatar ao amigo Coligny a situação da França Antártica.

Em seu livro, Léry relata que as relações com Villegagnon desde a chegada não foram muito amistosas e que as condições de vida na colônia eram muito precárias. Cointa foi quem primeiro incitou Villegagnon a abrir a perigosa polêmica da discussão religiosa. Abjurou a religião católica fazendo-se protestante. Como, porém, era um argumentador convincente, não tardou a discutir questões de doutrina com os calvinistas. Revelava-se católico entre os protestantes, e protestante entre os católicos. Estabeleceu total desacordo entre o vice-rei e os genebrinos e exerceu influência no espírito irrequieto de Villegagnon.

O ex-frade tornou-se implacável inimigo dos calvinistas e traidor não só de Villegagnon, mas também de sua pátria. Logo após seu casamento, Jean Cointa foi expulso do Forte Coligny. Retirou-se para o continente, passando a viver com os selvagens. Mesmo sofrendo todas as humilhações possíveis, os huguenotes ali permaneceram até o mês de outubro, quando resolveram também romper definitivamente com Villegagnon, que não mais podia igualmente tolerá-los.[7]

Em diversas situações, não ficaram claras as tendências de Villegagnon. Na ceia de Pentecostes, segundo Léry, Villegagnon declarou ter mudado de opinião em relação a Calvino, "declarando-o um herege transviado da fé" (1991, p. 90). As relações com os protestantes se deterioraram completamente, também por causa da inconstância religiosa de Villegagnon e da desumanidade com que tratava sua gente. Os calvinistas deixaram a Guanabara.

Para os calvinistas, a atitude de Villegagnon era decorrente do fato de ter recebido cartas do cardeal de Lorena, censurando-o por ter mudado de religião. A partida dos calvinistas marcou o fracasso do vice-reinado da França

7 Extraído do apêndice do livro de Álvaro Reis, *O martyr le Balleur*. Editado em 1917 e escrito em português arcaico. Foi adaptado por Pedro Corrêa Cabral, em abril de 2007.

Antártica. Mesmo não se conhecendo profundamente os acontecimentos, sabe-se que Villegagnon tornou-se vingativo, perverso e de uma ferocidade muito grande. Fez com que parte da guarnição fugisse da ilha deixando-a quase despovoada. Villegagnon, no entanto, continuava a ter esperanças de que receberia os reforços de que precisava. Esses reforços, porém, não chegariam até o ataque dos portugueses, em 1560.

Villegagnon concordara com que os huguenotes regressassem à França. Isso, porém, com o mais perverso intento. Enviou por eles um documento devidamente lacrado, para ser entregue às autoridades desse país. O documento denunciava os próprios portadores como perigosos hereges que deveriam sofrer o último suplício. Depois de poucos oito dias de viagem, o navio Jacques começou a fazer água, quase naufragando. O senhor Du Pont e seus companheiros estavam decididos a seguir viagem. Somente cinco desventurados calvinistas resolveram voltar para a baía de Guanabara: Jean du Bourdel, Matthieu Verneuil, Pierre Bourdon, André la Fon e Jacques le Balleur.

Depois de penosa viagem, Du Pont chegou à França. Foi bem recebido pelas autoridades simpáticas à Reforma. Ficaram livres da última traição de Villegagnon, desde então chamado de "o Caim da América". Os huguenotes que retrocederam, depois de vagarem muitos dias à mercê das ondas, sofrendo as torturas da fome, chegaram ao continente, onde foram hospitaleiramente recebidos pelos selvagens. Avisaram, depois, ao aldeamento dos franceses que eles estavam em terra firme. Seus companheiros instaram para que não comparecessem perante Villegagnon. Não obstante os conselhos, os calvinistas se apresentaram ao almirante. Este os recebeu, aparentando bom grado, e até permitindo-lhes que ficassem no continente.

Doze dias depois, entretanto, em 8 de fevereiro, deu-se o golpe mais cruel. Villegagnon suspeitava de que os huguenotes fossem traidores e ali representassem o papel de espiões de Du Pont e Richier. Não teve coragem de justiçá-los por tais suspeitas. Exigiu, porém, que eles fizessem por escrito, dentro de doze horas, uma precisa e clara profissão de fé. Domiciliados em terra, os franceses ainda insistiram em que os calvinistas não dessem por escrito essa confissão. Sabiam que essa seria a artimanha para a tirania de Villegagnon. Eles, contudo, não ouviram os outros conselhos.

Quatro deles resolveram escrever a confissão. Jean du Bourdel, o mais velho, redigiu a resposta a Villegagnon. Assinaram a confissão também

Matthieu Verneuil, Pierre Bourdon e André la Fon. Deixou de assinar essa confissão Jean Jacques le Balleur. Com essa confissão clara de fé evangélica em mãos, Villegagnon mandou prender e martirizar Jean du Bourdel, Matthieu Verneuil e Pierre Bourdon. Era 9 de fevereiro de 1558.

Após o seu estrangulamento, ainda semimortos, tendo as mãos e os pés atados, esses calvinistas foram lançados nas águas do mar junto ao recife do Forte de Coligny. A praia tornou-se o relicário dos primeiros mártires da plena liberdade de consciência e do evangelho na América do Sul (Reis, 1917). André la Fon foi poupado. Ele prometeu não se conservar obstinado em erros doutrinários, desde que fossem provados como tais pelas Sagradas Escrituras.

Da expedição chegada em março de 1557, o último huguenote que sofreu o martírio foi Jacques le Balleur. Foi enforcado no Rio de Janeiro, dez anos depois, em 1567, quando se lançaram os fundamentos da Cidade Maravilhosa.

Em 15 de março de 1560, com a chegada de reforços oriundos da capitania de São Vicente, teve lugar o ataque dos portugueses comandados por Mem de Sá, que desembarcou tropas e artilharia na ilha. Dois dias depois, os franceses abandonaram o forte, procurando refúgio junto aos tamoios. A fortaleza foi arrasada, e no dia 17 de março foi celebrada a primeira missa portuguesa na ilha.

A ilha voltou a ser fortificada pelos portugueses em 1733, quando o governador Gomes Freire de Andrade fez demolir o monte das Palmeiras, principiando a construção da fortaleza de São Francisco Xavier da Ilha de Villegagnon. Após a Independência do Brasil, a ilha foi transferida para a Marinha e, a partir de 3 de dezembro de 1843, passou a sediar o Corpo de Imperiais Marinheiros. Em 1935, iniciaram-se as obras de construção da tradicional Escola Naval, sob responsabilidade da Marinha do Brasil, inaugurada em 11 de junho de 1938.

A declaração de fé dos calvinistas ficou conhecida como a *Confissão da Guanabara*. Em 24 março de 2007, um marco em lembrança desses acontecimentos foi inaugurado na Ilha de Villegagnon.[8] O relato da história dos mártires huguenotes no Brasil, bem como a confissão de fé que escreveram,

[8] Disponível em: http://pt.wikipedia.org/wiki/Ilha_de_Villegagnon. Acesso em: 17 jul. 2008.

encontra-se em *A tragédia da Guanabara: história dos protomartyres do christianismo no Brasil*, traduzido por Domingos Ribeiro. O texto foi transcrito da obra de Jean Crespin e o português arcaico usado por Domingos Ribeiro foi atualizado. Álvaro Reis o publicou em 1917, e o texto foi adaptado em 2007 por Pedro Correia.

O livro de Jean Crespin que servira de base foi *L'Histoire des martyres*, originalmente publicado em 1564, no qual há um capítulo intitulado *On the church of the believers in the country of Brazil, part of austral America: its affliction and dispersion.* O texto de Crespin, por sua vez, é uma tradução de *Histoire des choses mémorables survenues en le terre de Brésil, partie de l'Amérique australe, sous le governement de Nicolas de Villegaignon, depuis l'an 1558*. Esse último texto foi publicado em 1561, cuja autoria é atribuída a Jean Léry, autor também daquele relato da expedição huguenote ao Brasil: *Histoire d'un voyage fait en la terre du Brésil* (1961).

O pastor Pierre Richier (1506-1580) escreveu posteriormente *La réfutation des folles resveries, exécrables blasphèmes, erreurs et mensonges de Nicolas Durand qui se nomme Villegagnon* (1561). Fez ainda a versão latina no mesmo ano.

Nessa época, foi publicado o texto de Lestringant — *Calvinistes et cannibales: les écrites protestants sur le Brésil français* (1555-1560). No texto, a sua parte segunda traz a *Réfutation*, de Pierre Richier, conforme o *Bulletin de la Société de l'Histoire du Protestantism Français* (1980, p. 173). O termo "canibal" é atribuído aos católicos. Lestringant escreveu ainda *Tristes topistes: du Brésil à la France, une controverse à l'aube des guerres de religion* (*Revue de l'histoire des religions* 202, 1985, p. 270-271); *Calvinistes et cannibales* (*Bulletin*, 1980, p. 167-192) e *Le cannibale: grandeur et decadence* (*Bulletin*, 1994, p. 34).

O próprio Villegagnon escreveu *Les propositions contentieuses entre le chevalier de Villegagnon et maistre Jehan Calvin concernant la vérité de l'eucharistie* (1561). Villegagnon utilizou-se claramente da retórica e da gramática para explicar o mistério da eucaristia (1561).

O pastor Richier o refutou nesse mesmo ano. Da celeuma, restou a atribuição do termo "canibais" aos católicos, por Villegagnon, e depois por Lestringant. Como comiam a "carne" de Cristo na eucaristia, os católicos eram então carnívoros, canibais. Além disso, receberam os codinomes de papistas, porcos, cães ou lobos. Animalidade típica desses tempos sombrios. Portanto, como a liturgia sacrificial dos católicos causava repugnância, mal-estar ou anorexia aos protestantes, negar a presença física de Cristo nos elementos da santa ceia era questão cara naquela época.

Utilizando o exemplo da chegada do calvinismo ao Brasil, pode-se entender que a Genebra de Calvino transformara-se rapidamente num centro missionário. O calvinismo nascera ali, em meio à confrontação. O próprio termo "calvinismo" ou "calvinista" apareceu somente em 1552, graças a Joachim Westphal, pastor luterano de Hamburgo.

Segundo Olivier Millet (1992, v. VIII, p. 56), o termo "calvinista" foi utilizado para estigmatizar o ponto de vista de Calvino sobre a santa ceia. Calvino foi o primeiro a deplorar esse termo, às vésperas de sua morte, quando comentou o texto de Jeremias, em latim (1563).

Ele deplorou a existência desse tipo de extravagante sedição, denominações dadas por frenéticos zelotes (Leçons, 1565 apud Cottret, 1995, p. 247). Nada poderia ser tão ultrajante como a palavra "calvinismo", e Calvino recebeu isso como um golpe cruel de seus opositores.

9
Os anos vitoriosos do calvinismo — 1555-1564

Autores como Emmanuel Stickcelberg (1954) denominam os nove últimos anos de Calvino como "anos de triunfo". Foram mesmo anos vitoriosos ou triunfais — de Calvino e do calvinismo. Justamente nesses anos finais da vida de Calvino, o calvinismo ganhou sua imagem internacional. Foram eles o oposto daqueles anos sombrios — *annus miserabili*.

Em Genebra, a oposição antifrancesa não cessou totalmente, até mesmo havendo protestos contra as frequentes naturalizações de franceses admitidos ao direito de burguesia. Isso, porém, não impediu o triunfo. Houve um substancial avanço em seus planos, e a Academia de Genebra talvez se configure como o símbolo desses anos gloriosos. "Foi na área da educação que Calvino desfrutou um de seus sucessos mais duradouros" (Moore, 1984, p. 141).

A ACULTURAÇÃO CALVINISTA

Enquanto ocorria a aculturação calvinista, persistia também a resistência de alguns genebreses, de maneira mais instintiva que organizada ou calculada. As medidas draconianas foram impostas a toda a população (O. C., v. 21, p. 632, *Registres du Conseil*, v. 51, f. 295). Os recalcitrantes acabaram na prisão, a pão e água, sem nenhuma regalia (O. C., v. 34, p. 144, 73º sermão sobre o livro de Jó).

A questão sexual tornou-se um dos principais domínios desse controle moral da população. Para evitar escândalos ou as tentações fáceis e para combater a promiscuidade, deu-se iniciativa até mesmo a um novo planejamento do espaço físico da cidade.

Os encontros foram cada vez mais proscritos nos chamados lugares "de perdição". Em dezembro de 1549, Calvino encetou uma campanha contra esses espaços de promiscuidade que serviam de pretexto para a diversão: os banhos públicos, onde os homens se encontravam com mulheres etc. Um etc. cheio de suspeições promíscuas (*Annales calviniani*, O. C., v. 21, p. 612-613, *Registres du Conseil*, v. 49, f. 163). A solução radical foi interditar encontros de pessoas de sexo oposto. Assim, os locais de banho do bairro Saint-Gervais ou de Longemalle foram reservados para um ou outro sexo, alternadamente, durante dois anos.

Em fevereiro de 1555, Calvino criticou os olhares furtivos que as pessoas trocavam durante as pregações e o modo em que homens e mulheres sentavam-se misturados (Ibid. v. 49, *Registres du Conseil*, f. 13). Para reforçar a luta contra a prostituição, em março de 1556 o PC decidiu casar os contra-ventores à força (Ibid., p. 639, *Registres du Conseil*, 51, f. 173).

Com a afluência crescente de estrangeiros, mais problemas surgiram. E Calvino preocupou-se com os abusos denunciando-os ao PC, principalmente quando se tratava de bigamia e rompimento de promessas de noivado (Ibid., p. 654-655, *Registres du Conseil*, 52, f. 98). Houve também severidade com relação aos casos de aborto ou infanticídio, em maio de 1561 (Ibid., v. 21, p. 747). Em dezembro de 1556, muitos genebreses reclamaram do rigor das medidas contra a prostituição "sob a lei da graça", alegando que seria judaizante a condenação do adultério com a morte (Ibid., p. 656-657).

Seria a interdição da sexualidade? Provavelmente não, porque, por outro lado, o protestantismo condenava o celibato e reforçava a necessidade do casamento. A procriação não deveria ser mais o principal objetivo das relações conjugais (Biéler, 1963, p. 110).

O livro de André Biéler (1963) — *L'homme et la femme dans la morale calviniste* (O homem e a mulher na moral calvinista) — analisa as diferenças com relação à moral católica. A tradição católica fez da reprodução o fim principal do casamento. O calvinismo propôs uma nova ética, estabelecendo a reprodução como algo elementar, mas dando à união conjugal entre os seres humanos a supremacia desse relacionamento.

A mesma ideia é avaliada pelas autoras Liliane Mottu-Weber e Anne-Marie Piuz, em *A economia genebresa da Reforma ao fim do Antigo Regime*

(1990), somente em francês. Em português, existe a obra traduzida de Jane Dempsey Douglas — *Mulheres, liberdade e Calvino: o ministério feminino na perspectiva calvinista* (1995).

Com respeito ao controle da moralidade conjugal, havia restrições que diziam respeito até mesmo à idade dos cônjuges. As núpcias visavam ainda à reprodução, e os casamentos que não tivessem essa finalidade poderiam ser reputados como fornicação. Foi impedida a união entre a viúva de Claude Richardot, que já tinha seus 62 anos, com seu serviçal Jean Achard, de 25 a 27 anos. O PC levou avante esse impedimento em 5 de janeiro de 1557 (O. C., v. 21, p. 658, *Registres du Conseil*, 52, f. 188). Luxúria ou lucro não poderiam ser também motivos aceitos.

Em meio a tudo isso, o bom e velho amigo de Calvino, o grande Guillaume Farel, aos 69 anos, resolveu casar-se com Marie, cujo pai, Alexandre Turol, era refugiado em Neuchâtel (Ibid., p. 703). O problema era a idade da adolescente, originária de Rouen e que estava trabalhando na casa de Farel. Calvino recusou-se a celebrar esse casamento de Farel, não lhe retribuindo o favor de ter celebrado o seu casamento com Idellete. Calvino preferiu enviar carta a Farel, na qual o exortava severamente e o reprovava.

Calvino, porém, solicitou ao conselho de Neuchâtel que não demitisse Farel, mas que tolerasse essa leviandade do seu velho pastor que tanto servira à cidade. Ouviram Calvino. Hoje existe uma estátua em homenagem a Farel, defronte dessa igreja de Neuchâtel.

A EDUCAÇÃO EM GENEBRA

Afinal, Calvino recebeu o título de burguês de Genebra, em 30 de outubro de 1559. Ainda assim, continuou sofrendo oposição. Em meio ao turbulento contexto de escândalos, condenações aos heréticos, prisões e execuções, nasceu a Academia de Genebra.

Antes de Calvino, a educação em Genebra estava decadente e precária. Entre 1428 e 1429, um mercador local, chamado François de Versonnex, fundou uma escola na cidade — o *Collège Versonnex*. Seu propósito era preparar clérigos. Quando Calvino retornou a Genebra em 1541, esse colégio foi reativado, reorganizado, e passou a oferecer ensino público. Estava prestes a ser fechado. Em sua primeira estada na cidade (1536-1538), Calvino tentara junto ao PC estabelecer ali uma escola infantil. As crianças teriam ensino gratuito, e o catecismo foi elaborado tendo em vista a sua educação.

Não foi suficiente o esforço. Apenas conseguiu-se o estabelecimento do *Collège de la Rive*. Antoine Saunier foi seu primeiro diretor (1536). Depois foi a vez de Maturin Cordier (1537), aquele velho professor de Calvino na França. Entre 1538 e 1541, o colégio quase foi fechado. Com a volta de Calvino, foi reativado, vindo a funcionar durante outros dezoito anos (Reid, 1955-1957, p. 8). Phillip Schaff chegou a afirmar que Calvino "foi o fundador do sistema escolar comum" (1995, v. viii, p. 804).

Após Maturin Cordier, o responsável pelo *Collège de la Rive* foi Sébastien Castellion, aquele mesmo que viria a se tornar opositor de Calvino. A educação nas escolas fundamentais de Genebra passou a refletir os ensinamentos humanistas, assim como Calvino observara e copiara a ideia de Estrasburgo. Os alunos aprendiam a apreciar e manusear a linguagem de Cícero, em latim. Passaram a afirmar que os meninos de Genebra falavam como os doutores da Sorbonne (McNeill, 1957, p. 195).

Durante os anos sombrios de Calvino em Genebra, esse ideal de educação não foi levado a efeito. Havia muitas disputas, intrigas, gastos desnecessários e pouca atenção à educação. Somente em seus anos gloriosos, Calvino pôde dedicar a devida atenção a esse importante aspecto, deixado por ele como legado calvinista.

Em dezembro de 1558, os líderes religiosos de Lausanne manifestavam oposição aos ensinos de Calvino. Diante desse anticalvinismo manifesto, os ministros de Lausanne recusaram-se a celebrar a ceia no Natal e no dia 1º de janeiro. Berna ameaçou o pastor Pierre Viret e os outros ministros de Lausanne. Foram destituídos, exceto aqueles que se submeteram aos ritos de Berna, em fevereiro de 1559. Viret deixou Berna e foi acolhido calorosamente em Genebra, em março daquele ano. Calvino e Bèze apreciaram muito a sua preciosa ajuda, que chegava em um momento muito oportuno (Roget, 1870, p. 198 apud Cottret, 1995, p. 262). Eram os anos gloriosos do calvinismo.

Em junho de 1559, contando com a preciosa ajuda de Pierre Viret, foram publicadas as ordenanças ou estatutos do Collège de Genève. Isso não era mera coincidência, pois, desde as *Ordenanças eclesiásticas* de 1541, já se fazia menção da função primordial da educação (Stauffer, 1981, p. 76-98).

Afinal, o ideal persistia: um colégio para instruir as crianças e preparar homens, tanto para o ministério quanto para o governo civil (Roget, 1870, p. 229 apud Cottret, 1995, p. 263), ainda que seu estabelecimento tenha demorado em ser efetivo.

Calvino propôs ao PC que fosse expandido o *Collège de la Rive*, utilizando-se os terrenos do antigo hospital Bolomier. As primeiras resoluções práticas surgiram em janeiro de 1558. Com a falta de fundos municipais para a construção da nova escola, Calvino apelou à filantropia particular. Obteve muito êxito nesse levantamento de doações. Levantou 10.024 *guilders* de ouro, além de 3.526 *guilders* doados liberalmente por vários genebreses. Essa era uma soma significativa para a época (Schaff, 1995, v. viii, p. 804).

Enquanto isso, Calvino buscava contratar professores renomados para o auxiliarem em Genebra (O. C., v. 17, p. 94). Ele queria professores que ensinassem o hebraico, o grego e o latim. O colégio teria sete classes: duas para ler e escrever; a terceira, para começar a declinar verbos; a quarta, para a sintaxe latina e os elementos da língua grega; a quinta, para a sintaxe e a dialética; as duas últimas, para as demais exigências de cada idioma.

Em outubro de 1558, foram estabelecidas três cadeiras de *lecteurs* ou professores, bem como sete cadeiras de regentes. Théodore de Bèze foi encarregado de ensinar o grego. Cada professor recebia 280 florins, e os auxiliares ou regentes recebiam 240. Calvino esforçou-se para elevar esse salário para 500 florins.

Conseguiu-se a adesão de ilustres professores, como Antoine Chevalier (hebraico), François Béraud (grego), Jean Tagaud (filosofia). Os regentes foram: Jean Randon, Jean Duperril, Claude Malbuet, Pierre Duc, Gervais Eynault, Jean Barbier e Jean Lauréat (Cottret, 1995, p. 263, nota 100). Em 1559, iniciou-se também o ensino de medicina, graças ao professor Blaise Hollande, doutor em medicina (nota 102).

O principal requisito para estudar nesse colégio era ser homem temente a Deus, num perfeito elã entre os ministros e os professores, sendo o candidato a aluno confirmado pelos síndicos do PC. Em 5 de junho de 1559, Calvino e Pierre Viret propuseram as ordenanças do colégio ao PC. A promulgação solene desse ato deu-se na própria Catedral de Saint-Pierre (Roget, p. 235 apud Cottret, 1995, p. 263).

Bèze ficou encarregado do discurso de inauguração, no qual não mencionou a igreja. Foi nomeado também seu primeiro reitor. Ele insistiu no papel dos magistrados conclamados a proteger a recém-inaugurada instituição de ensino. No discurso de encerramento da cerimônia, Calvino endossou a mesma opinião.

A vida dos alunos era bem regrada. Sermão, na manhã de quarta-feira. Dois sermões, no domingo, sem esquecer o catecismo. Estudo sob os olhares vigilantes dos regentes, que verificavam a assiduidade e atenção dos alunos. A disciplina era rigorosa. Entretanto, em 1563, suspenderam o regente Claude Bardet, que se excedera em maus-tratos administrados aos alunos. As promoções de ano eram acompanhadas de prêmios em dinheiro aos mais esforçados.

A instituição dividia-se em duas partes: a *schola privata*, ou colégio, que ensinava crianças e adolescentes até 16 anos; e a *schola publica*, para o ensino universitário, com ênfase nas artes e na teologia. O objetivo daquela instituição refletia o pensamento calvinista: preparar os futuros cidadãos de Genebra, não apenas na fé reformada, mas na linguagem e nas humanidades (MOORE, 1984, p. 147). Cidadãos formados de modo completo, a fim de poderem futuramente assumir a liderança política (Ibid., p. 142).

"O principal propósito da universidade era eminentemente prático: preparar os jovens para o ministério ou para o serviço no governo" (MOORE, 1984, p. 47). Essa obra educacional teve repercussões em outros países da Europa e na América do Norte. Já em 1559, a academia foi inaugurada com 160 estudantes, e o colégio tinha 600 alunos. Em 1565, um ano após a morte de Calvino, a escola já contava com 1.600 alunos, de vários países europeus (MCNEILL, 1957, p. 195).

Marcada fortemente pelo calvinismo doutrinal, a Academia de Genebra não era, no entanto, uma instituição eclesiástica. Era, primeiramente, uma instituição pública, governamental (Dankbaar, 1965, p. 122 apud COTTRET, 1995, p. 264).

A noção calvinista de instituição pôs em evidência a sua vontade de influenciar os comportamentos. A sua pedagogia era quase uma política. A educação era a peça-chave do calvinismo. Cabia aos pastores e mestres um papel importante na educação. Eles deveriam servir na igreja propriamente dita e na educação teológica. Deveriam, porém, exercer também o magistério no colégio, nas mais diversas ciências. Lá eles poderiam levar os alunos a ser bons cidadãos e a participar futuramente exercendo cargos no governo da cidade (*Institutas*, v. 4, 1-4).

O esforço despendido por Calvino no que tange à educação foi realmente digno de elogios. De fato, foi na área da educação que Calvino desfrutou um de seus sucessos mais duradouros. A academia foi fiel ao princípio calvinista de que as escolas teológicas são berçários de pastores. Com esse intuito, subiu de 600 para 900 alunos, já no primeiro ano. Além da educação dos protestantes de língua francesa, recebeu alunos estrangeiros vindos da Holanda, Inglaterra, Alemanha, Itália e de outras cidades da Suíça.

Genebra tornou-se um grande centro missionário, uma verdadeira escola de missões. Os foragidos que lá se instalaram puderam, posteriormente, levar para os seus países e cidades o evangelho ali aprendido. A academia tornou-se grandemente respeitada em toda a Europa. O grau concedido aos seus alunos era amplamente aceito e considerado em universidades de outros países protestantes, como a Holanda. A formação obtida na Academia de Genebra era intelectual e espiritual. Calvino insistiu com o PC para melhorar as condições do ensino. Visto que o Estado estava empobrecido, apelou para doações e legados.

John Knox (1515-1572), um dos mais célebres alunos de Genebra, foi o responsável pela elaboração do sistema educacional da Escócia, tendo a Bíblia como tema principal de estudo e a gratuidade patrocinada pela Igreja. No aspecto educacional, a Reforma mostrou-se um movimento de caráter singular. Os reformadores opunham-se claramente à heteronomia católica romana, advogando a liberdade de consciência, o livre exame das Escrituras, e estimulando a pesquisa científica.

A Academia de Genebra fundada por Calvino é um exemplo eloquente do interesse reformado pela educação. Calvino, especificamente, não admitia que a religião pudesse limitar-se às práticas eclesiais.[1] Para ele, todas as atividades humanas deveriam ser para a glória de Deus, mesmo que não tivessem caráter religioso. Uma posição nem autonômica, nem heteronômica, mas teonômica.

[1] Disponível em: http://www.aecep.org.br/artigos/artigos_detalhes.asp?id=7. Acesso em: 27 jul. 2008.

Nesse período, surgiu a *Didactica magna*, de Comênio, que levava a Queda em consideração e dava à educação um papel redentivo. A teonomia reformada durou pouco. O impulso renascentista de autonomia continuou seu curso até o Iluminismo, o que significou uma inversão total na inclinação nômica da cultura ocidental. Filosofias educacionais surgidas nesse período têm inclinações autonomistas. É o caso da educação liberal de John Locke, Adam Smith e do genebrês Jean-Jacques Rousseau.

A educação liberal opõe-se a toda forma de controle educacional, condena toda forma de ensino baseado em princípios religiosos e políticos. O genebrês Rousseau, especialmente, ensina que o homem, em seu estado natural, não é mau nem bom, e que toda corrupção é produto da sociedade. A implicação disso é que o educando pode ser visto como potencialmente bom, e que melhor será a sociedade quanto menos fizer imposições sobre o sujeito.

Contudo, a educação calvinista do século XVI marcou época. Segundo Charles Borgeaud, Calvino "[...] havia assegurado o futuro de Genebra [...] de uma só vez fazendo uma igreja, uma escola e uma fortaleza. Esta foi a primeira fortaleza da liberdade nos tempos modernos" (apud McNeill, 1957, p. 196).

Entre as contribuições dos teólogos da Reforma do século XVI, ficou a educação popular. A Reforma precisou da educação para divulgar a Palavra de Deus, ensinar o novo catecismo e formar novos pastores para suas igrejas. Em seu modelo de fé, para Calvino, a educação passou a ter um papel fundamental, sem o que o calvinismo não sobreviveria.

Há ainda o fundamental papel desempenhado pela sua obra-prima, as *Institutas*, na qual a educação foi um elemento onipresente e implícito em toda a obra de Calvino. Em 2008, séculos após a educação calvinista iniciada em Genebra, a cidade foi considerada a de melhor qualidade de vida do mundo. Esse título foi obtido principalmente porque Genebra tem o melhor sistema educacional do Planeta.

1564 — DOENÇA E MORTE DE CALVINO

Durante sua vida, Calvino sofreu várias enfermidades. Sua saúde era frágil. Em 1555, as dores violentas começaram a se apresentar. Em 1558, os acessos de febre começaram a impedi-lo de trabalhar de forma continuada.

Nos anos triunfais e finais de sua vida, Calvino contabilizou milhares de cartas endereçadas a mais de 300 destinatários diferentes. Prisioneiros, governantes, fiéis como aqueles de Poitiers que se organizavam secretamente em igrejas e até mesmo formando um sínodo, ou os valdenses cujas casas foram incendiadas, protetores dos reformados, reis e duques. Escreveu até o final de sua vida.

Em meio às dores de artrite, às crises de tuberculose e outras enfermidades, Calvino foi altamente produtivo e operoso. Paradoxalmente, a doença lhe permitiu trabalhar arduamente a sua última edição das *Institutas*. Desde 20 de outubro de 1559, ele se absteve das reuniões do consistório e não redigiu mais cartas entre 17 de outubro e 15 de janeiro de 1560 (Roget, 1857, v. V, p. 197 apud Cottret, 1995, p. 265).

Na véspera do Natal de 1559, ele precisou forçar a voz para pregar. No dia seguinte, escarrou sangue. O diagnóstico era grave: pleurisia. As hemorroidas também pioravam. Foi nesse mesmo Natal que ele ganhou de Genebra o título de burguês, sem taxas, como reconhecimento por seus trabalhos.

Em 1561, acrescentou-se a gota aos seus sofrimentos. Depois, as crises renais agudas. Em meio a tudo isso, persistia uma extraordinária lucidez de espírito. Sua última aula foi dada em 2 de fevereiro de 1564. No dia 6, pregou seu último sermão, tendo de interrompê-lo por causa de uma crise violenta de tosse. Nos meses finais de afastamento, contava com a ajuda de secretários. Charles de Joinvilliers (1517-1590) foi o grande colaborador e secretário (O. C., v. 20, p. 131-132, carta de Joinvilliers a Bullinger, 10 ago. 1563).

Despediu-se do Conselho de Genebra no dia 27 de março. Recebeu a ceia na Catedral de Saint-Pierre no dia 2 de abril. A ceia foi celebrada por seu sucessor, Bèze. Farel viajou desde Neuchâtel até Genebra, a pé e no alto de seus 75 anos. Queria vê-lo pela última vez, e esse seu amigo leal e verdadeiro assim o fez.

Calvino faleceu no dia 27 de maio de 1564, faltando um mês e treze dias para completar 55 anos, conforme relatou Bèze em sua primeira biografia, em 1565 (O. C., v. 21, p. 45-46). Sentindo chegar a sua hora, Calvino tomou simbolicamente um último repasto com seus amigos em seu leito de morte (Ibid.). Bèze se encarregou de dar um tom hiperbólico e dramático ao choro que a cidade pranteou nos dias seguintes à perda de seu profeta (Cottret, 1995, p. 267).

O último pedido de Calvino foi atendido. Ele pediu que o lugar de sua sepultura não fosse indicado. Um funeral simples, com poucas palavras e nenhum cântico. Sem lápide na sepultura do cemitério comum de Plainpalais. Seu epitáfio era a sua vida.

Não morreu um santo. Pode-se, porém, dizer que Genebra perdeu o seu profeta. Um humanista e amante das belas letras. Um reformador, mas não um revolucionário. No entanto, um reformador com um pensamento potencialmente revolucionário.

Para Parker, Calvino foi um homem da paz e da ordem, nascido em meio a um mundo em conflitos. Conservador por natureza, por educação e por convicção, suas ideias vingaram entre os revolucionários europeus. De tendências aristocráticas, inspirou os séculos seguintes a adotarem um modelo de democracia (1975, p. xi).

Esse resumo de Parker (1975) é provocante e lapidar, apontando muitas verdades. Enquanto Calvino criticava as inovações de seus contemporâneos, promovia feitos inéditos. Entretanto, em face do catolicismo, seria um retorno ao passado, não uma inovação.

Os sacramentos não eram mais os sete do catolicismo, e sim apenas dois. Não uma novidade, mas um retorno ao primitivo ensino neotestamentário. A fé somente, a graça somente, somente as Escrituras são as formas tradicionais da verdadeira piedade ou a verdadeira tradição.

Calvino foi também um homem com um pé no século XV e outro no século XVII. Sua qualidade linguística clássica, sua vontade de chegar à essência num sentido pré-cartesiano. Um picardo, homem do norte da França, nunca um legítimo genebrês ou renascentista no sentido pagão e mediterrâneo do termo. Seguiu o modelo de Sêneca, não o de Epicuro. Um corpo enfermo dentro de sua total austeridade de um admirador das estrelas, da majestade admirável de Deus (O. C., v. 34, p. 297, 85º sermão sobre Jó).

A história religiosa não se limita ao domínio eclesiástico ou às ciências da religião (FÉBVRE, 1968, p. 8). Portanto, ela é história singular da vida, não apenas uma afirmação dogmática. História da fé. História de um homem. História da fé de um homem de fé e esperança. Autêntica, real ou controvertida, fugaz ou contingente, a sua relação com Deus ocupou o lugar central em sua vida.

Viveu com autenticidade e morreu sem pompas, e o mundo todo ainda fala dele, 500 anos depois.

Parte 2

CALVINO E GENEBRA, DESTINOS CRUZADOS

Calvino e Genebra. Os destinos cruzados de um homem e uma cidade. É curioso como isso pode despertar paixões, pesquisas, polêmicas e paradigmas. Uma cidade que pagou um alto preço por afirmar sua identidade protestante em meio às convulsões religiosas do século XVI.

Um picardo, do norte da França, paulatinamente torna-se protestante e é intimado a se tornar líder religioso na Suíça. Uma cidade expulsa seus antigos líderes políticos e religiosos, excomunga todo tipo de dominação e se vê carente de um novo líder religioso, para uma nova realidade assumida. Um líder vai amadurecendo, errando e aprendendo, até se tornar viável e imprescindível para essa cidade. Os destinos se cruzam.

Calvino se estabelece em Genebra e lidera reformas importantes. Genebra descobre, reinventa Calvino e passa a usufruir de sua influência. Ambos — Calvino e Genebra — são fontes de inspiração em meio à diversidade humana e trazem muita contribuição para as pessoas até mesmo neste século XXI.

Será, então, uma tentativa de restituir a verdade de um homem e de seu tempo? Verdade? Talvez a inteligibilidade, mantendo-se o seu caráter interpretativo, de apresentar o Calvino histórico. Mais um Calvino dos estudiosos, dos universitários, e menos aquele homem de Igreja, o teólogo. Um Calvino leigo, na própria acepção do termo, sem aqueles adjetivos todos mediados pelos escritores religiosos.

Tratar uma personagem religiosa com isenção ou sem paixão apologética, isso apenas se faz quando não se deixa intimidar ou influenciar pelas diversas correntes religiosas que persistem em querer dar o tom das narrativas e pesquisas. Sem pleitear favores ou cargos que um escritor religioso buscaria, ou mesmo sem temer represálias deste ou daquele segmento religioso que esse escritor recearia. Persite assim apenas a preocupação em apresentar o que corresponde aos fatos — seria isso a verdade?

Correspondência aos fatos? Os períodos críticos da História têm seus fatos e personagens envolvidos e que precisam ser evocados, com seus acertos e contribuições, com seus erros e advertências. Tudo isso, porém, passa pela interpretação de seus estudiosos.

Calvino, portanto, é um nome a ser lembrado, e será muito interessante ouvi-lo e interpretá-lo. Seja visto como *scholar*, ou teólogo de peso, ou estadista, ou até mesmo como um mero reformador etc. Sem dúvida, ele será sempre lembrado como personagem que exerceu grande influência no mundo ocidental, cujas ideias foram além de sua época.

Entretanto, não se deve esquecer que ele era uma pessoa do século XVI, enraizada de ideias ainda medievais, mesmo que tenha conseguido ir além de seu tempo e contribuído até para as fundações da política moderna.

Por tantas razões, Calvino é figura de destaque no mundo intelectual, político, religioso, social etc. Se vale a pena descobri-lo? Bem, foi exatamente isso que a cidade de Genebra fez quando os seus destinos se cruzaram. A cidade suíça recebe seu destaque por motivos diversos. Foi uma cidade que abraçou a Reforma, que rompeu com antigas alianças e dominações, passando por um heroico período de lutas.

A Genebra das famosas feiras internacionais enfrentou crises econômicas e tornou-se a cidade de refúgio de protestantes foragidos. A consequente explosão demográfica incomodou a estratificação social de sua população genebresa, alterou as suas principais atividades urbanas ou profissionais e revolucionou a sua economia.

Genebra adentrou o século XVI lutando contra a tirania de um duque e de um bispo, até derrotá-los. Lição aprendida, a cidade não suportaria, portanto, novos abusos de nenhuma forma de poder, fosse este político ou religioso.

Genebra deixou de oferecer passivamente condições para um regime totalitário ou teocrático. A cidade foi indócil com outros dominadores, e o foi também com Calvino e Farel, rechaçando-os, quando de sua primeira passagem por lá. Mesmo quando retornou à cidade, Calvino não recebeu plenos poderes, ou melhor, não teve oportunidades de dominá-la. Ao contrário disso, mais parece que Genebra domou Calvino.

Há todo um roteiro evolutivo em Calvino, e sua evolução passa por essa cidade. Roteiro dramático, tanto de ruptura com a fé católica romana, como também com as próprias pretensões intransigentes de domínio político-eclesiástico.

Assim, não seria afinal um contrassenso Calvino ter sido um tirano e, ao mesmo tempo, o defensor de uma teoria de resistência a uma tirania? Genebra responde a esse dilema.

É preciso compreender primeiramente o palco dos acontecimentos. É a partir desse contexto que se tenta descobrir o pensamento dessa polêmica e ilustre personagem descoberta e forjada também por Genebra.

1
O palco das disputas políticas e religiosas

Post tenebras lux — Luz após trevas!

Essa foi a divisa da Reforma calvinista. Foi também a divisa da cidade de Genebra, onde, de certa forma, pode-se afirmar que triunfou o espírito de Calvino. Toda a situação de mudanças radicais, contudo, é anterior a ele.

De fato, a Reforma genebresa precedeu à chegada de Calvino. Sem querer minimizar os efeitos dos fatores religiosos, Genebra revestia-se de um aporte político considerável, que forneceu a essa cidade a chave de sua independência.

Próximo de 1500, Genebra ainda gravitava em torno da cidade francesa de Savoy. Quando, em meados do século XVI, o calvinismo adentrou os seus muros, Genebra era uma cidade já independente e profundamente remodelada em seu papel de capital protestante. O que ocorreu entre uma época e outra?

Na virada do século XV para XVI, a "nação suíça" diferenciava-se mais e mais de todos os outros países que, nominalmente, faziam parte do Sacro Império Romano-Germânico. Em sua estrutura, distinguiam-se três entidades: a Confederação Helvética, Valais e as Três Ligas Réticas. A Confederação Helvética agrupava cidades como Zurique, Berna, Lucerna, Basileia e Friburgo, e formava 13 Estados ao todo.

Genebra não pertencia a nenhuma dessas entidades. Para redobrar a sua independência, porém, a República de Genebra passou a ser uma aliada, no sentido próprio, e ainda não se tornara um membro do todo da Confederação (Bergier, 1980). A cidade precisava cuidar-se, pois era uma típica cidade-Estado, sendo constantemente ameaçada em sua independência e quanto à integridade de seus direitos.

Diante de tantas revoluções do século XVI, sua transformação política e a Reforma religiosa, além de toda a fragilidade de sua forma política peculiar, Genebra não estaria aparentemente condenada a desaparecer em face da formação dos grandes Estados territoriais? Melhor lhe seria confederar-se.[1]

Isso passou por vários aspectos peculiares da história de Genebra. A primeira constatação que se faz é que, desde o início do século XVI, duas facções se confrontavam na cidade: de um lado, os *mammelus* — conservadores e adeptos dos savoyanos ou saboianos; de outro lado, a facção dos *eidguenots* — contrários à anexação de Genebra à região de Savoy.[2]

Até a expressão *mammelus* já era uma clara alusão aos mamelucos orientais, uma referência negativa aos que preferiam ser escravos ou servos a viver em liberdade, a exemplo dos soldados do sultão do Egito, cujo soldo vinha da servidão (Bonivard, 1845, p. 19 apud Cottret, 1995). Já a palavra *eidguenots* provinha do alemão e significa "confederados" — pode mesmo ser este o termo que originou a palavra francesa "huguenote" (Cottret, 1995, p. 126).

Enquanto os *mammelus* queriam que Genebra se tornasse cidade francesa, filiada à região de Savoy, os *eidguenots* preferiam que ela se filiasse à Confederação Helvética e continuasse como cidade suíça. Tomando o partido dos *mammelus*, o duque de Savoy, também chamado Charles III, o temerário, já não suportava mais o desafio dos *eidguenots* à sua autoridade. Em 1524, o duque entrou em Genebra, convocou o *conseil des hallebardes* — conselho de alabardeiros[3] —, que confirmou sua autoridade de duque de Savoy e a de seu bispo, sobre a cidade que lhes era indócil.

A liderança política de Genebra, porém, não queria que a cidade se submetesse ao domínio tirânico do duque e, em 1526, entrou em aliança com Berna e Friburgo. Fazendo essa aliança de comburguesia, denominada *combourgeoisie,* Genebra optou oficialmente pela sua identidade helvética. Vitória dos *eidguenots* contra o duque e todos os savoyanos.

A Reforma ainda não havia desempenhado nenhum papel nesses eventos. Em sua fase inicial, a revolução genebresa não teve causas confessionais.

[1] Toda essa argumentação é detalhada na obra de Jean-François Bergier: *Les foires de Genève et l'economie européene de la Renaissance* (1980).

[2] Outra forma de denominar a cidade é Saboia, porém aqui é dada preferência ao termo "Savoy".

[3] Alabardeiros são soldados armados com alabardas, ou arqueiros.

Confrontou o poder do duque e do bispo da cidade, mas por questões essencialmente políticas (Monter, 1964b, p. 133).

Em Genebra, a Reforma religiosa foi de fato uma revolução política? Em seu contexto, diversas foram as circunstâncias e os eventos que influenciaram o pensamento político de João Calvino. Como Calvino chegou à cidade somente quando esta já aderira à Reforma, usando os próprios termos calvinianos, pode-se apontar que pensamento e conduta políticos iluminam os demais pensamentos para uma ação de serviço e prática cristãos, como fruto de uma divina disposição (apud Höpfl, 1985, p. 138).[4]

Como Genebra havia dado preferência à Confederação Helvética, a importante cidade suíça de Berna incentivou grandemente o seu movimento de independência. Essa foi a razão por que muitos reformados reuniram-se em Genebra. Entre eles, os mais destacados foram: Claude Bernard, Baudichon de la Maisonneuve, Étienne Dada, Pierre e Robert Vandel, Claude Roset, Jean Goulaz e Ami Perrin (Cottret, 1995, p. 201 et seq.).[5]

4 As obras de Harro Höpfl serviram de base substancial para este livro, o que, metodologicamente, denomina-se referencial teórico, ou mesmo estado da arte, ou, ainda, estado atual da questão. Essa nomenclatura própria da metodologia da pesquisa aponta para o uso de fontes que sustentam a pesquisa realizada. Neste sentido, procurou-se, aqui, levantar fontes clássicas, mas também as fontes mais recentes, estudos de peso, autores que não se limitaram às pesquisas religiosas, mas acadêmicos de reconhecida envergadura. Essas fontes ou referenciais teóricos deram a este livro o seu aspecto científico e não religioso. Tratar de uma personagem religiosa de forma acadêmica é o objetivo do livro. O maior cuidado foi evitar tratar religiosamente um assunto que não se limita a esse aspecto, pois se tentou evitar tal reducionismo durante todo o texto. Especificamente, a obra aqui referida é *The Christian Polity of John Calvin*, de 1985. Recomenda-se também a pesquisa de outra obra do professor Harro Höpfl, sobre o "capítulo político" das *Institutas*, lançada no Brasil, em 1995, com o título *Sobre a autoridade secular*. Em 2004, lançou *Jesuits and the State*: *the Political Doctrines of the Society of Jesus 1540-1630*. Höpfl é professor da Universidade de Essex, pesquisa a história das ideias, sendo um dos expoentes ingleses na atualidade.

5 Ami Perrin foi protagonista de toda uma disputa ácida com Calvino. Seu nome — Ami —, em francês, significa amigo, daí os trocadilhos com o nome deste amigo que veio a se tornar inimigo. A questão poderá ser analisada no capítulo 9, sobre os anos sombrios de Calvino (1547-1555) do texto *L'Ami Perrin*, citado na biografia de Calvino escrita por Bernard Cottret (p. 201 et seq.). *Calvin biographie (*1995) é um dos livros mais recentes e abalizados sobre Calvino. Seu autor, Bernard Cottret, é professor e coordenador do Departamento de Letras e Línguas da Universidade de Versailles-Saint-Quentin, França. Autor de diversos trabalhos sobre o protestantismo francês, sobre a história da Inglaterra e

O primeiro culto foi ali celebrado numa Sexta-feira Santa, em 1533, por Guillaume Farel (1489-1565).[6] Esse reformador era nascido nos confins da Alta Província de Dauphiné, França. Foi fortemente influenciado por Lefèvre d'Étaples e já se tornara famoso pregador da causa reformada em Neuchâtel e em outros lugares, além de ter seus escritos circulando por toda a Europa.

As primeiras obras reformadas em língua francesa foram as de Farel: *O Pai-nosso e o credo* (publicada em Basileia, 1524), *Sumário e breve declaração* (Lyon, 1529), escrita em parceria com Pierre Viret; *Da muito santa ceia de nosso Senhor Jesus Cristo* (Basileia, 1532); e a segunda edição do *Pai-nosso*, com o título *A oração de Jesus Cristo*, incorporando vários extratos de Lutero (Paris, 1525). A reforma na Suíça havia começado em Zurique, com Ulrico Zwinglio (1484-1531).

Especificamente na cidade de Genebra, a Reforma foi iniciada depois, por Guillaume Farel, que a visitou pela primeira vez em 1532. Em maio de 1533, houve, então, o primeiro fruto violento da disseminação da fé reformada: um cônego foi morto após uma revolta. O bispo de Genebra, Pierre de La Baume[7], presente na cidade desde 1522, mandou prender os líderes da revolta. Entretanto, os magistrados, líderes políticos de Genebra, alegaram que a corte episcopal não tinha jurisdição em caso de assassinato.

O bispo La Baume se havia tornado *persona non grata* na cidade e, com mais este episódio, foi obrigado a abandonar definitivamente Genebra, no dia 1º de outubro de 1535 (Gamble apud REID, 1990, p. 62). O Pequeno Conselho, composto de magistrados que administravam a cidade, suspendeu provisoriamente a celebração de missas, fazendo exceção apenas aos franciscanos. Isso ocasionou uma reação dos leigos que trabalhavam na cidade.

Ao cabo de algumas semanas, Genebra decidiu tornar-se adepta do protestantismo e assumiu definitivamente a sua divisa: *Post tenebras lux* — Após as trevas, a luz (Naef, p. 22-25 apud HÖPFL, 1985, p. 140).

a vida política e religiosa de séculos passados: *Terre d'éxil, Le Christ des lumières, Cromwell, Histoire des îles britanniques*, e outros.

6 Entre as obras de referência sobre Farel, há esta: BARTHEL, P.; ASCHEURER, R.; STAUFFER, R. Actes du coloque Guillaume Farel. 1980. In: *Cahiers de la Revue de Théologie et de Philosophie*, n. 9, 1983.

7 O bispo Pierre de La Baume tornou-se cardeal em 1539; depois, arcebispo de Besançon em 1544 (MONTER, 1964b, p. 130).

No entanto, as lutas de Farel e Genebra não acabaram após a saída do bispo La Baume. No ano seguinte, ocorreu ainda uma séria controvérsia pública, em janeiro de 1534, entre o reformador Farel e o dominicano Guy Furbity. Por causa disso, a liderança de Friburgo acabou protestando contra a permanência de Farel em Genebra.

Friburgo era outra importante cidade suíça e fez esse protesto apesar da aliança de *combourgeoisie* que tinha com Berna e Genebra, principalmente por ser uma cidade fortemente católica. Farel, o primeiro reformador de Genebra, continuou lá, mesmo sendo apoiado apenas pelos líderes religiosos de Berna.

Para comprometer ainda mais a situação, foi descoberto também que um tabelião episcopal possuía documentos assinados pelo antigo bispo, autorizando a indicação de um governante militar friburguense para Genebra. Isso causou disputas, tumultos e fúria por parte de Genebra, que passou a se recusar a manter sua aliança de *combourgeoisie* com Friburgo. No final das controvérsias, Berna permaneceu como a única protetora de Genebra.

Como ninguém gosta de perder uma disputa, o ressentido bispo La Baume juntou-se a Charles III, o duque de Savoy, para atacar Genebra com tropas. Foram desferidos vários ataques fracassados. Os magistrados do Pequeno Conselho de Genebra escreveram para Roma denunciando esse bispo por ter abandonado e depois atacado a cidade. Roma, que já havia ignorado um pedido de substituição de La Baume, ignorou novamente as queixas.

Então, em 1535, como forma de proclamar sua independência da hierarquia romana, Genebra respondeu, fundando a própria Casa da Moeda.[8] O duque de Savoy reuniu mais de 500 mercenários para atacar Genebra, cercando-a no final de 1535. Genebra apelou para Berna. Como não obteve

[8] Eram três as autoridades de Genebra: o bispo, o magistrado e os burgueses. O bispo, chefe espiritual da igreja, era o "príncipe de Genebra", teoricamente o soberano da cidade, debaixo da suserania do imperador, o qual confiava ao duque de Savoy o vicariado imperial — era seu representante ou substituto (vigário). O duque dispunha do comando da cidade em tempos de guerra, com o direito de cunhar moeda, julgar em apelação e conceder graça e indulto. Já o magistrado era incumbido da defesa da cidade, da guarda e execução dos prisioneiros, dispondo de direito de justiça restrito. Quando Genebra passou a cunhar moedas, estava afrontando a autoridade do duque e ainda a do bispo, ambos já rechaçados pela cidade.

resposta, apelou para o rei Francisco I, da França. O rei francês enviou pequena força de cavalaria, que chegou desfalcada pelo inverno nos Alpes e pelos ataques das tropas de Savoy. Fracassada a ajuda francesa, Berna entrou em ação com 6 mil homens e libertou Genebra, em fevereiro de 1536.

Isso permitiu, entre outras coisas, que Farel pregasse a fé reformada aos cidadãos da cidade recém-libertada, o que aconteceu a partir do dia 10 de março de 1536.[9] Por fim, após toda essa luta política e da luta particular de Farel para anunciar à cidade a Palavra de Deus, segundo a fé reformada, e pregar contra a dissolução dos costumes — o que, depois, passou a ser também o objetivo de Calvino —, Genebra, afinal, tornou-se legalmente cidade reformada.

No entanto, os cidadãos genebreses precisaram de dez anos de lutas para desterrar definitivamente o católico duque de Savoy e o bispo La Baume, seu colaborador fiel. Além da opção pela fé reformada, estimulada por Farel, também foi importante a luta contra as autoridades seculares com o intuito de transformar Genebra em cidade livre, assim como o eram Berna, Zurique e Basileia.

No domingo, 21 de maio de 1536, a assembleia de cidadãos aceitou oficialmente a Reforma (Rooy apud Deiros, 1986, p. 48). Até então, Calvino não existia para Genebra, surgindo na cidade apenas no verão de 1536.

Dessa maneira, em Genebra, o magistrado suplantou o bispo, bem como o duque. Nenhum representante do clero conseguiu influenciar profundamente esse fenômeno: Genebra patrocinou total eclipse da antiga personalidade eclesiástica.

Na verdade, o que aconteceu foi que a Reforma religiosa veio na esteira da reforma civil, não o contrário. Restou a Farel, e depois a Calvino, assumir

[9] Genebra constitui-se em um dos cantões ou regiões da Suíça. Situa-se na parte oeste desse país e faz fronteira com a França. O atual cantão tem origem no condado de Genebra, criado em 1034. Foi uma cidade autônoma até 1401, quando foi incorporada ao condado de Savoy. Apesar de todas as disputas do período da Reforma, oficialmente esse estatuto manteve-se até 1603, quando afinal Genebra recuperou a autonomia. Somente em 1648, tornou-se cantão confederado da Suíça. Depois, em 1815, tornou-se membro de pleno direito, após ter sido anexada à França. Entre 1798 e 1813, pertenceu ao departamento de Léman.

todas as atribuições do clero (Roget, 1867, p. 9 apud Deiros, 1986). Assumiram a tarefa própria de um magistrado. Com isso, Calvino passou a compreender e elaborar melhor as funções pertinentes ao magistrado.

Ocorre que, em Genebra, antes mesmo de Calvino, a Igreja e o Estado necessariamente confundiam-se em muitas áreas. Os homens que a administravam eram homens da Igreja, empenhados na implantação dessa mesma Igreja. Foram eles os líderes políticos e eclesiásticos que expulsaram Calvino e o trouxeram de volta. Fizeram isso quando acreditavam que só assim a cidade alcançaria a estabilidade política, social e religiosa.

Genebra habituou-se ao dualismo político e religioso de Igreja e Estado, de poder eclesiástico e político, mesmo quando dominada por um bispo e um duque; e dificilmente aceitaria outro regime com os dois poderes agindo separadamente.

A vida da igreja e sua influência dependiam da cooperação estreita do Estado, a ponto de Calvino vir a ser contratado pelo conselho que a administrava, não pela Igreja propriamente.

A resistência de Calvino em abrir mão do poder de exercer a excomunhão de membros da igreja — o que julgava ser direito exclusivo do consistório — somada à pertinácia de Calvino e dos demais pastores em manter essa prerrogativa livre do Estado, é clara amostra de como eram inseparáveis Igreja e Estado.

Outra prova disso foi a adoção, pelo conselho da cidade, dos ritos religiosos de Berna em seus cultos, sob os protestos inúteis de Calvino e Farel. Isso também ocasionou a consequente expulsão dos dois reformadores, em 1538.

A busca de relatos de acontecimentos desenrolados em Genebra parece maneira razoável de começar a explorar o pensamento político de Calvino. Ao fazer isso, pode-se verificar que, em seu primeiro período de experiência em Genebra, de 1536 a 1538, houve ali uma situação complexa que misturava fatores de toda sorte, com as obrigações de acomodações e de concessões. De forma nenhuma, esses acontecimentos integravam a expectativa política de Calvino.

Além disso, é importante pensar detalhadamente em outros aspectos importantes de Genebra. Por exemplo, vale observar que a Reforma também foi um revelador cultural (Besançon, 1994, p. 255). Para perceber isso, é necessário examinar a Reforma além das suas grandes teses teológicas, como a justificação pela fé, o papel da Palavra de Deus, a crítica aos abusos eclesiásticos etc. Deve-se ir além dessas teses e analisar também as atividades humanas que modificaram o mundo no século XVI.

O que, então, pode revelar a cidade de Genebra, no seu contexto histórico-político do século XVI, como a cidade que descobriu Calvino, forjou-o e tornou-se o palco de suas principais contribuições?

2
A liderança política de Genebra

É paradigmática a forma com que Genebra era administrada por vários conselhos: o *Petit Conseil* (Pequeno Conselho); o *Conseil des Soixante* (Conselho dos Sessenta), cujo caráter era essencialmente diplomático; o *Conseil des Deux Cents* (Conselho dos Duzentos ou Grande Conselho); além da Assembleia Geral ou Conselho Geral.

O mais importante era o chamado *Petit Conseil*, também referido como Conselho Estreito (*Conseil Estroicte)*, Conselho Ordinário (*Conseil Ordinaire*) ou simplesmente o Conselho — esta abreviação é significativa, já que existiam estritamente quatro conselhos. Para facilitar a compreensão, o Pequeno Conselho vem sendo chamado neste livro pela sigla PC nas citações anteriores e nas que virão a seguir.

O PC recebia ainda o título latino de Senado, não apenas por honra ou gratificação, mas porque esse título lhe era singularmente apropriado. Seus componentes eram tratados como os que compunham o protótipo romano, pois os membros do PC eram magistrados ou ex-magistrados — magistrados populares ou inferiores, julgados e selecionados por eles mesmos.

Coletivamente, esses membros do PC eram os formais *magnifiques seigneurs* (magníficos senhores); *messieurs de Genève* (senhores de Genebra); *la seigneurie* (senhoria); ou *syndiques et Conseil* (síndicos); ou alguma combinação destes títulos honoríficos. Essa aparente pompa pode ser compreendida uma vez que eles exerciam o poder de vida e morte e não admitiam apelações além de sua jurisdição (Höpfl, 1985, p. 132).

Como era o caso na maioria das repúblicas, apesar de o PC ser composto de leigos, julgava causas criminais tanto quanto causas civis. Essa era função apropriada aos magistrados. Entre esses oficiais, até mesmo os chefes legais não eram necessariamente advogados, nem o procurador geral, nem mesmo o tenente da justiça, o qual agia como magistrado, advogado geral e promotor público.

Os membros do PC não recebiam salários, exceto aqueles que recebiam algum tipo de honorário por comparecimento ou por exercer ofícios específicos. Eram escolhidos pelo Conselho dos Duzentos, pelos síndicos que deixavam o cargo e pelos novos síndicos.[1] Eram eleitos anualmente. O síndico não podia ser reeleito, enquanto os demais membros podiam ser levados à reeleição.

O PC, portanto, era composto pelos quatro síndicos do ano, mais os quatro síndicos do ano anterior — oito membros; o tesoureiro era o nono elemento e eram eleitos mais 16 cidadãos — 25 membros, no total.

Esses eram os responsáveis pelos assuntos rotineiros da cidade (ALMEIDA, 1996, p. 44-45). Por sua vez, os membros do Conselho dos Duzentos eram escolhidos pelo PC, que os examinava cuidadosamente (HÖPFL, 1985, p. 132, notas 13, 14).

Havia ainda o *Conseil des Soixants* (Conselho dos Sessenta), uma relíquia do século XV, que continuava com sua existência fictícia, diplomática, uma quimera de cuja existência não se teve mais notícias na época de Calvino.[2] Nas repúblicas daquela época, essa proliferação de conselhos e a interdependência entre eles não era incomum.

O PC reunia-se três vezes por semana: segunda-feira, terça-feira e sexta-feira — e em todas as ocasiões especiais que se fizesse necessário. Os síndicos reuniam-se diariamente. Não se pode deixar de lado o fato de todos os ofícios públicos e conselhos de Genebra terem sido, de alguma forma, eletivos. Isso é importante para entender o papel dos magistrados populares — ou inferiores — que são fundamentais para entender a ideia calviniana para resistir ao poder desmedido do Estado. Essa estrutura administrativa de Genebra, com vários conselhos, pode ser concebida em termos de círculos concêntricos:

[1] O Conselho dos Duzentos, especificamente, era uma instituição estabelecida em Genebra desde 1527, imitando o conselho de Berna, como uma das mais viáveis alternativas para a Assembleia ou Conselho Geral. Os demais conselhos datam do século XIV (Walker, 1910, p. 166 apud HÖPFL, 1985, p. 132, nota 12).

[2] FULPIUS (1965, p. 166) cita esse conselho como "moribundo". V. tb. HÖPFL (1985, p. 133, nota 15).

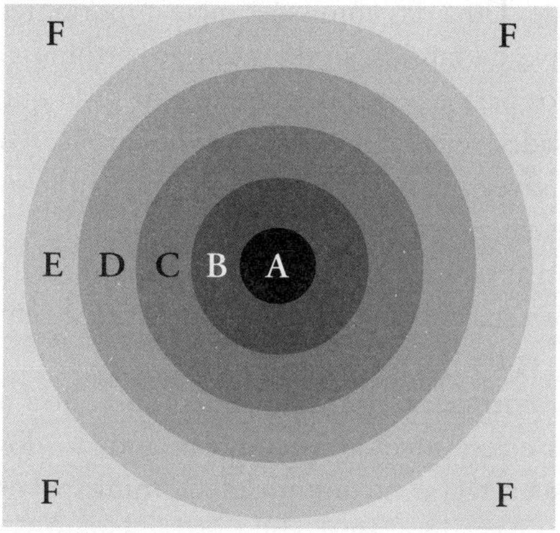

A *Petit Conseil*, Pequeno Conselho, com 25 integrantes.
B Conselho dos 60 — *Conseil des Soixante.*
C Conselho dos 200 — *Conseil des Deux Cents* ou *Grand Conseil.*
D *Le Conseil Général*, Comuna ou a Assembleia Geral. Para todos os cidadãos em Genebra com propriedade ou que, por alguma razão especial, possuíam título de honra conferido pelo Conselho dos Duzentos.
E Burgueses com uma posição de honra.
F A população em geral: homens não cidadãos, mulheres e crianças.

Diagrama 1.1 – Organização política de Genebra. Adaptação de Deiros (1986, p. 49).

Aos pastores, não era permitido pertencer a nenhum desses conselhos; os estrangeiros, mesmo os que chegavam a ser burgueses, tampouco podiam ser membros de algum dos conselhos. Só após 1555, foi permitido a esses novos burgueses ser nomeados, assim mesmo unicamente para o Conselho dos Duzentos (Rooy apud DEIROS, 1986, p. 50). O PC era organizado por áreas, conforme mostra o seguinte esquema ilustrativo:

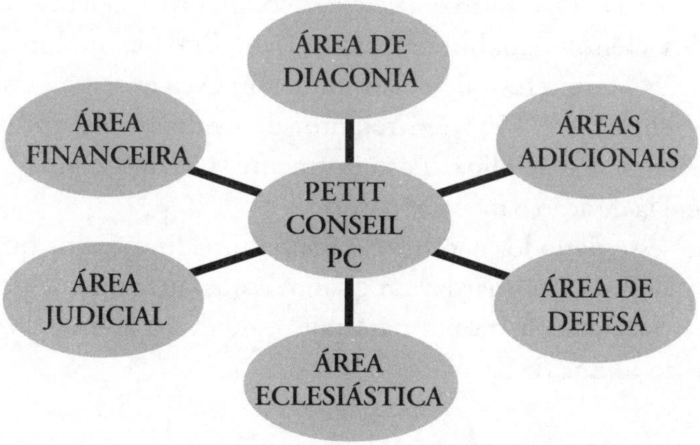

Diagrama 1.2 – Organização político-administrativa do PC.
Adaptação de Deiros (1986, p. 51).

Os vários membros do PC recebiam designações para comissões distintas, segundo seu interesse e capacidade. Uma das comissões mais importantes era a da defesa, que se encarregava da fabricação de munição, artilharia, pólvora, cavalaria e de mercenários para o pequeno exército e de tudo que fosse necessário para proteger a cidade e seus habitantes. Era também encargo do PC nomear diáconos responsáveis, entre outras coisas, pelo funcionamento dos hospitais e pela assistência aos pobres.

Essa era a estrutura do PC, com as suas áreas bem delimitadas já antes da chegada de Calvino à cidade. Após a sua chegada a Genebra, pelo menos em teoria, Calvino queria a separação entre Igreja e Estado.

Durante toda a sua vida, o reformador continuou lutando contra a intromissão do PC em assuntos eclesiásticos, tais como o cuidado dos membros e o direito da Igreja de exercer a excomunhão e administrar os sacramentos, exclusivos, segundo a sua compreensão bíblica. No entanto, a Igreja dependia financeiramente do Estado.[3]

Além disso, Calvino e os pastores foram frequentemente consultados sobre questões morais e doutrinárias. Porque o governo civil considerava-se responsável pela observância das tábuas da lei, isso ocorria quando o descuido das leis afetava a ordem pública. Apesar da insistência de Calvino em lutar pela mudança dessa condição, durante boa parte de sua vida a disciplina eclesiástica e o direito de excomunhão ficaram sob o poder do PC. Por todas as razões históricas já aventadas, o PC temia permitir um excesso de clericalismo, ainda que fosse pelo novo viés protestante.

Já o caráter do consistório era eclesiástico, mas o presidente era um dos magistrados eleitos anualmente pelo povo. Era um dos magistrados populares. Os presbíteros ou anciãos puderam exercer a supervisão moral sobre os crentes. Até 1555, entretanto, dependeram da aprovação do PC para efetuar a disciplina. Posteriormente, Calvino conseguiu maior independência de ação para o consistório.

Durante esse período, não deve ser subestimado o temor que aqueles líderes seculares do PC guardavam quanto a qualquer tipo de dominação eclesiástica. Havia sérias razões para tanto, desde os abusos do bispo de Genebra e do duque de Savoy.

[3] Sobre essa dependência, havia uma notável exceção, o chamado "fundo francês", melhor detalhado por Rooy em *Relaciones de la iglesia con el poder político*: modelo reformado (apud Deiros, 1986, p. 52).

Antes de Calvino, já havia em Genebra a assistência por doença, velhice e invalidez. Em 1535, além da inauguração do Hospital Geral, para assistência aos enfermos pobres, idosos e órfãos, foram tomadas medidas de ordem econômica. As medidas contemplavam: a fiscalização parcial dos preços contra o monopólio e a especulação, a limitação da jornada de trabalho e a instrução pública obrigatória (Biéler, 1990, p. 221-222). Portanto, o papel dos reformadores Farel, Calvino e outros foi mais de redirecionamento moral e espiritual da própria nação suíça.

Quando, em 21 de maio de 1536, o Conselho Geral, ou Assembleia, adotou definitivamente a Reforma, tomou medidas quanto à jornada de trabalho: declarou feriado o domingo e suprimiu as antigas festas de guarda de datas festivas. Como a comunidade passou a garantir o sustento a todas as vítimas de incapacidade social, por qualquer que fosse o motivo, não deveria haver na cidade nova nenhum vadio, nenhum mendicante ou ocioso.

Em 1539, novo edito contra os chamados "vagabundos" foi publicado, obrigando-os a deixar a cidade em três dias. Se desobedecessem, seriam enviados para a prisão (O. C., v. 21, p. 245, *Registres du Conseil*, 18 mar. 1539). Educar profissionalmente os seus enfermos e inválidos era responsabilidade da cidade. A cada domingo, as pessoas eram examinadas, a fim de se verificar suas condições reais de exercer atividades fora do albergue (Biéler, 1990, p. 225).

O desemprego era absorvido pela criação de possibilidades de trabalho, como a construção de fortificações. O sistema de pagamento passou a ser conforme a produção de cada um, não por dia de trabalho. Isso era feito mediante pedacinhos de chumbo pagos para cada transporte ou tarefa realizada. Os trabalhadores mendicantes podiam retirar-se quando cansados ou debilitados e, então, trocavam os seus chumbinhos por dinheiro (Roget, 1867, v. 2, p. 309 apud Biéler, 1990).

Na mesma época, na França de Francisco I, as medidas contra os mendicantes foram extremamente desumanas e diametralmente opostas às medidas tomadas em Genebra. Esse esforço dos reformadores, portanto, levou Genebra a prosperar com a ajuda do trabalho de grande número de refugiados, conforme discorre Willinston Walker, em *Calvin, the Organizer of Reformed Protestantism* (Calvino, o organizador da Reforma protestante) (1910, p. 387).

3
Uma cidade de refugiados

Quando Calvino chegou a Genebra, residiam ali apenas 11 mil habitantes. Havia casas e outros edifícios fora das muralhas da cidade, nos subúrbios. Com medo dos contra-ataques do duque de Savoy para reconquistar os seus antigos territórios, Calvino enviou ao PC a proposta convincente de que era necessário demolir aquelas casas dos subúrbios e convidar todos os seus moradores para residirem dentro da cidade.

O PC convenceu-se da importância da medida, o que significou edificar casas para cima, com até três ou quatro pisos, e ocupar os terrenos baldios. Assim, Genebra transformou-se em cidade de refúgio, tanto que, entre 1545 e 1560, o número de seus moradores duplicou. Chegaram para Genebra refugiados italianos, espanhóis, alemães, neerlandeses, ingleses, escoceses e, sobretudo, os franceses huguenotes. Todos eles fugiam da perseguição político-religiosa que sofriam em seu país.

Foram tantos os refugiados que se tornou difícil calcular precisamente a que número chegou a população da época. Há cálculos apontando que, no tempo de Calvino, chegou-se a 13 mil cidadãos nativos, 2 mil habitantes e 5 mil moradores da área rural.[1] Em 1537, Monter calculou o total de 10.300, e cerca de 5 mil habitantes entre 1549 e 1560 — a maioria destes estava de passagem (1964c, p. 11).

Embora os documentos possam ser abundantes, constitui-se tarefa difícil decifrar o que é imediatamente essencial, ou seja, medir o crescimento de

[1] Para efeito de comparação, a população de Basileia naquele tempo era estimada em 15 a 16 mil. Fonte: PLATH, U. *Calvin und Basel in den Jahren 1552-1556*. Basileia: Stutttgart, s.n., 1974, n. L , p. 18. A cidade de Berna, com seu *Oberland*, era estimada em 75 mil pessoas, das quais 4 ou 5 mil eram residentes permanentes na própria cidade. Fonte: MONTER, E. W. *Studies in Geneva government*. Genebra, 1964c, p. 1 e PFISTERER, *Calvins Wirken*, p. 149-150 (apud HÖPFL, 1985, p. 136, nota 31).

uma cidade acaba por tornar-se difícil, pois não basta definir seus limites urbanos.

Como o PC mandou derrubar os subúrbios, em 1531, por medida de segurança, a cidade fechou-se dentro de seus muros. E foram mais de 1.300 o número de habitantes atingidos por essas demolições.[2] Somente na metade do século XVII, quando se atenuou a ameaça de Savoy, os subúrbios foram sendo lentamente reconstituídos.

Em razão de todas essas dificuldades, até o século XVIII os demógrafos acabaram optando por um método que certamente hoje seria contestado para o recenseamento em meios urbanos. No entanto, esse método fornecia avaliações úteis, pelo fato de computar fatores numéricos influentes sobre os comportamentos demográficos.

Os demógrafos aproveitaram-se da falta de recenseamentos durante esse período e procediam às suas estimativas com base em batismos e casamentos, aplicando-lhes coeficientes variados. Nesse caso, as conversões ou aproximações desses dados que tinham à mão não eram manipulações ao acaso. Ao contrário, com esses dados as estimativas chegavam muito perto da realidade. Percebe-se que o método aplicado pode até ser considerado seguro e que se pode qualificá-lo como método de *reconstrução regressiva.*[3]

Remontando àqueles tempos, é impossível, de fato, estimar a intervalos regulares o efetivo da população. Por isso, mesmo com todas as dificuldades de recenseamento que as crises e convulsões migratórias desse refúgio protestante causavam no século XVI, é necessário limitar a estimativa a aproximações obtidas pelo viés de nascimentos e casamentos.

A partir de 1798, foi utilizado outro tipo de recenseamento, que traz a pirâmide de idades e de saldos migratórios excluídos por descendência, calculados com base em nascimentos e óbitos.

[2] Os dados estatísticos são tratados em obras como: BLONDEL, Louis. Le développement urbain de Genève à travers les siècles. In*:* PIUZ, A. M. & MOTTU-WEBER, L. *L'économie genevoise de la Réforme à la fin de l'ancien régime XVIe-XVIIIe siècles*. Genebra: Georg. 1990, p. 44, nota 2.

[3] Esse método parece o utilizado por E. A. Wrigley e R. S. Schofield para reconstruir a população inglesa: *The Population History of England* 1541-1871: a reconstruction, 1981 (apud PIUZ & MOTTU-WEBER, 1990, p. 45, nota 3).

Data	População	Data	População
1550	13.100	1680	15.800
1560	21.400	1690	16.200
1570	16.000	1700	17.500
1580	17.300	1710	18.700
1590	14.400	1720	20.900
1600	15.600	1730	21.400
1610	16.000	1740	22.300
1620	14.400	1750	23.300
1630	13.700	1760	24.300
1640	13.000	1770	25.900
1650	12.700	1780	27.400
1660	13.700	1790	27.400
1670	15.200	1800	24.500

Quadro 3.1 – População de Genebra (Piuz e Mottu-Weber, 1990, p. 45)

É isso que, precisamente, propõem Anne-Marie Piuz e Liliane Mottu-Weber. O quadro apresentado por elas traz cifras da população ou da "aglomeração genebresa", compreendendo regiões e pequenas cidades, como Plainpalais e Champel, o Pré-l'Évêché — bispado — e as Águas Vivas, o setor de Cornavin, os Pastos e Secadouros de roupas, até Bouchet, Châtelaine e São João.

Esse quadro traz a população genebresa desde 1550 até 1800. É curioso perceber que o número de habitantes da época áurea de Calvino, em 1560, com 21.400 habitantes, somente foi novamente atingido em 1730, também com 21.400 habitantes.

Já nos séculos XIV e XV, Genebra conhecera, na contracorrente das tendências gerais da Europa, um dos mais regulares e fortes crescimentos de sua história, comparável ao progresso urbano do século XIX. Isso se deu entre 1360 e 1460, quando a sua população quintuplicou-se, passando de 2 mil para 10 mil habitantes.

A razão desse crescimento demográfico deveu-se ao sucesso de suas feiras — o triunfo da conjuntura — e por essa explosão da cidade que, por uns tempos, veio a torná-la uma das principais praças financeiras e comerciais da Europa.[4]

No entanto, entre 1450 e 1480, houve um declínio catastrófico das feiras. Pôs-se fim ao progresso, e, durante um século, a cidade vegetou, enquanto a expansão demográfica era geral na Europa. Genebra tinha sido um dos mercados da economia europeia criado pelas rotas comerciais, do Mediterrâneo para o centro do continente, e participou da prosperidade das cidades de tráfico da Idade Média.

Durante a primeira metade do século XV, deu-se o surto econômico de suas feiras, que atraíam mercadores de todo o mundo. E, na segunda metade daquele século, enfraqueceu-se o impulso do comércio genebrês e das indústrias que dele dependiam.

Com o objetivo de valorizar as feiras em Lyon, o duque de Savoy e o rei Luís XI, da França, proibiram os franceses de participar das feiras de Genebra. Isso trouxe severas restrições econômicas à cidade. O quadro piorou quando houve o deslocamento das rotas de comunicação do comércio europeu. O Mediterrâneo foi trocado pelo Atlântico.

Da situação de dura retração política, a cidade passou para uma situação de real pobreza. As suas lutas pela emancipação política e pela Reforma acentuaram ainda mais essa situação difícil. Com a adoção da Reforma, em 1536 a antiga metrópole econômica virou cidade de refúgio. O feito demográfico foi extraordinariamente brutal: a cidade, que jamais abrigara mais de 10 a 12 mil habitantes, naqueles anos acolheu mais de 10 mil refugiados.

Recorrendo ao número de casamentos e batismos, é totalmente possível calcular um efetivo de 23 mil habitantes por volta de 1560. Em dez anos, a população duplicou e ainda passou um pouco disso. A situação, no entanto, não foi duradoura. Desde 1561, os refugiados começaram a se retirar. Sete anos mais tarde, pode-se estimar que dois terços deles já teriam partido novamente.

4 Dados somados com base em algumas fontes, como: BABEL, Anthony. *Histoire économique de Genève, des origines au début du XVIe siècle.* Genebra: Georg, 1963, v. II. Também: BERGIER, J. F. *Genève et L'économie européene de la Renaissance.* Paris: Sevpen, 1963. E ainda: BINZ, L. *Vie reeligiese et Réforme ecclésiastique dans la diocèse de Genève pendant le Grand Schisme et la crise conciliaire* (1378-1450). Genebra, Droz, 1973.

Conforme o quadro da população de Genebra, em 1560 a população era de 21.400, podendo-se calcular 23 mil, baixando para 16 mil, logo em 1570. De um ponto de vista meramente numérico, o primeiro refúgio aparece como um episódio de pouco alcance no desenvolvimento urbano (Piuz & Mottu-Weber, 1990, p. 46). A esse respeito, não há dúvidas. Ao final do período de refúgio, nos anos 1590, a população teve um acréscimo de 10%.

Em consequência disso, fica bem clara a importância dessa primeira imigração protestante para a economia genebresa. Não se deveu isso à quantidade de homens, mas à qualidade daqueles que lá permaneceram. Deveu-se também à entrada de capital e à pequena rede de relações constituídas com aqueles que retornaram à sua pátria ou se estabeleceram em outros países.

Não há outra razão para admirar esse impacto demográfico, pois o motor principal do desenvolvimento urbano de Genebra saiu de sua economia. A capacidade de absorção de correntes migratórias de uma cidade é fundamentalmente determinada por suas estruturas socioeconômicas. Ainda que indispensável ao crescimento, todo aporte migratório jamais foi capaz de responder às exigências da produção e do livre câmbio. Este é um agente de desenvolvimento, não o seu motor. O fato pôde ser novamente verificado, um século mais tarde, por consequência da revogação do Edito de Nantes.

Entre as consequências demográficas, o crescimento pareceu ser bastante regular do meio do século XVI até os anos 1610. Situando Genebra na hierarquia das cidades europeias, de 1500 a 1800 ela foi a mais populosa das cidades suíças. Bâle, ou Basileia, não contava mais que 15 mil habitantes até 1800; Berna, 11 mil; Zurique, 10 mil. Num raio de 200 quilômetros, somente Lyon e Turim ultrapassaram Genebra em todo esse período.[5]

[5] Fonte dos dados: Bairoch, P. Genève dans le contexte des Villes suisses et européenes de 1500 a 1800. In: *Mélanges d'histoire économique offerts au professeur Anne-Marie Piuz.* Études réunies par Liliane Mottu-Weber *et D.* Zumkeller, 1989, p. 17-33 (apud Piuz & Mottu-Weber, 1990, p. 48, notas 7 e 8).

4
A dinâmica social de Genebra

Toda cidade tem sua população e suas características peculiares. Grandes cidades, como São Paulo, Nova York, Paris etc. têm características que as definem e os adjetivos carinhosos que as adornam: "cidade da garoa", "Big Apple", "cidade-luz" etc. Isso também acontece com as pequenas cidades. Cada qual tem seu estilo de vida, seu *modus vivendi*.

Genebra não é diferente e ganhou o cognome de "Roma protestante" ou "a cidade de Calvino". Talvez possa ainda ser intitulada de "a cidade de refúgio dos protestantes europeus", principalmente dos refugiados franceses ou huguenotes, um "posto avançado do protestantismo numa paragem de católicos" (PERRENOUD, 1979), ou qualquer outro título correlato.[1]

A cidade conseguiu seu renome também em virtude da sua população, não apenas por causa de alguns de seus líderes. No século XVI, a dinâmica social de Genebra dividia a sua população entre cidadãos, burgueses e habitantes — *citoyens, bourgeois et habitants*.

A distinção entre cidadãos e burgueses parece ter sido peculiar apenas em Genebra. Já surgira nos anos 1520. Era determinada pelo fato de o cidadão ter nascido em Genebra, ou ter sido batizado por pais cidadãos nativos genebreses (Bonivard, 1845, v. 5, p. 387 apud MONTER, 1964c, p. 86).

Os não nascidos na cidade adquiriam o *status* mais humilde de burguês somente após longo período de residência; e isso lhes custava certa soma de dinheiro, que era usada para arrecadação de fundos. Nenhum burguês poderia

[1] Genebra: em francês, *Genève;* em alemão, *Genf;* em italiano, *Ginevra;* em espanhol, *Ginebra;* em inglês, *Geneva*; em romanche, *Genevra*. É a segunda maior cidade da Suíça, após a capital Zurique. Situada à beira do lago Léman, que, em francês é o *Lac de Genève* ou *Lac Léman*, em alemão o *Genfersee* ou *Genfer See,* na saída do rio Ródano. É a capital do cantão de Genebra. Disponível em: http://pt.wikipedia.org/wiki/Genebra. Acesso em: 5 jun. 2008.

tornar-se membro do PC; seus filhos nascidos em Genebra, porém, podiam ser eleitos para isso. Um burguês, no entanto, podia participar das eleições e ser eleito para os Conselhos dos Sessenta ou dos Duzentos.

Os habitantes eram simplesmente os estrangeiros residentes em Genebra, e seus nomes encontravam-se registrados no *Livre des habitants,* de 1549 (Höpfl, 1985, p. 133). Eles tinham o direito aos processos em causas cíveis, eram sujeitos às mesmas leis e obrigações que quaisquer outros, mas não tinham o direito de carregar espadas[2], nem de participar das eleições ou ocupar algum cargo público, exceto o de pastor ou preletor — professor, *lecteur* — nas escolas.[3]

Isso, porém, poderia ocorrer desde que não houvesse absolutamente nenhum nativo capaz de ocupar esses cargos, mesmo porque não havia razão para que um mero habitante ocupasse um cargo remunerado. Na realidade, esses pastores e professores eram invariavelmente habitantes, quando muito, burgueses. Calvino fora classificado tecnicamente como habitante até conquistar a cidadania, livre de taxas, em 1559. Até essa data, ele era passível de expulsão sumária, o que de fato lhe ocorreu em 1538.

Toda cidade é multiforme. Elas mostram suas diferenças, produzem a desigualdade, mesclam dentro de um reduzido espaço populações diferenciadas por fortuna, cultura, origem, e também por um comportamento demográfico socialmente diferenciado. Isso pode trazer profundos ressentimentos nas relações sociais.

Os estudos demográficos sobre as "antigas famílias genebreses" esclarecem todo esse pano de fundo da história política, econômica e social dessa cidade.[4]

2 A prática genebrina era a de portar espadas durante as eleições, como emblema de cidadania. Se, porém, essa proibição existia, era de todo desprezada. Os perrinistas queriam proibir refugiados franceses de portarem publicamente espadas, considerando isso um ultraje (Choisy, 1987, p. 128).

3 Segundo Bonivard (1845, apud Monter, 1964c, p. 86), "[...] somente cidadãos poderiam ocupar cargos". Isso seria real se os ofícios remunerados de pastor e professor não fossem considerados "ofícios cívicos". Todavia, não se encontram evidências sugerindo que as leis de Genebra poderiam fazer essas distinções, o que aponta para o fato de Bonivard simplesmente ter ignorado o *status* anômalo dos doutores e ministros de Genebra, que eram invariavelmente meros habitantes e, no máximo, burgueses.

4 Henry, Louis. *Anciennes familles genevoises*: étude démographique — XVIe-XXe siècle. Paris: I.N.E.D. [Travaux et Documents. Cahier 26], 1956.

Pode-se, portanto, usar a demografia para explicar a política. Pode-se ainda usá-la para observar a incidência dessa dinâmica demográfica diferencial sobre a vida política e social de Genebra. Isso mostra seu papel nas turbulências históricas da cidade.

A dinâmica demográfica dos grupos constituintes da sociedade corrobora perfeitamente o que a análise social demonstra: a polarização da sociedade em seus dois extremos e as classes sociais crescendo em número e vitalidade. As classes dominantes, em processo de envelhecimento, aumentam seu poder econômico, enquanto se recusam a acabar. A crise social vem a reboque desse processo.

5
Os políticos, as leis e a justiça em Genebra

A Genebra que descobriu Calvino nunca fora uma das cidades imperiais livres; até mesmo tardou para tornar-se oficialmente um dos cantões da Confederação Helvética. Hoje, Genebra é a capital do cantão de Genebra, cidade mais conhecida da Suíça, a melhor cidade do mundo em qualidade de vida, possuindo outros encantos mil.

Naquele início do século XVI, porém, Genebra não se situava mais numa das grandes rotas comerciais, porque sua feira tornou-se muito afastada, deixando de ser forte e famosa como antes. A cidade não tinha prédios civis imponentes nem universidade, não possuía nenhuma opulência, nem grandes manufaturas, nem mestres de artesãos. Até a relojoaria e a imprensa[1] genebreses vieram com o tempo e eram consequência da imigração francesa.[2]

Econômica e culturalmente, Genebra nem podia ser comparada com Basileia, Berna ou Estrasburgo. Como, então, poderia se tornar uma grande cidade naquele mesmo século XVI? Tarefa difícil, pois também politicamente

[1] Um exemplo disso é que Calvino somente empreendeu a impressão de suas edições das *Institutas* e *Comentários*, em Genebra, após 1545 — em 1547, imprimiu o *Comentário de 1Coríntios*, em francês; em seguida, as *Institutas*, edição francesa de 1550, e, depois, a edição latina.

[2] Para mais detalhes sobre a Genebra daquele período, há trabalhos antigos e consagrados (MONTER, 1964a, 1964b, 1964c e 1967; KINGDOM, 1996b). Esses trabalhos poderão ser complementados com os *Annales calviniani*, por sua riqueza de dados cronológicos e extratos dos registros do Conselho de Genebra — *Registres du Conseil* — e, ainda, por obras de J. F. Bergier e R. M. Kingdom (1962-64) — *Registres de la Compagnie des Pasteurs de Genève*. Entre os antigos estudos, consta ainda o texto de Doumergue: *Jean Calvin, les hommes et les choses de son temp* (1889-1927, v. V e VI), verdadeira mina de citações que carecem ainda de melhores investigações.

Genebra era cidade de poucas consequências (Höpfl, 1985, p. 129). Nunca fora uma fornecedora de mercenários em nenhuma escala, nem mesmo possuía soldados naquela ocasião. Sua milícia, tal como estava, era suficiente somente para a própria defesa. Nada disso, até então, poderia assegurar sua autonomia.

Como a cidade se libertara do domínio do duque de Savoy, seu *status* técnico como cidade do Sacro Império Romano-Germânico tornara-se meramente formal. No plano da reforma e autonomia políticas, Genebra não estava diretamente ligada a empreendimentos cívicos ou expressões de virilidade cívica; ao contrário, a proteção da cidade de Berna era essencial para ambas.

Na verdade, essa proteção não vinha de pura filantropia ou zelo evangélico, mas porque Berna alimentava persistentes ambições de reduzir Genebra ao *status* de dependência, um muro de arrimo, ou para-choque confiável, entre seus territórios e Savoy.

A cidade de Berna já controlava muitos dos territórios interiores de Genebra, dos quais dependia para seu aprovisionamento e comércio. Nesses territórios, havia também cidadãos genebreses proprietários de terras. Deles, derivava uma grande quantidade de dinheiro em forma de dívidas, taxas legais, dízimos, multas e demais taxas.

Genebra, então, confrontara de um lado Savoy — cidade vizinha, beligerante e ansiosa por reduzi-la mais uma vez à sua sujeição; de outro lado, confrontara Berna — cidade com a qual Genebra mantinha aliança de comburguesia, até 1556. Essa aliança de *combourgoisie* apontava para a hegemonia e servia ainda para tirar partido de todas as divisões e conflitos dentro da república, bem como para abrigar genebreses expulsos de sua cidade e tolerar os ataques e insultos aos ministros propensos a Genebra, em seus territórios.

Tanto essa Aliança Bernense como a Reforma tinham acirrado contra Genebra o rancor das cidades católicas e do cantão de Friburgo, seus vizinhos mais próximos ao norte. Prolongavam-se as lutas do imperador e de seus aliados católicos contra as cidades evangélicas e os seus príncipes. Nenhuma ajuda parecia estar prestes a chegar. Genebra dependia de aliados para alcançar sua autonomia.

Por essas razões, num sentido muito real, Genebra era uma cidade em constante estado de sítio. Seus muros estavam sempre guardados; os subúrbios, fora dos muros, foram arrasados em 1534, e os muros, restaurados. Seus cidadãos tiveram de guardar armas em suas casas de acordo com seus turnos e entrar para a milícia, se estivessem em idade para o serviço militar. Suas espadas eram regularmente inspecionadas. Essas eram as espadas que, nos períodos de eleições, os cidadãos carregavam como insígnia de cidadania.

A supervisão dos guardas era uma obrigação de um dos quatro burgomestres ou síndicos, para os quais foram providenciadas regulamentações detalhadas sobre esse assunto, nas *Ordenanças civis* de 1543 (HÖPFL, 1985, p. 130). Um toque de recolher soava às 21 horas, após o que cada pessoa tinha de carregar sua lanterna. Isso se tornou obrigatório durante toda a permanência de Calvino na cidade.[3]

Eram grandes as necessidades políticas e militares na situação específica em que se encontrava Genebra. Era necessário até mesmo promover o policiamento moral da cidade. Nesse contexto, as palavras Reforma, autonomia, ética e moralidade eram interdependentes, porque moralidade e religião estavam sempre correlacionados.

Era ainda comum na época apregoar, com eloquência e convicção, que a vingança celestial poderia ser enviada por atacado (*en gros*) *ou particularmente* (*en detail*) quando fosse notória a imoralidade. Os adeptos da Reforma não distinguiam claramente o que era reforma do culto e o que era reforma dos costumes.

Houve, então, o endurecimento do já tradicional *Zucht* — supervisão e vigilância dos costumes — o que era anteriormente exercido por cortes eclesiásticas. As cortes às vezes eram chamadas de consistórios e estavam usualmente colocadas nas mãos das autoridades civis, os magistrados inferiores das cidades reformadas.[4]

[3] Para este assunto, há pesquisas (*Sources*) de Rivoire e Van Berchem, que mostram os editos a esse respeito e que eram constantemente reafirmados (v. II, p. 345, de 12 fev. 1538; p. 348, de 22 fev. 1539; p. 532, de 10 mar. 1550; v. III, p. 39-40, de 16 fev. 1552 e p. 106, de 15 mar. 1560).

[4] As propostas de reforma em Wittenberg apresentadas pelo eleitor alemão Frederick, em dezembro de 1521, incluíam a abolição de doações, dotes (*endowments*) e missas réquiem (em memória, fúnebres); a instituição do cálice para leigos, o fechamento das tavernas ilegais onde ocorriam embriaguez, o fechamento de casas de prostituição e a punição de seus proprietários (HÖPFL, 1985, p. 130, nota 6).

Nesse aspecto, Genebra não era exceção à regra e se esforçou para intensificar sua disciplina civil. Na ausência de Calvino,[5] tinha havido um consistório medíocre que foi refeito e restaurado com a sua chegada à cidade.[6] Todos esses detalhes demonstram que nada poderia estar mais longe da verdade do que imaginar Genebra como uma antiga e já estabelecida cidade livre. Uma cidade que desfrutava de tradicional autonomia e segura de suas instituições governamentais bem estabelecidas, de leis antigas e privilégios. A primeira impressão que se tem é que a mentalidade política daquele tempo não poderia trazer inovações ou mesmo estar disposta para uma revolução da qual sequer tinha algum conceito. Mas era justamente uma revolução o que estava acontecendo em Genebra, entre 1526 e 1536. E ainda mais os líderes dessa revolução não eram pessoas da velha aristocracia urbana, ou pessoas acostumadas a governar, ou mesmo políticos confortáveis em sua dignidade antiga. A revolucionária elite de comerciantes sustentada pelos artesãos era nascente e, para piorar o quadro, ela mesma estava dividida entre simpatizantes da cidade de Berna e outros que preferiam aliar-se à França (MONTER, 1964c, p. 62, 65-69 e 91).

Entre as reviravoltas políticas de Genebra, ocorreu a restauração dessa liderança. Essa restauração era subsequentemente adiada, por causa da divisão entre seus líderes. Houve um temporário eclipse político-administrativo que coincidiu com a expulsão de Farel e Calvino em 1538.

A reviravolta e a restauração da liderança permitiu a volta de Calvino em 1541. Os novos líderes, representantes das famílias Favre, Berthelier e Perrin, foram os agentes da restauração de Calvino em 1541. Novas reviravoltas e, posteriormente, esses mesmos líderes tornaram-se os seus mais impiedosos inimigos, nas décadas de 1540 e 1550, porque os planos que esses líderes tinham para uma Genebra livre não coincidiram com as ideias de Calvino (MONTER, 1964c, p. 91).

5 Novamente uma referência às pesquisas de Rivoire e Van Berchem, *Sources* (v. II, p. 347-8), versando sobre os Apelos (Cryes), de 22 fev. 1539. A licença para a imprensa, p. 352 (9 mai. 1539) e novamente a p. 354 (19 set. 1539), onde há um interesse declarado pela *"l'honneur et la glorie de Dieu"* (a honra e a glória de Deus); também um compulsório comparecimento aos sermões (p. 354).

6 KÖHLER, W. *Zürcher Ehegericht und Konsistorium*: quellen zur Schweizerischen Reformationsgeschichte. 13. Leipzig: s.n., 1942, p. 540: sobre a decisão do Conselho de 5 abr. 1541.

A liderança política de Genebra não era uma realidade antiga e já estabelecida, nem mesmo era unida ou confederada. Não possuía, igualmente, um conjunto tradicional de instituições políticas para compensar sua falta de pessoal para o trabalho.

Após 1536, sua constituição, suas disposições legais e suas instituições eram um tanto quanto novas e experimentais. Ainda assim, entretanto, pôde ser admitida como uma continuação das formas do seu passado medieval, as quais foram admiravelmente preservadas. Além disso, a população de cidadãos, em sua maioria, era de um ativismo político que em nada facilitou o trabalho do governo.

Talvez a política de Genebra possa ser mais bem descrita como a de uma cidade-Estado de dimensões clássicas, ou mesmo como descreveram seus historiadores — Genebra era uma *cité, civitas* ou *république* (Fulpius, 1965, p. 17). Genebra se vangloriava de suas origens pré-romanas desde que fora mencionada no clássico "As guerras gálicas de César" — *De bella galia.*

Como era uma *civitas* ou *república*, a sua autoridade última era reservada ao Conselho Geral ou assembleia de todos os seus cidadãos. Essa assembleia, no entanto, geralmente reunia-se apenas duas ou três vezes ao ano, para as eleições dos síndicos e de algum oficial *senior* (em fevereiro) e para fixar o preço do vinho e do milho (em novembro).

A principal ocupação dos governantes genebreses do século XVI era a administração de um sistema de leis civis e criminais, além de conduzir os negócios externos e levantar fundos para os cofres públicos. A confluência de negócios judiciais e políticos era uma característica em Genebra: uma corte civil ouvia causas cíveis e era presidida pelo tenente da Justiça assistido por quatro assessores, todos eleitos pela assembleia geral para períodos de dois anos. Eram eles os magistrados inferiores, populares, ou do povo.

A justiça criminal permanecia nas mãos do PC, no *status* de autoridade judicial suprema de Genebra. Nesse pormenor, o tenente da Justiça atuava examinando os demais magistrados. Ele era ainda requerido para apresentar veredictos preliminares e responder, em períodos muito breves, após a apreensão de algum réu. Os processos judiciais da cidade eram ocasionalmente acusados de excessiva pressa, e Genebra orgulhava-se da expedição de seus processos.

O oficial legal *senior* da república era o procurador geral, outro magistrado membro do PC que atuava como promotor de justiça e era assistido nessas funções pelo tenente da Justiça. Não havia defensor público nem, de modo nenhum, advogados em casos familiares. Todas as leis e procedimentos judiciais do governo, bem como os tipos de casos e penas, eram obscuros.

Apesar disso, talvez os procedimentos cumpridos em Genebra fossem os mais proeminentes do pensamento legal do século XVI. Para pintar um quadro mais complexo, observa-se que, em 1532, o Sacro Império Romano recebeu um novo código criminal — a *Peinliche Gerichtsordnung Kaiser Karls V* —, também chamada de Carolina — *Constitutio Criminalis Carolina.*[7] No entanto, não é tão fácil demonstrar se essa *Carolina* era bem aceita em Genebra. Nenhum réu, nem veredictos, nem leis fazem muitas referências quanto a isso na época de Calvino, e não fica claro se havia disponível uma versão francesa da *Carolina*.

Os magistrados, em perfeito acordo com os sentimentos mais íntimos de Calvino, demonstravam um marcado desprezo pelos tecnicismos legais e prevaricações. Tanto quanto se conhece a seu respeito, esses homens da lei eram, em sua maior parte, leigos, ou, na melhor das hipóteses, os notários ou tabeliães da cidade. Tipicamente, eram outra espécie de magistrados inferiores ou populares.

Isso não parecia incomum, pois a própria *Carolina* fora colocada a termos por leigos. Havia várias advertências legais sobre pontos específicos da *Carolina*, e Calvino era chamado nessas ocasiões para dar seu parecer técnico. Uma vez que a língua oficial de Genebra era o francês, havia certa disposição geral em relação às práticas legais da França e de Savoy, e isso era perceptível durante aquele século (MONTER, 1964c, p. 64-65; BOHATEC, 1937, cap. 1).

Desde que ambos, o império e a França, inclinaram-se para a lei romana, não parece ter havido grande dificuldade em aceitar a nova *Carolina.*[8] Nota-se

[7] Harro Höpfl considera inconclusiva a arguição desse autor (PFISTERER, 1957, p. 29-34); ele mesmo não encontrou menção da *Carolina* através de Rivoire e Van Berchen, em *Sources* (texto supracitado). Veja ainda: SCHMIDT, Eberhard. *Einführung in die Geschichte der deutschen Strafreschtspflege*. 3. ed. Göttingen: s.n., 1965, p. 144 — relata que a *Carolina* não tinha força legal na Confederação Helvética, mas que era usada por todas as suas cortes, como Basileia e Schaffhausen. O trabalho de Schmidt é um excelente guia de princípios jurídicos e práticas da época; cf. especialmente as p. 107-150.

[8] O conselheiro legal de Genebra, Germain Colladon, deveria conhecer rudemente o alemão. Duas opiniões legais, citadas por E. Choisy em *La Théocratie à Genève au temps de Calvin*

isso até mesmo em passagens nas quais os genebreses usavam como língua o dialeto patoá, de Savoy, contendo substancial mistura de alemão. O francês dos registros oficiais mostra uma gramática e uma fonética extraordinárias para a demanda formal da ortografia do século XVI.

Pelo que parece, a *Carolina* não tinha certamente ligação com as "confissões" feitas sob tortura, pois, de acordo com o seu artigo 58, isso era inadmissível na corte (PFISTERER, 1957, p. 33). Pode ser observado, por exemplo, no julgamento de Battonat (HÖPFL, 1985, p. 135, nota 27), em setembro de 1552, ou no caso de hereges — palavra usada em Genebra para bruxas e feiticeiros — como Peney[9], ou no caso de Gruet e dos irmãos Comparet (CHOISY, 1897, p. 94, 180).

Para fazer cumprir essas leis, regulamentações e normas morais, a justiça de Genebra tinha à disposição os instrumentos de punição normais do século XVI. Na lista de "recursos" à disposição da lei, um item é notório, justamente por sua ausência: Genebra possuía apenas uma casa de detenção, capaz de acomodar no máximo uns poucos condenados ou hereges, a pão e água, somente durante alguns dias.

Na maioria das vezes, essa casa de detenção era usada para prender os que aguardavam julgamento. Consequentemente, não havia opções para longos aprisionamentos, como no caso de crimes graves.[10] Por esse motivo, entre as penalidades possíveis, escolhia-se a pena de morte: simples (por decapitação) ou com tormentos (mutilação, queimaduras com fogo brando etc).

Outros tipos de penas eram o exílio definitivo ou por períodos determinados; o confisco de propriedades; as pesadas multas, difíceis de serem recolhidas; os açoites, que eram inconvenientes para cavalheiros.

(1897, p. 94, 196), mencionam Deuteronômio e *constitutions imperiales* no mesmo fôlego, mas isso não está claro nas últimas referências às leis romanas ou às leis do Sacro Império Romano: caso dos Gentios (p. 196) e Gruet, onde é citada "[...] a lei de Deus e dos homens" (p. 94).

9 Neste ponto e nas citações dos *Registres du Conseil* somente, v. o trabalho de Oskar Pfister: *Calvins Eingreifen in die Hexen-und Hexer-Prozesse von Peney* (1947). Nesse trabalho, Pfister mostra a qualidade de seu argumento que é questionado por outro estudioso, de nome parecido, E. Pfisterer.

10 Esse era o estado normal de coisas em toda a Europa até o século XVIII, embora a França possuísse suas galés, e a Inglaterra, suas colônias. A opção era a inovação sugerida por Thomas More: trabalhos forçados e pena de morte (HÖPFL, 1985, p. 135, nota 30).

Quando se usava de mais clemência, havia a humilhação pública. Usualmente, é descrita como a sentença para pedir por clemência a Deus e à justiça. Os métodos eram seguidos no todo ou em parte: aparição pública em trajes de humilhação, carregando uma tocha, pedindo perdão em lugares específicos da cidade.

Desde que o exílio e as pesadas multas eram consideradas algumas vezes penas não apropriadas, pode-se entender talvez o número relativamente alto de execuções em Genebra, tanto nos tempos de Calvino quanto antes e depois dele.

Após a revolta dos perrinistas em 1555, a média era de nove execuções por ano. Embora o ápice tenha sido atingido durante o pânico causado por espalhadores de epidemias, em 1545, 35 pessoas foram executadas no espaço de quatro meses, e as mulheres tinham uma das mãos amputada depois de mortas.

Em Genebra, entre os anos 1542 e 1564, houve 139 execuções. Isso deve ser comparado com as 572 execuções no cantão de Zurique, que tinha uma população de 73 mil ao todo, no século XVI (Höpfl, 1985, p. 136, nota 33). Pode significar que Genebra punia os casos que outros Estados apenas ameaçavam castigar.

Em Genebra e cidades vizinhas, a tortura era frequentemente empregada e contava com a aprovação de Calvino, quando consultado, porque ele era bastante inclinado à severidade. No entanto, havia limite para a sua severidade. Como exemplo, ele não concordava com um método genebrês muito cruel, chamado *strappado* ou estrapada, que consistia em tratos de polé. Eram suplícios para fazer a vítima, amarrada e suspensa numa verga, tombar no mar várias vezes, até a morte.

Esse requinte de crueldade não fora por ele considerado. Calvino não ofereceu esse deleite aos sádicos genebreses. Havia ainda outros meios engenhosos de prolongar a morte, urdidos e maquinados em outros lugares, e que eram usados em Genebra apenas para as bruxas. Não havia nada que sugerisse que Calvino preferisse alguma outra coisa senão execuções rápidas e eficientes.[11]

[11] Em sermão de 1562, Calvino protestou contra a crueldade dos inimigos da fé, que tinham ido tão longe ao "[...] inventar maneiras de matar nunca dantes costumeiras" (SC 1, 497). Isso remonta ao seu comentário, em *De clementia*, sobre os tiranos (p. 318-319). Mediante

Os cidadãos viviam armados, como uma das consequências dessa justiça precária em Genebra, e porque estavam acostumados à belicosa atividade política de sua época. Havia apenas uma milícia civil, que não era empregada no policiamento doméstico. Era logicamente amadora, mas, de modo nenhum, era composta de pessoas que pudessem estar envolvidas em distúrbios civis.

Para policiar a cidade e conduzir os errados para o PC, existia um exíguo corpo de vigilância, composto de guardas (*guets*). Eram eles os próprios chefes de família, em idade militar, que cumpriam seus turnos de policiamento da cidade e guardavam os seus muros no período da noite (Höpfl, 1985, p. 136, nota 35). De fato, é um milagre que fossem poucos os derramamentos de sangue durante aquele período.

A Senhoria ou PC tinha de confiar em seus conhecimentos da população e em informações trazidas pelos cidadãos quando acionada para a detenção e a prevenção de crimes. Como não havia nenhuma obrigação legal desses cidadãos denunciarem os malfeitores, isso raramente ocorria, tanto em Genebra como em toda a Europa. A denúncia era um dos típicos feitos menos louváveis na República clássica (Machiavelli, 1950, v. I, p. vii-viii). Era uma característica dos impopulares guardadores de duas dúzias ou mais de hospedarias e estalagens de Genebra. Somente esse tipo de gente estava sob estrita instrução de informar as conversas de estrangeiros (Höpfl, 1985, p. 130).

Segundo Galiffe (apud Doumergue, 1889-1927, v. V, p. 173-175), também os espiões eclesiásticos estavam instituídos para essa função, desde 1544, mas já tinham sido convincentemente refutados pela população. Quanto à forma geográfica e administrativa, Genebra era dividida internamente em distritos chamados *dizaines*. Embora houvesse 20 desses distritos, cada um deles tinha o próprio supervisor — *capitaine* — para manter o olho vivo sobre as coisas.

Com vistas à disciplina, os 12 leigos mais velhos do consistório eram selecionados pelo PC para supervisionar cada distrito em particular. Raramente esses leigos mais velhos eram trocados, mesmo que fossem

algumas figuras interessantes, essas formas de morte podem ser vistas em Monter, E. W. Crim and punishment in Calvin's Geneva, 1562. In: *Archiv für Reformationsgeschichte 64* (1963).

nomeados tecnicamente apenas para atuar durante um ano. Isso permitia a preparação de peritos e estava em linha com as preferências expressas nas *Ordennances* que Calvino preparou em 1541.

Eram liderados por um dos síndicos. Os outros três síndicos tinham a obrigação de presidir, respectivamente, o PC, a guarda e a *Chambre des Comptes,* ou Casa da Moeda, que era o tesouro e banco municipal de Genebra. O papel do *châtelain*[12] era o de supervisor da disciplina nas paróquias rurais — sua incumbência como magistrado secular —, não obstante ser assistido pelo ministro do PC da área em questão.

Assim, Genebra permaneceu com as suas *Ordenanças*, que finalmente foram estabelecidas em 1546. A partir dessas *Ordenanças,* a disciplina continuava a ser reforçada por multas e curtos períodos de aprisionamento, a despeito da insistência de Calvino de que a Igreja não possuía nenhuma relação com as punições usuais da autoridade secular.

Então, essa supervisão das paróquias rurais era sempre dificultosa, e nenhum pastor procurava ir até lá. Eles esposavam a ideia de que somente os desajustados e incompetentes para o pastorado eram jogados em tais lugares. Até mesmo a encaravam como a única alternativa para evitar a sua demissão.

Por exemplo, Jacques Bernard, que permaneceu em Genebra após a demissão de Calvino em 1538, fora deslocado para Peney. Henri de la Mare fora para Jussy. Algo semelhante foi aplicado ao terrível Phillippe de l'Eglise, ou De Ecclesia, antes de sua eventual demissão por ofensas criminais. De Ecclesia causou muitos danos ao consistório e à Venerável Companhia dos Pastores, exatamente no período mais sombrio de Calvino em Genebra. Ele era acusado de difamar os próprios colegas pastores, de praticar a usura e de agredir sua esposa.

Durante anos, os magistrados do PC protegeram De Ecclesia e contrariaram os demais pastores e o consistório. Isso fazia parte da queda de braço entre as duas forças, sempre prevalecendo a prerrogativa do PC sobre o consistório. Após vários anos de celeuma, afinal conseguiu-se que De Ecclesia fosse expulso e exonerado do ministério (Parker, 1975 apud Höpfl, 1985, p. 137, nota 40).

12 Châtelain: castelão, governador ou alcaide de um castelo.

6
Genebra, Calvino e o trato com os hereges

As questões relacionadas com a Justiça genebresa, ainda que *en passand*, exigem uma necessária alusão ao trato de Calvino e Genebra com os heréticos, como Servet, Bolsec, Castellion etc., quando ainda não existia o conceito de tolerância.

Dois séculos adiante, Voltaire criticou mordazmente aquela situação; porque, para Voltaire, Servet foi uma pessoa imolada por Calvino (VOLTAIRE, 1961, p. 282-283). Estaria correta a crítica? Em que contexto e com que critérios?

A questão aqui não é defender ou acusar Genebra e Calvino, mas apurar um polêmico episódio, talvez o que cause mais espanto, interpretações apaixonadas ou desarrazoadas, defesas e acusações sem o menor conhecimento de suas causas etc.

UMA CIDADE EM TEMPOS DE CÓLERA E INTOLERÂNCIA

Sem procurar defender Calvino, mas apenas analisar o contexto, é necessário lembrar que a polêmica condenação de Michel Servet[1] à morte

[1] Michel Servet (1511-1553), físico espanhol e jovem estudioso brilhante, descobriu que a doutrina nicena da Trindade usava termos não-bíblicos e, após estudar a Bíblia e os pais antinicenos, formulou outro ponto de vista, rico em teologia eucarística e batismal. Publicou seus pontos de vista em 1531, em *De trinitatis erroribus libri VII*, e novamente em 1553, *Cristianismi restitutio*, o que ocasionou a sua execução como herege em Genebra. Ele considerava o Espírito como uma força, não como uma pessoa. Negou a eterna geração do Verbo etc. Era também geógrafo e anatomista e cria que a Bíblia deveria ser estudada em seu contexto histórico. Sua maior contribuição científica foi a descoberta da circulação do sangue nas vias respiratórias. De 1541 a 1553, manteve correspondência secreta

na fogueira deu-se em 1553, e, a alguns séculos de distância do ocorrido, ainda ressoam as apreensões sobre tal monstruosidade, com todos os anacronismos de julgamentos fora daquele preciso contexto.

Tolerância? Ocorre que nem o conceito nem mesmo a palavra existiam no século XVI. Pode-se até elogiar, como honrosa exceção, o posterior empenho do filósofo francês Jean Bodin, que lutou em prol da tolerância entre católicos e huguenotes na França daquele período.

Entretanto, é necessário apontar que a tolerância, de fato, nasceu somente na década de 1680, nos ensinos dos iluministas; depois, se inscreveu na parte nordeste da Europa, na Inglaterra e nos Estados Unidos. Na verdade, é obra de um homem em particular: John Locke, no século XVIII.[2]

Como a tolerância, portanto, ainda inexistia no século XVI, pode-se recorrer a outro exemplo de um período próximo àquele: é importante lembrar que até mesmo o autor de *A utopia*, Thomas More, foi fiel a seu ideal de humanista católico. More dava preferência à morte ignominiosa de traidores que renegassem os seus príncipes. E admitia a morte de hereges na fogueira, pois nada seria possível fazer com os hereges, senão queimá-los.[3]

Calvino também não foi tolerante.[4] Poderia, contudo, ter sido, embora não se pudesse esperar dele um declarado campeão da tolerância, das

com Calvino, que reprovava seu antitrinitarismo. Um amigo de Calvino denunciou Servet à Inquisição católica, e ele foi preso. Escapou, porém, e fugiu para Genebra, possivelmente contando com o apoio de anticalvinistas. Calvino exigiu seu arrestamento, e, como ele não negava sua heresia, o PC autorizou sua execução na fogueira, em Champel, no dia 27/10/1553 (*Westminster Dictionary of Church History*, p. 763; *Oxford Dictionary*, p. 1.263).

2 Ainda a tolerância de Locke é distinta da liberdade de consciência, apregoada por Bayle, segundo o qual essa liberdade repousa sobre o direito de errar. No sentido estrito, a liberdade de consciência não admite nenhuma restrição, contrariamente à tolerância que repousa sobre a arbitragem da sociedade. A esse respeito, cf. COTTRET, Bernard. *Tolerance et liberté de conscience? Épistémologie et politique à l'aube des Lumières. Études Théologiques et Religieuses*, 1990, n. 65, p. 333-350.

3 Sobre isso, cf. COTTRET, Bernard. Traducteurs et divulgateurs clandestins de la Réforme dans l'Angleterre henricienne, 1520-1535. In: *Revue d'Histoire Moderne et Contemporaine*, 1981, n. 28, p. 472.

4 MILLET, O. Le théme de la conscience libre chez Calvin. In: *La liberté de conscience*: XVI-XVIIe siècles. 1991, p. 21-37. BUISSON, F. *Sébastien Castellion*: sa vie et son œuvre - 1515-1563.1892, v. I, p. viii.

liberdades individuais e dos direitos civis da sociedade. Infelizmente, nem todo o senso filosófico das atitudes conciliatórias, do irenismo e da valorização da paz entre os cristãos, ou mesmo da indiferença que permita a coexistência, nada disso merece o nome de tolerância. Nesse sentido, segundo Baiton, a lógica de Calvino não apelaria para uma contradição de consciência, mas para uma "transação" (1953, p. 7).

O sucessor de Calvino em Genebra, Théodore de Bèze, sempre sublinhou a clemência de Calvino: para Bèze havia apenas ocorrido uma execução de um herege: Servet. Bèze comparou Calvino e Genebra com as outras cidades suíças e alemãs, onde foram mortos muitos anabatistas; e, então, afirmou ter havido casos semelhantes em que Genebra apenas baniu os que considerava sectários.

Citou os exemplos de clemência para com Hiérome Bolsec, que havia blasfemado contra a providência de Deus. Foi clemente com Sébastien Castellion, que amaldiçoou livros das Escrituras Sagradas; e ainda com Valentin, que blasfemou contra a essência divina. Nenhum deles foi morto: Bolsec foi banido de Genebra. Castellion teve problemas apenas quando saiu de Genebra e foi para Basileia. Valentin foi colocado no esquecimento, após pedir publicamente perdão a Deus e à Senhoria ou PC.[5]

Diante disso, perguntava Bèze: onde está a crueldade? Para ele, somente Servet, esse único herege, foi queimado na fogueira, em mais de trinta anos (Bèze, 1565, p. 23-24 e 39). Foi ainda o mesmo Bèze quem respondeu a Castellion, ex-professor da Academia de Genebra e outro acusado de heresia, afirmando a autoridade dos magistrados em punir os heréticos. Castellion foi condenado ao banimento e tornou-se professor da Sorbonne, França (apud Becker, 1971, p. 401). O texto-resposta de Bèze, datado de 1560, foi o *Traité de l'autorité du magistrat en la punition des hérétiques et du moyen d'y procéder*.

Não se pretende aventurar conclusões. Exceto fazer a reiteração de que se deve cuidar mais para não serem cometidos anacronismos e compreender

[5] A esse respeito, há um bom trabalho desenvolvido por Bernard Cottret: *Biographie* (1990); mas, não caberia aqui a detalhada explanação acerca de cada uma dessas personagens. A indicação fica para os textos: Bolsec et la foutue predestination, v. 1551, p. 218-222; Saint Servet, hérétique et martyr, 1553; Le bûcher de Servet, p. 223-227, 228-234; Castellion, p. 235-241.

que o erro de Calvino foi o erro de sua época. Atenuante? Em todo caso, um erro, um grande erro a ser sempre condenado. Respeita-se, porém, a própria organização política de Genebra e a forma com que o PC reservava para si o poder de decisões.

Soma-se a isso o fato de Calvino ser um estrangeiro na cidade, sem poder decisório. Tinha apenas o poder de levar ao PC assuntos sobre os quais os próprios síndicos deliberavam. Então, é muito estranho atribuir a Calvino outro poder que não apenas esse.

1551 — BOLSEC E A PREDESTINAÇÃO

Um frade carmelita, parisiense e médico, Jérôme-Hermès Bolsec, voltou-se contra Calvino e a doutrina da predestinação. Bèze (1565) tratou Bolsec como homem cheio de nuanças.

Genebra assustava-se com o atrevimento desse carmelita que, em plena congregação, repreendia a doutrina da providência e discordava da predestinação. Era como se os calvinistas estivessem fazendo de Deus o autor do pecado e culpado pela condenação dos ímpios (Bèze, 1565 apud Cottret, 1995, p. 218).

Calvino chegou a atribuir tal ignorância e insolência à sua formação monacal. Julgava que Bolsec merecia punição por seu ato de sedição, mas que poderia ser tratado com mais doçura pelos magistrados. Afinal, poderia haver cura para esse ignorante sofista. O velho carmelita parisiense acabou instalando-se efetivamente, como médico, em Genebra. Em pouco tempo, foi convocado perante o PC. Seus erros: predestinação e livre-arbítrio (O. C., v. 21, p. 481, 15 mai. 1551).

Com certeza, a predestinação constitui um dos dogmas mais contestados do calvinismo doutrinário. De fato, o que causa polêmica é a confusão com a dupla predestinação. Quem faz essa confusão acaba criticando o Deus que escolheu salvar alguns e condenar outros. Entender a predestinação requer uma atenção maior e um espaço que não existe neste livro. Nem é sua pretensão fazê-lo. Apenas adverte-se que o centro da predestinação está na soberania divina.

Bolsec foi mesmo imprudente e anunciava que o Deus pregado em Genebra era mentiroso e hipócrita, o patrono dos criminosos e pior que Satanás. Publicamente, atacou Calvino no dia 16 de outubro de 1551.

Nas igrejas daquela época, havia algo como grupos de estudos bíblicos que permitiam essas contravenções e participações dos leigos.

Bolsec insurgiu-se contra a explicação predestinacionista (Kingdom, Bergier, 1964, p. 80-131). Logo à saída de seu depoimento perante o PC, Bolsec foi conduzido à prisão do bispado, para aguardar o julgamento. As autoridades civis tinham muita dificuldade técnica para julgar questão dessa importância. Não se achavam competentes para disputas tão altas e difíceis (O. C., v. 8, p. 176, *Registres du Conseil*, 27 out. 1553). Restou a Bolsec confrontar Calvino acerca dessa doutrina que o médico julgava absurda.

Bolsec enviou a Calvino um verdadeiro quebra-cabeça metafísico; os "artigos propostos por Jérôme Bolsec ao mestre Calvino, a fim de que ele responda categoricamente e sem razões humanas nem similitudes vãs, mas simplesmente por meio da Palavra de Deus" (Ibid., p. 178).

Após tentativas e consultas às igrejas de Berna, Basileia e Zurique, o PC de Genebra deliberou o banimento de Bolsec, em 23 de dezembro de 1551 (Ibid., p. 247). O fato de ter desafiado a autoridade dogmática de Calvino, e sua dificuldade em receber instruções, levou o PC a optar pelo banimento daquele homem que poderia oferecer perigos à própria cidade. Prova disso é que, após a expulsão de Bolsec em 1552, ouviam-se nas tabernas e cabarés os motejos: "Calvino faz de Deus o autor do pecado" (Ibid., p. 523).

Ainda em 1553, Robert Lemoine, refugiado normando, compareceu perante o consistório por esposar essas teses muito pessoais (Ibid., p. 544). Não houvesse o seu banimento e o PC teria problemas multiplicados até perder o controle. Esse era o problema que um herege representava numa comunidade daquele contexto. Até mesmo entre os ministros surgiam dissensões. O pastor André Zébédée, de Noyon, e Jean Lange, de Bursin, pregaram contra as ideias de Calvino em 1555 (Cottret, 1995, p. 222, nota 27).

Iniciando com Bolsec, a pregação das teses anticalvinistas tomou vulto nos anos seguintes. Berna precisou punir Sébastien Foncellet, o autor da epigrama que considerava Genebra como Sodoma, e os ímpios, como reformadores (O. C., v. 21, p. 601, *Registres du Conseil*, 49, f. 44). Bolsec retornou ao catolicismo em 1577, treze anos após a morte de Calvino. Na ocasião, publicou o livro *História da vida, modos, atos, doutrinas, constância e morte de João Calvino, antigo pastor de Genebra* (Almeida, 1996, p. 71).

Nesse livro, Bolsec levantou inúmeras falsidades e calúnias contra Calvino. Destilou toda a sua raiva contra o reformador. Acusou-o de arrogante, orgulhoso, cruel, maligno, vingativo e ignorante. Atreveu-se ainda a caluniá-lo como sodomita ou homossexual, ladrão de prata, participante de uma falsa ressurreição, guloso e impuro (Ibid.).

Não é difícil rejeitar uma a uma dessas acusações. Nem mesmo é necessário rejeitá-las, diante dos fatos históricos que são comprovados. No entanto, as falácias colaram e até hoje muitas dessas infâmias são tidas como verdadeiras pelos que ignoram a história de Calvino. Como se as intrigas prevalecessem sobre as narrativas abalizadas e historicamente evidenciadas.

O livro de Bolsec circulou bastante. Foi condenado até mesmo pelos católicos, mas circulou. O povo gosta de ler coisas desse nível. Bolsec faleceu por volta de 1584 (Ibid.).

1553 — O POLÊMICO CASO SERVETO

A acusação que persiste é a de que Calvino pessoalmente matou Servet. Isso contraria a lógica dos fatos e da própria estrutura de Genebra. No máximo, pode-se atribuir a Calvino a concordância com a condenação desse herege.

Miguel Servet (1511-1553), ou Michael Servetus, em latim, ou aportuguesando-se para Miguel Serveto, já havia sido condenado pela Igreja católica. Fugiu da primeira condenação, mas acabou descoberto em Genebra. Não se intimidou, mas continuou a desafiar a Igreja: primeiro, a católica; agora, a protestante. No século XVI, não se poderia esperar outro final: foi condenado à morte.

Médico, teólogo, filósofo, geógrafo, astrônomo e astrólogo, esse espanhol nascido em Vilanova de Sigena-Huesca, no norte da Espanha, defendia ideias teológicas que contrariavam tanto as doutrinas católicas quanto as calvinistas.

Acusado de heresia, Serveto já havia sido preso e julgado na França, na cidade de Vienne, que não pode ser confundida com a cidade austríaca de Viena. Conseguiu evadir-se da prisão e, quando se dirigia para a Itália, através da Suíça, foi novamente preso em Genebra, julgado e condenado a morrer na fogueira, por decisão do PC, a pedido do tribunal eclesiástico ou consistório. Quando Serveto residiu no Dauphiné francês, na cidade de Vienne, trocou correspondências com Calvino sobre assuntos de cunho teológico.

Serveto não aceitava as doutrinas do batismo infantil, da cristologia segundo o Concílio de Calcedônia, nem mesmo a doutrina da Trindade, segundo o Concílio de Niceia. Calvino e Serveto romperam esse relacionamento epistolar em 1547. O tribunal de Vienne condenou Serveto no dia 17 de junho de 1553, logo depois de ele ter publicado *Christianismi restitutio*.

Serveto conseguiu fugir da prisão. Aos que o condenaram, restou queimar seus livros e queimá-lo em efígie (Faria, 2008, p. 224)[6], ou seja, queimar um boneco que representava o condenado, como se estivesse executando o próprio herege, ainda que simbolicamente.

Serveto já estava morto para a Igreja católica. Morto na fogueira dos hereges. Em outro país, não seria feita a mesma coisa? Obviamente, sim. Na rota de fuga, passando por Genebra, acabou preso. Houve um processo contra ele, baseado em 38 artigos, condenando-o por heresia. Era o mês de agosto de 1553. Era uma época sombria, e em Genebra havia um grupo de opositores a Calvino que se aproveitara da situação para criar polêmica. Entre eles, o genebrino Philibert Berthelier, anticalvinista, *articulant*, decidiu defender Serveto e confrontar Calvino.

Calvino compareceu diante do PC e se declarou contra Serveto. Aqui, porém, entra um comentário que desmente a sua crueldade, sem desculpá-lo de sua intolerância. Calvino pedira a Farel, por meio de carta: "Espero que Serveto seja condenado à morte, mas desejo que seja poupado dos horrores da fogueira" (Faria, 2008, p. 224).

O PC decidiu consultar as igrejas das cidades vizinhas — Berna, Zurique e Schaffhouse. Consultou também a cidade de Vienne, pedindo cópias da condenação que infligiram a Serveto. A francesa Vienne pediu a extradição do prisioneiro, para ser sentenciado na fogueira daquela cidade. Serveto não tinha para onde correr: ou a fogueira de Vienne ou a de Genebra. A morte era iminente, inescapável.

O PC de Genebra organizou uma discussão entre Calvino e Serveto para demonstrar a Serveto quais eram os seus erros. Nesse período, também Berthelier compareceu perante o PC, pedindo o cancelamento de sua excomunhão, e afrontou o consistório que lhe infligira tal pena. No dia

[6] Efígie é a representação plástica da imagem de uma pessoa real ou simbólica.

1º de setembro de 1553, Berthelier conseguiu sua admissão à eucaristia já para o domingo seguinte, dia 3 de setembro. Foi nesse dia que Calvino protestou e se recusou a servir a santa ceia ao excomungado. Até mesmo pregou um sermão de despedida, tal o calor da "quebra-de-braço" entre Calvino e esses libertinos, os *enfants de Genève*.

A disputa acirrou-se, e as autoridades de Calvino e do consistório foram desafiadas. Juntamente com os pastores de Genebra, no dia 7 de setembro, Calvino e os demais protestaram diante do PC, solicitando a independência do poder eclesiástico. Repetiram o protesto no dia 15. No dia 18 de setembro, o PC decidiu "ater-se aos editos, como era o costume anterior" (Faria, 2008, p. 225).

Serveto, por sua vez, não se aquietava e ainda encaminhou ao PC um pedido para que Calvino fosse preso. Apoiava-se na lei de talião e desejava retaliar aquele que o acusara "falsamente". Acusava Calvino de heresia e exigia a condenação dele: "[...] até que a causa seja decidida, pela morte dele ou minha, ou outra pena". Foragido de Vienne, preso em Genebra, condenado à morte, Serveto deu essa última cartada, contando com a divisão da cidade e com o apoio daqueles que confrontavam Calvino. Serveto colocou em xeque o PC de Genebra: "a morte dele ou minha"!

A resposta das outras cidades suíças chegou a Genebra em 18 de outubro de 1553. Todas condenavam Serveto e sua heresia. Apoiavam Calvino e os demais pastores de Genebra. A morte de Calvino ou a de Serveto? No dia 26 de setembro, o PC de Genebra decretou a condenação de Serveto à morte na fogueira, já para o dia seguinte.

Novamente Calvino escreveu a Farel, explicando-se: "Nós nos temos esforçado para mudar o tipo de morte. Foi em vão. Eu lhe direi de viva voz por que nada conseguimos" (Faria, 2008, p. 225).

A sentença foi dada pelo PC de Genebra, que condenou e executou Serveto, dando ganho de causa ao consistório. Para fazê-lo, o PC pediu a opinião da liderança eclesiástica das demais cidades suíças e até da cidade católica de Vienne. Calvino e os demais líderes religiosos do consistório foram confrontados pelo genebrino Berthelier e demais opositores.

Calvino foi acusado por Serveto de querer sua condenação à morte. Serveto perdeu a batalha. Morte? Sim, a dele, não a de Calvino, como ele mesmo sentenciara. Assim, o PC resolveu o que somente a ele cabia fazer: executar a justiça própria da época e daquela cidade — executou Serveto.

O PC, Calvino e os pastores de Genebra, as cidades suíças de Berna, Zurique e Schaffhouse, além da católica Vienne e do próprio Serveto — todos pediam a sua morte. Intolerância típica do século XVI. Crueldade? Por parte dos executores, houve, sim. Não se pode, contudo, continuar imputando somente a Calvino a condenação de Serveto, muito menos atribuir-lhe crueldade. Se houve alguém que intercedeu para que não queimassem Serveto vivo na fogueira, esse foi Calvino.

Depois, as acusações de crueldade continuaram a ser dirigidas justamente contra aquele que desejou poupar Serveto, ainda que este jamais desejasse isso para o próprio Calvino. Invertendo as posições, Serveto seria apoiado por Berthelier e outros opositores libertinos. Todos se deliciariam ao ver Calvino arder na fogueira.

Crueldade? Sim, houve mesmo. Mas não por causa de Calvino. Como há requintes sempre lembrados, atribuem a crueldade à pessoa errada. Quem sentenciou Serveto à morte foi o PC de Genebra, apoiado por Berna, Zurique, Schaffhouse, Vienne. O consistório e Calvino ganharam a disputa: era Calvino ou Serveto. O PC deu ganho de causa a Calvino e condenou Serveto.

Após isso, aqueles que desconhecem a história condenaram Calvino e deram glórias de mártir a Serveto. Talvez isso se revista de crueldade histórica ou injustiça perante os fatos. Reiterando, houve crueldade contra Serveto: uma coroa de espinhos com enxofre foi colocada sobre a cabeça do sentenciado. Foi usada lenha verde para que a fogueira durasse mais e o suplício fosse mais cruel e doloroso.

Depois, some-se a isso o atribuir exclusivamente a Calvino a culpa por esse erro monumental. Na verdade, foi um erro infeliz e corriqueiro de uma cidade em seu contexto. Aliás, de várias cidades. A católica Vienne já desejara fazer isso antes. Coube à protestante Genebra fazê-lo. Serveto morreu queimado duplamente: pelos católicos e pelos protestantes. Calvino foi o carrasco? A sentença foi cumprida em Champel, nas proximidades de Genebra, no dia 27 de outubro de 1553.

O nome de Miguel Serveto deveria estar definitivamente incorporado à história da medicina. Serveto foi um precursor de Harvey na descoberta da circulação sanguínea. Foi Serveto quem primeiro descreveu a circulação pulmonar com exatidão, cem anos antes de Harvey. Curioso é que até mesmo a sua descoberta foi, por muito tempo, ignorada pela medicina oficial.

Lembram-se da execução e morte de Serveto. Esquecem a sua vida. Ele foi um médico de alto nível. Foi também um homem que desafiou a sua época, confrontou a liderança eclesiástica católica e, depois, a protestante. Insistiu em combater a doutrina da Trindade e acabou sucumbindo, perdendo a batalha. Findou morto e como a constante pedra no sapato de Calvino, como o pomo de discórdia entre os que admiram e os que detestam Calvino. Verdade ou mentira? Antes de perguntar isso, deve-se questionar: verdade de que época?

Seveto foi condenado pelo catolicismo ainda medieval e penou sob o poder de um protestantismo ainda nascente e que pretendia deixar de lado os erros religiosos do medievalismo. No caso de Serveto, verificou-se que quem de fato o executou foi o PC de Genebra. Era o PC ainda dominado pelos libertinos, pelos Perrin e Berthelier.

Após essa condenação erroneamente conduzida, os libertinos caíram em descrédito em Genebra. Os *guilherminos* acabaram tomando-lhes o poder e favoreceram Calvino. Como vingança, parece terem sido os próprios libertinos os primeiros a difamar Calvino e atribuir falsamente a condenação de Serveto ao reformador.

Os libertinos o mataram. Caíram em descrédito. Perderam o poder do PC. Então, fizeram de Calvino o bode expiatório de sua incompetência. Para muitos, o erro dos libertinos ainda vem sendo pago por Calvino. O caso Serveto custou e ainda custa muito caro aos protestantes calvinistas. Até hoje, muitos deixam de estudar e conhecer a grandeza de Calvino por causa do polêmico episódio com os hereges, especialmente com Serveto. Muitos erraram; o calvinismo ainda paga a conta.

Essa polêmica atravessou os séculos. Voltaire acusou Calvino por agir como o "papa dos protestantes". Depois, Montesquieu reconheceu seu gênio e sugeriu que "os genebrinos deveriam tornar bendito o dia em que Calvino nasceu". Por mais contraditório que pareça, ao final Calvino tornou-se um dos patronos dos direitos humanos, principalmente por ter lutado por algo maior que esse erro compartilhado com os líderes de Genebra e demais cidades.

O próprio PC de Genebra defendeu e implantou regras e pontos importantes que servem até hoje como referência mundial de democracia representativa. Calvino, em particular, defendeu a teoria do direito civil de resistir aos abusos do Estado, um problema filosófico-político de desobediência civil e do direito de revolta. Esse líder protestante, cujo destino cruzou-se com o de Genebra, antecipou ideias que o colocaram entre os fundadores do pensamento político moderno.

Como uma pedra que se coloca sobre a questão, séculos após o trágico fato de 1553 houve a corajosa atitude de reconhecimento do erro e o pedido público de desculpas por parte dos seguidores de Calvino. Por ocasião dos 350 anos da morte de Serveto, em 1903, os protestantes de Genebra erigiram um monumento expiatório:

> Filhos respeitosos e agradecidos de Calvino, nosso grande reformador, mas condenando um erro que foi do seu século, e firmemente ligados à liberdade de consciência, segundo os autênticos princípios da Reforma e do evangelho, erigimos este monumento em 22 de outubro de 1903.[7]

APÓS 1553 — A OPOSIÇÃO DO AMIGO CASTELLION

Serveto continuou como um *souvenir* em Genebra após o seu suplício. Bèze (1565) continuou relatando casos relacionados.

Em 1556, Matthieu Antoine foi banido por defender as propostas de Serveto. Em 1558, o porteiro Jean Jacquement condenou aquele fim trágico que lhe deram. Catherine Cop sustentou que Serveto era "mártir de Jesus". Bèze o reputou como "espanhol de maldita memória", "não um homem, mas um monstro terrível" com todas as heresias velhas e novas, blasfemador execrável contra a Trindade e a eternidade do Filho de Deus (apud Cottret, 1995, p. 235).

Outros mais se revelaram contrários ao suplício de Serveto, e o calvinismo continuou a ser responsabilizado por sua punição. Entre eles, estava uma pessoa que fora muito querida de Calvino: Sébastien Castellion (1515-1563). Ele era compatriota de Calvino, natural da região do Dauphiné francês, da cidade de Saint-Martin-du-Fresne, próxima à divisa com a Suíça

[7] Disponível em: www.servetus.org.br. Acesso em: 3 jun. 2008.

(Cottret, 1995, p. 237). Estudou no Collège de la Trinité, em Lyon. Tornou-se grande conhecedor de grego, hebraico, italiano, alemão e latim.

Por volta de 1540, ele aderiu ao protestantismo em Lyon, onde presenciara muitas fogueiras contra os hereges. Abalado com isso, procurou refúgio em Estrasburgo, onde brilhava o espírito do jovem reformador Calvino, o autor das *Institutas*.

Após a volta de Calvino para Genebra, Farel indicou seu amigo, o ainda mais jovem Castellion, para lecionar na Academia de Genebra. Acabou tornando-se também o diretor do *Collège de Rive*, pertencente à mesma instituição fundada por Calvino em 1555. Foi o substituto do diretor Maturin Cordier que retornara a Neuchâtel e depois iria a Lausanne. Prosperou rapidamente, em virtude de seu grande talento.

Em Genebra, inicialmente hospedou-se na própria casa de Calvino. Sua competência pedagógica e a divulgação de seu livrete *Colloques* tornaram-no bem conhecido. Era ainda o autor de *Dialogues sacrés* (Diálogos sacros) em edição bilíngue, latim-francês, combinando a educação religiosa com os ensinos clássicos. Castellion resolveu candidatar-se também ao ministério. Tinha muitos filhos, e o salário de professor lhe era insuficiente. No entanto, tinha ideias teológicas que contrariavam Calvino e Genebra.

Calvino pediu que aumentassem seu salário de professor. Entretanto, não o recomendou para o ministério. Entre os pontos de divergência, Castellion rejeitava o livro canônico de Cântico dos Cânticos, por julgá-lo libidinoso, lascivo e obsceno. Rejeitava também o trecho do Credo Apostólico que menciona ter Cristo descido ao Hades. Ainda discordava da doutrina da predestinação. Fez ainda uma tradução do Novo Testamento em linguagem popular. Nova rejeição, em razão de erros crassos de linguagem e da própria tradução, inexata e grosseira (O. C., v. 11, p. 673-674, carta a Viret, 26 mar. 1544). Passou a se comportar feito um *enfant terrible*. Criticou os pastores de Genebra (Ibid, p. 719-722, carta a Farel, 31 maio 1544).

Calvino não suportou a desordem e pleiteou contra Castellion às autoridades civis de Genebra. Além de ter interditado o seu acesso ao ministério, foi-lhe cassado o direito de pregar. Calvino ainda simpatizava com Castellion, quando sugeriu que recebesse um aumento salarial. Castellion, porém, não aceitou ter sido reprovado para o ministério e resolveu partir de Genebra. Tinha, então, 29 anos.

Em janeiro de 1554, foi dispensado de suas funções de diretor no Collège (O. C., v. 11, p. 439). Dirigiu-se a Basileia, onde trabalhou como auxiliar na imprensa de Oporin. Reencontrou Thomas Platter e Francisco de Enzimas, conhecido como Dryander. Começou com eles a tradução da Bíblia (Cottret, 1995, p. 238).

Platter havia sido aprisionado quando apresentou ao rei Carlos V o seu projeto de tradução do Novo Testamento (1543). Buscou refúgio na Inglaterra, onde foi nomeado professor de grego na Universidade de Cambridge (1548). Em 1549, partiu para Basileia e, depois, para Estrasburgo. Morreu em 1552, contaminado pela peste (Cottret, 1995, p. 239, nota 89).

Castellion também juntou-se ao grande jurista de Basileia, Boniface Amerbach. Finalmente, após enfrentar dificuldades financeiras, Castellion conseguiu sua nomeação como professor de grego, na universidade da cidade. Em 1546, ele usou o pseudônimo "Moses latinus" quando traduziu uma parte do Pentateuco. Em 1547, traduziu os Salmos. Foi em 1551 que ele resolveu fazer a tradução latina da Bíblia para Eduardo VI. Buscou dar um conteúdo metodológico à distinção entre a letra e o espírito das Escrituras (Buisson, 1892 apud Cottret, 1995, p. 239, notas 90, 91). Essa sua reforma ortográfica, porém, não foi bem aceita.

Ao sair de Genebra, Castellion havia pedido uma carta de recomendação que atestasse seu bom caráter e competência pedagógica. Calvino e os demais pastores da Venerável Companhia assinaram esse documento honroso, recomendando-o para Basileia. Afinal, era amigo daqueles pastores.

Em Basileia, Castellion acabou tornando-se querido e renomado, como era de esperar. Passou a enviar correspondências que, indiretamente, combatiam Calvino. Logo após a morte de Serveto (1553), Calvino escreveu o *Tratado sobre a heresia* (1554). Castellion, então, saiu a campo, atacando severa e diretamente o reformador. Verdadeiros ataques de cólera contra a "*bûcher de Servet*" (a fogueira de Serveto) que ainda ardia nas consciências.

Castellion acabou escrevendo um texto que apontava para a tolerância naquele século XVI. No entanto, essa não era ainda a real tolerância que se desejava. Talvez mais a liberdade de consciência que propriamente a tolerância. É dele a frase: "Quando se mata um herege, não estamos matando uma doutrina, mas um homem" (apud Almeida, 1996, p. 71). Como o PC de Genebra sentiu-se atingido, dirigiu-se ao concílio de Basileia e à sua universidade. Exigiu a reparação do caso. Calvino não tratou pessoalmente a questão.

Embora Castellion fosse muito prestigiado em Basileia, a publicação de seu livro que atacava Calvino foi impedida. Era o seu *Tratado dos heréticos, a saber se devem ser perseguidos, e como se deve conduzir com eles, segundo o conselho, opinião e sentença de muitos autores tanto antigos quanto modernos* (1554). Castellion usou o pseudônimo de "Martinus Bellius" e publicou um panfleto condenando as ideias de Calvino. Com isso, Calvino partiu para o contra-ataque ferrenho e extremamente severo. *Bellius* vem de *bellum*, latim, e significa guerra. Ele queria combater o erro de terem condenado Serveto. Nessa guerra, posteriormente Bèze incluiu Castellion na sua galeria de monstros.

Basileia sentiu-se ofendida com as acusações feitas por Calvino ao seu ilustre hóspede e mestre. Revogou a interdição e autorizou a publicação do livro de Castellion. Com muitos insultos violentos, Castellion esconjurou Calvino. Nesse ínterim, descobriram que Castellion mantinha relações sigilosas com um inimigo da causa evangélica, reconhecidamente herético: Ochino, um ex-franciscano convertido ao protestantismo, mas que escrevia obras que contrariavam a nova fé. Castellion traduzira uma das obras de Ochino, e todo o seu renome e lisura caíram por terra.

Em 1554, Bèze escreveu sua resposta a Castellion. A resposta teve sua versão francesa em 1560, com o título *Tratado sobre a autoridade do magistrado em punir os heréticos e seu modo de proceder*. Não foram tomadas providências pela Universidade de Basileia. No entanto, o Sínodo Geral das Igrejas Reformadas da Suíça o condenou, em 1563, por heresia e falsidade. Castellion, porém, morreu prematura e repentinamente antes de ser executado (Almeida, 1996).

1545 — SOLIDARIEDADE NO CASO DO SUICIDA VACHAT — UM VERDADEIRO FURO DE REPORTAGEM SOMENTE EM 2008

Na contramão de tudo o que vem sendo apontado com relação ao trato com os heréticos, há um verdadeiro furo de reportagem que resgata a imagem de Calvino. É de 2008 e tem relação com a carta escrita por Calvino em 1545.

Essa carta está entre as preciosidades do MIR — Museu Internacional da Reforma, em Genebra. É um manuscrito de 1545, autografado por Calvino, que mostra o reformador em seu ângulo mais humano. Para esse museu, o achado é mais do que uma preciosidade. Foi colocado em exposição sob a proteção de uma vitrina, protegido contra a exposição direta de luz, em uma das 12 salas do MIR.

Datado de 23 de janeiro de 1545, o manuscrito é a única carta conhecida de João Calvino sobre o suicídio. Nela, o teólogo conta que fora chamado na véspera por Jean Vachat, um cidadão que havia perfurado duas vezes o próprio abdômen com uma faca, para acabar com seus sofrimentos de tuberculoso e asmático. O texto é surpreendente, raro e inesperado. "Eu o exortei com minhas palavras a armar-se de paciência e a consolar-se na graça de Deus", escreveu Calvino nessa carta. Antes de morrer, o suicida foi visitado pelo pastor Calvino e confessou a ele seu erro, como revela o documento.

O reformador tratou a questão do suicida de um ponto de vista teológico, que é apresentado em sua carta: "[...] confrontado à realidade dos sofrimentos físicos, sofrimentos que se terminam tornando morais à medida que a pessoa tem a impressão de ter sido abandonada por Deus". Apesar dos esforços de Calvino e dos barbeiros da cidade, que eram os cirurgiões naquela época, Jean Vachat morreu no mesmo dia.

Na paisagem religiosa e ética da época, o suicídio era uma questão grave e exigia um procedimento da justiça penal que negava ao suicida até mesmo a sepultura cristã. O procedimento penal começava com a entrega da queixa ou da constatação do delito. No dia seguinte, Calvino e os outros intervenientes no caso — um segundo pastor e dois cirurgiões — entregaram, conforme os costumes da época, seus relatórios ao tenente da Justiça, que era o representante da polícia de Genebra.

Mediante a autópsia do corpo, os investigadores chegaram à conclusão de que Jean Vachat poderia ter sobrevivido aos ferimentos, se ele já não estivesse enfraquecido pela asma, da qual sofria e que era a razão do seu gesto desesperado. Apesar desses elementos, o tenente da Justiça considerou o caso "extremamente escandaloso". Ele permaneceu insensível aos pedidos de Calvino e ordenou que o corpo do suicida fosse enterrado sob o cadafalso, sem sepultura cristã.

Isabelle Graesslé analisa que "o relatório revela um lado humano de Calvino. Mostra que o mais severo dos teólogos não era aquilo que imaginávamos".

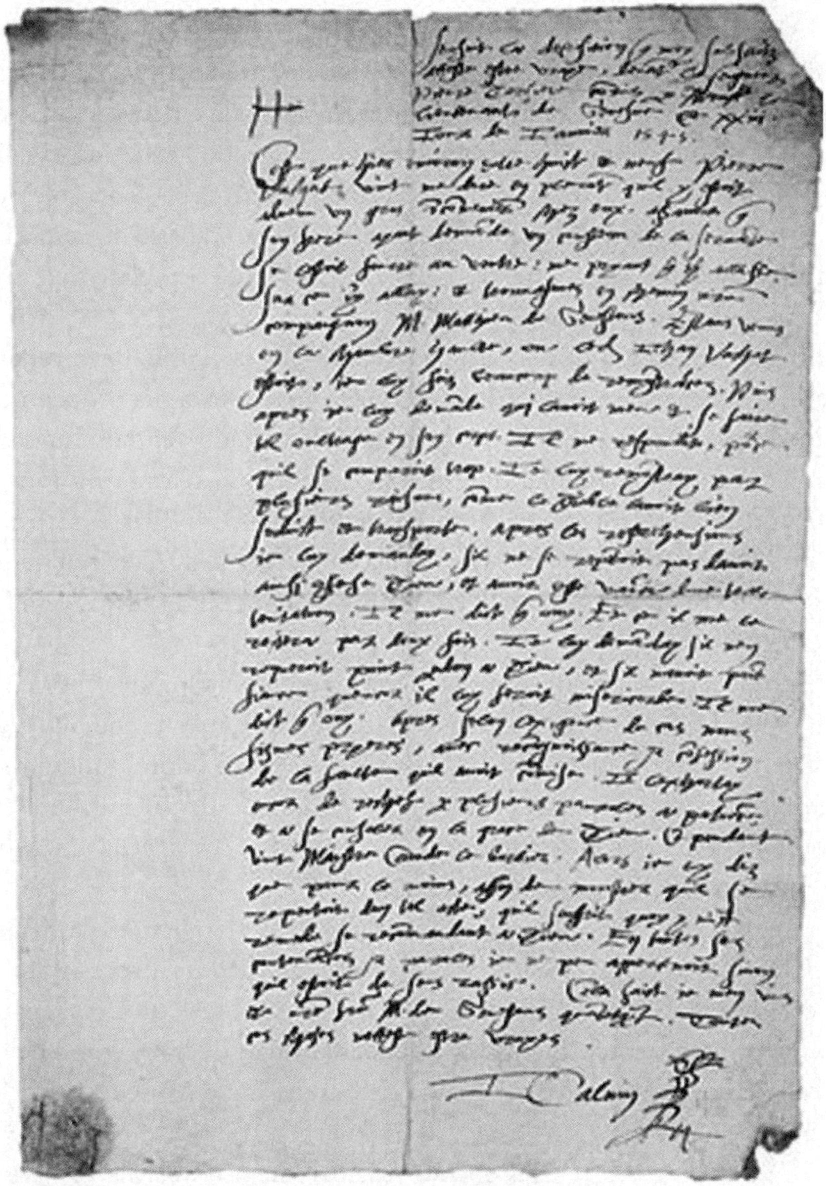

Figura 6.1 O documento inédito demonstra
a humanidade de Calvino para com um suicida.[8]

[8] Manuscrito assinado por Calvino retorna a Genebra. Disponível em: http://www.swissinfo.ch/xobix_media/images/sri/2007/sriimg20071219_8549618_7.jpg. Acesso em: 23 mai. 2008.

Esse retrato poderia não ter sido pintado, e essa nova faceta "mais luminosa" da personalidade de Calvino poderia ter permanecido desconhecida para sempre. O motivo? A carta foi roubada e ficou desaparecida por mais de um século. Na primeira metade do século XIX, James Galiffe, um funcionário auxiliar nos arquivos, havia criado uma pequena coleção de peças não catalogadas. Ele roubou, então, a carta de Calvino que estava nos arquivos do Estado de Genebra, assim como o dossiê completo do caso do suicida Vachat.

Apenas em 1915, os herdeiros do ladrão James Galiffe devolveram as preciosidades aos arquivos. O único objeto que faltava era o documento assinado por Calvino, que, provavelmente, havia sido vendido ou dado a um colecionador particular antes dessa data. Ele só retornou à tona em 2003, quando foi leiloado na famosa casa Sotheby's, em Paris. A reaparição do raro documento provocou consternação na cidade de Calvino, onde os arquivos do Estado protestaram com firmeza, mas sem ter sucesso em fazer valer seus direitos.

A carta acabou sendo comprada por um colecionador, que morreu em 2005. Os descendentes do colecionador decidiram então revendê-la. Ela foi posta em leilão em julho de 2007, na Christie's de Londres, onde passou para as mãos do seu novo proprietário, pela soma de 70 mil libras. Foi comprada pelo grupo de mecenas que apoiou a construção do Museu Internacional da Reforma.[9]

Em seus vários salões, o museu leva os visitantes a lembrarem da evolução da Genebra de Calvino, do seu estatuto de "Roma protestante" ao desenvolvimento da cidade com grandes construções, promovidas para receber os huguenotes. E a história vem até os dias de hoje, como detalha Olivier Fatio, presidente do conselho da Fundação do Museu:

> Das guerras religiosas até a resistência ao nazismo, da predestinação às mulheres assumindo postos na igreja e trabalhando como missionárias no exterior,

[9] Disponível em: http://www.swissinfo.ch/por/swissinfo.html?siteSect=105&sid=8620853. Acesso em: 23 mai. 2008.

> dos conflitos dogmáticos até o ecumenismo e o diálogo entre as religiões.[10]

Esta é uma grande realização para Genebra, que precisou de mais de cem anos até concretizar o seu MIR. O museu não é apenas um local de memória. Sobretudo, quando as pessoas estão hoje entre o desencanto com a religião do passado e à procura de novas respostas às questões espirituais, a Reforma vira um tema extremamente atual.

[10] Disponível em: http://www.swissinfo.ch/por/swissinfo.html?siteSect=105&sid=8620853. Acesso em: 10 jun. 2008.

7
O período das vacas magras

A cidade pobre que acolheu a Reforma viu, logo cedo, a partir de 1536, seus horizontes se abrirem pela graça e empresa dos refugiados da Itália e da França.

Seria Genebra um microcosmo de uma cidade de tamanho médio, ou menos que isso, e seu território suburbano insignificante? Por outro lado, seria ela um macrocosmo de um Estado que lançou sua liberdade sobre a empresa e a sorte de seus cidadãos? Talvez fosse as duas coisas, e algo mais que isso.

A pequena cidade do século XVI lutou com a preocupação de reconhecer e gerar seu desenvolvimento urbano. Tentou melhorar sua infraestrutura, assegurar sua revitalização e a boa ordem, tivesse sido bom ou ruim o ano em suas atividades cotidianas e sazonais. Precisou ainda negociar suas relações com as regiões vizinhas, com os fornecedores desconfiados ou cuidadosamente hostis.

No entanto, a qualidade dos recursos genebreses da época, juntamente com a dos trabalhos que eles permitiram conduzir, conferiu à sua história urbana certo valor de paradigma. Como essa cidade-Estado pôde imaginar e pôr em ação uma política econômica desprovida de influência territorial e de recursos de que ela normalmente necessitava?

Ora, sua margem de mão-de-obra e seus meios de produção eram reduzidos. Genebra devia contar com seus vizinhos ameaçadores ou imprevisíveis e ainda procurar seu apoio? E esse apoio seria encontrado sobretudo em lugares suíços que enfrentavam problemas semelhantes? Assim, de certa forma, a vida econômica em Genebra predispôs a cidade para a Reforma. As transformações religiosas experimentadas pela cidade, porém, provocaram outros transtornos econômicos (Biéler, 1990, p. 205).

Para Calvino, era preciso reconhecer que a abertura de espírito e o amor à liberdade, trazidos pelo comércio e pelas trocas humanas, contribuíram para introduzir a Reforma em Genebra. A isso, ele chamou de causas instrumentais ou segundas da ação de Deus. Não foi por acaso que os primeiros membros influentes da comunidade eram evangélicos dispostos a modificar o estado de coisas. Foram comerciantes como os irmãos Tucher e Guérin Muète.

Genebra havia sofrido nas mãos do duque de Savoy, com suas intervenções cortando o abastecimento da cidade que ele julgava herética. A invasão crescente de refugiados fez surgirem também outras necessidades urbanas, próprias da situação. Isso fez Genebra se isolar, aumentando seu custo de vida. Nesse contexto precário, pode-se compreender o conhecido rigorismo calvinista contra os gastos supérfluos (Biéler, 1990, p. 250).

Esse era o contexto de desenvolvimento das atividades de produção e troca, das condições vigentes de trabalho do século XVI e de práticas financeiras que provocaram verdadeira revolução econômica. No final da Idade Média, houve o deslocamento das vias de comunicação, e daí resultaram consequências sociais, como o crescimento do proletariado urbano e rural.

As corporações artesanais, chamadas *maîtrises*, cristalizaram-se, e a nova burguesia comercial e financeira desenvolveu-se, suplantando a nobreza. A lenta evolução deu-se do século XIII ao século XV, tornando-se revolucionária no século XVI. A economia urbana organizou-se. As cidades formadas de comerciantes e artesãos se tornaram ilhas de direito individualista em meio ao regime senhorial (Biéler, 1990, p. 208).

A burguesia estabeleceu uma nova estrutura social, onde a fortuna substituiu a distinção de berço. Os capitalistas apoderaram-se do governo das cidades, por seu poder financeiro. Os trabalhadores se coligavam em "profissões" para resistirem à sua exploração. Os governos urbanos passaram a ser dominados ora pela classe plutocrática, ora pelas *maîtrises* de artesãos. Na espiral da revolução do século XVI, os efeitos tornaram-se causas. A concentração monárquica favoreceu os avanços das vias de comunicação, ainda precárias, e estas facilitaram a aceleração das trocas internacionais (Ibid., p. 210).

Em consequência das descobertas, acelerou-se a evolução da economia capitalista, a qual se emancipou dos monopólios urbanos. A descoberta do Novo Mundo levou o Ocidente às novas vias de tráfico. Uma vez abertas, essas novas vias transformaram o equilíbrio do mundo. O mercado de dinheiro e de metais preciosos provocou uma alta nos preços que se acentuou no século XVI.

Essa alta de preços, mais o afluxo de refugiados e a consequente carência de víveres marcaram a vida social no tempo de Calvino. Isso ficou estampado em seus sermões, repletos de referências, bem como nas atas oficiais de sua época.

No início do século XVI, a vida social caracterizava-se pela especulação desenfreada, pela febre de negócios e a paixão pelos jogos. Nesse particular, aponta-se uma explicação para as medidas solicitadas por Calvino contra os jogos em Genebra. Quanto às transformações sociais, a revolução muito brusca das condições econômicas culminou na ruína da nobreza. O proletariado cresceu e, com ele, as agitações sociais.

Nessa época, a pregação dos reformadores zelava pelas reformas sociais; por outro lado, havia o ardor de Calvino para combater os perigos da riqueza e os malefícios do pauperismo (Biéler, 1990, p. 215). Assim, encontravam-se em Genebra as grandes características que dão à história do Ocidente sua fisionomia particular e revolucionária. Genebra poderia ter tirado vantagem de sua situação geográfica e do papel de rota de trânsito comercial que assumira no tempo de suas famosas feiras internacionais.

No entanto, esse seu papel foi disputado e contestado por seus vizinhos de Savoy, dispostos a desviar grandes distâncias e ir a Lyon a fim de fazer suas compras nas feiras daquela cidade. Desprezavam Genebra, com o objetivo de arruiná-la e subjugá-la. A prosperidade das feiras genebresas foi gravemente comprometida pelas medidas tomadas em 1462, por Luís XI. Favoreceram as feiras de Lyon. Em todo caso, as feiras de Genebra não desapareceram completamente. Todavia, perderam muito de seu esplendor.

Os comerciantes estrangeiros italianos, flamengos e suíços desviaram-se, pouco a pouco, para Lyon; somente os alemães continuaram a frequentar as feiras de Genebra, e até mesmo a instalar-se na cidade, bem na época da Reforma. No final das contas, todos os fundamentos da política econômica da República residiram tão somente na atividade dos habitantes de uma exígua cidade. E o objetivo dessa política era, desde aquela época, encorajar a produção de bens industriais e serviços comerciais e financeiros. Sua oferta era limitada, mas eram recomendados por sua qualidade.

No século XV, Genebra era uma cidade voltada ao comércio e às trocas. Um grande número de comerciantes ou *marchands* estrangeiros reencontravam-se em suas quatro feiras anuais e comercializavam os produtos mais variados, vindos de todas as regiões da Europa e do Levante — o Oriente.

Desde meados do século XIV até o século XVIII, foi a singularidade da economia genebresa que a distinguiu de todas as economias urbanas e das economias nacionais. Ela foi colocada a salvo do declínio das cidades que os historiadores[1] denunciaram naqueles tempos — era para ter sido passada para trás.

O mais grave nessa situação foi Genebra perder igualmente sua função de praça financeira internacional. O marasmo que se evidenciou foi agravado, durante as décadas seguintes, por uma sucessão de epidemias — nos anos de 1473, 1482-83, 1490, 1494 e 1497 — e de períodos de miséria — 1477-78, 1480, 1481-83 (PIUZ & MOTTU-WEBER, 1990, p. 390).

Por outro lado, a cidade se desdobrava para não se alienar e também para não ser partidária de Charles, *Le téméraire*, ou Charles III, o duque de Savoy, nem de seus aliados de Savoy, tampouco do rei da França, Luís XI, e seus aliados suíços.

Por isso, Genebra sofreu com as repercussões das guerras de Borgonha: interrupção do comércio e privilégios concedidos por Luís XI aos mercadores suíços em Lyon. Sobretudo, com o endividamento enorme provocado pela

1 Sobre esses aspectos econômicos, em 1963 Anthony Babel publicou dois grandes volumes de sua *Histoire économique de Genève des origines au début du XVIe siècle.* Atendendo a seu pedido de continuação, as pesquisadoras Anne-Marie Piuz e Liliane Mottu-Weber empreenderam a obra *L'économie genevoise, de la Réforme à la fin de l'Ancien Régime XVIe-XVIIIe siècles.* Essa obra embasa conceitos de economia aplicados a este estudo do pensamento político de Calvino, em Genebra, no século XVI. Como as condições de trabalho de um historiador têm mudado, pesquisas e trabalhos se têm multiplicado, esse livro procura estar aberto às novas exigências e enriquecer-se de aportes de teorias econômicas, da sociologia, da demografia, da etno-história e, sobretudo, com vistas ao estudo político do período em questão. Há que se recorrer também às novas tecnologias disponíveis para pesquisa. O objetivo foi produzir um trabalho rico, como também foram Genebra e Calvino.

composição de 26 mil escudos de ouro que os cantões suíços lhe impuseram. Apesar disso, certa reconquista do comércio podia ser atestada pela curva de rendimentos das granjas nos mercados, o que se atribuía à presença dos comerciantes alemães.

Genebra adentrara o século XVI sob a sombra de maus presságios. Privada de parte de sua clientela e de suas funções, as feiras não eram suficientes para estimular e sustentar a economia genebrina. Uma parte importante da população vinha de longo tempo acostumada aos seus mercados animados. De agora em diante, ela se descobriria subempregada.

O retraimento dos rendimentos e o encolhimento das trocas — câmbio — repercutiram sobre os artesãos. Suas atividades, embora majoritariamente locais e regionais, haviam até então se beneficiado da presença de comerciantes e firmas estrangeiros.

Nas primeiras décadas do século XVI, sob todos os pontos de vista, houve um período difícil para a cidade. As turbulências sociopolíticas que a sacudiram, a partir de 1519 e na época da Reforma, provocaram uma tomada de consciência das autoridades. Estas foram incitadas a colocar sob seus cuidados as estruturas de produção, aptas a fornecer empregos à mão-de-obra disponível e a reanimar as vendas e trocas. Realmente, Genebra não poderia mais viver apenas de suas feiras e de seu comércio internacional.

8
O período das vacas gordas

Como se deu o milagre econômico que ressuscitou Genebra? Como, após tantos reveses e com o alto preço que pagara por se tornar cidade protestante, a cidade pôde reerguer-se?

Genebra era uma cidade de refúgio. Sem as suas feiras famosas. Disputada entre savoianos e confederados. Fora da rota das grandes feiras. Preterida pelo rei da França. Portanto, como poderia restabelecer sua pujança, sua economia e seus rumos?

Entre os fatores de sua retomada econômica, está a sua população trabalhadora, que soube desenvolver a sua indústria local. Houve muito investimento em sua *draperie ou* tecelagem. Destaca-se também o imenso valor de seus *excoffiers* ou sapateiros e curtidores; dos costureiros e mercadores; dos peleiros e chapeleiros, dos ourives etc. Todos se readaptaram e deram a volta por cima.

Entre as curiosidades, está o renascimento dos ourives, ou a sua readaptação. É bom lembrar que, com a Reforma, passaram a ser proibidas as encomendas de objetos litúrgicos e crucifixos. Em razão da necessidade de achar novos produtos, os próprios refugiados trouxeram aos ourives genebreses a arte da relojoaria. O que parecia ser a ruína dos ourives transformou-se na origem da famosa relojoaria suíça por muitos séculos. Sua fama só veio a ser batida com o advento do relógio movido a quartzo, mas somente no século XX. Curiosamente, o próprio relógio a quartzo também foi criação de um suíço, ainda que patrocinada por japoneses.

Aquele foi o grande momento de Genebra. Remonta ao *début* da *draperie* — a indústria e comércio de panos. E da *soierie* — indústria e comércio de seda. Foi o período que marcou uma retomada decisiva da história econômica de Genebra. Ela não deixaria de ser o ponto de encontro da importante rota de comércio. Religando o norte e o sul da Europa, ela abrigaria, daí em diante, uma produção "industrial" destinada à exportação.

Alguns de seus comerciantes eram uma espécie de comerciantes-fabricantes. Eles dividiam seu tempo entre o negócio e a manufatura. Os mestres se estabeleceram pouco a pouco em todos os domínios. Regulamentaram a produção e reforçaram a coesão dos artesãos em face dos comerciantes. O setor terciário diminuiu em favor do secundário. Seu leque de profissões se abria e se transformava ao sabor do surgimento e desaparecimento de ofícios ou *métiers*.

Os dados relativos à imigração e as listas de novos *habitantes* e novos *burgueses* são, consequentemente, em particular, muito úteis. Esses dados avaliam o impacto da chegada de diferentes ondas de protestantes sobre as estruturas da economia. Eles eram chamados de *religionaires*. Servem também para medir o poder de atração que os diferentes setores exerciam — com exceção dos períodos de refúgio — sobre os empreendedores e artesãos estrangeiros.

No período anterior à chegada maciça desses refugiados, em 1550, os dados do *Livre des Bourgeois* (Livro dos burgueses) poderiam ser complementados por um documento todo excepcional — o *Levée de 1464*, o seu levantamento ou censo. [1] O *Levée de 1464* tratava da criação de um novo imposto destinado a cobrir as despesas feitas com os primeiros passos diplomáticos. Passos que foram empreendidos pelo governo de Genebra junto ao rei Luís XI. Seu objetivo era rever aquela política desastrosa contra as feiras de Genebra e contrapor-se ao rei da França.

Como esse imposto especial levava à taxação, rua por rua e casa por casa, de todos os contribuintes da cidade, o efeito colateral desse esforço foi mapear as atividades profissionais na época. Toda a sua estrutura profissional foi resgatada (Piuz & Mottu-Weber, 1990, p. 391-392).

No início do declínio de suas feiras internacionais, a situação da cidade mostra que seus comerciantes autóctones eram relativamente pouco numerosos. Uma boa parte desses, os capelistas ou *merciers* e *mercières*[2] e os revendedores, guarnecia, sobretudo, o mercado local e regional.

1 *Levée*, traduzido aqui por levantamento, no sentido censo ou alistamento. Levée também pode ser traduzido por colheita, encerramento, fim de uma sessão, recrutamento, alistamento de soldados etc.

2 Capelistas eram os que tinham lojas onde se vendiam agulhas, alfinetes etc.

Havia um número relativamente grande de tabeliães ou *notaires* (66), cambistas ou *changeurs* (oito), e de todos os ofícios ligados às atividades de feiras: charreteiros, carregadores, alberguistas, fabricantes de laçadeiras de tear — os *navetiers*. Somados, esses confirmavam a importância da infraestrutura que havia sido desenvolvida naquele lugar durante as décadas anteriores para acolher, quatro vezes por ano, os comerciantes estrangeiros.

Havia um número particularmente elevado dos que eram ligados à alimentação, à vestimenta, à construção, ao trabalho com couro — dos quais 50% eram sapateiros. Com relação à metalurgia, entre os metalúrgicos, um quarto se compunha de serralheiros, que trabalhavam para suprir as necessidades da cidade e da região próxima. Os mais importantes profissionais, numericamente representados, eram: tabeliães, açougueiros, alfaiates, costureiros, carpinteiros, fabricantes de tecidos, boticários e bolseiros (BABEL, 1963, p. 8).

Tabela 8.1 – Evolução das principais atividades urbanas em Genebra

	I Levantamento de 1464		II Burgueses 1500-1536		III Burgueses 1537-1550		IV Habitantes 1549-1560		V Burgueses 1550-1575		VI Burgueses 1576-1600	
Produção	N.º	%	N.º	%	N.º	%	N.º	%	N.º	%	N.º	%
Agricultura	-	-	19	1,8	29	15,9	77	3,2	10	1,6	3	0,9
Alimentação	85	7,8	114	10,9	16	8,8	66	2,8	35	5,5	18	5,3
Vestimenta	149	13,7	107	10,3	11	6,0	106	4,5	44	6,9	28	8,2
Madeira e Construção	113	10,4	88	8,4	17	9,3	246	10,4	55	8,6	22	6,5
Couro/peles	182	16,7	188	18,0	29	15,9	302	12,7	69	10,8	31	9,1
Metais	68	6,2	107	10,3	18	9,9	188	7,9	53	8,3	29	8,5
Têxteis	40	3,7	45	4,3	4	2,2	676	28,5	58	9,1	67	19,7
Livro/papel	2	0,2	7	0,7	2	1,1	131	5,5	43	6,7	14	4,1
Fábrica	23	2,1	9	0,9	6	3,3	81	3,4	18	2,8	13	3,8
Serviços Comerciantes	101	9,3	100	9,6	11	6,0	224	9,4	80	12,5	36	10,6
Total de ofícios conhecidos	1090/2101		1043/1154		182/348		2376/4776		638/1019		340/514	

Fonte: Traduzido e adaptado de PIUZ & MOTTU-WEBER (1990, p. 392).

Outra grande contribuição foi a das indústrias gráficas. O rápido desenvolvimento dessa atividade ajudou a fortalecer o regime de Calvino. Contribuiu amplamente para a difusão universal da Reforma calvinista. Os refugiados contribuíram para um novo impulso dado à vida econômica do começo do século XVI. Contribuíram também para reanimar antigos ofícios. A arte gráfica, a ourivesaria, a malharia, a chapelaria e a fabricação de tecidos. Os refugiados protestantes ainda trouxeram à cidade novas indústrias de fabricação de veludo, de fitas, de estofos de seda etc.

Os artesãos se entregavam à fabricação de tecidos e de livros. Os profissionais da "fábrica" manejavam metais finos e pedras preciosas. Eram os *orfèvres* (ourives), os douradores e os diamanteiros. O que produziam destinava-se parcialmente à exportação, embora fossem eles figuras de pouco *status*. Os tecelões de tela — tecido de fio de algodão, cânhamo ou linho — *tisserands de toile* — trabalhavam sob o comando de particulares. Eram mais de um terço dos representantes do setor têxtil.

Depois vinham os ourives, relojoeiros, joalheiros, passamenteiros; por fim, os sapateiros e os pedreiros. As profissões nobres eram as dos merceeiros, confeiteiros, notários ou tabeliães — que eram os magistrados inferiores. Esses magistrados inferiores ou populares vieram a se tornar figuras de suma importância para a teoria de Calvino. Seu papel era resistir ao poder dos magistrados superiores que cometessem improbidade administrativa, abusos etc. Sustentavam a teoria calviniana de resistência aos tiranos.

Esses magistrados inferiores deveriam, legalmente, resistir aos superiores e buscar a sua substituição. Hoje, isso seria denominado *impeachment* ou impedimento. Essa contribuição de Calvino dá a ele todo o potencial revolucionário que este livro pretende demonstrar. Essa é a sua hipótese de trabalho, pesquisada e defendida.

Quanto aos médicos, eram poucos, sendo mais frequentes os boticários, ricos e prestigiados. Dentre os médicos, os barbeiros eram chamados de cirurgiões e ocupavam as posições mais baixas, pois "faziam o pelo", raspavam e sangravam. Entre os médicos que chegaram à cidade, o mais famoso foi justamente Michel Servet, que foi queimado como herege (1553), e também o médico Bolsec, expulso da cidade por suas heresias perniciosas (1551). Desde 1559, tentou-se organizar um ensino médico na Academia de Genebra, mas sem o sucesso esperado.

A medicina social existia, na época de Calvino, em virtude do princípio cristão e reformado, em especial. Segundo esse princípio, a Igreja e o Estado seriam solidariamente responsáveis pelas pessoas, principalmente quando houvesse a incapacidade de elas proverem o próprio sustento ou os cuidados da própria saúde (Biéler, 1990, p. 218-221).

Esses eram os principais agentes da vida econômica genebresa calvinista no século XVI. As intervenções da Reforma calvinista visavam a regular essa vida conforme normas humanas ditadas pelo evangelho. Naquele século, com tantas profissões passando por mudanças, surgiu um proletariado turbulento que tentou defender-se criando confrarias clandestinas. Irromperam várias greves contra a insuficiência dos salários, contra as prestações em espécie, contra o excessivo número de aprendizes e contra a má distribuição das horas de trabalho (Ibid., p. 231).

A organização das profissões sofrera certo retardamento em Genebra, em relação aos países vizinhos. As confrarias foram suprimidas pela Reforma, e o poder civil — magistratura — tentou tomar o lugar das organizações profissionais. O PC encarregou-se de conferir a maestria, ou *maîtrises*, para autorizar que fossem abertas oficinas etc. Em 1559, o PC fixou o salário dos trabalhadores e cassou-lhes o direito de coligações.

Cada vez mais, o Estado pretendia dominar todas as profissões com suas novas diretivas. Contra tais medidas autoritárias e unilaterais, os pastores reivindicaram os direitos essenciais dos trabalhadores. Propuseram uma organização paritária das profissões. Essa intervenção poupou Genebra de greves, como as de Lyon e Paris, na mesma época.

A atividade gráfica foi a mais beneficiada com as medidas. Redobrou as suas atividades, ocasionando, entre outras publicações, a edição francesa das *Institutas*. Depois da regulamentação do trabalho nas gráficas, os principais artesãos da cidade começaram a se organizar em *maîtrises*. Fundaram as corporações ou *maîtrises* dos ourives (1566), dos tecelões (1580), dos alfaiates (1581), dos passamenteiros (1584), dos alfineteiros (1590), dos serralheiros (1594), dos relojoeiros (1601) e dos picheleiros, que trabalhavam com estanho (1609) (cf. Babel, 1963, p. 13-14 e 19).

Duas categorias profissionais distintas apareceram. A dos mercadores capitalistas, ou mestres mercantes, que tinham adiantamentos suficientes para comprar matéria-prima. Podiam aguardar eventuais pagamentos. A categoria dos artesãos, porém, nada tinha para dispor, exceto o próprio trabalho.

Desde os dias de Calvino, Genebra desenvolveu uma organização social do trabalho diferenciada das demais cidades mercantis em que havia o capitalismo mercantil. Pouco a pouco, ela se foi apossando do mercado internacional. Colocou sob sua dependência as organizações profissionais menores. Isso preparou a concentração capitalista que, com a divisão do trabalho, deu origem ao grande capitalismo industrial, dois séculos depois (Béler, 1990, p. 235-236).

Muitas pessoas foram admitidas como *burgueses* durante o período precedente à Reforma. Depois, durante os quatorze anos que se seguiram, repartiram-se em categorias, mas pouco se diferenciaram da estrutura geral esboçada pelos dados de 1464.

A política de admissão foi visivelmente tornada muito mais restritiva após os acontecimentos de 1536. De uma cifra de 300 novos burgueses recebidos a cada ano, durante o período de 1500 a 1536, decaíram para menos de 20, entre 1537 e 1546.

Em 1547, suas necessidades financeiras obrigaram a Senhoria ou PC a afrouxar essa sua política. E 138 burgueses foram recebidos naquele ano. Em sua maioria, emanavam do campo genebrino, de Faucigny e do Pays de Gex. Entre eles, encontravam-se numerosos trabalhadores e sapateiros, que davam uma importância excepcional aos setores da agricultura e do couro. Conjuntamente, eles representavam cerca de um terço dos novos burgueses.

Durante tão agitado período, os adversários de Calvino e da colônia francesa pregavam às vezes uma atitude francamente xenófoba. Contudo, essa nova burguesia parecia ter um acordo com aqueles que participaram das lutas dos tempos da Reforma. Os antigos comerciantes apareceram em número relativamente pouco elevado. E os novos comerciantes queriam privilegiar-se do direito burguês de terem sua *boutique*.

Então, os que se estabeleceram em Genebra, antes e durante os acontecimentos dos anos 1530, precisaram obter a burguesia para se instalar. Os antigos comerciantes formavam a maioria do Conselho dos Duzentos. Cuidaram para que este privilégio não fosse estendido a muitos dos novos recém-chegados.[3] Em compensação, eram numerosos os nativos e artesãos originários dos campos limítrofes. Eles vinham preencher o vazio criado pela partida dos que haviam recusado aderir à causa da Reforma.

Na primeira parte do século XVI, ainda predominava, portanto, o desequilíbrio observado no levantamento de 1464. Era o desequilíbrio entre as profissões voltadas para o mercado local e regional e os ofícios que produziam para a exportação. Em contrapartida, os habitantes recebidos entre 1549 e 1560 e os burgueses recebidos entre 1551 e 1600 revelam a extensão da transformação dentro dessa estrutura profissional. Ela atraíra os chegados na primeira leva de protestantes.

Houve grande esforço empreendido pelo PC para desenvolver os curtumes (*tanneries*). Ocorreu também o *boom* da construção civil para a instalação de refugiados. As atividades que podiam ser consideradas como internas ou ligadas ao comércio regional tendiam na época a desaparecer. Houve um maior aproveitamento do setor têxtil, da imprensa e da ourivesaria e relojoaria (Piuz & Mottu-Weber, 1990, p. 394, nota 10). Esses novos produtos destinavam-se ao mercado internacional. Por todas essas razões, a partir do final do século XVI a admissão à burguesia tornou-se mais e mais difícil e onerosa.[4]

A organização da produção manufatureira, em Genebra, demorou a obedecer àquela mesma criação dos *corps de métiers,* ou corporações e associações de ofícios, que ocorria em quase toda a Europa (Ibid., p. 396).

[3] Para analisar mais completamente essa posição, cf. Mandrou, R. Les français hors de France aux XVIe et XVIIe siècles à Genève: le premier refuge protestant, 1549-1560. In: *Annales* E. S. C., 14, 1959, p. 662-666. Também os artigos: Les protestants français refugiés à Genève après la St-Barthélemy, *Revue Suisse d'Histoire,* 16, 1966, p. 243-249 e Geisendorf, P. F. *Métiers et conditions sociales du premier refuge à Genève* (apud Piuz & Mottu-Weber, 1990, p. 393, nota 9).

[4] O preço para adquirir a burguesia variava entre 4 e 8 escudos de ouro (50 a 100 florins), durante a segunda parte do século XVI. Depois elevou-se, em média, para 13 escudos (117 florins), entre 1600 e 1604; 19 escudos (230 florins), entre 1620 e 1624; 745 florins, entre 1700 e 1709. Depois chegou a 4.800 florins. Entre 1720 e 1729, já custava 5.400 florins. Entre 1730 e 1739, chegou a 8.300 florins. Entre 1740 e 1749, as normas fixadas pelo Conselho eram frequentemente ignoradas. Entre 1754 e 1764, o preço da burguesia passou à soma de 20 mil florins (Perrenoud, p. 185-188 apud Piuz & Mottu-Weber, 1990, p. 394).

Na Alemanha, surgiram os chamados *Zünfe*; na Itália, eram os *Art.*; os *guilds*, para os ingleses; os *gremios*, para os espanhóis etc. O investimento em artesanato foi muito variável, segundo cada região. Em muitas cidades, a maior parte dos artesãos permaneceu ligada a uma ou a outra das *maîtrises* ou *jurandes*. O trabalho livre funcionaria em outras partes, ainda por muito tempo como função primordial.

Genebra manteve laços estreitos com as demais vilas suíças: Berna, Friburgo, Zurique e Basileia. As estruturas corporativas dessas cidades foram algumas vezes muito abrangentes desde a Idade Média. Genebra, porém, não adotou o regime corporativo senão muito mais tarde. Muitas das cidades rodanianas e mediterrâneas com as quais Genebra comercializava conheceram uma evolução idêntica: Lyon, Villefranche-sur-Saône, e as cidades provençais Marselha e Nimes.

A ausência de associações profissionais de tipo corporativo nessas cidades não excluiu a existência de outras organizações, cujos propósitos eram essencialmente religiosos e caritativos: as *confrarias*. Até as vésperas da Reforma, as confrarias de Genebra eram conhecidas de muitos. Algumas dessas confrarias recrutavam seus membros dentre um ou mais ofícios: peleiros, barbeiros e cirurgiões, *maçons* (pedreiros), carpinteiros e açougueiros.

Os estatutos dessas confrarias mostravam que, independentemente do ofício de seus membros, as atividades envolviam todos os domínios da vida religiosa e social: missas, procissões, conservação de uma capela ou de um convento, dotação de um hospital etc. As cláusulas profissionais que regiam as confrarias geralmente estavam, antes de tudo, dentro da ordem ética e moral. Visavam à honestidade nas relações econômicas e na execução de obras. Essas cláusulas não diziam respeito nem à hierarquia dos ofícios nem ao controle de produção e de preços. Além disso, as confrarias estavam abertas às mulheres e, frequentemente, reagrupavam os membros de muitas profissões diferentes, os que não se encaixavam nas "*maîtrises*" da Idade Média (Babel, 1963, p. 270-271).

Em razão de seu caráter essencialmente religioso e de seus laços com as igrejas da cidade, as confrarias genebrinas desapareceram na época da Reforma de 1536. Seus bens, terras e construções foram confiscados e, por vezes, vendidos para beneficiar o hospital ou a Senhoria. O desenvolvimento formidável da atividade artesanal fora provocado pela chegada maciça de refugiados, na segunda parte do século XVI, o que ocasionou a criação de outra forma de associação que apresentaria também todas as características das demais organizações corporativas: as *maîtrises*.

Em pouco mais de um século e meio, mais de 40 *métiers* (ofícios) foram constituídos de fato nessas *maîtrises*.[5] Foram submetidos a uma regulamentação estrita de sua atividade. Esse foi o período das vacas gordas em Genebra.

[5] Mais considerações sobre as confrarias ou *maîtrises* não cabem neste livro, mas são muito importantes para posteriores estudos: desde a sua criação no século. XVI, o papel do PC a seu respeito, a situação dos cidadãos nativos e dos seus habitantes, a situação das mulheres na economia e nas *maîtrises*, a contestação do sistema corporativo e o fim das *maîtrises*.

9
Os dois destinos

Relembrando, Genebra era uma república estabelecida recentemente, governada por magistrados eleitos e diversos conselhos. Sua posição estratégica, autonomia e sua adesão à Reforma foram reconhecidas como fatores interdependentes. Como ocorreu em todo caso típico dos Estados mais recentes e, particularmente nas repúblicas, em todas as épocas, a religião e a moral de seus sujeitos foram consideradas assuntos concernentes aos governantes.

A privacidade não era considerada um bem ou direito adquirido, até mesmo se os burgueses de fato soubessem muito bem como conseguir essa prerrogativa. A esse respeito, Calvino citou um provérbio francês: "La maison est comme une retraicte — sanctuary — a ung chacun" ("A casa é como um santuário para cada um") (O. C., v. I, 1562, p. 95, sermão não publicado, sobre 2Samuel).

Além do mais, Genebra era uma compacta cidade-Estado, cercada por muros e pelo lago. Desse modo, era supervisionável, ao contrário das novas monarquias que se espalhavam. Por isso, pode-se dizer que nenhuma parte da lei ou da ordem civil de Genebra devia sua existência, forma ou legitimidade a Calvino, exceto a criação do consistório e da Venerável Companhia (ou Corporação) dos Pastores. O espírito da lei é outra questão.

Diante disso, foram levantadas as questões sobre a postura espiritual de Calvino: a partir de que data deve-se afirmá-lo reformador protestante? Como se converteu Calvino ao protestantismo? De forma nenhuma, essas questões são um *nonsense.* Ocorre que, até os anos 1530, o protestantismo na França ainda não se constituía de um corpo de doutrinas ao qual se poderia aderir.

O próprio Calvino não empregou o termo "protestante" para se autodefinir. O risco de cometer um anacronismo alerta para outro: o do desconhecimento dos mecanismos religiosos, nos quais a fé religiosa, assim como a convicção política, necessitava de adesão, não apenas das certezas dos fiéis. Calvino definiu-se como alguém que respondeu a um chamado, aderiu a uma causa. Ele utilizou, para si mesmo, o termo *amateur de Jésus-Christ* — aquele que ama a Jesus Cristo.[1]

O que significava ser cristão no século XVI? Obedecer a uma vida evangélica autêntica, ser discípulo de Cristo, Senhor e Mestre? Havia termos correlatos, como cristãos, católicos, luteranos, protestantes etc. Depois, a contragosto, surgiram os termos "calviniano" e "calvinismo". Esses, porém,ainda estavam começando a ser usados distintamente porque, até então, todos pertenceram simplesmente à mesma Igreja.

Quando passou a ser marcada a diferença? Somente com o acirramento das disputas religiosas posteriores. Talvez, então, fosse melhor ainda usar o termo "*amateur*" de Cristo ou cristão, para Calvino. Nos seus escritos, o termo "cristão" alcançaria verdadeira dimensão metafísica. Serviria para definir a Igreja verdadeira, toda a Igreja. Essa forte tonalidade laica o acompanhou desde os primeiros escritos, como o prefácio da Bíblia de Olivétan. Observam-se, a partir de sua conversão não súbita, seus diferentes engajamentos com o caso dos *placards*, com os seus primeiros escritos e posturas, a identificação de dois destinos: o de um homem e o de sua cidade "escolhida".

Retrospectivamente, isso não deve mascarar a porção de acaso e de imponderabilidade que presidiu esse encontro providencial. Calvino e Genebra: uma história de amor que sempre foi recheada de impaciência, de olhares desconfiados de ambas as partes, de certa exasperação — para não dizer franca rejeição mútua, por vezes. A imagem de um Calvino jupiteriano, ou olímpico, impondo-se soberanamente sobre Genebra, parece mesmo não fazer sentido (Cottret, 1995, p. 390).

Finalmente, Calvino conquistara Genebra, e Genebra acolhera Calvino; são pontos de partida e de chegada para a continuação da pesquisa sobre esses dois destinos cruzados. A cidade de Genebra abraçou a Reforma. Rompeu com antigas alianças e dominações. Passou por um novo período. Deixou de ser a cidade das famosas feiras internacionais. Enfrentou crises

[1] Traduções possíveis: amador, afeiçoado, amante.

econômicas. Tornou-se cidade de refúgio de protestantes foragidos e também a cidade que descobriu Calvino.

Genebra derrotara a tirania de um duque e um bispo. Não suportaria ser novamente passiva aos abusos de nenhuma forma de poder, político ou religioso. Por essas razões, não ofereceu condições para um regime totalitário, teocrático, ou para um pretenso "domínio" de Calvino. Para demonstrar seu modo de agir, Genebra rechaçou a primeira tentativa de imposição de um novo *modus vivendi*, de Calvino e Farel, em sua primeira estada.

Retornando à cidade, Calvino novamente não recebeu plenos poderes. Assim, não poderia ter sido um tirano e, ao mesmo tempo, o defensor de uma teoria de resistência a um tirano. Houve um roteiro evolutivo de Calvino, de ruptura com sua fé romana e também com suas pretensões intransigentes de domínio político-eclesiástico.

Primeiramente, Estrasburgo. Depois, Genebra. Essas cidades contribuíram refreando seus arroubos da juventude. Despertaram um Calvino maduro, que refez seus escritos sucessivas vezes e evoluiu. Intelectualmente, teologicamente, pedagogicamente, socialmente e politicamente. Até mesmo viria a contribuir para a teoria da resistência ao Estado.

Compreendendo primeiramente esse palco dos acontecimentos onde os destinos se cruzaram, parte-se desse contexto para descobrir o pensamento dessa ilustre personagem que, por sua vez, foi descoberto por Genebra.

Parte 3

O PENSAMENTO POLÍTICO DE CALVINO

Para entender o pensamento político de Calvino, é necessário tratar primeiramente de sua obra-prima, as *Institutas.*[1] E isso será feito também para compreender e enfocar a sua teoria da resistência ao Estado, entre tantos aspectos interessantes de sua contribuição para as fundações da política moderna.

A cronologia abrange os anos 1536 a 1560, período que compreende desde a primeira até a última das edições sucessivas das *Institutas.* Com o uso dessa segunda cronologia, há eventos e notas que se sobreporão às da cronologia anterior e as interpenetrarão de 1509 a 1564, da biografia de Calvino. Como obras referenciais sobre Calvino, podem ser destacadas várias biografias.[2] E, especificamente sobre seu pensamento político, há outros referenciais.

Há textos, como os de S. S. Wolin (1961) e o de Harro Höpfl (1985) — o livro de Höpfl, por si só, já possui uma vastíssima bibliografia.[3]

[1] Foram utilizadas as variadas versões existentes. Em língua inglesa, a mais indicada é a de J. T. McNeill (Ed.), traduzida por F. L. Battles: *Institutes of the Christian Religion* (1960). Essa tradução é completa e atende aos padrões acadêmicos modernos. Há um trabalho interessante em: *Cuadernos Teológicos de El Predicador Evangélico* (1952, n. 5, p. 67-77), sobre a história da edição espanhola, além de comentários sobre as edições francesas e latinas, nos aparatos críticos de Battles.

[2] WENDEL, F. *Calvin: The Origins and Development of this Religious Thought.* London: Collins, 1963. SCHNUCKERS (Ed.) Calviniana: the ideas and influence of Jean Calvin. In: *Sixteenth Century Essays and Studies.* Kirksville: Sixteenth Century Journal Publishers Inc., v. X, 1988. ORESKO, R. The question of the sovereignity of Geneva after the Treaty of Cateau-Cambrésis. In: KÖNIGSBERGER, H. (Ed.). *Republiken und Republikanismus in Europa der Frühen Neuzeit.* Munique: Oldenbourg Verlag, 1988.

[3] WOLIN, S. S. *Politics and Vision.* London, George Allen e Unwin, 1961. HÖPFL, Harro. *The Christian Polity of John Calvin.* Cambridge, C. U. Press, 1985.

O livro de Quentin Skinner (1996) é o mais acessível, visto que já foi traduzido para o português. Traz também o mais rigoroso exame político não só de Calvino, como de seus discípulos. Seu título é *As fundações do pensamento político moderno*. Sobre Calvino, há três capítulos, da página 465 até a 656, que incluem grande número de notas.[4]

[4] Skinner, Quentin. *As fundações do pensamento político moderno*. Trad. e rev. tec. Renato Janine Ribeiro. São Paulo: Cia. das Letras, 1996.

1
As *Institutas*

O contexto da publicação da primeira versão das *Institutas* demonstra que a política real francesa hesitava entre a acomodação e a repressão. Certa ocasião, os governantes reprimiram a panfletagem protestante. Até mesmo a afixação e a já citada disputa de cartazes — *affaire des placards* — conforme o edito real de Coucy, de 16 de julho de 1535 (Jacquart, 1981, p. 271).

Noutra ocasião, a realeza francesa entrou em guerra com Carlos V, imperador do Sacro Império Romano-Germânico, entre 1536 a 1538. A França teve de pedir apoio até aos aliados protestantes, tanto aos da própria Alemanha quanto aos da Suíça. Foi nesse contexto turbulento que apareceu a primeira versão das *Institutas.*[1]

Em março de 1535, Guillaume Budé lançara a sua obra *Passagem do helenismo ao cristianismo*. O lançamento das *Institutas* funcionou como uma resposta aos ataques de Budé aos protestantes. Calvino relevou esse desafio e pediu proteção ao rei Francisco I, da França. Para isso, endereçou-lhe uma epístola como prefácio das *Institutas*.

Contudo, as *Institutas* não revelam apenas essas circunstâncias políticas; revelam também um teólogo original que surgia no cenário reformado. Sua redação revela um misto de cultura e um tanto de filosofia. Calvino mostra também sua paixão francesa pela clareza, ainda reforçada por sua

[1] Sua obra respeitou um título que demonstra a leitura e boa aceitação na época de obras com título semelhante, como a de Quintiliano: *Institution oratoire de Quintilien – Instituto Oratoria;* ou a de Erasmo: *Institution du prince chrétien – Institutio principis christiani*, que Erasmo lançou em Genebra e Louvain, em 1516, com uma epístola dedicatória a Carlos V – ainda arquiduque da Áustria, depois imperador da Alemanha. Guillaume Budé imitou a Erasmo de Roterdã e lançou *Les institutions du prince*, entre 1515 e 1522 (Bontemps; Raybaud e Brancourt, 1965, p. 77-139). O título *institution* não era próprio de Budé, mas ele remetia ao uso já comum na época (Cottret, 1995, p. 392, nota 23).

formação de jurista. Seu polêmico prefácio continha uma verdadeira defesa doutrinária e uma apologia ao protestantismo. Era como se Calvino esperasse de Francisco I pelo menos a leitura desse prefácio.

A obra-prima de Calvino foi lançada em Basileia, Suíça, e era uma apologia *pro domo*, uma autodefesa, na qual ele empregou a expressão *apologia pro fide sua*. Seu objetivo era superar os "erros luteranistas, misticizantes e evangélicos" e fornecer à Igreja um "corpus de definições dogmáticas precisas" e "uma organização eclesiástica eficaz" (Parker, 1975, p. 34).

A partir da publicação desse texto, numerosos dissidentes que romperam com a fé romana progressivamente aderiram à doutrina de Calvino. Isso também se deveu à razão direta ou indireta de estar ele em correspondência com a cidade de Genebra, onde o reformador instalou-se pela segunda vez (1541-1564). Pode-se também afirmar, ainda que sinteticamente:

> A Reforma francesa de múltiplas investigações empíricas da verdade evoluiu tanto para o lado quanto contra uma experiência de ortodoxia. Ele [Calvino] tendeu a reagrupar todos aqueles cuja consciência tinha necessidade de uma reformação do povo de Deus conforme o paradigma bíblico da aliança (Crouzet, 1994, p. 19).

Além disso, as *Institutas* surgiram quando a repressão real francesa se intensificara. Naquela conjuntura, essa publicação "acompanhou um verdadeiro derramar do fenômeno da conversão" (Ibid., p. 20). Quem aprovaria aquelas pessoas perseguidas pela religião oficial? Quem senão o intenso sentimento que passaram a ter de uma eleição divina e do encanto da teoria da predestinação que Calvino desenvolvera?

Ora, eram homens e mulheres, os pioneiros reformados, dentre um mundo que eles consideravam hostil e cego. Seriam eles os iluminados pelo Verbo divino, podendo ser os seus eleitos? Resultado: entre esses perseguidos, houve o sucesso imediato da primeira versão das *Institutas* de Calvino.

A sua primeira versão saiu em latim, com o título *Institutas* ou "Instituição da Religião Cristã". Por que ele não empregou o termo *Suma*? Por que ele não adotou a tradição tomista e não a expôs filosoficamente? Calvino respeitou a palavra *suma* em sua exposição, mas optou preferencialmente por essa outra palavra: "instituição". O termo apontava para a instituição calvinista, numa linguagem clássica, descrevendo a sua atividade pedagógica. Deriva-se da palavra francesa *instituteur* — instituidor, instrutor, preceptor, mestre, fundador.

A palavra instituição era comum em sua época. Livros como *L'Institution du prince* eram moeda corrente no século XVI. As *Institutas* de Calvino tornaram-se, então, um manual de direito comum na época (Parker, 1975, p. 14). Elas adequavam-se à formação jurídica de Calvino, e ele não deixou de lado esse *background* em sua teologia.

O seu senso pedagógico era evidente, segundo a linguagem de sua época. Assim, ele contribuiu para dar ao termo "instituição" o seu sentido atual, no qual a sociedade, o Estado e a Igreja não são fatos da natureza, mas da cultura. Essas instituições têm como principal propósito conter a natureza humana decaída. Elas constituem organismos coletivos, cuja existência remete infalivelmente a um ato fundador.

A instituição cristã, por excelência, seria a cidade? Ela reconstituiria e edificaria esse título à vontade dos governados, que deveriam ser submissos à arbitragem da lei (Cottret, 1985, p. 259)? Em outras palavras, a cidade cristã não existe de modo espontâneo. Apresenta-se como o fruto de uma cultura, de uma pedagogia, de uma história. É o reflexo de um projeto político. A palavra "instituição" designa o fundamento, a base, os princípios de toda organização. Visa, igualmente, à "doutrina destinada a fornecer a base formal de uma organização" (Cottret, 1995, p. 125).

A obra de Calvino descrevia prioritariamente a organização da sociedade dos fiéis de Jesus Cristo, ou a Igreja. E ele empregou mais especificamente o termo para "a organização da cidade dos homens". Nesta, o cuidado do governo civil e o respeito dos magistrados por ele seriam o elo com um governo eclesiástico distinto. Resta afirmar que, em teoria, a instituição cristã não tem nenhum caráter teocrático. Ao contrário, repousa sobre a separação dos poderes político e religioso.

Não é possível, todavia, definir as *Institutas* com base nessas visões seculares, porque segundo Calvino "[...] o Estado, como a Igreja, deve obedecer à vontade de Deus" (Boisset, 1985 apud Cottret, 1995, p. 392, nota 26). Nesse sentido, reformar é transformar as relações entre os homens. Assumi-los e moralizá-los, debaixo de um ideal cristão, mas pleno de desconfiança com respeito à natureza humana decaída pelo pecado.

Ainda se pode fazer a análise com um breve resumo das *Institutas* ou *Instituições da Religião Cristã*. Seu texto segue um roteiro semelhante ao roteiro do Credo Apostólico. Livro I: Deus, o Criador, preservador e governador do Universo. Livro II: a redenção feita por Deus em Cristo. Livro III: o Espírito Santo ou como recebemos a graça de Deus. Livro IV: dos meios externos pelos quais entramos em comunhão com Deus.

A obra contém cerca de 1.500 páginas, dependendo da edição. Nelas, alguns pontos destacam-se, como: o valor exclusivo da revelação de Deus em Cristo, a radical importância do homem em Cristo, a total impotência do homem para conhecer Deus por si mesmo e a situação de queda que só tem solução pela mediação de Jesus. O texto evita associar a teologia natural com a revelada. Evita aceitar uma confiança relativa no homem, bem como a ideia de que seja possível cooperar na obra da redenção.

O lugar central da teologia de Calvino é a glória divina. A conversão acontecida na vida desse reformador corresponde, portanto, a certo abandono das concepções do humanismo, seguido da descoberta de uma nova condição do homem e da sociedade. Ou seja, Calvino centralizou sua teologia no Deus que se revelou.

O capítulo "político" das *Institutas*, na primeira edição (1536), surgiu como conclusão ou capítulo final, intitulado "Sobre a liberdade cristã, a autoridade (*potestas*) eclesiástica e o governo civil (*administratio*)". A ligação entre esses três temas e a escolha de *administratio* para concluir o livro são bem um sinal de seu tempo.

Figura 1.1 – Francisco I (1494-1547), retratado por Jean Clouet (1524).[2]

[2] François I, de Angoulême, ou Francisco I, da França (12 set. 1494—31 jul. 1547). Foi coroado rei da França em 1º de janeiro de 1515, na Catedral de Reims, e governou a França até sua morte, em 1547. Disponível em: http://pt.wikipedia.org/wiki/Francisco_I_de_Fran%C3%A7a. Acesso em: 26 jul. 2008.

O mesmo pode-se verificar no prefácio, carta ou epístola introdutória a Francisco I, o rei da França, que foi mantido nas demais edições posteriores à morte desse soberano. Nessa carta a Francisco I, Calvino assegurava-lhe, e a todos os demais governantes, a ortodoxia, a fidelidade e a obediência política de seus súditos protestantes.

No restante do livro, escrupulosamente, ele evitou tudo que fosse relacionado com a organização política. Isso fez até chegar ao último capítulo, "político", no qual a sua preocupação foi tratar a liberdade cristã, com base nos sólidos alicerces da doutrina evangélica. Ele se baseava em que a liberdade é inteiramente compatível com a mais perfeita submissão à autoridade secular.

A obediência dominava a última seção do livro "sobre o governo civil". O último parágrafo da seção exortava os cristãos a "obedecer a Deus antes que aos homens". O restante do texto esforçava-se em ressaltar o dever cristão de obedecer aos governantes. Pouco importava a conduta destes ou mesmo a qualidade de seus títulos. Se, porém, a obediência a ordens ímpias se tornasse inevitável, deveria ser assumida a forma de oração, súplica, sofrimento ou exílio, mas não a forma de rebelião.

Essa postura inicial de Calvino sofria a influência dos protestantes alemães. Os luteranos, porém, eram mais ousados em seu parecer quanto à desobediência civil. Os alemães reformados já haviam desenvolvido uma justificação para resistir, tanto política quanto militarmente, a seu chefe supremo, o imperador Carlos V.

Por outro lado, o contexto da religião reformada era ainda de uma dependência aguda da proteção dos governantes. Externamente, lutavam contra os católicos. Internamente, contra os chamados "sectários". Insistir no dever da obediência era algo imperioso e exigia cautela para especificar toda declaração desse dever.

A estratégia de Calvino em 1536 veio a mostrar-se muito semelhante à de Lutero em 1523. Isso começava a ficar claro nos parênteses e acréscimos que Calvino fez à sua edição das *Institutas* de 1536.

A princípio, Calvino inculcou uma doutrina ainda mais extremada que a dos luteranos, de obediência e passividade políticas. Tentou também recorrer à distinção luterana entre as jurisdições dos governos secular e espiritual — os dois reinos — para salvaguardar a verdadeira religião. Aos governantes seculares — *administratio* —, Calvino atribuiu a tarefa de cuidar de assuntos externos, em sua probidade. A devoção e a religiosidade verdadeiras ficariam a cargo de Deus, não especificamente de uma única Igreja, no caso a romana.

Em 1536, travou-se um debate sobre a Igreja, limitado quase exclusivamente a um ataque à "tirania papista", o que já era convencional e previsível. Na ocasião, o tema da ordem pública, espinhoso e polêmico, não foi por ele trazido à tona.

Há, no entanto, uma passagem na qual Calvino foi mais longe, embora com toda a cautela, apresentando a doutrina concebida pelos luteranos para justificar a guerra contra o imperador (apud HÖPFL, 1985, p. xxx):

> Se uma ordem civil de leis e instituições (uma *politia/police*) garantir a atuação dos "magistrados do povo", estes podem resistir coletivamente aos tiranos.

Enquanto os luteranos falavam de "magistrados inferiores", Calvino arriscou a ideia de ter instituições como as dos antigos *éforos* de Esparta e dos *tribunos* da antiga Roma. Aplicava essa ideia aos modernos Estados Gerais, *Reichstage* ou Parlamentos. Fez a distinção entre pessoas públicas que tinham a legitimidade da ação política — como um dever — e as pessoas privadas, às quais se aplicava a doutrina da "obediência passiva".

Calvino, porém, usou ali algo que soava como um eufemismo para sua época. Ele apontava claramente para a desobediência passiva que até então continuava a ser rigorosa e incessantemente aplicada. Deve-se, portanto, enfocar principalmente nessa contribuição de Calvino o papel dos magistrados do povo na resistência civil aos tiranos.

Por ora, essa primeira edição das *Institutas* (1536) foi fruto de um Calvino que ainda não tivera nenhuma experiência de administração dos assuntos de uma Igreja. Nem mesmo ele fora um sacerdote na velha Igreja, como fora o caso de todos os reformadores da primeira geração. Ele estudou para ser padre e nem concluiu o curso. Depois, Calvino migrou para estudo de letras clássicas e de direito. As mais importantes inovações desse autor foram surgindo como alterações daquele texto da primeira edição de 1536.

Aos poucos, em sua obra posterior, Calvino acrescentou maior precisão ou definição de postura quanto à doutrina da resistência. Pode-se, no entanto, atribuir mais precisamente aos seus seguidores na França, Holanda, Escócia etc. os desenvolvimentos mais significativamente radicais à teoria.

Outras marcas que Calvino deixou nas *Institutas* foram: sua crescente antipatia pela monarquia, preferindo outra forma de governo; a interpretação do conceito de "tirania" e do que eram de fato as instituições políticas — *police*. Aos magistrados, Calvino atribuiu as funções de policiamento da idolatria, sacrilégio, blasfêmia e de outras afrontas públicas à religião. Segundo ele, o papismo e o anabatismo.

Calvino tinha pensamento semelhante ao de Lutero. Adotou aquelas convencionais distinções luteranas: entre liberdade cristã e obediência civil, entre justiça verdadeira e justiça exterior, entre governo espiritual e governo civil. Foi também cauteloso em distinguir as imposições tirânicas, papistas, das leis justas e aceitáveis. Eram necessárias à boa ordem da Igreja e de qualquer associação humana a cargo dos governantes (HÖPFL, 1985, p. xxxi).

A segunda edição das *Institutas* foi lançada em 1539 e também em latim (1543). Enquanto era publicada essa segunda versão das *Institutas* em latim (1539), era editada somente a primeira versão em francês (1541). Em sua segunda versão, manifestaram-se mudanças no pensamento de Calvino. O mesmo verificou-se na primeira edição francesa (1541) e na mais radical de todas as suas revisões, a edição latina de 1543. Até chegar a esse ponto, Calvino havia tentado reformar a Igreja em Genebra até ocorrer a sua expulsão em 1538.

Foi em Estrasburgo que ocorreu a primeira experiência direta de Calvino com magistrados simpatizantes da Reforma. A primeira concepção real do que poderia ser uma Igreja bem organizada numa cidade livre de relações diplomáticas, eclesiásticas e civis com as comunidades reformadas entre si e com os católicos.

A partir de sua reintegração em Genebra, em 1541, Calvino pôde concretizar um pouco mais as linhas principais de uma Igreja reformada. Para isso, ele contou com a participação da magistratura local, relutante, porém fundamental.

A partir das *Institutas* de 1541, em sua primeira edição francesa, desapareceu quase por completo a Igreja "invisível", dos eleitos, e centralizou-se a atenção na Igreja "visível", em sua organização, autoridade e atividades. Nessa edição francesa da sua primeira versão das *Institutas* (1541), o último capítulo foi subdividido em três partes, sendo ainda ampliado, a partir de discussões sobre a organização dessa Igreja visível.

O capítulo "político" foi o resultado das mudanças efetuadas na seção original "sobre a *administratio* — governo civil — política". Não era mais o fecho das *Institutas*. Na última versão das *Institutas* (1559), porém, esse voltou a ser o capítulo final. E nessa última versão, considerada satisfatória pelo próprio Calvino, a seção eclesiológica também voltou a ser parte desse mesmo livro IV, onde está o capítulo "político". Essas últimas versões das *Institutas* (1559, latina, e 1560, francesa) saíram com quatro livros e 80 capítulos.

Para enfocar melhor a análise: a partir das *Institutas* de 1543, a Igreja reformada passou a ser vista como devendo ser governada por um "clero", detentor de certo grau de autoridade e independência. A Igreja não ficaria mais à mercê dos governantes seculares que dela cuidavam — ou a negligenciavam. A tentativa de elevar a posição, a independência e o poder do clero obviamente encontrou barreiras. Isso tanto da parte dos governantes como das congregações ostensivamente evangélicas. O que se necessitava, porém, era distinguir entre a "tirania papista" e dos prelados católicos e um corpo devoto de pastores reformados. O que Calvino procurava evitar a todo custo era retornar à deturpação do evangelho. Para tanto, a fuga de toda aparência de monarquia seria o principal antídoto contra a tirania eclesiástica.

A formação de um ministério colegiado e corporativo seria a alternativa correta. Esse ministério não permitiria nada mais monárquico do que um *primus inter pares* ou um moderador. Numa linguagem política, a aristocracia ou um governo misto seria a melhor forma de organização para uma Igreja, reunindo componentes aristocráticos e democráticos.

O componente democrático — congregacional, em termos eclesiásticos — seria tanto mais necessário quanto mais devota fosse a congregação. Não havia, entretanto, razões para deixar as congregações sem a supervisão do clero. Nem para privá-las de quaisquer vestígios de autoridade na supervisão do clero.

Se um membro individual da aristocracia deve policiar os outros, o conjunto dos aristocratas também precisa ser policiado, tanto quanto o conjunto de súditos deve ser policiado pela coletividade dos governantes. Calvino afirmava ser essa a forma ordenada pelas Escrituras. Era aplicável à organização política da comunidade. Para tanto, ele fez uso extenso da terminologia política em seus escritos.

Esse seu pensamento acerca do governo misto — aristocrático e democrático —, derivou-se do pensamento político clássico e medieval. Primeiramente, ele queria refletir sobre como um governo civil deveria ser organizado e a forma com que ele possibilitaria a instituição e funcionamento da Igreja. Somente a partir disso, Calvino não acharia mais ocioso discutir a melhor forma de organização da Igreja.

Apesar de todo esforço, porém, Calvino não concluiu seu raciocínio sobre a melhor estrutura de governo. Antes, inclinou-se à interpretação providencialista de que Romanos 13 se referia a quem quer que estivesse investido de autoridade. E os cristãos não deveriam investigar os títulos desses detentores da autoridade. Fez o mesmo que Lutero.

Nas *Institutas* de 1536, ele havia até negado a legitimidade de pessoas comuns discutirem entre si qual seria a melhor forma de governo. O decreto divino estabelece diferentes formas em diferentes lugares, e pronto! Somente nas posteriores edições ele introduziu uma explícita defesa da forma aristocrática ou mista de governo. Embora explícita, essa defesa não deixou de ser circunspecta. Concluiu Calvino que a melhor forma de governo civil deveria ser rigorosamente paralela à forma de governo eclesiástico ordenada por Deus.

Ainda é preciso analisar mais as duas edições finais das *Institutas* — a versão latina (1559) e a francesa (1560). Na edição francesa final (1560), a tradução foi tão livre que os editores do *Corpus Reformatorum* e outros eruditos sustentavam ser um trabalho de amanuense, e até mesmo de um amanuense incompetente (HÖPFL, 1985, p. xliv). Essa crítica foi deixada de lado. E, apesar das discrepâncias entre as duas versões (1559/1560), ambas são hoje consideradas autênticas e legítimas.

Procurando respeitar também a versão francesa (1560), recorre-se às suas notas, quando há diferenças importantes entre versões. Seja no corpo do texto, seja no rodapé. Na verdade, a diferença maior deve-se às diferenças do próprio francês do século XVI e do latim dos humanistas.

Cada versão das *Institutas* dirigia-se a públicos diferentes. A edição francesa (1560) foi dirigida a um público menos erudito. Resultou em uma versão mais coloquial e explícita. Por exemplo, Calvino usou "São Pedro e São Paulo" nas versões francesas (1541, 1543, 1545, 1551 e 1560) e, nas edições latinas, empregava apenas "Pedro e Paulo" (1536, 1539, 1543, 1550 e 1559).

Contudo, em latim, Calvino carregou em superlativos, expressões enfáticas, pleonasmos, conjunções e expressões pomposas. Calvino jamais deixou um verbo sem embelezá-lo com um advérbio, nem deixaria um substantivo "nu", sem um adjetivo. Para Calvino e os humanistas, as figuras bíblicas nunca "falam" algo, mas "declaram", "testificam", "dão testemunho". Existe um acúmulo de orações e suborações subordinadas, usando o ablativo absoluto e o gerúndio.

O francês do século XVI admitia o uso livre de pronomes e adjetivos demonstrativos. Entretanto, aproximava-se mais do inglês moderno com respeito à sua estrutura e sensibilidade. Por vezes, Calvino não se importava com a precisão de termos em suas traduções do latim para o francês (Ibid., xlv-xlvi).

Essas edições finais (1559/1560) fecharam a lista longa de edições e traduções, que começou em 1536. Há casos de revisão completa de capítulos, e toda a estrutura do livro chegou a ser refeita. Frequentemente era usada a versão anterior, fazendo seus acréscimos, ressalvas e amplificações. É importante seguir a data das versões, quando forem citadas, para que seja acompanhada a evolução das opiniões de Calvino.

Embora não se encontre explicitada no capítulo "político" das *Institutas*, a aversão de Calvino à monarquia tornou-se patente nos seus inúmeros comentários das Escrituras. Também na parte referente à eclesiologia, nas próprias *Institutas*.

Na verdade, adentra-se nas *Institutas* como se adentra uma catedral gigantesca. Nelas, a sucessão de palavras, parágrafos e capítulos testemunham a glória de Deus e o esforço humano (Cottret, 1995, p. 315). Cottret (1995) ainda elogia esse texto diáfano que surte efeito luminoso, de pecado e de esperança, de condenação e de saúde. A predestinação dos eleitos, o soberano decreto divino e suas infinitas beatitudes norteiam nesse mundo claro-escuro. Obra de pintor ou arquiteto, que engendra a graça, o movimento (p. 315). Edifício de pedras, feito para durar. Calvino fala de Deus com uma paixão de legista ou de geômetra: o amor de Deus pelos perdidos e dos perdidos por Deus.

A primeira edição (1536) continha cinco capítulos, cinco exposições sóbrias em latim humanista e renascentista. Seu enfoque judaizante estava logo no capítulo primeiro, a Lei, a Torá dos hebreus, analisada minuciosamente em cada ponto. A primeira edição (1536) seguia o plano clássico dos catecismos de Lutero: a Lei, o Credo, a Oração Dominical, os sacramentos do batismo e da ceia e a liberdade cristã. Precedida do famoso prefácio ao rei da França (GISEL, 1990, p. 23).

A segunda edição (1539, a latina, e 1543, a francesa) adicionou uma abordagem patrística, ou mais precisamente agostiniana. O conhecimento de Deus precede o conhecimento de si mesmo. O pecado original é afirmado claramente. A justificação pela fé, a crítica ao mérito das obras, a liberdade cristã, e os desenvolvimentos substanciais acerca da predestinação.

Essa segunda edição (1539/1543) correspondeu notoriamente à constituição de uma Igreja reformada ou calvinista. Nela, o calvinismo passou a distinguir-se das demais correntes reformadas.

Em 1559, foi publicada a terceira grande versão, depois de várias etapas intermediárias: 1543 (latina) e 1545 (francesa); 1550 (latina) e 1551 (francesa). A versão intermediária de 1550/1551 introduziu a subdivisão da obra em capítulos e parágrafos.

A versão final (1559/1560) era quatro vezes e meia maior que a primeira. Houve um total remanejamento interno, respeitando os princípios arquitetônicos da segunda versão (1539/1543), com livros distintos em função das suas matérias (COTTRET, 1995, p. 316).

A complexidade crescente da obra é característica barroca: rigorosa, com capítulos que desaparecem, outros que são transformados em conjuntos majestosos. Passou a ter capítulos sobre o conhecimento do Deus redentor, a percepção da graça de Cristo, os meios de saudação etc., e Cristo tornou-se o centro de todo o dispositivo. Um único livro com três versões distintas: 1536/1541, 1539/1543 e 1559/1560. Além das edições intermediárias: 1543/1545 e 1550/1551. Em suma:

Institutas	**Edições latinas**	**Edições francesas**
1ª versão	1536	1541
2ª versão	1539	1543
Intermediária	1543	1545
Intermediária	1550	1551
3ª versão	1559	1560

Quadro 3.1 Sucessivas edições de as *Institutas* (do autor).

O texto foi melhorando a cada versão. Da ênfase na Lei (1536) até a centralização em Cristo. A única dificuldade está em escolher qual a melhor versão. Mas será mesmo preciso escolher?

Entre as versões francesas, há autores que veem a primeira versão (1541) como superior à última (1560), como é o caso de G. Lanson (Cottrer, 1995, p. 317). Em uma perspectiva literária, O. Millet (1992) destaca as características estilísticas da última versão (1560), numa linguagem espiritual mais concreta e mais dramática. Contudo, para uma pesquisa mais histórica, ele recomenda a versão de 1541 (Millet, 1992, p. 862-870).

A versão latina final (1559) foi redigida durante um acesso de febre deixando transparecer em Calvino um temperamento passional que não se notara anteriormente. Talvez fosse o fruto das seguidas controvérsias que enfrentara nos anos sombrios. Como era mais pregador que escritor, Calvino interpelou os leitores como se fossem seus ouvintes, usando várias vezes expressões como: "eu vos peço" (Ibid., 861).

Por fim, vale lembrar o que Richard Stauffer disse a respeito de Calvino, em *Un Calvin méconnu: le prédicateur de Genève* (Um Calvino desconhecido: o pregador de Genebra) (1977, p. 202): ele era o "teólogo do mistério" (1977, p. 202).

Para prosseguir a análise do pensamento político de Calvino, é necessário lançar mão de algumas obras referenciais, como as do professor Harro Höpfl. Höpfl é o autor de *The Christian Polity of John Calvin,* livro de importância fundamental para a presente obra. É ainda o autor do prefácio e comentários às obras de Lutero e Calvino, na Coleção Cambridge *Texts in the History of Political Thought* (1991). Em julho de 1995, foram publicados esses textos em português. Os títulos originais são: *Von Wetlicher Oberkeit,* por Martim Luther, e *Institutio Christianae Religionis* (Livro IV, cap. 20), por Jean Calvin.

2
O capítulo político das *Institutas*

O vigésimo capítulo do livro IV das *Institutas* trata sobre o governo civil. Foi publicado apenas dois anos após os experimentos radicais dos anabatistas.

Inicialmente, Calvino denunciou esses "homens insanos e bárbaros que, com fúria, se empenham em solapar essa ordem divinamente estabelecida" do governo (*Institutas*, 1536, IV, XX, seção 1).

Calvino continuou combatendo as teses dos anabatistas,[1] como: negação da magistratura, pacifismo, rejeição dos processos jurídicos conduzidos na forma da lei (Ibid., seção 2). Defendeu o "caráter pio do ofício de magistrado" (Ibid., seções 2, 3 e 4) e refutou a "revoltante barbaridade desses fanáticos" (seções 4, 5, 7). Na seção 4, Calvino citou o texto de Paulo aos Romanos 13.1 — a célebre frase do apóstolo Paulo: "toda autoridade é instituída por Deus". Afirmou que os príncipes são "ministros de Deus", para explicar que "não foi obra da perversidade humana o estar a autoridade sobre todas as coisas da terra nas mãos dos reis e outros governantes", ou "absolutamente representantes de Deus", "os legados de Deus" (Ibid., seções 5 e 6).

Iniciou a seção 8 desestimulando a discussão, por pessoas privadas, acerca da melhor forma de governo. Com isso, Calvino mostrou-se desinteressado em discutir qual a melhor forma de governo.[2] Acabou admitindo, aristotelicamente,[3] um "sistema composto de aristocracia e democracia" que superava

[1] Calvino aqui vai contrapor-se à *Confissão de Fé de Schleitheim*, a qual elogiava os movimentos anabatistas. No seu texto, Calvino referiu-se a essa confissão.

[2] A seção 8 é a mais controvertida, no sentido de ter sido a que mais sofreu alterações em sucessivas versões.

[3] Apesar de abominar o escolasticismo, talvez Calvino tenha citado Aristóteles sem saber o que fazia.

de longe todos os outros. Seu interesse era reforçar que essas formas de magistratura deveriam ser consideradas "todas instituídas por Deus".

Em meio à seção 9, especificou mais claramente os deveres dos magistrados. Por que motivos Deus os instituiu, como foram designados protetores e defensores da inocência, propriedade, honestidade e tranquilidade públicas, e que seu único empenho deveria ser o de garantir a paz e o bem-estar gerais. Foram armados com o poder, para reprimir os que praticam o mal e os criminosos, aqueles cuja iniquidade atormentasse a tranquilidade pública.

Na continuação (seção 10), inseriu a discussão acerca da pena de morte, por ele considerada legítima. O *ius gladii* para punir a selvageria, para executar a vingança que Deus ordenou aos magistrados executarem. Como ele havia escrito sua primeira obra literária comentando *De clementia*, de Sêneca (1532), apontou também nas *Institutas* a clemência. Sempre a serviço como "a melhor conselheira e o mais seguro sustentáculo dos tronos reais" (seção 10). Sêneca já a havia chamado de a maior virtude dos príncipes.

Na seção 11, tratou da legitimidade da guerra. Continuou o tema na seção 12, recomendando moderação aos governantes. Passou a tratar da legitimidade e do bom uso das taxas e impostos (seção 13). Tratou ainda das leis e tribunais, das pessoas que litigavam e abusavam de sua perversidade com o pretexto de legalidade (seção 17), mas sem desmerecer o grande valor desses tribunais (seção 18).

Em assuntos de ordem civil, a única autoridade competente era o juiz, em sua qualidade de guardião do bem público (seção 19). A seção 20 (*Institutas*, 1543, latina) tratava de não resistir ao mal, oferecer a outra face, alegando que os cristãos

> [...] devem ser pessoas nascidas para sofrer humilhações e injustiças e para estar expostas à perversidade, aos ardis e ao escárnio da escória da humanidade [...] devem suportar todos esses males pacientemente [...] sem esperar nada durante o curso de sua vida, além de um perpétuo carregar de sua cruz [...] enquanto isso, devem fazer o bem aos que os prejudicaram e orar por aqueles que falam mal

> deles e procurar vencer o mal, Romanos 12.21 e Mateus 5.39 [...] tal senso de justiça, e serenidade de espírito, porém, não deve impedi-los de recorrer ao auxílio dos magistrados para a preservação do que é seu [...] e seu zelo pelo bem público os levará a exigir punição para um homem criminoso e mortífero que eles sabem não poderá ser corrigido de nenhum outro modo (exceto pela morte).

Usando citações de Santo Agostinho, continuou a tratar dos litígios também na seção 21. Encerrava o tema sobre o povo, e sobre como e com que espírito os particulares poderiam recorrer às leis. A seção 22 tratava do dever dos súditos para com seus magistrados. De como a magistratura não se opunha aos mandamentos de Deus, nem contradizia o dito pelo apóstolo Paulo (seção 23). Aqui, ele afirmou:

> [...] é impossível resistir ao magistrado sem ao mesmo tempo resistir a Deus. Ainda que pareça possível desafiar com impunidade um magistrado desarmado, Deus está armado, e sua vingança perante qualquer desrespeito para com ele é rigorosa [para responder contra o desacato a ele próprio]. A obediência de que estou falando também inclui o autodomínio que as pessoas privadas devem impor a si mesmas em [assunto] público.

Calvino analisou o conceito de lei, que ele vinha comentando desde a seção 14 até a seção 17, sobre o ofício de magistrado. Primeiramente, o dever dos súditos para com seus magistrados era que eles deveriam "ter na mais alta conta esse ofício". Em segundo lugar, deveriam ser não apenas obedientes, mas evitar toda atividade política infundada, cuidando para "não se intrometer nos assuntos públicos ou invadir sem razão o gabinete do magistrado".

Destacou que jamais se deveria resistir aos comandos do magistrado, e isto de forma incisiva, conforme visto anteriormente. Até este ponto, Calvino concentrou-se no caso de um magistrado que verdadeiramente era "um pai de seu país" (seção 24). Como, então, se deveria agir no caso de magistrados que negligenciavam as obrigações de seu cargo? Igualmente impunha-se o mesmo dever de não-resistência? A resposta continuou ambígua:

> Não estamos sujeitos apenas à autoridade dos príncipes que desempenham suas obrigações para conosco tão correta e fielmente quanto deveriam, mas também à autoridade de todos aqueles que alcançaram o mando, por qualquer meio à sua disposição, muito embora não cumpram um mínimo sequer dos deveres de um príncipe (seção 25).

Essa doutrina é rígida. O próprio Calvino admitia que não entrasse com facilidade na cabeça dos homens (seção 24). Ele, porém, reiterou:

> [...] até mesmo um homem muito ímpio, totalmente indigno de qualquer honra [...] o pior dos tiranos no ofício em que o Senhor julgou adequado colocá-lo (seção 24), deve ser tratado "com a mesma reverência e estima por seus súditos", tal como eles tratariam o melhor dos reis se esse lhes fosse dado (seção 25).

Com isso, admitiu que "[...] aqueles que governam com injustiça e incompetência [...] foram elevados por Deus [...] para punir as impiedades do povo". Ou seja, até mesmo os tiranos são deliberadamente enviados por Deus para cumprir seus desígnios, não sendo "menos dotados daquela santa majestade com a qual ele investiu o poder legítimo" (seção 26).

Ainda que os súditos fossem "cruelmente atormentados por um príncipe selvagem", ou "perseguidos em nome da piedade por alguém sacrílego e ímpio", ainda assim "não fomos autorizados a resistir". Deve-se oferecer a outra face, reconhecendo que nada é devido senão "obedecer e sofrer":

> Samuel, porém, chama a isso um direito [*ius*] sobre o povo, porque eles devem obedecer ao rei e não

> têm permissão para resistir a ele. É como se Samuel tivesse dito: os reis serão arrebatados pela própria licenciosidade, mas não vos cabe refreá-los; tudo o que devereis fazer será ouvir o que eles ordenam, e obedecer (encerrando a seção 26).

Citou ainda, longamente, Jeremias 27.5 (seção 27), para esclarecer o mesmo ponto. Sobre o grau de obediência e veneração que o Senhor desejava que fosse conferido ao tirano repugnante e cruel. Simplesmente porque ele estava de posse da realeza. Sobre Nabucodonosor, ainda citou Jeremias 27.17, para afirmar que:

> [...] não podemos duvidar que devamos servir a qualquer um que manifestamente tenha tido a realeza a ele conferida [...] nada mais resta exceto servir e servir (seção 28).

E ainda:

> [...] essa é a espécie de reverência e obediência que todos devemos aos nossos superiores, quaisquer que sejam eles [...] com a inviolável majestade com a qual eles foram marcados e gravados (seção 29).

Diante da iniquidade desses governantes, Calvino recomendava que cada pessoa olhasse para o próprio pecado. Pois, "[...] sem dúvida, são eles que Deus está punindo com tais flagelos. Então, a humildade refreará a nossa impaciência" (seção 29). A seção 30 visava a demonstrar que, por meio de todo esse sofrimento, são revelados: a bondade, o poderio e a providência admirável de Deus.

> Pois, algumas vezes ele eleva vingadores dentre seus servidores, designados e comandados por ele para punir a tirania dos homens depravados e livrar os oprimidos de suas desgraçadas calamidades; às vezes, ele volta para a mesma finalidade, o furor dos

> homens que pretendiam algo totalmente diverso (seção 30).

Esses vingadores foram convocados para punir esses crimes, por meio de um legítimo chamado divino. Eles absolutamente não violaram a majestade de que os reis estão investidos pela ordenação divina quando se ergueram em armas contra os reis:

> [...] armados pelo céu, eles subjugaram um poder [*potestas*] menor com um superior [*summa potestas*], exatamente do mesmo modo pelo qual os reis têm o direito de punir os seus oficiais. Os segundos [como o caso dos egípcios humilhando Tiro, ou os assírios subjugando a arrogância dos egípcios, ou a ferocidade dos assírios por meio dos caldeus etc. — citados no início da seção], ao contrário, fizeram o trabalho de Deus sem o saber, pois tudo o que pretendiam fazer era cometer crimes. Não importa, era a mão de Deus que os dirigiu para executar a sua ordem (seção 30).

Na seção seguinte (31), Calvino alertou para que se tomasse todo o cuidado para jamais desprezar ou invadir aquela plenitude de autoridade (*summa potestas*) dos magistrados — *superiores*. Mesmo que a punição da tirania sem freios seja a vingança do Senhor, sobre os tiranos, não se deveria imaginar que os cidadãos privados fossem chamados a infligi-la: "obedecer e sofrer é tudo o que nos foi determinado" (seção 31). Então, afinal, apontou a exceção aqui destacada:

> [...] pode ser que existam em nossos dias **magistrados populares**, instituídos para conter a licenciosidade dos reis, correspondentes àqueles **éforos**, firmemente contrários à autoridade dos reis dos espartanos, ou aos **tribunos** [na versão francesa = defensores] do povo, colocados acima e em contraposição aos

> cônsules romanos, ou aos **demarcas**, levantados em oposição ao conselho dos atenienses. E talvez, nas atuais circunstâncias, sejam da mesma natureza e autoridade exercida pelos três estados em reinos específicos, quando eles realizam suas principais assembleias. Se existirem [**magistrados do povo estabelecidos**], não é parte de minhas intenções proibi-los de agir em conformidade com seu **dever de resistir à licenciosidade e ao furor dos reis**; ao contrário, se eles forem coniventes com a violência desenfreada [dos reis] e suas ofensas contra as pessoas pobres em geral, direi que **uma tal negligência constituiu uma infame traição de seu juramento**. Eles estão traindo o povo e lesando-o daquela liberdade cuja defesa sabem ter-lhes ordenada por Deus (seção 31; grifos do autor).

Essa foi a exceção apontada por Calvino. E aqui reside a sua grande contribuição no que tange à resistência à autoridade superior. Exceção sumamente importante, pois vai além, ao afirmar que esses superiores deveriam "deitar suas insígnias" (*fasces*, no latim = machados), ante a obediência ao único a quem as vontades de todos os reis devem se sujeitar:

> Estamos submetidos àqueles que foram colocados sobre nós, mas apenas por ele. Se eles nos ordenarem qualquer coisa contrária [à vontade dele], nada deve significar para nós. E nesse caso devemos ignorar toda essa dignidade que os **magistrados** [magistrados superiores, na edição francesa] possuem. Não há injustiça em obrigá-la a se subordinar ao verdadeiro, único e supremo poder [edição latina, 1559]. É por essa razão que Daniel (6.22) negou que fosse culpado de qualquer ofensa contra o rei quando desobedeceu a uma lei ímpia que este último havia feito: pois o rei havia transgredido os limites

> estabelecidos para ele [por Deus] e não apenas havia tratado injustamente os homens, mas havia atentado contra Deus, anulando com isso seu próprio poder. (seção 32; grifos do autor).

A partir desse ponto, os sucessores de Calvino foram ainda além, em suas teorias da resistência, o que aponta para o potencial revolucionário que o próprio pensamento de Calvino — ou calviniano — trazia, embora ele censurasse, ainda nesse texto, os que consideravam errado recusar obediência a qualquer coisa que seus reis ordenassem:

> Sei que os reis não estão dispostos a tolerar nenhum desafio e que seu furor é um mensageiro da morte, como diz Salomão (Pv 16.14). Mas Pedro, o mensageiro do céu (At 5.29), proclama este mandamento: "É preciso antes obedecer a Deus que aos homens". Que encontremos consolação, portanto, no pensamento de que estamos prestando a Deus obediência que ele exige antes, quando sofremos toda sorte de coisas, do que quando nos afastamos de nosso dever para com ele. E, para que nossa coragem não nos venha a faltar, Paulo (em 1Co 7.23) acrescenta alguma coisa mais para nos estimular: nossa redenção foi comprada por um preço tão alto para que pudéssemos não nos tornar escravos dos desejos perversos dos homens; ainda menos deveríamos submeter-nos à sua impiedade. Louvado seja Deus (final da seção 32).

Calvino não personalizou a autoridade política tanto quanto o fez Lutero. Calvino salientou mais a distinção entre um cargo e seu titular. Jamais partiu do pressuposto de que cada um dos cargos de autoridade deveria ser interpretado como representação de um degrau numa escada ou num gradiente, até chegar ao imperador, ou seja, o indivíduo tem sempre um superior hierárquico.

Entretanto, ainda assim, Calvino baseou-se bastante na noção de organização política, como composta de relações de comando e de obediência, entre superior e subordinado. Os termos empregados por Calvino — *praefectura* e *praefecti* (latim) e *supérieurs* e *supériorité* (francês) — aproximaram-se bastante do *Oberkeit* e *Oberen* (alemão) de Lutero. Termos que significavam: superiores, superioridade, governantes, (pre)eminência e magistrado (Höpfl, 1995, p. lxix-lxxix).

A competência do magistrado estendia-se às duas tábuas do decálogo. Ou seja, à observância das relações homem-Deus (primeira tábua) bem como à das relações pessoa-pessoa (segunda tábua). Sustentar a honra de Deus era seu principal dever. E isso tudo pressupunha tanto uma igreja devota, vigorosa e independente, quanto um colegiado de clérigos vigoroso e agindo em seu nome.

Pressupunha também magistrados devotos, para auxiliarem no emprego das armas "espirituais" do clero sobre as congregações que administravam. O esforço mais concreto das punições era indispensável para erigir a Igreja no mundo.

Com base nisso, Calvino erigiu as principais características de sua teologia política[4]. E há ainda outra característica importante a ressaltar: para Calvino, a Igreja deveria incessantemente reiterar a justiça do Estado. Isso consiste em proteger e defender os fracos, os oprimidos pelos poderosos, os que são explorados pelos ricos, os que não são organizados, os que não têm proteção social e os que não têm ninguém para protegê-los.

O Estado justo não espera que esses oprimidos o procurem, mas antecipa-se em busca de equidade. Assim, o Estado tem a necessidade de que a Igreja lhe recorde constantemente sua missão social de proteção dos humildes. Como o homem abusa de uma situação privilegiada e é levado a menosprezar os que lhe são inferiores, Calvino advertiu que a Igreja deveria denunciar particularmente os ricos que exploram a miséria alheia e quantos tirassem partido de sua situação social ou oficial para se enriquecer. A desordem social é primordialmente o descaso do pobre e a opressão do fraco. Portanto, um Estado é julgado por sua maneira de resolver essas questões:

[4] Conforme tratado anteriormente, com a apresentação de um sumário das principais características de sua teologia política.

> Quanto aos estrangeiros, e órfãos, e viúvas, esta forma de falar se encontra frequentemente nas Escrituras, por isso que [...] são quase destituídos de todo socorro e ajuda e estão sujeitos aos ultrajes de muitos, como se postos por presa. E, por isso, cada vez que é questão de um governo bom e reto, Deus menciona os estrangeiros, e as viúvas, e os órfãos, por isso que daí se pode facilmente ver qual é o governo público. Não é, pois, de surpreender se os outros obtêm seu direito, porque têm eles advogados para defender-lhes as causas e, depois, também os amigos estão congregados. Destarte, quando alguém pleiteia sua causa, obtém pelo menos alguma parte de seu direito. Quando, porém, os estrangeiros [...] não são tratados iniquamente, é um sinal de verdadeira integridade (Calvino, *Leçons*, Douze petits prophètes, Jr 7.6).

Foi dessa forma que Calvino insistiu na vigilância por parte da Igreja. Até mesmo exigindo que ela seja severa em relação àqueles que têm uma função importante na vida social. Os que dispõem de certo poder são os mais culpáveis pela preservação de uma desordem social. Referindo-se aos magistrados superiores, Calvino apontou que, às vezes, os que se dizem defensores da ordem são os que mais praticam injustiças e a destroem.

Por isso, os profetas se dirigiam a eles muito mais asperamente (Calvino, *Comentários*, Am 8.4). Os profetas também exerciam funções semelhantes às dos magistrados populares. A dupla função da Igreja, de oração e de advertência, leva-a a recorrer ao Estado para exercer sua disciplina e aplicar as sanções necessárias. O Estado é livre para responder ou não às solicitações da Igreja. Aplica, no caso, a sistemática e as normas fixadas pelas leis civis. O Estado não deve prestar conta alguma à Igreja.

Com isso, Calvino não defendeu nem a teocracia nem o sistema césaro-papista da Igreja católica. O ideal reformado calvinista era o de uma Igreja politicamente livre, inteiramente dependente da Palavra de Deus, em um Estado que a respeitasse e lhe favorecesse o ministério (Biéler, 1990, p. 388, nota 1126).

Para Calvino, a pregação da Igreja acaba por despertar no mundo o ódio e a hostilidade. Porque a paz que prega não é possível senão na verdade e na justiça. Nesse aspecto, inseriu a questão sobre se os cristãos deveriam ou não ser submissos a todas as autoridades superiores, a todas as hierarquias humanas estabelecidas na sociedade.

Para manter certa ordem relativa, isso equivaleria a renunciar ao combate pela verdade e a justiça que os cristãos têm de travar contra essas autoridades? Quando Calvino tratou da preservação da ordem na sociedade, tratou da ordem social tal como ele acreditava ser ensinada pela Bíblia. Porque a ordem existente, por vezes, não passava de desordem sustentada tacitamente pelas autoridades constituídas.

Aqui também reside o potencial revolucionário calviniano. E manifesta-se claramente: não raramente é necessário transformar-se a sociedade para que a ordem autêntica seja estabelecida; o que não ocorre sem ferir interesses e pessoas.

O temor dessas dificuldades não deveria acovardar os cristãos, conforme Calvino escreveu no prefácio aos seus comentários do livro de Atos dos Apóstolos:

> Quando a questão é alijar as corrupções de sua possessão antiga, da qual fruíram tranquilamente, temem que a novidade e a mudança os ponham em perigo, e não só a eles, mas também a seu país; e esta apreensão os retarda e impede de cumprir o seu dever. Uns opinam que é loucura pôr a mão em enfermidade que [como dizem] são incuráveis; outros, também, por malignidade não sei qual, recusam e têm horror a toda reforma [...]. Todavia, quaisquer que sejam os embates a que vos entregueis, impõe-se que jamais vos canseis desta santa condição de guerrear que prometestes seguir sob a insígnia de Cristo (Calvino, *Comentários*, Atos dos Apóstolos, p. 420 apud Biéler, 1990, p. 388).

Conforme a carta apologética que Calvino escreveu ao rei Francisco I, da França (*Institutas*, prefácio, 1536), os cristãos têm papel de primeira importância nessa transformação da sociedade, nesse ajuste incessante às exigências da vontade de Deus. Todavia, quando o fazem em razão de sua fé, em qualquer tempo e em quaisquer sociedades, são imediatamente considerados, pelos que ocupam lugar de destaque, como perturbadores da ordem social ou política. E o mais pervertido dos argumentos que os governantes invocam, para recusarem as mudanças exigidas, é justamente a defesa da religião e dos interesses superiores do país.

Esse foi o argumento de Francisco I contra os protestantes da França, os huguenotes, o que lhe valeu a réplica veemente de Calvino. Para exercer seu ministério de regeneração da sociedade, a Igreja pode tornar-se elemento de perturbação no mundo. Por meio dessa obstinada resistência da Igreja às forças da desordem é que a sociedade é preservada.

A Igreja permanece sendo o sal da terra e a luz do mundo, o fermento da massa, a justiça do mundo, a salvaguarda da sociedade. Igreja e cristãos devem se insurgir contra todos os simulacros de ordem, contra todas as formas de perversão social, contra os que abusam do poder que receberam de Deus, uma vez que o próprio Deus é o adversário deles. Esse também é o papel dos magistrados populares.

Como exemplo dessa resistência, na década de 1550, os calvinistas se conformaram em reiterar os argumentos radicais desenvolvidos pelos luteranos na década de 1520. No entanto, acrescentaram também importantes pontos a esses argumentos que mostraram uma evolução em seu pensamento político.

Tentaram solucionar o dilema que surgira na distinção entre o cargo e a pessoa do magistrado. Partiram do seguinte dilema: deveriam ser considerados legítimos somente os magistrados que continuassem a cumprir os deveres de seu cargo ou mesmo os que não o fizessem a contento?

A questão era se, ao deixar de cumprir sua obrigação, o magistrado continuaria autoridade legítima. Embora, reiteradas vezes, Calvino afirmasse, nas *Institutas,* que os magistrados são ordenados enquanto produto direto "da divina providência e sagrada ordenação" (apud Skinner, 1996, p. 499), também insistiu em que:

> [...] se existirem [**magistrados do povo estabelecidos**], não é parte de minhas intenções proibi-los de agir

> em conformidade com seu **dever de resistir à licenciosidade e ao furor dos reis**; ao contrário, se eles forem coniventes com a violência desenfreada [dos reis] e suas ofensas contra as pessoas pobres em geral, direi que **uma tal negligência constituiu uma infame traição de seu juramento**. Eles estão traindo o povo e lesando-o daquela liberdade cuja defesa sabem ter-lhes ordenada por Deus (seção 31).

A citação aqui repetida reitera a sua importância, porque certamente aponta para uma evolução política de Calvino. Calvino foi mudando seu pensamento, e isso ficou claro a partir da segunda edição das *Institutas* (1539, latina). Isso também se verificou na sua primeira tradução francesa (1541), ainda que essa tradução fosse da primeira edição da obra.

Esclarecendo: a primeira edição (1536, latina) foi traduzida para o francês somente mais tarde (1541, francesa). Antes disso, Calvino já havia lançado a segunda edição das *Institutas* (1539, latina). Em seguida, lançou uma versão intermediária (1543, latina) de sua segunda edição das *Institutas* (aquela de 1539, latina).

Nesse período, Calvino havia tentado reformar e reorganizar a Igreja em Genebra, até sua expulsão em 1538. E, em Estrasburgo, Calvino teve sua primeira experiência direta com os magistrados simpatizantes da Reforma. Lá observou o que era uma igreja bem organizada numa cidade livre e a importância das relações diplomáticas, eclesiásticas e civis das comunidades reformadas entre si e com os católicos.

Essa experiência levou-o a realizar essas versões intermediárias e novas edições de suas *Institutas*. Foi essa experiência de amadurecimento intelectual que levou Calvino à evolução de pensamento político.

3
Outros escritos políticos de Calvino

Observa-se, logo de início, algo fundamental acerca do conteúdo político de todos os escritos de Calvino: o escritor nunca sintetizou suas várias reflexões acerca de uma política piedosa num tratado simples. Ao contrário do que ocorreu sobre a sua eclesiologia. Essa, ele organizou numa exposição ordenada nas *Institutas.*

Fez o mesmo em suas *Ordenanças eclesiásticas* com relação à sua concepção da ordem legal e institucional de uma Igreja piedosa. Por isso, essas *Ordenanças* (1541) não apenas foram transformadas em leis para Genebra, mas também foram publicadas para que todo o mundo as visse.

Calvino, porém, não compôs um modelo de ordenança civil correspondente a esse modelo de ordenança eclesiástica. Nem mesmo fez disso um esboço, com fragmentos ou dicas. Houve uma grande contribuição de Calvino para a "revisão" das Ordenanças Civis de Genebra (1543). Afinal, ele era um jurista, como sempre relembra Rousseau. O simples fato de não publicar essas ordenanças é evidência conclusiva de que ele considerava seu trabalho nesse campo mais como uma obra paroquial que algo com significância universal (Chenivière, 1970, p. 206-221).

O PC parece ter solicitado os serviços de Calvino porque ele tinha formação de jurista e era eficiente nos assuntos referentes a leis. Qualificações preferenciais em Genebra, até mais que suas habilidades teológicas. Calvino também não compôs sequer um tratado de moralidade compreensível, que pudesse ter pautado muito mais seu pensamento político, dando-lhe um caráter moral. O que mais se aproximou disso foram suas publicações de 1562 — uma transcrição de alguns sermões em Deuteronômio, parte de uma *catena* (série, do latim corrente, ou cadeia), entregue em 1555.

Além disso, uma exposição do decálogo mais elaborada, que fazia parte de *Harmonia dos quatro últimos livros de Moisés*, foi publicada apenas um ano antes de sua morte (1563). Ele havia perdido muito tempo com seus escritos contra Castellion, Westphal e outros. Desse modo, a matéria não poderia ter grande significação para ele (Ibid.).

Os puritanos, descendentes de Ames, Perkins e Preston, apresentaram posteriormente alguns compreensíveis casuísmos da vida evangélica aos seus contemporâneos do século XVII, mas que não faziam parte do original *corpus calviniano* (Ibid.). Desse *corpus*, fazem parte os comentários, sermões, leituras, lições e exposições, pois Calvino supunha cumprir com seu dever diante de cada grupo específico de pessoas a que se dirigia.

Ele fazia pronunciamentos em seus *Comentários* — para os escolásticos. Seus *Sermões* eram endereçados aos genebreses — *homilia, sermons.* Suas *Leituras,* para a academia — *praelectiones, leçons.* As *Exposições* da Bíblia, eram apresentadas aos ministros e depois ao público — as congregações.

Calvino adicionou ainda as frequentes discussões sobre doutrinas específicas ou debates morais. Conforme eles surgiam, ia fazendo algumas inferências gerais de episódios particulares ou contendas e imprimindo seu ponto de vista em panfletos ou livros.

Não há marcada diferença entre o conteúdo ou abordagem dos sermões e comentários de Calvino. Muitos dos livros do reformador são *verbatim recordes* (cópias escritas) de seus sermões (HÖPFL, 1985, p. 142). São considerações calvinianas acerca de concordância textual, problemas de tradução e defesa das Escrituras contra seus detratores. Todas essas coisas são proeminentes nos comentários de Calvino.

Nos sermões de Calvino, podem ser descobertas as mensagens, as lições morais ou exortações aos ouvintes da Palavra (Ibid., p. 144). Os sermões são menos circunspectos que os comentários. Já as exposições eram mais vigorosas e um pouco mais diretas. Em parte, porque eram enviadas à França. Uma estratégia que deu a Calvino um escopo maior de expressão e estilo. Ele se valeu do clássico vocabulário dos humanistas latinos.

Em todos os casos, Calvino tendia a tratar os textos bíblicos como verdade textual nos quais asserções factuais estavam envolvidas. Usualmente, com as *ipsissima verba* (mesmíssimas palavras) de quem supunha serem seus autores (Ibid.). Por exemplo: a insistência em que Lucas também escreveu Atos, que o próprio Moisés escreveu pessoalmente o Pentateuco etc.

As exortações ou lições de Calvino eram baseadas tanto em seus sermões quanto em seus comentários. Sempre com temas sobre a providência divina e a graça. Especialmente, com relação à Igreja, temas como a justificação a despeito dos méritos, as promessas de Deus, a prefiguração de Cristo e a sua mediação, a depravação humana, a necessidade de restrição ou freio às paixões *en gros* e *en detail*, da necessidade de ser vigilante e zeloso, e ainda muitos outros temas correlatos.

Calvino não era avesso a apontar analogias entre as circunstâncias escriturísticas e as de Genebra. Entretanto, ele estava longe de usar o púlpito para pregações políticas aos genebreses. Isso é verificável ao menos nos sermões a que se tem acesso hoje: sua moralidade era a do preceito e da admoestação.

Por vezes, pode-se atribuir a Calvino certa predileção pelo Antigo Testamento. Isso pode sustentar a tese de que havia algum ciúme, certa vingança no Deus veterotestamentário. E os assuntos de teocracia e hierocracia podem ser aí fundamentados, onde são mais congênitos para ele que no Novo Testamento. Faltam, porém, mais evidências disso.

As igrejas do Novo Testamento não eram, para Calvino, igrejas estatais. Os magistrados aparecem-lhe muito mais com caráter antagônico e inimigos dos piedosos. Era algo análogo às igrejas estatais da Reforma — ainda mais no que tange à cooperação dos magistrados e ministros que Calvino considerava ideais.

O AT era muito mais frutífero e oferecia muitas das provas textuais de Calvino em assuntos políticos. Nas *Institutas* e nos escritos polêmicos, essas provas são tiradas de lá. Embora essa prioridade por vezes aponte para essa importância, a teologia calviniana do NT teve lugar de honra na sua estima. Isso se pode observar após a edição da série completa de comentários sobre todas as cartas paulinas (1548, em latim e em francês). Uma espécie de "cânon dentro do cânon" e chave de todas as Escrituras. Nos comentários das outras epístolas, Calvino recorria muito mais ao AT. Talvez isso seja indicação de que ele demonstrava sua antipatia para com o milenarismo e o anabatismo.

Calvino não escreveu um comentário sobre o Apocalipse. E o seu programa não pôde ser seguido conforme talvez tenha planejado. O seu comentário de Atos já estava bem adiantado em 1550. Eventualmente, porém, só apareceu em 1552 e em 1554 (em dois volumes). Um completo comentário aos Evangelhos sinópticos apareceu em 1555, na forma de "harmonia" ou "concordância". O evangelho de João foi publicado num volume separado em 1553.

Sobre o AT, ele publicou os comentários em Isaías (1551), Gênesis (1554), Salmos (1557), Profetas Menores (1557-1559), Daniel (1561), Josué (1562) e Jeremias (1564). Dado o aspecto legal e moral como a principal relação dos livros de Êxodo, Levítico, Números e Deuteronômio, não se entende por que ele deixou para comentá-los muito no final de sua vida. Foram publicados em forma de "harmonia". Prefaciados por uma reimpressão de Gênesis, em 1563, como *Mosis libri V Genesis seorsum, reliqui quator in forman harmoniae digesti* (Ibid., p. 147).

Calvino não publicou comentários de todos os livros históricos: Juízes, Rute, Samuel, Reis e Crônicas. Os sermões de Calvino sobre os livros de Samuel (1561 e 1563) não foram publicados durante sua vida (PARKER, 1975, p. 57).

Os sermões sobre o livro de Reis foram interrompidos no estágio final de sua doença. Os sermões sobre 1Samuel foram publicados em 1604, numa versão latina. Os sermões sobre 2Samuel só foram publicados em 1961 (Ibid.).

Em seus sermões, Calvino denotava preferência pelo AT, principalmente pelos livros proféticos. E os seus sermões proferidos durante a semana, em número maior, eram baseados no AT. Só aos domingos ele pregava sobre o NT. Calvino era compulsório nesse seu esquema de prédicas. Por exemplo, tendo pregado sobre as epístolas de Paulo nas terças e quartas-feiras, a seguir pregou em Atos (PARKER, 1975, p. 61).

Entre 1559 e 1564, Calvino pregou 65 sermões sobre a "Harmonia dos Evangelhos". Nesses casos, às vezes ele escolhia seus sermões conforme as circunstâncias em que se estava vivendo em Genebra, usando para isso textos mais apropriados.

Durante seu mais difícil período em Genebra — 1549-1555 (*annus miserabili* [*anos sombrios*]), Calvino pregou 189 sermões em Atos dos Apóstolos e vários outros sobre Jeremias e os demais profetas que conclamavam o povo ao cumprimento de seu dever.

Após a consolidação de sua posição na cidade (1555 e 1556), Calvino escolheu Deuteronômio. Nos sermões sobre 1 e 2Samuel e Deuteronômio (1555-56), muitas vezes ele se referiu explicitamente a assuntos políticos.

Como os demais reformadores, ele preferia a doutrina à história. Daí a sua predileção, no Novo Testamento, pelo evangelho de João e pelas epístolas paulinas. E ainda a sua negligência para com os livros históricos do AT.

Para Calvino e outros reformadores, a história serve para exemplificar, ilustrar e tornar concreto e vívido aquilo que já é conhecido de forma geral nas doutrinas, o que aponta para uma mudança do Calvino humanista para o Calvino comentarista bíblico. Foi no apóstolo Paulo que Calvino encontrou a chave para a interpretação do AT (HÖPFL, 1985, p. 185, nota 66).

Nos escritos polêmicos, Calvino tendia a escrever em ordem para sustentar ou defender algum ensinamento que, nas *Institutas,* havia originado alguma controvérsia. Ele tendia simplesmente a reiterar, com muita argumentação e adicionando uma defesa com recursos exegéticos, o que já havia sido dito nas *Institutas*. Geralmente, referia-se às suas últimas versões das *Institutas*, de modo que o *Catecismo*, a *Confissão de Fé* e as *Ordenanças* foram usados para reescrever desde as segundas edições (1539/1543).

Não eram geralmente assuntos políticos. Uma exceção era a discussão sobre o dever dos magistrados para com os heréticos. Nesse assunto, esclarecia que as *Institutas* estavam equivocadas. De resto, o maior ataque de Calvino foi contra os papistas e os anabatistas.

Calvino também escreveu uma série de panfletos alertando os fiéis contra algum perigo particular. Fosse a conformação com as práticas romanistas, relíquias, anabatismo, fosse o libertinismo contra os libertinos de sua época ou ainda contra a astrologia judicial.

Nos anos 1550 e 1560, esses panfletos eram comparativamente raros. Deram, entretanto, aos escritos teológico-políticos de Calvino um considerável volume, sempre em defesa da execução dos heréticos e, acidentalmente, em defesa do trinitarismo.

Resumindo, as atividades literárias de Calvino, bem como seus sermões e lições, eram focados primariamente em temas gerais de teologia. Eram também conformes ao seu propósito doutrinal e exortativo para a santidade e zelo.

A forma de comentários e a preferência por textos veterotestamentários raramente lhe permitiam sustentar um tratamento discursivo de matérias políticas. Davam a Calvino a característica de prender-se mais aos textos.

Em assuntos doutrinais, ele preferiu temas relacionados com: justificação, eleição, graça divina, mediação de Cristo, a dignidade do ministro e o dever de obediência em todos os aspectos. Ou ainda temas que mostrassem que não havia contradição entre os textos e suas doutrinas. Isso, no entanto, não aponta nenhum sinal de disposição ou sistematização de suas reflexões políticas além da que foi apresentada nas *Institutas*.

Um termo abusivo a empregar para Calvino seria "especulação" (*speculatio*), porque o conjunto de seus escritos apenas apontava para as Escrituras e sua demanda por edificação (*aedificatio*). Talvez essa dificuldade em tratar especulativamente questões políticas deva-se ao fato de o pensamento de Calvino acerca de tais matérias não pertencer ao "ofício" de um teólogo evangélico, ou porque ele pensava não haver necessariamente que se ocupar dessas coisas.

Uma discussão geral do pensamento político desse reformador pode ser vista como um colóquio. Nesse colóquio, a teologia evangélica é um *partner* honrado. Tem-se, porém, outra autoridade para pesquisar, independentemente do seu conhecimento relevante, que conduz ao entendimento acerca do ofício do que governa. Pode ser ainda um monólogo, no qual a teologia evangélica fala e os piedosos ouvem e obedecem, e que não esteja contido nos escritos de Calvino.

Não se pretende afirmar que Calvino, entre 1542 e sua morte, em 1564, não tenha ampliado e modificado seus escritos, nem mesmo que esses escritos não tenham revelado totalmente a mentalidade calviniana acerca da política civil. Ao contrário, Calvino tem muito a dizer na área de teologia política, ou ainda de filosofia política. Resta esta questão: por que somente no livro IV, capítulo XX — o capítulo "político" — reservou ele sua compreensão dessa matéria? Será porque, naquela época, a questão toda do relacionamento Igreja—Estado limitava-se à cooperação dos fiéis? Ou será porque, em Genebra e com o funcionamento do consistório, a questão toda do relacionamento entre a disciplina eclesiástica e civil, e entre as leis civis, criminais e eclesiásticas, também permaneceu por ser ainda considerada? Ou ainda porque, na fase final de sua vida, Calvino ocupou-se mais com a diplomacia?

Calvino não supôs que os assuntos políticos e religiosos são separados. Havia uma colocação sua inicial e ainda seu desencorajamento aos cidadãos privados de litigarem sobre assuntos políticos. Também não os encorajava a acalentar outros pensamentos que não os de obediência. Tudo isso não serviu de impedimento para que oferecesse ao menos uma concepção geral das "condições de um bem ordenado governo" (Comentário sobre Isaías, caps. 3 e 4).

Por fim, há a ideia de um modelo de *Ordenança civil*, ou principalmente um esquema com as principais leis e instruções para uma política piedosa. Parece que esse modelo estava certamente além dos recursos conceituais desse sistematizador de *Ordenanças eclesiásticas* e cossistematizador de uma *Ordenança civil.*

Talvez nem possa ter sido qualificado como tal esse homem que seguia as leis romanas. No entanto, ainda durante a época de Calvino, as "leis e estatutos" de Genebra, tanto eclesiásticas como civis, estavam já circulando entre os muitos modelos de um governo cristão piedoso (*godly commonwealth*).

No pensamento político de Calvino, seguindo os apóstolos e os mártires cristãos, deve-se sempre haver a disposição para enfrentar as consequências: multas, prisão, ou mesmo a morte. Por mais caro que isso custe, não se pode violar aquilo que a consciência prescreve como vontade de Deus.

4
Características do pensamento político de Calvino

Para compreender a contribuição de Calvino à teoria da resistência política, é necessário, primeiramente, sintetizar e sistematizar algumas características de sua teologia política.

Deve-se ao menos considerá-las *en passand*. E isso é possível a respeito de Calvino. Privilégio que não advém do pensamento político de todos os outros reformadores. Em linhas gerais, são elas:

- Deus é a única autoridade absoluta e incondicional. Ele possui o poder ou *imperium, maiestas, puissance*.
- Toda autoridade legítima no mundo deriva de Deus, direta ou indiretamente.
- A forma precisa pela qual essa autoridade derivada seria obtida, no entanto, não interessava a Calvino.
- Essa autoridade é "delegada", uma "legação" ou a autoridade de um legado. É exercida por vice-gerentes, representantes — *vicarii, vices* — ou lugar-tenentes.
- Para as autoridades eclesiásticas, ele empregava também as expressões "enviados" e "embaixadores".
- Para as autoridades civis e eclesiásticas, usava os termos *ministerium, administratio, officio, functio e munus*. Esses termos mantinham coerência com o espírito de Calvino, cuja ética tinha como tônica o dever.
- Os termos preferidos por Calvino foram *administratio* e *ministerium*. Isso porque toda autoridade no mundo consiste em administrar, seguindo instruções, para fazer o trabalho de outrem.

- Por vezes, Calvino usava o termo *dominatio,* no lugar de *imperium,* para salientar que era ilegítima a extensão da autoridade reclamada pelos príncipes e papas. Nesse caso, trocava *dominatio* por "tirania".
- Para um governo bem ordenado, usava o termo "governo cristão". Para Lutero, esse termo seria inconcebível, uma contradição.
- Esse governo cristão tem uma dupla direção, um duplo ministério de magistrados.
- Ambos os magistrados têm sua autoridade derivada de Deus.
- Ambos encarregam-se de governar o mesmo conjunto de pessoas.
- Entre eles, a única relação possível é a de cooperação e restrição mútuas.
- Ambas as autoridades complementam isso, idealmente, por uma forma de restrição imposta aos dois pela comunidade dos fiéis cidadãos.
- A *aedificatio* — construção — do Reino de Deus no mundo é meta final dessa cooperação.
- "Restrição" é a noção mais adequada para caracterizar sua teologia e sua eclesiologia políticas.
- A natureza dupla do governo impõe tanto "disciplina" quanto "direção" e "restrição".

A linguagem de Calvino sempre remetia à metáfora da relação entre um imperador e seus subordinados — os magistrados inferiores. O uso dessa terminologia não era para minimizar a importância da autoridade legítima. Ao contrário, nada pode ser mais majestoso que a autoridade derivada de Deus. Assim, a autoridade se investe da própria majestade e dignidade divinas. Quem não se autolimita à sua missão adequada perde a própria autoridade. Se uma autoridade ultrapassa o limite de sua autoridade, torna-se semelhante aos ladrões, violadores e usurpadores.

É esse o ponto de que se deriva toda a teoria da resistência ao Estado no pensamento de Calvino. De fato, até aqui o seu pensamento não o difere de Lutero e dos luteranos que o antecederam. O diferencial estará no enfoque de Calvino ao papel dos magistrados do povo.

Calvino diferenciou-se de Lutero também em sua insistência quanto à restrição. Para ele, essa restrição existia em razão de a humanidade ser inerentemente propensa à maldade. Calvino entendia as paixões de cada homem como um caldeirão fervente ou um fogo fumegante. Esse fogo irrompe e alastra-se, enfurecido, onde não há uma restrição externa. Essa restrição externa era patente no caso dos reis.

Para a conduta dos perversos e tiranos, tanto Lutero como Calvino usaram os mesmos termos. Assim, era indispensável a imposição de uma "trava" ou um "freio". As autoridades deveriam não somente restringir o povo. Precisariam também dirigir o povo nesse sentido. Enquanto a metáfora mais usada por Lutero foi "espada ou *ius gladii*", para Calvino a preferência era "escola ou freio". Dessa forma, a natureza dupla do governo impunha tanto disciplina quanto direção e restrição.

Sobre essa propensão humana à maldade, cabe aqui uma menção, também *en passand*, dos cinco pontos principais da doutrina calvinista. Não são eles necessariamente calvinianos, mas retratam o pensamento posterior dos calvinistas. Essa foi a fórmula desenvolvida posteriormente a ele. Foi consagrada pelos Cânones de Dort, Alemanha, em 1608, após as discussões entre os calvinistas e os dissidentes arminianos. É conhecida como TULIP — sigla que abrevia os seguintes pontos:

T	Total depravity	Total depravação ou incapacidade humana
U	Unconditional election	Eleição incondicional
L	Limited atonement	Expiação limitada
I	Irresistible grace	Graça irresistível ou chamado eficaz
P	Perseverance of the saints	Perseverança final dos santos

Quadro 4.1 Os cinco pontos do calvinismo.

O primeiro ponto indica que o homem é totalmente incapaz de obter a salvação por esforços próprios. É resultante de sua condição de pecador, totalmente pecador e decaído — o termo "depravação" não tem aí a conotação atual. Este ponto inicial veio a contribuir com o espírito de liberdade. Isso porque a depravação total estende-se a toda a humanidade, tanto aos cidadãos quanto aos reis.

O calvinismo apontava o rei, como governante, um representante de Deus. Entretanto, particularmente em sua pessoa não se via mais que um pecador como todos os demais homens.

Paralelamente ao que se referia à sua pessoa, o calvinismo confessava que, como um simples cidadão, o rei era também um pecador carente da graça divina. Apenas pela mesma graça divina havia chegado a ser um filho de Deus e membro da nobreza espiritual, de linhagem real. Por isso, capacitado a fazer as coisas concernentes ao governo (MEETER, 198-, p. 170).

Diante dessa condição, a eleição só poderia ser incondicional. Dependente exclusivamente da livre e soberana graça divina. A doutrina da eleição é também fator decisivo para a promoção da liberdade política. Nos difíceis dias do calvinismo histórico, essa doutrina chegou a operar como uma grande força dinâmica nos crentes. Impulsionou-os a levar a termo a sua obrigação moral, que sobre eles pesava como eleitos de Deus. Sentiam-se não apenas chamados para uma salvação eterna, mas também para defender a causa de Deus em todas as esferas da vida, conforme Henry Ward Beecher:

> Aquele que crê em sua eleição saiba que tem sido eleito para um fim, e a consecução dele vem a ser sua vocação moral. E, posto que a vocação é divina, por amor a ela, o cristão está disposto a sacrificá-la toda. Mas, por ser um chamamento do Deus soberano, o êxito já está assegurado. Isso faz que, no curso dos tempos, os calvinistas tenham sido sempre os mais bravos e firmes defensores da liberdade (McFetridge, 1912 apud MEETER, 198-, p. 171, nota 45).

Ou, ainda, em Agostinho: *Deo servire, vera libertas* (Servir a Deus é a verdadeira liberdade). Portanto, a expiação ou salvação é limitada aos que creem, conforme foram eleitos pela própria soberania divina.

Nesses eleitos ou escolhidos, atua, irresistivelmente, o Espírito de Deus. Ele chama, eficazmente, os seus escolhidos, no tempo e no espaço, conforme a predeterminação eterna e soberana. E uma vez salvo, salvo para sempre, pois o mesmo Deus capacita à perseverança final. Esse foi o pensamento desenvolvido pelos sucessores e intérpretes de Calvino após o século XVI.

A partir dessas características gerais da doutrina de Calvino, pode-se analisar especificamente a terminologia política empregada por ele nas *Institutas* e em outros escritos seus.

A TERMINOLOGIA POLÍTICA CALVINIANA

Desde a primeira edição das *Institutas* (1536), o seu prefácio trazia uma carta dedicatória ao rei Francisco I, da França. Essa epístola dedicatória foi mantida nas sucessivas edições, mesmo após a morte de Francisco I. No entanto, reiterando o já dito, permaneceu pelo seu conteúdo apologético do protestantismo, não por consideração ao monarca.

A esse monarca francês, Calvino assegurara que os súditos protestantes devotariam a sua fidelidade, a ortodoxia e a obediência políticas. O seu livro todo evitava escrupulosamente toda relação com a política. Esse escrúpulo continuou até em seu último capítulo, que tinha por título *Sobre a liberdade cristã, a autoridade* [*potestas*] *eclesiástica e o governo civil* [*administratio*].

Fechando a obra e tratando *Sobre o governo civil*, a preocupação principal de Calvino foi transmitir os sólidos alicerces da doutrina evangélica da liberdade cristã. Ele a considerava inteiramente compatível com a mais perfeita submissão à autoridade temporal.

Nessa parte final das *Institutas*, o que predominava era o tema obediência. Mesmo que seu último parágrafo exortasse os cristãos a "obedecer a Deus antes que aos homens", o restante do texto se esforçava em ressaltar o dever cristão de obediência aos governantes. Pouco importava sua conduta e sua religião ou a qualidade de seus títulos. Caso se tornasse inevitável a desobediência a ordens ímpias, esta deveria ocorrer em forma de oração, súplicas, sofrimento ou exílio — jamais de rebelião.

Calvino era um reformador de segunda geração. O seu trabalho iniciou-se apenas quando a religião reformada estava dividindo-se em diferentes grupos, até mesmo hostilizando-se mutuamente. É importante também lembrar outros fatos: as ações militares dos alemães protestantes estavam em maré baixa na década de 1540. Na França, os reis tornaram-se hostis à nova religião. O mesmo se pode dizer do imperador Carlos V, na Alemanha.

Os católicos acusavam de anabatistas os reformadores magistrais ou magisteriais, como Calvino e Lutero. Esses próprios representantes dos novos grupos tolheram os passos daqueles reformadores ortodoxos. A primeira edição das *Institutas* surgiu logo após o projeto milenarista anabatista da cidade de Münster (1533-1535), a Nova Jerusalém. Esse projeto foi esmagado pela união de forças de príncipes católicos e protestantes — com direito a toda selvageria possível.

No seu texto, Calvino trata essa questão diretamente no prefácio. Fez isso porque os católicos atribuíam essas revoltas camponesas, as guerras religiosas e as sublevações civis todas, ao "Quinto evangelho". Esse evangelho herético seria originário do orgulho satânico de Lutero. Frutificara conforme a natureza dessa árvore ruim. Mesmo com as explicações dadas por Calvino, para diferenciar os demais reformados daqueles adeptos da Reforma radical, esses ataques dos católicos eram dificilmente rechaçados.

Por fim, o ano de 1563 marcou a conclusão das deliberações do Concílio de Trento contra os protestantes. Contra todos eles, magisteriais ou radicais. Nesse contexto, os alemães luteranos haviam desenvolvido uma justificação para resistir, apesar do assentimento de Lutero ter sido algo relutante. Para os luteranos, essa resistência ao seu chefe supremo, o imperador, poderia ser política e também militar. Dessa forma, os reformadores se haviam tornado ansiosos por restaurar algum elemento de independência clerical.

A religião reformada, porém, era, agora mais do que nunca, e de maneira intensa, dependente da proteção dos governantes. Externamente, contra os católicos. Internamente, contra os sectários. Nessas circunstâncias, insistir no dever de obediência política era necessidade imperiosa. E uma declaração desse dever era igualmente necessária.

Colocando entre parênteses a primeira edição das *Institutas* (1536), as demais edições dessa obra de Calvino mostraram a sua estratégia como sendo muito parecida com a de Lutero. De certa forma, Calvino inculcou uma doutrina de obediência e passividade políticas ainda mais extremada que a de Lutero. Contudo, tentou salvaguardar a verdadeira religião recorrendo àquela distinção luterana entre as jurisdições dos governos secular e espiritual: a doutrina dos dois reinos.

Calvino atribuiu aos governantes seculares a tarefa de cuidar da probidade "meramente externa", enquanto a devoção e a religiosidade verdadeiras ficariam a cargo de Deus e de uma igreja não especificada. Em 1536, Calvino apenas atacara a "tirania dos papistas", o que era previsível e convencional.

Não trouxe a lume o tema da ordem pública segundo uma igreja reformada — era um tema difícil e espinhoso.

No entanto, havia uma passagem em que Calvino, cautelosamente, ultrapassou a expectativa. Nela, para justificar a guerra contra o imperador, ele apresentou a doutrina originária dos luteranos:

> [...] se uma ordem civil de leis e instituições — *politia, polices* — garantir a atuação dos *magistrados do povo,* estes poderiam resistir coletivamente aos tiranos [...]

Encontra-se nas *Institutas*, livro IV, capítulo XX, seção 31. Mais especificamente, na última edição (1559, latina / 1560, francesa). A expressão "magistrados populares" foi omitida na versão francesa, onde se lê: "magistrados estabelecidos para defender o povo". A palavra latina *populares* era um termo de conotação mais diversa e inferior ou menor. Onde Calvino tratava de "magistrados do povo", os luteranos tinham dito "magistrados inferiores" (SKINNER, 1996, p. 230-234).

No entanto, Calvino arriscou a ideia de que os modernos Estados Gerais — *Reichstage* ou Parlamentos — poderiam ter instituições desse tipo, correspondentes aos éforos de Esparta e aos tribunos do povo de Roma. Ele distinguiu pessoas privadas de pessoas públicas. Para as pessoas públicas, a ação política era legítima e um dever. Para as pessoas privadas, a doutrina da obediência passiva continuava sendo rigorosamente aplicada. Os magistrados do povo eram pessoas públicas (*Institutas,* v. IV, XX, seção 31).

Para Harro Höpfl (1995), Calvino nada mais acrescentou à doutrina da resistência em suas obras posteriores. Quem fez os acréscimos foram somente os seus seguidores, em círculos calvinistas na França, Holanda e outros países (Ibid., 1995, p. xxxi). Desde cedo, Calvino atribuiu aos magistrados o policiamento da idolatria, do sacrilégio e da blasfêmia. Além de outras ofensas públicas à religião, como o papismo e o anabatismo (*Institutas*, IV, XX, seção 17).

Era essa também a doutrina de Lutero. Calvino cuidou ainda da distinção entre as imposições tirânicas e papistas. Fez o mesmo acerca das leis justas e aceitáveis que eram necessárias à boa ordem da Igreja, tanto quanto o eram para qualquer outra associação humana. A execução disso deveria ficar a cargo dos governantes.

Assim, observa-se em Calvino um extenso uso da terminologia política como um notável aspecto de sua eclesiologia. O conjunto de sua doutrina do governo misto, aristocrático e democrático derivava-se do pensamento político clássico e medieval. Calvino não especificou a melhor organização para a Igreja, sem antes refletir sobre como poderia ser organizado um governo civil e sobre o modo com que este possibilitaria a instituição e o funcionamento de tal organização eclesiástica.

Para formular um raciocínio conclusivo sobre a melhor estrutura de governo, Calvino não evitou rodeios. Assim como Lutero, optou por uma interpretação providencialista de Romanos 13. Referiu-se a quem quer que esteja investido de autoridade. Não precisavam os cristãos investigar os títulos desses detentores de autoridade. Calvino até mesmo negava a legitimidade de pessoas comuns discutirem entre si qual seria a melhor forma de governo. O decreto de Deus já definira diferentes formas de governo em diferentes lugares.

Isso consta da primeira edição das *Institutas* (1536). Na seção 8 das edições posteriores, no capítulo "político" das *Institutas*, ele introduziu uma explícita defesa da forma de governo aristocrática ou mista, circunspecta à Igreja. Assim, a melhor forma de governo civil deveria ser rigorosamente paralela à eclesiástica, "ordenada por Deus". Seu combate à monarquia, cada vez mais patente, encontrava-se nos capítulos de eclesiologia e em seus comentários às Escrituras, não apenas propriamente no capítulo político das *Institutas*.

Uma seção da primeira edição (1536, caps. de 1 a 12), a favor da predileção divina pela monarquia, foi mantida até nas edições posteriores. Parece que Calvino não gostava de renegar seus escritos. Ele não se opunha também à especulação política propriamente dita. Apenas abominava as discussões sediciosas de pessoas particulares. Por isso, acabou abandonando suas tentativas de definir uma área de questões seculares que estaria sob a jurisdição dos governantes seculares. Em lugar disso, preferiu distinguir os meios que deveriam ser empregados, tanto pelos governantes seculares quanto pelos espirituais (*Institutas*, IV, XX, seção 9).

Calvino insistiu na competência dos magistrados. Ela deveria estender-se às duas tábuas da Lei. Ou melhor, à observância das relações dos homens com Deus e entre eles. Deveriam sustentar a honra de Deus como seu principal dever. Naquela época, a expressão *duas tábuas da Lei* referia-se às obrigações do homem para com Deus — primeira tábua — e do homem para com o seu próximo — segunda tábua.

Foi o que levou Calvino a pressupor tanto magistrados devotos como uma Igreja vigorosa e independente, além de um vigoroso colegiado de clérigos: a Venerável Companhia dos Pastores e o consistório, ambos agindo em seu nome.

Calvino sempre manifestou a necessidade de ter de empregar outras armas, além das "espirituais", para controlar as congregações recalcitrantes. Para tanto, necessitava aliar-se a magistrados devotos que, além do clero, usassem armas que fossem suficientes e eficientes. Ele acreditava na premência de armas mais concretas para erigir uma Igreja no mundo: punições e ameaças terrenas.

Por outro lado, esse tipo de auxílio traria interferências na vida da Igreja. Uma magistratura, aparelhada com tais poderes e legitimidade, poderia extrapolar em suas funções. A magistratura deveria limitar a capacidade de essas autoridades seculares fazerem o mal. Ao mesmo tempo, ela teria capacidade para realizar o trabalho divino com órgãos que pudessem agir para salvaguardar o bom comportamento da Igreja (Ibid.). Era algo que soava como irrealizável, pelo simples fato de ter de sanear o poder. E esse foi o esforço de Calvino durante sua derradeira estada em Genebra.

Calvino entendia a Igreja e o Estado como duas instituições que procedem da mesma origem. Ambos eram os instrumentos de Deus para a vinda de seu reino. Então, o Estado deveria manter a ordem provisória. Essa deveria ser conservada na sociedade dos homens. Entre as duas instituições, há relações fundamentais. Não são simples relações ocasionais. Ao contrário, são laços verdadeiros, duráveis e essenciais à sua existência.

No lugar de "Estado", Calvino usava mais comumente os termos e as expressões *príncipes, magistrados, ordem civil e ordem política.* Tanto o Estado como a Igreja não poderiam ser diferenciados, senão em suas funções e instituições. Isto, não nas pessoas que os compõem.

Na verdade, não existiam na época de Lutero e Calvino termos que traduzissem exatamente *State* ou *Estado*. Assim, faziam o emprego dessas palavras que foram posteriormente traduzidas por Estado, ou simplesmente governo. A imensa maioria dos cidadãos e dos magistrados era filiada à

Igreja no século XVI. Todos os fiéis eram cidadãos. Ao Estado, cabia não somente manter a ordem na sociedade, mas também prover o sustento da Igreja e da fiel pregação da Palavra.

Esse foi um dos pontos principais do pensamento de Calvino e dos outros reformadores (*Institutas*, 1560, IV, XX, seção 9). Contudo, a função do Estado não era outra senão a função administrativa, exterior e "política". Não caberia ao Estado governar a Igreja, nem lhe regular a liberdade e a autonomia espirituais. Antes, à Igreja, o Estado deveria oferecer uma boa legislação que lhe garantisse a liberdade de pregação.

A edificação interna, porém, não se poderia fazer senão pela força da própria Palavra e pelo poder do Espírito Santo. O Estado não tem nenhum poder, nem para substituir essa força, nem para opor-se a ela:

> Embora mantenham os reis fiéis o reino de Jesus Cristo pela **espada** [*ius gladii* — grifo do autor], isto, no entanto, bem de outra maneira se faz do que são os reinos do mundo acostumados a ser defendidos. Ora, uma vez que o reino de Cristo é espiritual, também mister se faz que seja ele fundado na doutrina e na virtude do Espírito Santo. De igual modo, também se lhe perfaz a edificação, pois que nem as leis, nem os editos dos homens não penetram a consciência. Isso, no entanto, não impede que incidentalmente mantenham e defendam os príncipes o reino de Jesus Cristo; em parte quando ordenam e estabelecem a disciplina externa, em parte quando emprestam sua proteção e defesa à Igreja contra os ímpios. Entretanto, assim é que a perversidade do mundo faz que seja o reino de Jesus Cristo mais firmado e estabelecido pelo sangue dos mártires que pela força das armas (CALVINO, *Comentários*, Jo 18.36).

Mesmo quando a violência do Estado era usada contra a Igreja fiel, nada a poderia demover de seus ideais, conforme a própria igreja primitiva o atestava. Era precisamente essa a lição histórica que Calvino indicava para que os príncipes e magistrados aprendessem em todos os tempos (1990, p. 380). Não haveria como o Estado confundir tal autoridade sobre a Igreja. Ao lhe serem atribuídos poderes políticos, não deveriam vir a confundir a disciplina eclesiástica, em si, com a gestão política.

Calvino queixava-se de que essa confusão fosse tolerada na Alemanha e de vê-la ameaçar querer ganhar as igrejas reformadas. Para salvaguardar a independência política da Igreja em Genebra, enfrentou uma luta encarniçada e incoercível. Observou que os partidários da Igreja do Estado eram frequentemente os defensores superficiais de uma "ordem" apenas aparente. Confiavam ao Estado o cuidado de tutelar a Igreja, a fim de evitar que fossem abertos os debates teológicos necessários ao triunfo real da verdade. Nesse caso, Calvino criticava ainda a situação da Inglaterra:

> [...] mas tenha o rei só todo o poder de governar, a seu talante, o que quer que queira, e seja isso um arresto irrevogável sem contradita? Aqueles que de princípio elevaram tão alto o rei Henrique da Inglaterra, certo é que foram pessoas irrefletidas; atribuíram-lhe o poder soberano de todas as coisas. E isso me tem sempre lanhado gravemente o coração, pois que próprio de blasfemadores era o nomeá-lo soberano chefe da Igreja sob Jesus Cristo (Calvino, Leçons, Douze petits prophèts, Am 7.13).

Calvino recomendava, portanto, desconfiar das intenções religiosas das autoridades políticas, pois estas nem sempre eram sinceras. Tendiam e tendem frequentemente a tirar da situação o maior proveito político e pessoal.

Quanto a si própria, a Igreja teria grande responsabilidade em relação aos que são encarregados do governo dos povos. Seu primeiro dever era orar pelas autoridades. Seria, porém, muito difícil fazê-lo quando essas autoridades fossem hostis aos cristãos. Para Calvino, elas precisavam ainda mais de intercessão, para que mudassem de atitude. No entanto, ele insistia em que, mesmo a pior das tiranias, ainda valia mais que a anarquia:

> Então, ainda que aqueles que são investidos em dignidade e têm o **gládio da justiça** [*ius gladii* — grifos do autor] na mão se hajam muito mal, ainda que confusão maior façam que aqueles que nenhum cargo nem ofício têm, ainda que sejam até mesmo inimigos declarados de Deus, preciso é reconhecer que Deus estabeleceu os reinos, os principados, e o tribunal de justiça, a fim de que vivamos sossegadamente sob seu temor e levemos vida honesta [...] mesmo quando os **tiranos** dominam, vemos que há grandes corrupções, contudo ainda é mais tolerável do que se nenhuma ordem houvesse [...] porque ainda que haja diabos assanhados a ocuparem o assento de justiça, ainda que se esforcem por fazer o mal, Deus não lhes permite chegar até o ponto de perverterem toda a justiça; há sempre de restar ainda algum traço de bem" (O. C., v. LIII, p. 130, 131, sermão sobre 1Tm 2.1,2).

A tarefa particular da Igreja consistia em orar pelas autoridades. Ao lado disso, vinha um dos aspectos essenciais da sua missão profética: reiterar-lhes assiduamente o senso divino de seu ofício. Para colocar-se expressamente em guarda contra todo abuso de poder, fraqueza ou injustiça que cometam ou tolerem. A Igreja se tornaria cúmplice da injustiça social se deixasse de ser vigilante. Somente restaria a ela ser destruída, pois falhou em sua missão (Biéler, 1990, p. 384).

Para esclarecer esse raciocínio da investigação, é necessário lembrar que entre as palavras e termos empregados por Calvino, em seus outros escritos, havia tanto termos franceses como latinos. Segundo Höpfl (1995, p. lxix-lxxix), é necessário atentar para todos esses termos latinos ou franceses, pois Calvino os empregou nas sucessivas edições das *Institutas* e em outros escritos seus. Usando a explanação de Höpfl (1995), uma síntese desses termos vem a seguir.

Para autoridade e poder, Calvino empregou os termos latinos *potestas*, *autoritas*, *imperium*, *dominatio* e os termos franceses *puissance*, *authorité*, *domination*. Autoridade e poder servem para traduzir todos esses termos.

Parece que Calvino os utilizou para obedecer à norma estilística, tentando evitar a repetição de palavras e variando-as na mesma sentença, ou em frases próximas. Inconscientemente, respeitou os padrões escolásticos e afastou-se dos clássicos.

Um clássico não usaria *auctoritas* e *potestas* alternadamente, nem usaria a grafia errada *autoritas*, como fez Calvino. De toda forma, para Calvino, *potestas* significava "poderes", "direitos" ou "títulos inerentes a determinado cargo". Tem ainda o sentido de autoridade.

No latim clássico, *imperium* é o conjunto de poderes inerentes aos mais altos cargos cívicos — cônsul, general, imperador etc. Esse sentido ampliou-se no período medieval, incluindo os direitos do cargo real. Ou seja, *imperium* é a mais alta *potestas*. Como faziam os escolásticos, Calvino empregou *auctoritas* no sentido de *imperium* ou de *potestas*, mesmo quando se referiu à autoridade moral ou intelectual. Os três termos são legítimos em Calvino.

Nas versões francesas, ele traduziu todos os três termos por *puissance*, sem diferenciá-los. Às vezes, traduzia *auctoritas* por *authorité*. Até mesmo *ius* (direito), empregado com referência ao *ius gladii* (espada da justiça ou do poder), foi traduzido por *puissance* (poder).

O termo "soberania" não tem suas origens no latim clássico. A versão latina desse termo seria *plenitudo potestatis* ou *plena potestas* ou, ainda, *summa autoritas*. Calvino o empregou no cap. XX, seção 31, para enfatizar o dever de obediência das pessoas privadas — imediatamente seguido pela referência aos direitos dos magistrados do povo.

Outro modo alternativo de traduzir "soberania" seria o latim *merum imperium*, que aparece na seção 32, ao referir-se ao poder de Deus. O termo *maiestas* (majestade) foi livremente empregado, tanto para a autoridade divina quanto para a autoridade secular. Talvez, um possível sinônimo de "soberania". Não era empregado em sentido jurídico, porque possuía, desde a Idade Média, uma aura religiosa que Calvino preferiu prestigiar.

Para governo, forma de governo, organização política, ordem civil, regime, unidade política, ele empregou *politia, ordinatio, regimen, gubernatio, respublica, civitas* ou *police, ordennance, chose publique, république*. Em sua época, Calvino não dispunha de um termo exato equivalente a *State* ou Estado. Lutero dispôs apenas do termo alemão *Gemeinde* e usou-o para reino, eleitorado, império, ducado etc.

Os termos de Calvino foram traduzidos para o inglês *commonwealth* (unidade política, governo). *Politia* foi empregada por ele para ordem civil, intercambiando-o com *respublica, civitas* ou *chose publique, république*. Para "magistrado" e "príncipe", usou *magistratus, princeps* ou *magistrat, prince; superiores, praefectus* ou *supérieur*. Referiu-se aos magistrados como ministros, servos, representantes, legados, lugar-tenentes etc. Para obediência, dever, serviço a Deus, piedade, impiedade, devoção, retidão, empregou *pietas* ou *pieté.* Em linhas gerais, essa foi a terminologia que Calvino empregou em suas obras, bem como algumas explanações acerca de seus pontos de vista políticos.

5
Calvino e a resistência ao Estado

Resistir à autoridade, desobedecer, desobediência civil etc. Essas palavras podem soar como estranhas para o pensamento cristão. Esse pode parecer um assunto explosivo, prejudicial e até mesmo proibido.

Como já vem de muito longe a pregação em favor do cumprimento da lei, da ordem, da hierarquia, da submissão às autoridades, o princípio da autoridade foi totalmente assimilado e impregnou-se ao cristianismo. Às vezes, de forma clara e exacerbada. Em outras ocasiões, a liberdade para impor a autoridade foi usada de forma mais disfarçada e manhosa.

No entanto, se desobedecer também significa "não se submeter, transgredir, infringir, violar; desobedecer à lei", então, na verdade, a desobediência consiste em não se sujeitar à vontade e à autoridade de outrem ou mesmo não ceder às suas decisões. É o que pretendemos enfocar aqui.

Após explicitar o ator principal em questão — Calvino — e de tentar analisar os detalhes do palco de operações — Genebra —, buscamos agora a explanação da teoria calviniana da resistência ao Estado. O objetivo é compreender a teoria calviniana da resistência à autoridade, por meio de representantes denominados magistrados populares ou inferiores.

Inicialmente, são apresentadas as considerações sobre a obediência e a resistência nos primórdios da Reforma. Trabalha-se também a importância dos reformadores da primeira geração, de Lutero e dos luteranos, para a formação do pensamento de Calvino.

Para tanto, é analisada a relevância que várias teorias anteriores tiveram para o pensamento calviniano: a teoria constitucional de Hesse, a teoria do direito privado da Saxônia e a *Confissão de Magdeburgo*. Mais ainda, o pensamento dos seus contemporâneos: Martinho Bucer, Melâncton, Zwinglio, John Knox, Osiander, Ponet, Goodman e outros. É necessário, ainda, mostrar as principais características da doutrina política de Calvino, bem como a terminologia apropriada que ele empregou nesse aspecto.

Para isso, será focalizado o "recorte" político das *Institutas*: o capítulo XX do livro IV. Será uma análise da evolução ocorrida no pensamento e na postura de Calvino, quanto à resistência legítima às autoridades superiores. Isso se verifica nas sucessivas edições das *Institutas* e em seus outros escritos.

Avalia-se essa evolução a partir de uma exceção concedida por Calvino: ele delegava aos magistrados populares a função de agirem como os legítimos vingadores. Eram as autoridades escolhidas por Deus e pelo povo, para oferecerem resistência às autoridades superiores que cometessem injustiças ou a tirania.

Teria o pensamento calviniano se revestido de um potencial revolucionário, levando em conta essa exceção? Tornou-se ela a pergunta básica ou o problema central pesquisado neste livro.

Existem, ainda, outras questões. De fato, em Calvino, esse destaque para o verdadeiro papel dos magistrados do povo era um pormenor ou uma exceção em seus escritos. Poderia esse pormenor constituir o viés pelo qual o potencial revolucionário calviniano influenciou outros calvinistas?

Como uma hipótese que se formula para responder a essas questões, a resposta que se busca obter aponta nessa direção. Pois, com base em seus escritos e na repercussão que tiveram, esse pormenor, esse destaque dado por Calvino ao papel dos magistrados do povo, foi inovador. E essa foi sua contribuição para o desenvolvimento da teoria da resistência.

Embora um simples detalhe, até mesmo uma pequena exceção, nisso encontrava-se a colaboração de Calvino para o desenvolvimento de uma teoria de resistência à autoridade iníqua ou ao tirano.

O objetivo, então, consiste em analisar toda a sua terminologia política. Essa é a forma de apontar algumas das principais características do pensamento político de Calvino.

Deve-se, então, dar atenção maior ao conteúdo do capítulo "político" das *Institutas*. Somente após analisar o próprio Calvino é que se pode arriscar alguns apontamentos sobre o que seguidores e intérpretes calvinistas teriam alterado nessa teoria calviniana.

OBEDIÊNCIA E RESISTÊNCIA NOS PRIMÓRDIOS DA REFORMA

Ao propor uma filosofia da História, o filósofo alemão Hegel, que era luterano, pensava ser viável o projeto dessa filosofia. Para isso, havia a condição de tentar fazer uma análise filosófica de como a liberdade se realizou na História. Sob esse aspecto, pareceu-lhe que a Reforma foi o momento em que essa liberdade tornou-se consciente de si mesma. Voltando-se para si, para a subjetividade, descobriu que a realização da liberdade era algo interior (Hegel, 1973, v. 12, p. 94 apud De Boni, 2000, p. 10):

> O ensino fundamental de Lutero é o de que isto, a subjetividade infinita, isto é, a verdadeira espiritualidade, Cristo, de modo nenhum se encontra presente e real de forma exterior; mas como algo espiritual, é alcançado tão-somente na reconciliação com Deus — na fé e no gozo (*im Glaube und im Genusse*).

Ao afastar-se o indivíduo do exterior, ao perceber que ele mesmo é cheio pelo Espírito, em seu contato com a divindade, desencadeia-se uma mudança radical dentro da Igreja. Deixa de existir uma classe privilegiada à qual pertença, de modo exclusivo, o conteúdo da verdade. Deixam de existir diferenças entre clérigos e leigos. Todos se tornam sacerdotes, pois a todos é concedido o Espírito Santo. Cada um tem assim a obrigação de realizar em si mesmo a reconciliação, suprimindo qualquer tipo de mediação. Essa interioridade absoluta, o espírito subjetivo, não é, porém, subjetivismo. Ele deve apropriar-se do conteúdo objetivo, e deixa seu conteúdo particular em troca da substancial verdade, apropriando-se desta:

> Desse modo, o espírito subjetivo torna-se livre na verdade, nega sua particularidade e chega a si mesmo em sua verdade [...] Esse é o conteúdo essencial da Reforma: o homem é determinado por si mesmo para ser livre (Ibid. p. 11).

Partindo da subjetividade da Reforma, e segundo muitos de seus intérpretes, Hegel acaba relativizando a autoridade religiosa. Ele ainda acaba absolutizando a política, na medida em que a razão individual compreende a racionalidade da lei e o particular assume, na racionalidade, o geral.

Considerar a interpretação individual da Bíblia como norma primeira de vida e ação, e em nome dessa interpretação recusar obediência ao papa, era bem mais que uma ousadia. Era a própria subversão da ordem vigente. Com isso, foram lançados os fundamentos da distinção entre cristianismo e Igreja. Algo que, na maturação de quatro séculos, levou a tensões nem sempre satisfatoriamente resolvidas, como a da pergunta a respeito da possibilidade de uma fé cristã fora da Igreja.

A Reforma foi a primeira grande revolução dos tempos modernos. Uma revolução religiosa num mundo subdeterminado pela religião. As mudanças provocadas pela Reforma não se limitaram às questões eclesiásticas ou teológicas. Essa influência para além da religião é apontada por Max Weber (1864-1920), em seu estudo clássico: *A ética protestante e o espírito do capitalismo* (1996, p. 233).

Weber afirma que o capitalismo moderno encontra sua raiz mais profunda na visão teológica da existência humana, tal como a concebia o calvinismo. Não há espaço aqui para aprofundar tema tão instigante. Nem mesmo para aprofundar o fato de que a subjetividade, como experiência religiosa nesse caso, articulou-se entre os reformadores um século antes de René Descartes (1596-1658) articulá-la como a categoria filosófica fundamental da modernidade.

Essa discussão mostra a relevância do tema aqui abordado. Para delimitar melhor o "recorte" que ele abrange, há que se focalizar o século XVI. Para uma introdução à teoria de Calvino acerca da resistência ao Estado, é necessário voltar primeiramente a atenção para Lutero e para os primórdios da Reforma.

No início do século XVI, o clima era de perseguições aos protestantes. Envolvia todo o norte da Europa, onde os católicos eram violentos na tentativa de reunificar o cristianismo. Na Alemanha, na Inglaterra e Escócia, na França etc., havia momentos de crescimento do protestantismo. Outras vezes, perseguições e recrudescimento.

Um questionamento surgiu por parte dos reformadores e a urgência exigida para sua resposta, acrescida do contexto de temores constantes acerca da sobrevivência da própria fé protestante. Era o questionamento acerca da obediência devida às autoridades, e acerca do direito de resistir legitimamente aos magistrados que agiam com injustiça.

Na Alemanha, o imperador Carlos V nem sequer tentava novas negociações com os príncipes da Liga de Schmalkalden — ou Esmalcalda. Na liga que surgiu durante as Guerras de Esmalcalda, os príncipes protestantes decidiram organizar-se em defesa mútua. Em princípios de 1531, formaram a liga. Segundo os integrantes dessa liga protestante, até mesmo o emprego de armas seria justificado em defesa de sua fé, se fosse necessário. O imperador Carlos V esteve envolvido em guerras contra os turcos e os franceses de 1532 a 1542. Nesse período, a liga não teve muito com quem lutar.

Em 1546, morreu Lutero. Filipe Melâncton assumiu a liderança do movimento luterano. Agora, o imperador estava livre para combater os protestantes alemães, ocasionando as chamadas guerras esmalcáldicas. A guerra durou de 1546 a 1552. Findou apenas com a Paz de Augsburgo, em 1555, quando o luteranismo alcançou igualdade legal com o catolicismo romano na Alemanha.

Ao príncipe — magistrado inferior —, cabia determinar a religião em seu território. Aos dissidentes, era dado o direito de emigrar. Esse foi um grande passo para o pluralismo religioso (Cairns, 1984, p. 240). Carlos V ainda apregoou guerra santa contra os hereges protestantes em 1543. Chegou a assinar, em secreto, um pacto antiluterano com o rei da França, Francisco I. Foi a esse rei francês, de quem sempre aguardava total apoio, que Calvino dedicou suas *Institutas* (1536) e a quem elogiou como o "mais protestante dos reis da França".

Esse prefácio continuou figurando nas edições seguintes, não em homenagem ao monarca, mas por causa de seu brilhante conteúdo, um resumo espetacular da fé reformada. Carlos V conseguiu ao menos a neutralidade de Francisco I. Entretanto, do papa Paulo II, ele conseguiu a promessa de dinheiro e armas. Conseguiu também separar o duque Maurício, da Saxônia, de seus correligionários protestantes, prometendo-lhe, em troca de seu apoio, as terras de João Frederico.

Assim, a Liga de Esmalcalda foi completamente derrotada em 1546. Em 1547, Carlos V prendeu tanto João Frederico, da Saxônia, quanto

Filipe de Hesse. Carlos V convocou a Dieta de Augsburgo, em 1548, enquanto declarou a Igreja Luterana ilegal em todo o império. Em toda a Europa, grandes ameaças pairavam sobre os protestantes.

Lutero morrera em 1546, e os líderes reformados haviam sido expulsos para a Inglaterra. O mesmo aconteceu com Martinho Bucer. Bucer ou Butzer (1491-1551) era aquele amigo de Calvino, reformador de Estrasburgo. Chegou a Estrasburgo em 1523, excomungado e sem dinheiro, junto com Wolfgang Capito e outros. Rapidamente, assumiu a liderança da Reforma daquela cidade. Tornou-se eminente mediador eclesiástico e teológico. Trabalhou arduamente quando da celeuma acerca da santa ceia entre luteranos e zwinglianos suíços. Conquistou algum sucesso na Concórdia de Wittenberg (1536).

A Confissão Tetrapolitana (1530) reflete a sua posição mediadora sobre os reformados do sul da Alemanha. Com a morte de Zwinglio (1531), tornou-se o líder das igrejas reformadas da Suíça e da Alemanha. A tradição de Estrasburgo quanto à sua tolerância atraiu numerosos expoentes da Reforma radical. Por exemplo, Bucer tornou-se um sábio homem de Estado e adotou um protestantismo "ecumênico". Juntamente com Melâncton, liderou os colóquios entre protestantes e católicos na Alemanha (1539-1541), em Hagenau, Worms e Ratisbon.

Calvino usufruiu desse ecumenismo por três anos (1538-1541). Ele aprendeu muito com Bucer, conforme lembra em seus comentários bíblicos, especialmente quanto à predestinação e eucaristia, e na área de adoração. Estrasburgo tornou-se o recurso último da tradição reformada. Desde o seu Livro de Ordem Comum até os quatro ofícios, particularmente o presbiterato, e sobre a disciplina e importância da ordem eclesiástica em geral. Na área de educação, o *Strasburg's Gymnasium* inspirou a Academia de Genebra.

A oposição de Bucer ao *Ínterim de Augsburgo* (1548), arranjado pelo imperador Carlos V para manter a paz religiosa no império, resultou no seu exílio. Thomas Cranmer convidou-o à Inglaterra, onde Bucer tornou-se *Regius professor of divinity*, em Cambridge (1549). Deixou sua marca no protestantismo anglicano, especialmente quanto ao ritual litúrgico. Apresentou ao rei Eduardo VI um projeto de reforma nacional, intitulado *The Kingdom of Christ*. Sua contribuição para a causa reformada foi incalculável, tanto quanto a sua versatilidade (McKimm, 1992, p. 43; Cross e Livingstone, 1989, p. 206, 209).

Na Inglaterra, a Reforma progredira logo após a morte de Henrique VIII em 1547. Os protestantes Hooper, Ridley e Ponet assumiram o poder na época de Eduardo VI (*Cuadernos Teológicos*, 1955, n. 16, p. 53 et seq.). Quando a rainha Maria Tudor sucedeu esse seu irmão (1553), tudo mudou drástica e rapidamente. Mais de 2 mil clérigos foram destituídos de seus benefícios (1554). Em 1555, Stephen Gardiner era o chanceler e autorizou o início das perseguições que deram à rainha o nome *Bloody Mary* (Maria Sanguinária).

Foi a época em que muitos reformadores importantes fugiram para a Suíça de Calvino. Outros 300 foram presos e queimados vivos, tais como Hooper, Latimer, Ridley e Cranmer. A Igreja católica estava por eliminar os protestantes (Skinner, 1996, p. 466).

Na Escócia, havia uma crise semelhante. Na década de 1540, a Reforma era "plena e devota" e garantida pelo governo. As Bíblias circulavam em inglês desde 1543. Após 1547, porém, o protetor Somerset levou a Escócia a aliar-se à França. Uma força naval francesa prendeu os defensores da cidade de Saint Andrews, como John Knox, mandando-os para as galés. Em 1558, houve um julgamento dos principais pregadores protestantes.

Na França, as comunidades protestantes passaram a ser esmagadas. Calvino alimentara inicialmente a esperança de que o rei Francisco I se convertesse ao protestantismo. Marguerite d'Angoulême envolvera-se com humanistas bíblicos de Meaux. Era irmã do rei Francisco I. Protegeu Calvino e alguns dos primeiros calvinistas franceses.

No final da década de 1530, Francisco I tornara-se inflexivelmente católico. Por meio de seu *Edito de Fontainebleau* (1540), ordenara a execução de hereges. E isso foi feito ferozmente até o final de sua vida. O prefácio das *Institutas* de Calvino, pedindo ao rei clemência para os protestantes, mostrou-se ineficaz.

Henrique II sucedeu Francisco I no trono francês (1547). Intensificou as perseguições, criando até a terrível *Chambre Ardente* (Câmara Ardente). Esse tribunal para julgar os hereges condenou mais de 500 protestantes em apenas três anos (Léonard, 1965-1967, v. II, p. 110). Promulgou o *Edito de Compiègne* (1557), admitindo apenas a pena de morte como castigo para a heresia.

Em 1559, Henrique II morreu, assumindo o poder a família Guise. Ferozmente antiprotestante, os Guises governaram em nome do jovem rei Francisco II. Em apenas dois anos, a selvageria atingiu o ápice de uma guerra religiosa.

Como as comunidades calvinistas reagiram em prol de sua sobrevivência? Como as demais comunidades protestantes reagiram? Como resistiram aos Estados que os massacravam? A obediência às autoridades "instituídas por Deus" foi passiva ou houve uma resistência ativa? Esse é o interesse principal dessa pesquisa acerca do nascimento da teoria do direito constitucional de resistir legitimamente ao Estado.

A partir desse arcabouço histórico, a introdução à teoria de Calvino acerca da resistência ao Estado encaminha primeiramente a atenção a Lutero, nos primórdios da Reforma. Calvino participou da segunda geração do movimento de reforma e regeneração religiosa, que, iniciado em 31 de outubro de 1517, autodefiniu-se a partir de 1520. Somente a partir do século XVII, essa revolução passou a ser denominada Reforma Protestante.

6
A evolução do pensamento de Calvino

A exceção apontada por Calvino em sua seção 31, do livro XX, do volume IV das *Institutas*, certamente apontava para a sua evolução política. Calvino foi mudando seu pensamento, quando voltou a Genebra (1541), atendendo a pedidos e sendo reintegrado como pastor principal da cidade. Então, pôde concretizar as linhas principais de uma igreja reformada e com a cooperação da magistratura local. Indispensável, mas relutante.

O resto de sua vida dedicou-se a atividades civis e eclesiásticas. Foi consolidando suas reformas e dando especial atenção à Venerável Companhia dos Pastores (ou Venerável Conselho). Este se constituía de um colegiado de clérigos, encarregados de governar a cidade em seus aspectos eclesiásticos e espirituais.

Calvino escreveu a sua primeira edição das *Institutas,* quase inteiramente, em 1535. Quando a publicou (1536), Calvino ainda não tivera nenhuma experiência de administração dos assuntos de uma igreja. Não fora sequer sacerdote da velha Igreja católica, como os demais reformadores da primeira geração. E, pelo menos conforme os ritos atuais necessários, nunca foi ordenado pastor na nova igreja.

Era inteiramente sem experiência da prática pastoral e, *a fortiori,* de alguma experiência em matéria de política eclesiástica ou conselhos de príncipes e magistrados (Ganoczy, 1966, p. 130-131 e Höpfl, 1985, p. 31, nota 72). Suas principais inovações surgiram quando das alterações à primeira edição (1536).

Nas *Institutas* de 1541 (primeira edição francesa), a Igreja "invisível", somente de eleitos, desapareceu quase por completo. Calvino passou a concentrar-se na Igreja "visível", com sua organização, autoridades e atividades.

O último capítulo da primeira edição (1536, latina) era subdivido em três capítulos distintos e ampliados, com uma discussão sobre aspectos concretos de organização das igrejas "visíveis". A seção original *Sobre a administração política* foi alterada e deu origem ao capítulo político que deixou de ficar no final da obra.

Voltou, porém, a ser o fecho das *Institutas* nas suas últimas edições (1559, latina/1560, francesa). Foi nessas edições finais que a seção eclesiológica voltou a ser parte do mesmo livro IV — *Sobre os meios exteriores de salvação*, nos capítulos 1 a 12. Essa eclesiologia, entretanto, trazia agora um abrangente balanço do que Calvino julgava ser a organização bem ordenada de uma verdadeira Igreja visível, segundo as Escrituras. Incluía também uma polêmica antipapista muito ampla.

Após a publicação da versão intermediária (1543, latina), novamente a Igreja passou a ser vista como devendo ser "governada por um clero", detentor de certo grau de independência e de autoridade. Os demais reformadores magistrais, por volta de 1530, reconheciam que haviam concedido às autoridades seculares muito mais do que pretenderam.

Um ministério reformado deveria se encarregar do recrutamento do pessoal eclesiástico, da supervisão da doutrina, da devoção e dos costumes dos membros das congregações. Essa era a crença generalizada. Preferiam-na a deixar nas mãos de autoridades seculares, pois estas o fariam de forma negligente.

Qualquer tentativa de elevar a posição, a independência e o poder do clero enfrentaria sempre resistências dos governantes e congregações ostensivamente evangélicos. E eram, tradicionalmente, sempre anticlericalistas. Era necessário, ainda, distinguir a legítima autoridade de um corpo devoto de pastores reformados da "tirania" dos papas e prelados católicos. Por isso, Calvino viu como antídoto à tirania eclesiástica a fuga de toda aparência de monarquia. Ele apresentou a alternativa de criação de um ministério colegiado e corporativo. Essa alternativa não permitia nada mais monárquico do que um *primus inter pares.* Alguém que tivesse a primazia entre seus pares, no papel de moderador.

Para a sua teoria política, a melhor forma de organização para uma igreja era a aristocracia. Ou um governo misto que reunisse componentes aristocráticos e democráticos. Para Calvino, essa era a forma ordenada nas

Escrituras. Neste caso, como cada membro individual da aristocracia deveria policiar os demais, o conjunto dos aristocratas precisava ser policiado. Igualmente, o conjunto de súditos deveria ser policiado pela coletividade dos governantes. Isso também se aplicava à organização política da comunidade.

Para entender essa argumentação, é bom relembrar a importância dos luteranos. Foram eles que elaboraram a teoria constitucional da resistência. Ela fora reavivada, em 1546, depois de eclodir a Guerra de Schmalkalden ou Esmalcalda. Com certeza, essa colaboração luterana havia contribuído para a evolução do pensamento calviniano e dos calvinistas.

Os luteranos da época de Calvino acrescentaram o argumento revolucionário, o qual haviam originariamente usado na década de 1530. Uma teoria da resistência fundamentada no direito privado, na linha do jurista Brück, e derivada do direito civil e canônico. Entretanto, a *Confissão de Magdeburgo* (1550) foi a mais importante reafirmação da teoria constitucional e também da teoria do direito privado.

Foi essa confissão a primeira a afirmar que o "magistrado foi instituído por Deus, para a honra das boas obras e o terror das más", e dizia que, "se ele passar a ser um terror para as boas obras e uma honra para as más", então "não pode mais ser considerado uma autoridade instituída por Deus" (apud Skinner, 1996, p. 492). Isso implicava a seguinte afirmação: todo governante que excedesse os limites de seu cargo deixaria de ser um magistrado genuíno.

Essa confissão foi além dos luteranos anteriores, porque apontava que um governante tirânico deixaria de ser magistrado genuíno. Foi também além, ao afirmar que esse se reduziria automaticamente ao *status* de um criminoso privado. Utilizava um argumento mais teológico e menos legalista, para indicar que um governante não deveria mais ser considerado um verdadeiro magistrado. E que ele, automaticamente, deixaria de ser uma autoridade instituída por Deus (Ibid., p. 492-493, notas).

À luz dessa análise é que a resistência pela força se legitimava. Foi assim que a *Confissão de Magdeburgo* fez uma engenhosa combinação do argumento do direito privado com a teoria dos magistrados inferiores. Sobre quem deveria resistir, a confissão afirmava: "a pessoa de função mais próxima à do supremo magistrado é outro magistrado". E, mesmo que fosse inferior ao que estivesse trilhando o caminho errado, ainda era magistrado instituído por Deus "para a honra das boas obras e terror das más".

Para quem fosse resistir, era essencial que o fizesse "de acordo com seu lugar e em razão de sua função" (Ibid., p. 496). Assim, somente essas autoridades inferiores poderiam resistir a outros magistrados quaisquer se estivessem fora de seus limites. No caso dos calvinistas, a adoção e reiteração da resistência de origem luterana, principalmente quanto à *Confissão de Magdeburgo*, foi empregada para enfrentar a crise do protestantismo de meados do século XVI.

Eles, porém, foram bastante cautelosos na sua argumentação. Exceção digna de nota parece ter sido o próprio Calvino, após a sua última versão latina das *Institutas* (1559). No capítulo final, o vigésimo, ou o capítulo político, foi inserido o seguinte:

> O rei excedeu os seus limites, e não apenas foi perverso contra os homens, mas, ao erguer suas trombetas contra Deus, também ab-rogou os próprios poderes (*Institutas*, 1559, v. IV, XX, seção 32).

Nesse texto, Calvino citou o exemplo de Daniel, quando "[...] nega ter cometido uma ofensa contra o rei ao desobedecer a seu decreto ímpio" (1559, IV, XX, seção 32). Esse ato de Daniel era justificável para Calvino, porque "o rei excedeu seus limites".

Uma só frase, mas muito significativa, pois parece afinal aludir à teoria da resistência fundamentada no direito privado. Não mencionava que o magistrado era reduzido automaticamente ao *status* de criminoso. Frase ambígua. Afirmava claramente que o magistrado que ultrapassasse os limites de sua legítima autoridade deixaria de ser um magistrado genuíno. Parecia ainda estar se referindo mais à desobediência que à resistência ativa.

Passando-se, todavia, das *Institutas* para os comentários bíblicos de Calvino, publicados na fase final de sua vida, observa-se que suas referências ao direito privado aumentaram, até chegar a uma teoria da legítima oposição aos tiranos. Essa é a apontada evolução no pensamento político calviniano, com sua dívida para com os desenvolvimentos de outros reformadores.

Começa pelo seu *Comentário sobre os Atos dos Apóstolos,* publicado pela primeira vez em 1552 e repetido em 1554. Sobre a expressão dos apóstolos "é melhor obedecer a Deus que aos homens", Calvino argumentou que todo governante tem uma função piedosa a exercer. Então afirmou:

> [...] se um rei, príncipe ou magistrado se conduz no sentido de diminuir a honra e o direito de Deus, converte-se em nada mais que um homem comum [*non nisi homo est*] (Calvino, 1552/1554, *Comentários*, Atos dos apóstolos apud Skinner, 1996, p. 494).

O tema da obediência política foi retomado em seu comentário ao capítulo 17 de Atos dos Apóstolos. Ele fez um acréscimo muito significativo ao argumento anterior. Agora, Calvino dizia que:

> [...] de fato é possível afirmar que não estamos violando a autoridade do rei sempre que nossa religião nos compele a resistir [*resistere*] a editos tirânicos que nos proíbem de prestar a Cristo e a Deus a honra e a reverência que lhes são devidas (Ibid., p. 495).

Pode-se, então, afirmar que Calvino atingiu maior evolução em sua postura política apenas na fase final de sua vida, dos anos 1559 a 1564. Isso se pode confirmar também em suas *Preleções sobre o profeta Daniel*, publicadas pela primeira vez em 1561, nas quais havia um desenvolvimento análogo ao argumento do direito privado.

Novamente, Calvino citou a recusa de Daniel em obedecer ao comando do rei Dario. Reiterou que ele "não cometeu pecado", pois "em todos os casos em que nossos governantes se insurgem contra Deus" automaticamente "abdicam de seu poder terreno" (Calvino, Opera Omnia, v. LII, p. 110-111 apud Skinner, 1996, p. 495).

Calvino discutiu ainda outra vez a mesma passagem. Agora, com a nítida disposição de aceitar suas mais radicais implicações, em seus *Sermões sobre os últimos oito capítulos do livro de Daniel*. Essa obra foi publicada em 1565, postumamente (Ibid., p. 495). Nela, Calvino reiterou que "Daniel não cometeu pecado quando desobedeceu ao rei". Justificou com esta alegação:

> [...] quando os príncipes ordenam que Deus não seja servido e honrado não são mais dignos de ser considerados príncipes [...] não são mais dignos de ser considerados príncipes (Ibid., p. 496).

Para Calvino, não significava apenas que "não precisamos atribuir-lhes autoridade alguma". Clara e definitivamente, porém, afirmou que "quando eles se insurgem contra Deus" — "é necessário que **sejam derrubados** — *mis en bas*" (Ibid., p. 498; grifos do autor).

Apesar disso, o que dificulta a análise é que, mesmo na década de 1560, Calvino continuou cauteloso em alguns aspectos. Ele não eliminou das *Institutas* as passagens contraditórias, nas quais continuava a defender o dever de não-resistência. Ele continuou ambíguo ao frisar que as exceções que viera a admitir não deveriam, de modo nenhum, dar margem a ilações de que nelas se incluiria a possibilidade de resistência por cidadãos privados ou pelo conjunto do povo.

Para exemplificar: nos *Três sermões sobre a história de Melquisedeque* (1560, publicados em francês), ele sustentou que era "absolutamente proibido a todo indivíduo privado pegar em armas", pois isso significaria "despojar Deus de sua honra e direito" (apud SKINNER, 1996, p. 644). Os "indivíduos privados devem em absoluto abster-se de toda violência". Deveriam "ter a coragem de sofrer quando a Deus aprouver abatê-los" (Ibid., p. 644).

Portanto, nessa fase final de sua vida, Calvino mostrou sua evolução, ainda que por meio de exceções, em sua postura política. Embora fossem exceções ou detalhes, eram bem significativos. Essa tal ambiguidade não mais se atestava nos líderes calvinistas e protagonistas do movimento na Inglaterra, os quais não hesitaram em assumir um espírito revolucionário. E foram, nesse aspecto, mais revolucionários que o próprio Calvino. Porque enunciaram inequivocamente o argumento do direito privado como justificativa principal para a resistência legítima pela força.

Para concluir o pensamento aqui, podem-se apontar alguns exemplos de pensadores calvinistas revolucionários que desenvolveram a teoria da resistência. Um deles foi John Ponet (1514-1556), o primeiro a usá-lo, em seu *Breve tratado sobre o poder político*. Ponet fugiu para Frankfurt quando a rainha Mary Stuart assumiu o trono. Seu livro foi publicado no ano de sua morte (1556).

A teoria continuou a ser desenvolvida por Cristopher Goodman (1520-1603), em *Como os poderes superiores devem ser obedecidos por seus súditos,* publicado em Genebra (1558), onde Goodman refugiara-se e tornara-se pastor da comunidade protestante inglesa. Goodman contribuiu também com comentários nas margens da tradução do Antigo Testamento para a Bíblia de Genebra, em 1560 (Skinner, p. 98, nota).

Juntamente com outro comentarista, William Whittingham, Goodman afirmou que os governantes foram instituídos para desempenhar determinada função: "ordenados para punir os maus e defender os bons". Os governantes não passavam de "executores das leis de Deus". E as suas ordens não deveriam "ser contrárias à lei de Deus e às leis da natureza" (Ibid., p. 495).

Nas notas explicativas de Goodman, na Bíblia de Genebra, especialmente no primeiro livro de Samuel, no trecho em que Israel pede a Deus um rei, ele afirmou que se deve "notar que os reis têm essa autoridade em razão de seu cargo". Seus deveres consistem em defender a ordem e a devoção (1999, edição brasileira, p. 124, nota).

Essa Bíblia de Genebra hesitou em recorrer diretamente à teoria da resistência fundamentada no direito privado. Não afirmou explicitamente que o magistrado que agisse como um tirano deveria ser reduzido ao *status* de criminoso privado. Apenas evidenciou essa doutrina quando se referiu a isso, na passagem onde Daniel desobedece às leis ilícitas do rei Dario (Ibid.).

Goodman, porém, não havia hesitado em reiterar a doutrina. Ao comentar Romanos 13, em *Como os poderes superiores devem ser obedecidos por seus súditos,* finalmente legitimou a resistência pela força, no seu capítulo 9. Frisou outra vez que, se os governantes se transformassem em tiranos e assassinos, "não são mais pessoas públicas", pois estavam "condenando sua autoridade pública ao usá-la contra as leis". Deveriam, portanto, "ser considerados por todos como pessoas privadas", não mais genuínos magistrados (Skinner, 1996, p. 497-498, notas). No capítulo 10, Goodman desenvolveu e resumiu toda a teoria, encerrando-a desta forma:

> [...] quando reis e governantes tornam-se de todo blasfemadores contra Deus, e opressores e assassinos de seus súditos, devem ser considerados não mais reis ou legítimos magistrados, mas pessoas privadas,

> e ser examinadas, acusadas, condenadas e punidas pela lei de Deus, à qual estão e têm de estar sujeitas (Ibid., p. 499, nota).

Com essa doutrina do direito privado, os pensadores calvinistas revolucionários Ponet e Goodman passaram a defender a legitimidade da resistência pela força. Em 1553, Melâncton foi um dos "consoladores" de Ponet em seus tempos de exílio. Foi também um dos primeiros a usar a teoria da resistência do direito privado (Robinson, 1846, v. I, p. 116 apud SKINNER, 1996, p. 499). Melâncton argumentou, exemplificando, que, quando o magistrado "é surpreendido na cama com a esposa de um homem, ou deflora e violenta sua filha", se deveria resistir a ele, como se fosse um criminoso comum.

Ponet, por sua vez, chegou a argumentar sobre o direito de matar em legítima defesa ou em defesa da propriedade "quando um governante subitamente desfere sua espada contra um inocente". Para Ponet, a pior situação seria quando o "governante trai e entrega seu país a estrangeiros". Em quaisquer desses casos, o magistrado estava "abusando de seu cargo" e excedendo sua autoridade. Desse modo tão evidente, o dever das pessoas consistiria em não mais se submeter a esses atos ímpios e tirânicos, mas em resistir a eles e garantir que fossem "depostos e removidos de seus lugares e cargos" (Ponet, p. 11, 104-105 apud SKINNER, 1996, p. 499).

Por fim, aquela ambiguidade de Calvino foi analisada por André Biéler. Para ele, o reformador apenas ensinava que era preciso lutar contra aquilo que destrói a autoridade (1990, p. 371). Notadamente, lutar contra duas tendências naturais do homem — o espírito revolucionário, que visa a everter as autoridades constituídas, ou o seu oposto, o conformismo oportunista, que adula os detentores do poder, abandonando todo o senso crítico e o discernimento exigido pela fé cristã:

> Há hoje em dia gente aloucada e bárbara que porfia por everter todos os governos, embora estabelecidos por Deus. Por outro lado, os aduladores dos príncipes, exaltando sem fim e medida o poder desses, levam-nos quase a pelejar contra Deus.

> Destarte, não se fizesse frente a esses dois vícios [sic], rechaçando-os, em confusão estaria a pureza da fé (*Institutas*, 1560, francesa, v. IV, XX, seção 15).

Houve, contudo, realmente uma evolução no pensamento calviniano ao insistir no papel dos magistrados populares, como autorizados à resistência política aos magistrados superiores. Essa exceção concedida pelo reformador configurou-se como muito reveladora de sua postura a respeito da resistência legítima às autoridades superiores.

Essa exceção pode também configurar-se como detentora de um potencial revolucionário que influenciou os seguidores de Calvino. Ressalta-se que esses calvinistas foram mais revolucionários que o reformador que os inspirou.

7
O papel dos magistrados do povo

Completando as considerações anteriores, mais generalizadas, agora o foco principal se volta ao desenvolvimento da teoria da resistência à autoridade.

Reiterando, na década de 1550 os calvinistas acabaram por se conformar em reafirmar os argumentos radicais, desenvolvidos pelos luteranos na década anterior, nos anos 1520. Acrescentaram também importantes pontos a esses argumentos. Tentaram solucionar o dilema que surgira na distinção entre o cargo e a pessoa do magistrado.

O dilema consistia em saber se deveriam ser considerados legítimos somente os magistrados que continuassem a cumprir os deveres de seu cargo ou mesmo aqueles que não o fizessem a contento. Ao deixar de cumprir sua obrigação, o magistrado continuaria autoridade legítima?

Calvino sentiu essa dificuldade, pois reiteradas vezes afirmou que os magistrados são ordenados enquanto produto direto "da divina providência e sagrada ordenação" (*Institutas*, IV, XX, seção 29).

Para entender como Calvino chegou a essa exceção, com relação aos magistrados populares, é necessária uma análise do conceito de Calvino sobre os magistrados superiores. Depois, pode-se entender o papel dos magistrados inferiores ou populares.

A respeito dos magistrados superiores, a maior ênfase de Calvino residia na obediência a essas autoridades civis como representantes de Deus. Ele afirmava que o governo civil era necessidade humana, tanto quanto pão e água, luz e ar, e ainda mais excelente (*Institutas*, IV, XX, seção 3). Os reis eram as mãos de Deus (O. C., v. 25, 152, sermão sobre Jó 34.10-15). Reis, príncipes e magistrados superiores eram chamados filhos de Deus, porque Deus os escolhera para manifestar especialmente neles a sua majestade (Ibid., v. 29, p. 617, sermão sobre 1Sm 10). Calvino valia-se de textos bíblicos como Provérbios 8.15: "Por mim reinam os reis, e os príncipes ordenam justiça" e também Romanos 13.1: "[...] não há autoridade que não venha de Deus. As autoridades que há foram ordenadas por Deus" (*Institutas*, IV, XX, seção 4).

Cada príncipe recebera total poder do próprio Deus. Por meio do desígnio e desejo de Deus, eles nasciam herdeiros dos reis. E por isso deveriam ser protegidos e tratados com carinho e respeito (O. C., v. 29, p. 306, sermão sobre 1Sm 2). Reis e magistrados, como profetas e mestres, são chamados por Deus para uma tarefa especial. E recebem uma marca especial de eleição divina (O. C., v. 29, p. 617, sermão sobre 1Sm 10).

De fato, Calvino sugeria, ainda que não o fizesse explicitamente, que a magistratura se revestia de um caráter sagrado e sacerdotal em seu ofício (*Institutas*, IV, XX, seção 4). Calvino mostrou-se convicto em afirmar a vocação divina para os reis, príncipes e magistrados. Para isso, o caráter desses ofícios revestia-se de dignidade. E o seu papel era exercer a justiça e a sabedoria.

Era igualmente honesto em confrontar os que não exercessem devidamente esse papel. Foi eloquente em denunciar a decepção, avareza, extravagância e corrupção de reis; sua vaidade e autoadulação. O fracasso de suas alianças, a ambição desmedida e a taxação de impostos desnecessários etc. (O. C., v. 29, p. 574; v. 36, p. 168; v. 39, p. 4 e v. 41, p. 7).

Para ele, os príncipes eram como vastos redemoinhos que tragavam fortunas usando meios ridículos e tolos. Então, os exortava a respeitarem o povo e a não esbanjar ouro e prata, pompa, luxúria e lascívia (O. C., v. 29, p. 550, sermão sobre 1Sm 8.7-10). Criticava os príncipes de sua época que realizavam proezas com as próprias mãos, mas cujo orgulho os tornava como escorpiões, que se matavam com o próprio veneno (O. C., v. 35, p. 76, sermão sobre Jó 33.14-17).

Então, surgia o dilema: conforme as evidências das Escrituras, reis e magistrados agem sob o comando de Deus, como seus representantes. Manifestamente, eles deveriam trabalhar conforme o desejo divino, e manifestamente alguns não o faziam. Que fazer diante disso?

Com respostas caracteristicamente escriturísticas, Calvino insistia em que resistir a essas autoridades seria resistir a Deus (O. C., v. 35, p. 160, sermão sobre Jó 34.16-20). E que Deus enviaria punição aos magistrados indignos que o desobedecessem. Nenhum cidadão estava apto para resistir contra o julgamento divino, nem para empunhar a sua espada (*ius gladii*).

Deus mesmo suscitava os vingadores públicos, como usou no passado Moisés e Otoniel. Pessoas divinamente comissionadas, como mensageiros de Deus, a empunhar armas contra os reis — esses eram os magistrados do povo (*Institutas*, IV, XX, seção 25).

A partir de Calvino, outros autores como Théodore de Bèze, Phillip Duplessis-Mornay e Hotman consideraram os poderes "inferiores" como exemplos de autoridades "eforais". Eram as autoridades que não apenas teriam sido ordenadas por Deus, com propósitos religiosos, mas que também seriam constituídas pelo povo, para garantirem seu bem-estar.

Martinho Bucer já afirmara que "era perigoso confiar o poder supremo de manter a sua Igreja a um único indivíduo, que não passa de um ser humano" (apud Skinner, 1996, p. 594-595). Dessa forma, decidia-se ordenar não apenas reis para governar, mas também "magistrados inferiores ao rei", para assegurarem que os deveres do monarca fossem cumpridos a contento (Ibid.).

Posteriormente, Mornay afirmou que o rei, juntamente com esses magistrados que atuam em nome do povo, firmou um pacto ou aliança como as "partes promitentes". Ficavam ambas "conjuntamente obrigadas" a garantir que a república continuasse a ter suas bases nas leis divinas. E que cumprissem fielmente o dever fundamental de "manter seu templo e sua igreja" (Ibid., p. 595).

Ainda com referência ao pensamento de Bèze, a causa final para se instituir uma república é o bem do povo. E, em especial, a preservação de seus direitos. Então, segundo os huguenotes, que Bèze representou, a única causa eficiente possível seria o consentimento geral, livremente expresso, de todos os cidadãos envolvidos.

Bèze e Mornay são aqui referidos porque explicitaram, mais claramente que o próprio Calvino, quais seriam esses magistrados. Segundo eles, os "magistrados do reino" — não populares como denominava Calvino — dividiam-se em duas categorias: os magistrados senhoriais e os magistrados locais. Entre estes, incluíam-se os duques, marqueses, condes, viscondes, barões e castelões, além dos administradores eleitos pela cidade (Bèze, 1970, p. 110). Talvez esses últimos se enquadrassem perfeitamente na descrição de Calvino para os magistrados populares.

Outra categoria era a dos magistrados eleitos enquanto representantes do povo, na Assembleia dos Três Estados. A longa descrição de seus poderes, Bèze extraiu do texto de Hotman, a *Francogália*. O texto culminava com a afirmação de que "os Estados do país detêm o direito de governo soberano", que lhes foi concedido "diretamente por todo o conjunto do povo" (Bèze, 1970, p. 123).

Posteriormente, Mornay concordaria em que os poderes eram exercidos "[...] em todo o reino devidamente constituído, pelo parlamento, dieta e outras assembleias afins". E isso lhes atribuía o mais elevado dever de garantir que "nenhum mal à República ou à Igreja seja tolerado" (apud Skinner, 1996, p. 600).

Esses dois autores, imediatamente posteriores a Calvino, descreveram o procedimento de eleição e controle dos governantes legítimos. Mostraram duas importantes implicações. A primeira significa que, quando mencionavam "o povo" como uma coletividade, na verdade não se referiam a todo o conjunto de cidadãos, e sim apenas "aos que recebem a autoridade do povo, ou seja, os magistrados, abaixo do rei, que foram eleitos pelo povo".

A segunda implicação consistia em que, embora o povo nunca seja destituído da suprema soberania, ele efetivamente abre mão de seu direito de exercê-la pela via direta. Isso decorria do fato de que o pacto com o rei, estipulando as condições de seu governo, nunca é avalizado por um juramento de todo o povo. Apenas pelos seus representantes escolhidos.

Assim, o direito a ele correlato de fazer o rei cumprir suas promessas, nunca poderia constituir propriedade do povo como um todo. Unicamente das "autoridades que têm em si o poder do povo" (Ibid.).

Os huguenotes vieram a lançar as bases para a sua teoria da soberania popular, o que, por sua vez, compõe o cerne de seu constitucionalismo.O seu principal argumento, ou o mais célebre — a defesa da resistência —, era apenas uma implicação dessa teoria (Franklin, 1967, p. 11-123 apud Skinner, 1996, p. 601-602).

Isso também trazia implicações quanto ao caráter da república legítima, finalmente explicitada pelos huguenotes. A primeira se referia ao estatuto dos magistrados, que eram vistos como servidores do reino, não do rei. Pois a responsabilidade era para com o povo que os criou, não para com o rei, que eles haviam criado. Para Bèze, os magistrados deviam o seu cargo

> [...] corretamente falando, não ao soberano, mas à soberania, de modo que, quando o magistrado soberano morre, eles continuam no cargo, assim como a soberania em si permanece intacta (Ibid., p. 603).

Perante esses magistrados, o rei fez promessas de agir com justiça. Em consequência, apenas eles poderiam ser considerados os detentores do direito correlato de obrigar o rei a cumprir os seus deveres, bem como "defender da opressão a república como um todo, se o governante não respeitar as condições do contrato" (Ibid., p. 604).

Há um documento que serve para dar um exemplo de magistrado inferior. Refere-se a um documento de Eusebius Montanus (1568). Nele, qual Guilherme, o Taciturno, príncipe de Orange, é citado como membro do Conselho de Estado oficial (Doumergue, 1899-1927, v. 5, p. 526).

Guilherme de Orange enquadra-se com perfeição na categoria de magistrado inferior ou popular. Tinha autoridade para resistir a um superior que estivesse empenhado em atos de idolatria e injustiça. Como consequência, Montanus proclamava que os magistrados inferiores, em todo governo bem estabelecido, têm a incumbência e a ordem, tanto quanto os magistrados superiores, de defender a causa do governo piedoso. Têm a incumbência de combater a violência injusta. De opor resistência legítima e lícita, além de necessária, aos tiranos, "quando esses agirem fora dos limites de seus cargos" (Ibid., p. 526).

Essa mesma teoria foi novamente citada quando sobreveio uma grande crise na Revolta dos Países Baixos. A crise se desencadeou com a nomeação de Alexander Farnese para governador (1578). Farnese conseguiu explorar as divisões entre o Norte e o Sul. Reconquistou, ainda, a lealdade dos nobres valões que permaneceram fiéis à Igreja católica (Elliot, 1968, p. 286-287 apud Skinner, 1996, p. 490).

Isso ocasionou que os nobres calvinistas mais radicais do Norte, como Phillip de Marnix, se empenhassem cada vez mais em persuadir Guilherme de Orange. Orange deveria, finalmente, abjurar seu voto de lealdade à Espanha. E assumiria a liderança de uma guerra, em grande escala, contra as províncias católicas.

Assim, Marnix escreveu a Guilherme de Orange, em março de 1580, para garantir-lhe que não poderia haver dúvidas quanto "à legitimidade de pegar em armas contra o nosso rei". É óbvio que tais atos de resistência não eram permitidos aos indivíduos, particularmente, pois esses "não receberam de Deus a função de exercer o poder da espada" — o *ius gladii*. Contudo, há casos em que Deus instituiu "poderes compensatórios", com a "legítima função de magistrados". Nesses casos, não é apenas lícito agirem "contra um opressor do país". Na verdade, até constitui um dever combatê-lo pela força.

Contudo, destaca-se que há grande diferença entre a enunciação original da teoria constitucional da resistência (dos luteranos) e essas reiterações do mesmo argumento (dos calvinistas). Dessa forma, como fizera Calvino, também Bèze e outros calvinistas mostraram-se confusos. Houve ocasiões em que até justificaram a legitimidade da oposição, por parte dos magistrados inferiores.

Há ocasiões, entretanto, em que Bèze até mesmo retratou-se completamente de seus argumentos (Kingdom, 1956, p. 93). Pedro Mártir também manifestou ambiguidade em seus *Comentários sobre a epístola aos Romanos* e, depois, em *Um comentário sobre o livro dos Juízes*. No caso específico da cidade de Genebra, esses magistrados eram escolhidos pelo Conselho Geral ou Assembleia.

Reiterando o que se analisou anteriormente, a cada ano, eram escolhidos quatro síndicos, e um tesoureiro era eleito por três anos. Juntamente com os síndicos eleitos no ano anterior, mais alguns conselheiros de sua escolha constituíam o PC, ou *Petit Conseil* — corpo consultivo e executivo encarregado de administrar os interesses dos cidadãos, burgueses e habitantes de Genebra.

O PC nomeava os membros do Conselho dos Sessenta. Isso repetia a tendência comum às burguesias desde o século XV: constituírem-se em aristocracias fechadas. Foi justamente o que preparou as reações populares que tanto favoreceram a Reforma.

Para compreender a evolução das relações entre a Igreja e o Estado no século XVI, no tempo de Calvino particularmente, é necessário apontar como se repartiam as funções governamentais, até mesmo antes desse período. Existiam três autoridades: o bispo, o magistrado e os burgueses. O bispo era o chefe espiritual da Igreja, chamado de o "príncipe de Genebra". Representava o imperador e era teoricamente o soberano da cidade.

Debaixo da suserania do imperador, ficava o duque de Savoy, que exercia o vicariado imperial. Dispunha o duque do comando da cidade, em tempos de guerra, com o direito de cunhar moeda, julgar em apelação e conceder graça e indulto. Já o magistrado era incumbido da defesa da cidade, da guarda e execução dos prisioneiros, dispondo de direito de justiça restrito.

Os conselhos se encarregavam das questões criminais importantes, concernentes aos leigos. Tinham a missão de velar pelo abastecimento da cidade, de gerir-lhe as finanças, de manter a boa ordem por meio da polícia, de manter suas fortificações e de salvaguardar os seus direitos garantidos pelas "franquias". Após 1527, espelhando-se em Berna, foi criado o Conselho dos Duzentos. Após 1530, esse último conselho era eleito pelo PC e pouco a pouco substituiu o Conselho dos Sessenta.

Quando o bispo de Genebra foi destituído de seus poderes, estes foram entregues aos conselhos, que tomaram naturalmente o lugar do bispo no julgamento de questões eclesiásticas e civis (Biéler, 1990, p. 345-368). Foi justamente para manter o equilíbrio entre o seu poder político e o governo eclesiástico que Calvino lutou durante muitos anos. Isso se explica com respeito à amplitude da luta e ao visualizar quanto os poderes civis e religiosos estavam intrinsecamente associados no período que vem sendo aqui abordado.

Ainda segundo Biéler (1990), a legitimidade e limites das hierarquias sociais estavam contidos em ordens políticas e sociais provisórias. Nelas, as funções eram hierarquizadas e diferenciadas. Não podiam ser desprezadas ou suprimidas pela Igreja. A autoridade dos superiores, entretanto, não era jamais ilimitada. A subordinação livremente consentida não era sinônima de passividade (Ibid., p. 348).

O cimento dessa ordem era uma ética exterior: a moral política. A ordem civil era regulada por leis, de um lado, e pela instituição do Estado, de outro. Dispunha de um poder de constrição para fazê-las respeitar. Dentro dessa ordem, Calvino definia a função do magistrado:

> Impõe-se aos príncipes e magistrados pensar a que servem eles em seu ofício e de nada fazerem indigno de ministros e lugar-tenentes de Deus [...] como resistir-se ao ímpeto dos maus, conter a violência e

> punir as impiedades (O. C., v. 22, p. 74, Catecismo, 1537, p. 97).

Em outro lugar:

> Pois que assim é, então, que Deus vos pôs na mão o gládio — *ius gladii* —, para que governeis vossos súditos em seu nome e em sua autoridade, pois que vos deu essa honra de atribuir-vos seu nome e seu título, pois que santificou vosso estado acima dos outros [...] (O. C., v. 9, p. 818-819, Prefácio ao Novo Testamento, p. 201).

Dessa forma, Calvino ensinava que, embora seja o soberano da terra, Deus se servia de magistrados injustos para executar seus desígnios. E não deixaria de puni-los. Faria cessar-lhes a tirania quando bem o julgasse (*Institutas*, IV, XX, seções 30-31, 1560, francesa). Para tanto, suscitaria revoltas ou guerras, servindo-se ora de libertadores conscientes de sua vocação, ora de orgulhosos tiranos. Assim, o dever de submissão às autoridades não era ilimitado.

Contra os governos injustos, era preciso agir pelos meios legais que estavam nas mãos do povo. De uma forma ou de outra, era preciso dar ao povo o poder legal de derrubar seu governo. Essa era a doutrina dos magistrados inferiores ou populares, encarregados da salvaguarda do povo e de suas liberdades, contra a propensão dos tiranos à arbitrariedade e à tirania.

Deus pode suscitar ocasionalmente chefes a quem dirige o chamamento de derribar os poderes injustos. Esses são os "salvadores providenciais" ou magistrados do povo. Seja do interior, seja do exterior da própria nação, quando a desordem alimentada pelo governo é maior que a injustiça da revolução (*Institutas*, IV, XX, seção 31). No entanto, à parte dessa vocação especial absolutamente precisa, ninguém teria o direito de afastar-se da legalidade:

> Nem sempre haverá eleição notória quando quer que seja alguém armado do gládio e da autoridade [...].

> Quando Deus opera fora da regra comum, que se fundamenta em sua palavra, é um privilégio que não há usurpar [sic] (apud BIÉLER, 1990, p. 377).

Nesse caso, a crítica de Calvino se dirigia aos conjurados de Amboise. Eles tinham tentado derrubar o governo da família Guise, fortemente aguerrido contra os huguenotes franceses (Ibid., nota 1095).

Por fim, essa obediência devida às autoridades era limitada pela obediência que o homem deve a Deus, o que leva à conclusão de que a resistência ao governo injusto, naquilo que ele tem de injusto é, pois, para o cristão, não apenas um direito, mas um dever.

Essa postura de Calvino, num crescendo, surgiu pelo viés das exceções concedidas em seus textos. Isso pode ser apreendido principalmente a partir das duas edições finais das *Institutas* (1559, latina; 1560, francesa).Essas últimas edições fecharam a lista longa de edições e traduções, que começou em 1536, conforme vêm sendo seguidas vezes mencionadas. O contexto de suas seguidas revisões refere-se à própria luta pela continuidade do movimento reformado. Ele achava-se ameaçado, tanto o luteranismo como o calvinismo.

Piorando o quadro, observava-se na reação calvinista que havia líderes despreparados para defender a Igreja, com a pena ou com a espada — *ius gladii*. Apesar de exceções dignas de nota dos revolucionários calvinistas, dos luteranos de Hesse e da Saxônia, na sua maioria ainda continuaram irredutivelmente fiéis a uma teoria da obediência política passiva. Assim como pensavam os luteranos na década de 1520.

Como se pode observar em sua trajetória de evolução política, Calvino demorou-se a aderir à teoria da resistência. Em 1546, enquanto eclodia a guerra contra os protestantes, na Alemanha, Calvino apenas havia manifestado sua opinião política quando da publicação desse seu capítulo *Sobre o governo civil* (*Institutas*, IV, XX, 1536, latina). Inicialmente, seus textos não apoiavam a resistência ativa a um governante, ainda que este impusesse a idolatria ou condenasse a verdadeira religião. E justamente esse era o apoio que o radicalismo calvinista de John Knox e dos huguenotes pretendiam encontrar.

O texto das *Institutas* (1536), porém, apenas tratava de um dever de obediência quase irrestrito. A resistência às autoridades devidamente constituídas era vetada em quaisquer circunstâncias. Por meio de uma leitura atenta, desde a primeira versão de sua obra-prima (1536), percebe-se que essa proibição de resistência não era absolutamente inflexível (CHENEVIÈRE, 1937, p. 325).

Na verdade, Calvino era o mestre da ambiguidade (SKINNER, 1996, p. 468). Por um lado, aprovava inicialmente uma teoria da não-resistência. Por outro, introduzia praticamente muitas exceções em sua argumentação. A primeira delas estava em seu parágrafo final, já naquela edição primeira (1536):

> [...] na obediência que havemos ensinado ser devida aos **superiores** [outras versões trazem à autoridade dos governantes], deve haver sempre uma **exceção**, ou antes uma regra, que se deve observar acima de todas as coisas, de que tal obediência jamais nos deve afastar da obediência àquele a cuja vontade o desejo de todos os reis tem de submeter-se [...] (*Institutas*, IV, XX, seção 31, 1536, latina; grifos do autor).

Há outros apontamentos também na última edição (1560, francesa):

> É razoável que se contenham todos os editos dos reis, e que à sua ordenação cedam todos os seus mandamentos, e que à sua majestade humilhada seja rebaixada toda a sua altaneria. E, para dizer a verdade, que perversidade seria, a fim de contentar os homens, provocar a indignação daquele por amor de quem obedecemos aos homens? Devemos, após tudo, estar sujeitos aos homens que têm preeminência sobre nós, não, entretanto, de outra forma senão em Deus. Se, porventura, os homens ordenam algo que o contraria, de nenhum valor isso nos deve ser, e nisso consideração nenhuma deve haver a toda dignidade de superiores, a que ofensa nenhuma se

> faz quando é ela submetida e colocada sob o poder de Deus, que é o só verdadeiro poder em detrimento dos demais. De acordo com essa maneira de ver, protesta Daniel em nada haver ofendido ao rei (Daniel 6.22), se bem que havia ele contrariado o injusto edito da parte dele sancionado, porquanto nisso havia ele ultrapassado seus limites, e não somente se excedia contra os homens, mas investira contra Deus, e, em isso fazendo, se despojara e decaíra de toda autoridade (*Institutas*, IV, XX, seção 31, 1560, francesa).

Nas edições após 1539 (francesa), encontrava-se outra concessão: o povo poderia "implorar ajuda ao Senhor", que, por sua vez, responderia fazendo "emergir vingadores visíveis em meio a seus servos". Ele os estaria armando "com seu mandamento para punir o governo ímpio e salvar seu povo, oprimido injustamente, de tenebrosa calamidade" (Morris, 1953, p. 156 e Kingdom, 1955, p. 95, nota 2 apud Skinner, 1996, p. 468).

De fato, eram exceções ainda ortodoxas. Outras surgiram, em suas edições mais tardias, mas eram menos usuais à sua regra geral de obediência. Como quando Calvino discutiu a possibilidade de magistrados populares resistirem em nome do povo.

Partindo para uma investigação mais acurada, observa-se que essa exceção já existia na edição original de 1536, permanecendo inalterada em todas as edições subsequentes. A edição latina definitiva (1559) mostrou a mudança de postura de Calvino. Ele, porém, não proclamava ainda uma clara e inequívoca teoria da revolução. Apenas apontava uma tendência, uma possibilidade de justificar a resistência ativa a magistrados legítimos.

O que se pode observar como prejudicando uma postura política de Calvino mais definitiva, mesmo com o peso dessas exceções, é que ele, como também Lutero, permaneceu firmemente atrelado à doutrina da absoluta não-resistência, pregada pelo apóstolo Paulo.

Calvino referiu-se, de forma mais relevante, à ideia da autoridade eforal exatamente na última página do último livro das *Institutas*. Na realidade, Calvino não igualou totalmente as autoridades eforais aos magistrados eleitos pelo povo. Não demonstrou também total conformidade com a teoria de Martinho Bucer sobre os magistrados inferiores.

Em sua análise da teoria da resistência política, Calvino deixou claro que os magistrados "eforais" deveriam prestar contas ao povo, porque eram ordenados por Deus e também eleitos pelo povo. Não os denominou magistrados inferiores, mas populares (*populares magistratus*) que foram constituídos (*constituti*), não ordenados (*ordenati*), para moderar o poder dos reis. Tecnicamente, porém, tanto os magistrados populares quanto os inferiores exerciam uma só função.

Ainda sobre o direito desses magistrados, Calvino afirmou que estariam cometendo alta perfídia se deixassem de exercer a oposição, em razão dos poderes eforais que possuíam. Referiu-se aos éforos espartanos, aos tribunos romanos e ainda aos demarcas entre os atenienses — todos eles eleitos anualmente para esses cargos.

A análise de Calvino, no entanto, ainda era muito evasiva em seu todo, de extrema concisão e de tom bastante condicional. Não considerava o dever de submissão ilimitado. Contra os governos injustos, era necessário agir pelos meios legais, que estão nas mãos do povo, para derrubar seu governo.

Essa era a sua doutrina dos magistrados populares, encarregados da salvaguarda do povo e de suas liberdades, contra a propensão dos governos à arbitrariedade e à tirania, conforme trecho da seção 31 (*Institutas*, IV, XX).

Apesar de visíveis ambiguidades, o pensamento calviniano sobre o papel dos magistrados do povo ocupa uma parte-chave no capítulo político das *Institutas* (Biéler, 1990, p. 376). Esse pormenor tornou-se aqui o foco principal, principalmente por possuir em seu bojo um alto potencial revolucionário.

A atualização de tamanho potencial revolucionário veio a se observar na história das revoluções promovidas por sucessores e seguidores calvinistas.

8
O potencial revolucionário de Calvino

Os calvinistas foram criativos em sua resposta à crise. E o que os levou a desenvolverem com maior sucesso uma teoria da revolução, na década de 1550, foi a adoção e a reiteração da argumentação em favor da resistência pela força, teoria que os luteranos já haviam desenvolvido na década de 1530. Retomaram-na com o objetivo de legitimar a guerra contra o imperador, levada a cabo pela Liga de Schmalkalden ou Esmalcalda, após 1546.

Essa constatação contradiz Ernest Troeltsch (1950) e outros clássicos, que sempre afirmaram a superioridade do calvinismo em diversos aspectos. Para Troeltsch (1950, v. 2, p. 456, nota 1.019), após o período inicial de sucesso do luteranismo, este cessou de avançar.

Isso deveria ser atribuído à sua estrita piedade pessoal, sua aceitação da situação existencial, sua aquiescência na objetividade dos meios de graça, tanto quanto à sua carência de capacidade para a organização eclesial e a seu ponto de vista não político.

Oposto a isso, para Troeltsch, o destino do calvinismo era: estender a Reforma através da Europa Ocidental, e dali para o Novo Mundo, chegando o calvinismo a ser o carro-chefe do protestantismo mundial (Ibid., p. 576).

A primeira razão apresentada para essa expansão era o fato de ter conquistado seu espaço quando as nações ocidentais passavam por um grande processo de desenvolvimento político. Havia uma razão ainda mais profunda, que se relacionava com a própria essência do calvinismo. Explica por que ele quase suplantou totalmente os rudimentares primórdios do luteranismo e do anabatismo presentes nessas terras.

Essa razão mais profunda relaciona-se com o caráter ativo do calvinismo, com o seu poder de formar igrejas, com os seus contatos internacionais e com o seu consciente impulso expansionista. Sobretudo, relaciona-se com a sua capacidade de penetrar os movimentos políticos e econômicos das nações ocidentais com seu ideal religioso. Capacidade que faltava ao luteranismo nos seus primórdios.[1]

Seguindo o referencial de Troeltsch, parece ter sido essa a razão primordial para o crescimento do calvinismo na França e na Holanda, além de sua proximidade geográfica. Porque havia a formação de igrejas eclesiasticamente independentes e opostas ao catolicismo.

Troeltsch mostrou que a diferença essencial entre calvinismo e luteranismo estava no fato de que o primeiro buscava ser conquistador de sua esfera de atuação. Recomendou também a análise dos historiadores quanto à concepção de igreja, pois ele a considerava um grupo social visivelmente empírico, com suas leis de vida, seu próprio crescimento, mas que era ainda muito pouco conhecido". Esses historiadores precisam ser pesquisados, concentrando-se em tratar a história da Igreja do ponto de vista sociológico.

Dessa forma, não somente em Genebra, mas onde quer que o calvinismo tenha chegado encontrou grandes crises sociais já existentes. O movimento calvinista interveio, estimulando-as, mas, também como elemento purificador que, como o fermento, produzia tanto a ordem como o caos.

Para o calvinismo, a esfera de conflito nunca foi meramente religiosa ou eclesiástica, em seu sentido puramente religioso. Nunca se opôs pura e simplesmente ao catolicismo, embora, em todas as ocasiões, a Igreja católica estivesse definitivamente combinada com interesses dinásticos e princípios governamentais. Essa era a natureza da situação que Calvino e seus colaboradores, como Zwinglio, tinham levado em conta a respeito das menores e das maiores nacionalidades. Não eram questões meramente individuais.

Também, para Calvino, o próprio evangelho não era simplesmente uma energia que salva todos os indivíduos que nele creem. Não era simplesmente um conforto para consciências individuais carregadas, nem simplesmente a superação de erros perigosos para a alma.

[1] Aqui Troeltsch (1950, v. 2, p. 577, nota 308) se utiliza de HUNDESHAGEN. *Beiträgen zur Kirchenverfassungsgeschichte und Kirchenpolitik,* 1864, p. 294.

O evangelho era, ao mesmo tempo, o sentido de cura para todos os males públicos e universais, o elemento de purificação e renovação para grupos sociais mais abrangentes, a pedra de fundação sobre a qual esse trabalho de renovação deveria apoiar-se (1950, v. 2, p. 294).

Esta é uma expressão muito apta para diferenciar luteranismo e calvinismo: o reconhecimento do fato de que o calvinismo, de modo peculiar, também contém um elemento de considerável aproximação com o mundo moderno.

A doutrina social do calvinismo e sua concepção de Igreja também eram consideravelmente diferentes do luteranismo. A diferença ficou ainda mais pronunciada com o tempo. Como resultado, atualmente o próprio calvinismo considera-se o único corpo cristão eclesiástico que está em acordo com a moderna democracia e com o desenvolvimento capitalista. Ainda mais, é o único que se harmoniza com isso. Nesse aspecto, Troeltsch (1950) utilizou-se da argumentação do calvinista holandês Abraham Kuyper.

Kuyper era político, chegando a ser o primeiro ministro da Holanda, e também elaborou o *Reformation wider Revolution*. Não o fez como programa de governo, mas como *Leituras* entregues à Universidade de Princeton, que era estritamente calvinista, como um tipo de credo coletivo do calvinismo ortodoxo moderno. Livro de um dogmático e político, e, como tal, extremamente instrutivo, como trabalho histórico (Kuyper, 1904 apud Troeltsch, 1950, p. 577, nota 309).

Com base nessa análise, Troeltsch foi contestado, pois, de fato, o calvinismo deveu muito de seu desenvolvimento à influência recebida dos reformadores da primeira geração. Com esse foco na teoria da resistência, pode-se afirmar que "até o ano de 1550, tanto os luteranos quanto os calvinistas pregavam com singular consistência uma doutrina da não-resistência" (Skinner, 1996, p. 483).

A primeira afirmação legal dos protestantes ortodoxos de uma "teoria da resistência legítima pela força" repetiu a teoria constitucional da resistência, aquela dos juristas de Hesse (1529) e também reiterada por Bucer, Osiander e outros luteranos.

A oposição por parte dos magistrados inferiores foi a teoria constitucional, que permitia a resistência pela força como o principal argumento luterano. A mais importante reafirmação disso foi por meio da *Confissão* dos pastores de Magdeburgo de que podiam fazer valer suas tradições militares para não se renderem à força imperial.

A *Confissão* surgiu após a derrota dos protestantes em Mühlberg (1547). A cidade ficou sob o interdito do império e foi cercada definitivamente em 1550. Os seus habitantes passaram a circular uma série de panfletos que justificavam a resistência armada (Skinner, 1996, p. 482). Entre os documentos, estava essa *Confissão e apologia dos pastores da Igreja em Magdeburgo,* escrita por Nicolas von Amsdorf, amigo de Lutero. Ousadamente, afirmava (Ibid., p. 482):

> Toda vez que um magistrado superior perseguir seus súditos, o **magistrado inferior**, pela lei da natureza, pela lei divina e pela verdadeira religião e reverência a Deus, **deve**, por ordem de Deus mesmo, **resistir-lhe** (grifos do autor).

Defendia também outra tese:

> A perseguição que já nos está sendo imposta por nossos superiores tenciona, com efeito, oprimir nossa verdadeira religião, a verdadeira reverência a Deus [...] logo, nossos **magistrados** devem resistir a essa opressão, em razão da ordem dada por Deus. (Caderno A, 1b apud Skinner, 1996, p. 483; grifo do autor).

Ao longo do texto, havia outros argumentos. Ele se iniciava com uma "confissão" — título — de fé luterana. Depois, apresentava uma apologia da resistência armada de Magdeburgo. Utilizava-se de dois argumentos do direito civil e concluía com uma enfática repetição da teoria constitucional da resistência.

Reiterada essa teoria que ressaltava o dever dos magistrados inferiores, a principal medida de alcance radical adotada pelos calvinistas consistiu em adotar e repetir esses mesmos argumentos constitucionais. Isso mostra que a *Confissão* exerceu forte influência no calvinismo e também no próprio Calvino.

Acerca dessa influência direta, Kingdom (1995) afirmou que a *Confissão* afetou o desenvolvimento até mesmo do radicalismo calvinista (1995,

p. 94). Para chegar a essas conclusões, deve-se retroceder corretamente até a década de 1530, para entender a postura do calvinismo radical e por que recorreu à *Confissão*. Pierre Viret (1511-1571, amigo de Calvino, era um exemplo de calvinista radical que recorreu a essa *Confissão* (SKINNER, 1996, p. 484).

A *Confissão* influenciou diretamente outros radicais calvinistas, ao contrário do que insistiu Théodore de Bèze. Ele afirmava que seus argumentos vinham somente das *Institutas* (CAPARIS, 1959, p. 16, nota). Em 1554, Bèze publicou *Da punição dos hereges pelo magistrado civil,* em que incluiu uma referência direta à *Confissão:* ao *"notável exemplo dado em nossa época pela cidade de Magdeburgo, no Elba"* (SKINNER, 1996, p. 484, nota). Nesse texto, Bèze justificou a legitimidade da oposição por parte dos magistrados inferiores, mas concluiu com uma total retratação de seus argumentos (Ibid., p. 485):

> Em épocas de grande iniquidade, nossa tarefa consiste em nos conduzirmos com paciência [...] a palavra do apóstolo permanece imutável [...] temos, por dever de consciência, que nos sujeitar a todas as autoridades superiores.

Fez outra alusão à *Confissão de Magdeburgo,* em uma carta de fevereiro de 1556, enviada por Du Hames ao conde Luís de Nassau, irmão mais novo do príncipe de Orange. Nela, fez um resumo da crise nos Países Baixos. Pediu socorro contra Filipe II, da França, que exigia o cumprimento dos novos decretos tridentinos contra a heresia. Também pediu:

> [...] nos envie **certo tratado** que nos prometeu, versando sobre as causas que permitem aos magistrados inferiores pegar em armas quando um superior age com negligência ou tirania; (Ibid., p. 485, nota, grifos do autor).

O que é central nesse livro não é a pesquisa sobre a influência própria ou supostamente dita da *Confissão.* É o fato de que o principal argumento em favor da resistência, apresentado pelos calvinistas dessa época, era em boa parte a repetição da teoria constitucional luterana.

Outro fato importante: os argumentos usados pelos calvinistas do continente europeu eram diferentes, e menos radicais, que os argumentos dos calvinistas da Inglaterra e da Escócia. Os continentais contentavam-se em reiterar uma teoria da resistência pelos magistrados inferiores — e com muita cautela. Já os revolucionários escoceses e ingleses exploraram implicações mais individualistas e radicalmente populistas do argumento do direito privado, embora não ignorassem por completo a teoria constitucional.

O escocês John Knox também empregou essa teoria. Era seu argumento principal em favor da resistência política, em tratados radicais como *Apelo contra a sentença proferida pelos bispos e clero* (1558), que ele destinou à nobreza e estados da Escócia.

Knox defendia a ideia da resistência ativa e assegurava aos nobres que eles eram autoridades constituídas por Deus, para a proteção e defesa do povo contra a fúria dos tiranos. Ele fora condenado à morte, desde 1556, e convocava os nobres, em sua qualidade de magistrados inferiores, para organizar uma revolução calvinista na Escócia. Seu apelo foi feito em termos de suas pretensas obrigações religiosas, portanto não era estritamente uma teoria política.

Sobre o seu nascimento, discute-se se foi em 1513 ou 1514. Estudou teologia e foi ordenado sacerdote católico em 1540. Tornou-se o tutor de filhos de nobres que conspiraram a favor do protestantismo e ainda esteve em contato com George Wishart, protestante.

Quando os protestantes se apoderaram de Saint Andrew, Knox recebeu ordens para ir àquele castelo com os jovens que estavam sob os seus cuidados. Isso o envolveu mais ainda com a causa, e ele acabou tornando-se um pregador protestante. Depois, veio a ser o principal porta-voz da Reforma escocesa. Quando os franceses vieram em auxílio dos católicos escoceses, estes retomaram Saint Andrew, e Knox foi condenado às galés, durante dezenove meses de muitos horrores e castigos.

Após a intervenção de Eduardo VI, Knox foi libertado. Morreu, porém, Eduardo VI. Assumiu o trono Maria Tudor — a Bloody Mary —, trazendo nova repressão aos protestantes. Assim, John Knox partiu para a Suíça, para a Genebra de Calvino e também para Zurique, onde esteve com Bullinger, o sucessor de Zwinglio.

No exílio, Knox escreveu violento ataque contra as mulheres que governavam na Europa, como Maria de Lorena (Escócia), Maria Tudor ou Bloody Mary (Inglaterra) e Catarina de Médicis (França): *O primeiro toque do clarim contra o regime monstruoso das mulheres*. Retornou, finalmente, à Escócia e liderou o movimento reformado. Ocupou-se em organizar a Igreja reformada da Escócia — de governo presbiteriano. Seus pilares foram erguidos sobre o *Livro de Disciplina*, o *Livro da Ordem Comum* e a *Confissão Escocesa* (GONZALES, 1983, v. 6, p. 138-140).

Em 1554, Knox solicitou uma entrevista com Heinrich Bullinger[2], o sucessor de Zwinglio na Suíça. Bullinger propôs-lhe questões acerca dos limites da obrigação política. Eram questões perturbadoras, como: "se é devida a obediência a um magistrado que impõe a idolatria e condena a verdadeira religião" (SKINNER, 1996, p. 489).

Foi muito difícil para Bullinger este questionamento do reformador escocês. Dificuldade maximizada com a urgência exigida para sua resposta, acrescida do contexto de temores constantes acerca da sobrevivência da própria fé protestante.

Diante do crescente radicalismo de Knox, cresciam também as incertezas nas reações dos calvinistas continentais na década de 1550. Bullinger foi cauteloso em sua resposta a Knox.

Posteriormente, Calvino também fez o mesmo. Ambos negaram existir tal possibilidade legal. Mesmo em 1559, no ano da última edição latina das *Institutas*, ou melhor, um pouco antes dessa edição, Calvino ainda estava inflexível em sua posição de não-resistência. Até mesmo escreveu ao *sir*

[2] Johann Heinrich Bullinger (1504-1575) — Reformador suíço, leitor de Lutero e Melâncton, e influenciado pela pregação de Zwinglio, adotou os princípios da Reforma. Em 1529, tornou-se pastor em Bremgarten. Depois, foi o sucessor de Zwinglio no pastorado de Zurique em 1531. Juntamente com Calvino, produziu em 1549 o *Consensus Tigurinus*, sobre a santa ceia, e a *Segunda Confissão Helvética* de 1566. Escreveu muitas cartas, até mesmo para Henrique VIII e Eduardo VI, da Inglaterra. No período da rainha Elizabeth I, tornou-se uma espécie de oráculo no alto clero inglês. Foi prestigiado pela rainha como valioso suporte contra a rigidez calvinista dos puritanos (CROSS & LIVINGSTONE, 1989, p. 123).

William Cecil, criticando as obras políticas de Knox. Isso ocorreu em 1559, quando Calvino revisava seu *Comentário sobre Isaías*, e dedicara-o à rainha Isabel ou Elizabeth I, da Inglaterra.

A rainha não recebeu bem a homenagem e criticou Calvino por ter ele publicado, em Genebra, as críticas de Knox às mulheres governantes. Calvino garantiu a Cecil e à rainha seu desprazer por ter publicado esses paradoxos e sua total discordância dos pontos de vista radicais de John Knox. O apelo de John Knox a Bullinger é apontado, por vezes, como a primeira ruptura de um calvinista com a doutrina de não-resistência exposta pelo próprio Calvino (Morris, 1923, p. 155; Ridley, 1968, p. 171).

Essa sua obra foi publicada apenas em 1558, quatro anos depois do tratado de Bèze, que elogiava a *Confissão de Magdeburgo*. Ambos pronunciaram-se em 1554, mas o escrito de Bèze foi publicado antes. Bèze formulou essa teoria quando efetuou a defesa da postura de Calvino, ao condenar Serveto: *Da punição dos hereges pelo magistrado civil.* Bèze também influenciou Pedro Mártir, o qual manteve estreito contato com Calvino e com os protestantes de Genebra.

Pedro Mártir[3] defendia uma versão da teoria constitucional da resistência, em seus *Comentários sobre a epístola de São Paulo aos Romanos* (1558) e em *Um comentário sobre o livro dos Juízes* (1561). Neles, Mártir se afastava acentuadamente da posição calvinista ortodoxa e enunciava a teoria constitucional da resistência, com uma convicção extraordinária. No entanto, mostrava também suas ambiguidades, ao afirmar que a desobediência passiva

[3] Pedro Mártir ou Pietro Martire Vermigli (1500-1562) — Reformador protestante, florentino, filho de nobres italianos que eram seguidores de Savonarola. Tornou-se agostiniano em 1516, estudando numa de suas escolas em Spoleto (1530), tornando-se prior de Nápoles em 1533.Tornou-se brilhante estudioso das Escrituras e, após ler escritos de Bucer e Zwinglio, tornou-se simpatizante da Reforma, por isso foi expulso da Itália em 1542. Foi para Basileia e Zurique e, com a ajuda de Bucer, tornou-se professor em Estrasburgo. Recebeu um convite de Cranmer para ir à Inglaterra, em 1547, onde lecionou como *Regius professor of divinity*, em Oxford (1548), e participou da discussão acerca da futura Igreja inglesa. Após a ascensão da rainha Boody Mary, ficou preso por seis meses e, em seguida, retornou a Estrasburgo e à sua antiga função (1554). Seus pontos de vista sobre a ceia causaram controvérsias, e em 1556 foi a Zurique, onde se tornou professor de hebraico. Em seus últimos dias de vida, colaborou também com a *Segunda Confissão Helvética*. (Cross & Livingstone, 1989, p. 366).

seria melhor que a resistência ativa: "se acontecer de os tiranos ou príncipes perversos obterem o governo das coisas [...], eles devem ser tolerados, tanto quanto o permita a Palavra de Deus" (apud SKINNER, 1996, p. 498).

Apesar da demora de Calvino, até 1559, em optar definitivamente pela teoria da resistência, isso já é importante para demonstrar o que realmente é central: o principal desenvolvimento da teoria da resistência constitucional deveu-se ao próprio Calvino e a seus seguidores no continente, não aos ingleses e escoceses.

Por outro lado, observa-se que Calvino ainda insistiu mais na resistência ao governo injusto, naquilo que ele tem de injusto, não apenas como um direito, mas como um dever. Contudo, Calvino somente admitiu isso tardiamente, na fase mais madura de sua vida, quando sua postura política era mais bem definida.

Justamente é o que se reveste de um potencial revolucionário. Porque, para Calvino, seria um crime contra o próprio Deus obedecer a ordens e exigências de um governo cujas atitudes eram contrárias à vontade de Deus. A covardia e o conformismo político dos partidários de um regime injusto deveriam ser desprezados e combatidos? Deveria também ser severamente denunciada, pela Igreja, a pusilanimidade dos que, por temor das repercussões desfavoráveis junto às pessoas de posição, não ousavam demonstrar sua oposição? Parece ser exatamente isso o que Calvino afirmou no capítulo político das *Institutas*:

> [...] pelo contrário, o povo de Israel é condenado em Oseias de se haver submetido demasiado voluntariamente às perversas leis de seu rei (Os 5.11), pois que, após ter Jeroboão feito os bezerros de ouro, preterindo o templo de Deus, querendo todos os súditos com ele condescender, a estas superstições novas se haviam entregado demasiado levianamente (1Rs 12.30); e houve, depois, tal prontidão em seus filhos e sucessores em submeter-se ao capricho dos reis idólatras e conformar-se aos seus viciosos modos de agir. O profeta exprobra neles asperamente o crime de haverem abraçado e recebido o edito real,

> tão longe está de que a capa de modéstia que pretendem os cortesãos mereça louvor, quando exaltam a autoridade dos reis para enganar os simples, dizendo que a eles não é lícito algo fazer contra o que lhes é ordenado. Como se Deus, investindo do poder a homens mortais, lhes houvesse resignado seu direito, ou bem que seja diminuído o poder terreno quando ele é rebaixado a seu nível inferior sob o império soberano de Deus, a cuja vista tremem todos os principados celestes. Bem sei que perigo pode advir de constância qual aqui requeiro, uma vez que, de modo nenhum, podem tolerar o serem rebaixados os reis, dos quais (como Salomão diz) a indignação é mensagem de morte (Pv 16.14). Mas, desde que pelo arauto celeste São Pedro foi pronunciado esse edito, que importa obedecer antes a Deus que aos homens (At 5.29), este pensamento temos de que consolar-nos; rendamos, pois, realmente, a Deus obediência qual a reclama ele, quando antes suportamos todas estas coisas que declinarmos de sua Santa Palavra. E ainda para que não nos falhe a coragem, São Paulo nos espicaça de outro aguilhão: é que fomos resgatados por Cristo, nossa redenção havendo-lhe custado tão caro, a fim de que não nos façamos escravos dos maus desejos dos homens, muito menos de sua impiedade (1Co 7.23) (*Institutas*, IV, XX, seção 32, 1560, francesa).

Conforme esse pensamento de Calvino, as relações entre a Igreja e o Estado não podem ser harmoniosas, senão quando uma e outro cumprem corretamente sua função e permanecem fielmente dentro de seus limites.

De certa forma, portanto, havia um relativo potencial revolucionário no pensamento calviniano, e isso derivou um poder revolucionário mais acentuado nos calvinistas.

9
Seguidores e intérpretes de Calvino

Complementando o que vem sendo abordado, Calvino mesmo não aceitava a filosofia dos "direitos naturais", segundo a qual a fonte da autoridade do governo emana desses direitos. Conforme essa filosofia, a autoridade deveria ser buscada na natureza do homem, não numa sanção divina.

Posteriormente, um calvinista não aceitaria a ideia de Rousseau, segundo a qual a autoridade governamental é fruto e resultado de um contrato social. Supõe-se que, como fruto de uma sociedade mais complexa, os homens decidiram-se pela formação de governos e pela delegação de determinada autoridade a alguns que a exercem em lugar de outros.

Ainda na tradição calvinista, há relutância em aceitar a teoria de que os governos surgiram pela evolução das leis estatais até cristalizá-las. Essas leis não vieram respaldadas por princípios morais fixos e permanentes. Discordam ainda dos absolutistas, que fazem do Estado a corte última de apelação, a fonte originária da qual emana toda a autoridade governamental.

Negando-se a uma leitura mais acurada de Calvino, Henry Meeter (198-), um de seus intérpretes do século XX, insiste em que um calvinista deve suster que não há poder senão em Deus. E, assim, qualquer pessoa, pois que resiste ao governo, resiste à autoridade divina, pois o governo é ministro de Deus (198-, p. 155-156). Vale referir-se a Henry Meeter, pois ele pode sintetizar o pensamento ainda dominante em círculos calvinistas atuais. Em seu texto *La iglesia y el Estado* (198-), trata a teoria dos direitos naturais que auxiliou no desenvolvimento das modernas democracias como não tendo origens cristãs nem calvinistas.

Na Antiguidade, tais direitos foram defendidos por Protágoras, Platão, Aristóteles, Cícero e outros autores. Na Idade Média, os partidários da soberania popular defenderam esses princípios, pois os relacionavam com a soberania divina. O Renascimento italiano reavivou-os segundo a concepção dos escritores clássicos.

Calvino não negava que os homens têm direitos naturais; no entanto, o verdadeiro significado desses direitos não pode ser determinado pela razão natural ou consciência, já que ela está obscurecida pelo pecado. Somente à luz das Escrituras, ou revelação especial, é que se pode determinar o seu significado (Ibid., p. 155-156).

Para Meeter (198-), embora Saul e Davi fossem ungidos como reis por um profeta, não chegaram a ocupar o trono senão depois de aceitos pelo povo. Mas a Bíblia não ensina que a autoridade governamental seja delegada primeiramente ao povo e que os governantes a recebem desse povo. A autoridade governamental vem diretamente de Deus que os escolhe ministros de Deus e do povo. O direito do povo fica restrito, tanto na Igreja como no Estado, a exercer o controle, julgar e até mesmo objetar às decisões dos governantes.

Continua Meeter (198-) afirmando que isso diz respeito ao que ocorreu na Escócia e na França, especialmente após a perseguição na Noite de São Bartolomeu. Os calvinistas desviaram-se da teoria de Calvino e inclinaram-se à concepção que faz depender do povo a autoridade última e soberana. O que se concebia era que não por outra causa, senão por motivos religiosos, era concedido ao povo o direito de resistir contra o governo. Essa crença justificava-se com o apelo ao texto bíblico: "importa antes obedecer a Deus que aos homens".

Hugo Grotius, John Locke e outros foram posteriormente além a Calvino e praticamente chegaram a separar-se da concepção calvinista da autoridade final de Deus no governo. Ainda que falassem de uma autoridade divina e fizessem uso de terminologia bíblica, de fato fundamentaram a autoridade dos governantes no povo, não em Deus.

Para Meeter e outros calvinistas tradicionalistas, ainda há outros exemplos de que não se deve dar ao povo a autoridade última. Entre eles, o exemplo da Revolução Francesa, em que a atribuição última da autoridade às massas levou a resultados desastrosos. Os revolucionários derribaram toda a autoridade, tanto divina como humana, e, reivindicando seus direitos naturais, trataram de defender o direito da população à rebeldia e ao golpe de Estado.

Outro exemplo é a guerra americana pela independência, na qual a filosofia dos direitos naturais chegou a ter importante papel na justificação da rebeldia contra o governo inglês. Nesse último caso, creem ter ocorrido uma mescla de noções calvinistas com as de outras fontes.

É importante ressaltar que mesmo Meeter admitiu que entre os colonos houvesse certas noções tipicamente calvinistas, centradas na soberania divina. Entre elas, a noção de que os cidadãos têm o direito de opor-se à tirania por meio de seus representantes responsáveis — os magistrados (MEETER, 198-, p. 159). Misturavam-nas com noções advindas de Grotius e Locke, Rousseau e Barlemaqui etc. Parece haver concordância, afinal, mesmo por parte dos tradicionalistas, de que a autoridade dos governantes provém de Deus.

Essa autoridade limita-se à esfera do próprio governo, de modo que não se estende à vida toda dos cidadãos. O lar, a Igreja, a escola e outras esferas da sociedade têm a própria autoridade advinda de Deus. Isso suplanta o domínio da autoridade estatal e dela o governo não pode assenhorear-se. Meeter, porém, reluta em aceitar a possibilidade de o cidadão resistir:

> Como meros cidadãos, o povo não tem recebido autoridade governamental alguma e, portanto, não tem o direito de governar, nem de assumir a autoridade estatal rebelando-se contra o governo estabelecido. Em certos casos, quando os representantes do governo tratam de obrigá-los a realizar atos contrários à sua consciência, ou ao que eles consideram ser a vontade de Deus, o mais que eles podem fazer, como cidadãos privados, é oferecer-lhes resistência passiva [...] se insta aos cidadãos a que mostrem total obediência a seus governantes (MEETER, 198-, p. 160).

Meeter desenvolveu o seu capítulo XIV, sobre *A liberdade civil* (198-), com respeito à possibilidade de o cidadão defender os direitos que Deus lhe dá, assim como suas liberdades individuais, contra a tirania. Continuou a insistir em que o cidadão não tem o direito de rebelar-se contra o governo, nem pode desobedecer à lei do país, nem ainda no caso de sofrer terrível opressão por causa de sua religião (Ibid., p. 163). Alegou que tanto Calvino quanto os calvinistas, em geral, recomendavam a mais estrita obediência aos magistrados civis, baseando-se no alto motivo da obediência última a Deus.

Conforme Calvino, essa resistência há que se manifestar apenas por meio dos representantes legais, que Calvino denominava magistrados inferiores. No governo, os altos magistrados seriam os ministros que ocupam os mais altos cargos. As outras autoridades de grau inferior, conselheiros, deputados e senadores, seriam esses magistrados inferiores.

Esse intérprete, Henry Meeter, conseguiu ser fiel ao menos acerca de um ponto que Calvino afirmou no século XVI: somente esses magistrados populares — inferiores, na terminologia calviniana — são postos por Deus com a missão de velar pelos direitos do povo contra os governantes irresponsáveis.

> Se esses magistrados toleram aos reis em sua opressão sobre o povo, tal tolerância constitui a mais nefasta perfídia, já que de maneira fraudulenta traíram a liberdade daqueles que, por ordenação de Deus, deveriam proteger (*Institutas*, IV, XX, seção 31).

Lançando mão de alguns exemplos históricos, verifica-se a influência de Calvino. De fato, em lugares onde a oposição à autocracia pelos representantes legais não era possível, Calvino mesmo aconselhava a submissão, não a revolta popular.

Essa ambiguidade continuou presente em escritos de Calvino. Isso se observa em sua correspondência com o almirante francês Coligny e em seu conselho contra a conspiração de Amboise (anos 1550). Calvino ofereceu ali um exemplo claro de sua relutante e ambígua posição. Os calvinistas franceses, cruelmente perseguidos, não atenderam ao conselho de Calvino e preferiram a revolta. Isso se limitou àquela época, depois Calvino mudou de concepção, evoluiu (anos 1560).

Por outro lado, com o tempo, a história do calvinismo ofereceu também exemplos de êxito ao serem seguidos os conselhos de Calvino quanto à resistência ao Estado. Em 1568, na Holanda, posteriormente a Calvino, na Inglaterra (1668), e na Revolução Americana (1776) (Meeter, 198-, p. 164-165).

Com esses exemplos, advoga-se a existência de um real potencial revolucionário no pensamento calviniano, acerca do papel dos magistrados populares na resistência legítima às autoridades superiores. Embora relutante e ambíguo, Calvino evoluiu para uma postura que serviu de base para essas demonstrações históricas de resistência efetiva. Entre esses exemplos históricos, nota-se também que havia outro método de resistência que deve sua gênese a Calvino: era "o direito de intervenção por parte de governos estrangeiros" em um país tiranizado.

O calvinismo teve sua parcela de solidariedade, especificamente nesses casos. Se os cidadãos de uma nação são perseguidos e oprimidos por seus governantes, incumbe às outras nações a obrigação de ajudar a esses oprimidos.

O perfeito exemplo de magistrado inferior ou popular, exercendo esse papel, foi o príncipe estrangeiro Guilherme de Orange, na Holanda (Nichols, 1981, p. 169-171). Guilherme de Orange ou Guilherme, o Taciturno, era alemão. Não obstante, foi um dos mais nobres amigos dos Países Baixos. Descobrindo que Filipe II, da Espanha, estava convocando tropas para esmagar qualquer resistência ao governo espanhol nos Países Baixos, retirou-se Guilherme para a Alemanha, a fim de preparar-se para a guerra.

Ele tinha sido católico, embora sem fanatismo, e de pouco interesse em questões religiosas. Nesse ínterim, conheceu a fé reformada e abraçou-a, tornando-se dedicado estudioso da Bíblia.

Esse fato e a lembrança dos martírios que vira nos Países Baixos tornaram-no um homem muito religioso. Daí em diante, sua carreira foi dominada pela convicção de que ele próprio era um instrumento nas mãos de Deus para salvar seu povo adotivo da miserável e tirânica opressão espanhola.

Para os protestantes de sua época, a sua nobreza repousava na fidelidade com que ele obedeceu a esse chamado divino. Também por sua grandeza de alma e de mentalidade. Orange, o único liberal entre todos os chefes religiosos dos seus dias, dedicou toda a sua vida para assegurar a liberdade religiosa de todos os homens e credos.

Quando, em 1567, a armada espanhola chegou aos Países Baixos, comandada pelo duque de Alba, foi promovida uma grande carnificina que enfraqueceu a Reforma no sul e no leste do país. Em 1568, Guilherme de

Orange começou a guerra de libertação, que se tornou um dos mais nobres capítulos de toda a história da Holanda. No sul dos Países Baixos, a Espanha venceu a batalha, e essas províncias do Sul vieram a constituir a moderna Bélgica, país católico romano.

Os protestantes do Norte não descansaram, e, com eles, Guilherme de Orange alcançou o seu objetivo. O momento decisivo da guerra foi a quebra do cerco da cidade de Leyden. Romperam os seus diques, o que permitiu a invasão do mar e dos navios de batalha. Os marinheiros holandeses atacaram as muralhas e as defesas inimigas.

Orange mostrou-se invencível no desejo de edificar uma nação livre. Embora, em 1584, viesse a ser assassinado por um traidor, seu exemplo inspirou seu povo a "sustentar a boa causa com o auxílio de Deus, sem poupança de ouro ou de sangue" (Nichols, 1981, p. 170).

A vitória final da resistência calvinista deu-se apenas em 1609, quando surgiu a nação protestante da Holanda. Sua igreja nacional foi organizada, mesmo durante a guerra, com uma *Confissão de Fé* e uma forma de governo que seguiu o ensino de Calvino. Dessa igreja holandesa, procedeu a Igreja reformada da América, às vezes conhecida como Igreja reformada da Holanda[1].

Com isso, procura-se aqui evitar uma interpretação tradicionalista de Calvino, segundo a qual o próprio Calvino e os calvinistas nunca apoiaram o direito de revolução por parte de cidadãos privados.

Houve ainda um partido calvinista holandês que chegou a se gabar de chamar-se *Partido antirrevolucionário*. Mesmo esses antirrevolucionários ainda criam que os magistrados inferiores são o meio adequado de mostrar

[1] Ainda no século XVII, surgiu profunda diferença teológica entre os protestantes da Holanda. Alguns teólogos holandeses sublinharam, nos termos mais extremados, a ideia calvinista de que Deus predestina alguns para a salvação e outros para a perdição (dupla predestinação), dando mais ênfase a isso que o próprio Calvino ou seus sucessores imediatos. Surgiu um partido que rejeitava essa ideia e afirmava que Cristo morrera por todos, e que o propósito de Deus, desde o princípio, fora salvar todos os que creem em Cristo. Esse partido foi chamado de arminiano por causa de Armínio, um dos seus líderes. Para resolver essa disputa, convocou-se, em 1618, o Sínodo de Dort, cuja decisão contrariou os arminianos. O ensino desses arminianos, porém, foi vitorioso na Holanda e espalhou-se por toda a Inglaterra e, depois, pela América do Norte.

a resistência legal e ordenada ao poder tirânico, e que isso se fundamenta no direito divino. Positivamente, pode-se inferir que, da associação dos direitos naturais e do calvinismo, ocorreram:

1. O estabelecimento de correlação entre a teoria dos direitos naturais e a ideia básica da soberania de Deus e a autoridade das Escrituras.
2. A transformação do ensino dos direitos naturais em princípios eficientes, em prol dos direitos dos cidadãos e em defesa das liberdades contra as formas tirânicas de governo.

Anteriores ao calvinismo, as teorias dos direitos naturais careciam de poder suficiente para levar a cabo as reformas exigidas. Após o calvinismo, conseguiram essa eficiência. Vale aqui mais uma referência, portanto, a Ernest Troeltsch (1950), que considerou o calvinismo como *medula espiritual* do movimento político moderno em prol da liberdade.

O que as leis positivas inglesas, as forças econômicas, a tolerância dos ascéticos e as declarações não puderam lograr, tornou-se possível graças às convicções religiosas calvinistas. Estas impuseram a ação que veio a ser a medula espiritual das liberdades políticas de seus países (TROELTSCH, 1950, v. II, p. 640).

Finalmente, essa ânsia pela liberdade é tão antiga quanto a raça humana. Foi ela que levou o calvinismo a dar a sua contribuição em prol da liberdade humana, além de outros fatores não religiosos — econômicos e políticos — que contribuíram para o desenvolvimento das liberdades modernas.

Há ainda outros autores, como Walker (1906), que apontaram o calvinismo como germe espiritual que trouxe vigor à moderna democracia. Ele possibilitou que a igreja se tornasse livre do controle do Estado. Com isso, fomentou também o desenvolvimento da liberdade e independência de pensamento.

Finalizando, há o exemplo dessa liberdade na Escócia, no final do século XVI. A Assembleia Geral da Igreja escocesa refletia mais genuinamente as aspirações do povo que as aspirações do Parlamento escocês (WALKER, 1906, p. 408 e 196-, v. 2, p. 95-101).

10
Os calvinistas e a resistência ao Estado

Até aqui, foi possível refletir sobre a política de Calvino. Vários aspectos foram considerados. Foram analisados os seus escritos políticos, as principais características de seu pensamento, a terminologia política que empregava, a sua postura ante a necessidade de resistência ao Estado, a evolução ocorrida em sua concepção política, a importância dos magistrados populares em sua teoria e seu potencial revolucionário.

É importante analisar o pensamento dos contemporâneos de Calvino, seguidores, intérpretes, opositores e o desenvolvimento da teoria da resistência ao Estado no século de Calvino. A proposta é acompanhar as investigações acerca do desenvolvimento da doutrina do direito constitucional de resistência em três áreas.

Primeiramente, o estabelecimento do radicalismo calvinista na Escócia. Depois, a revolução religiosa na França e a teoria e ação dos huguenotes. E, ainda, na Inglaterra, a teoria e a ação calvinistas [que, em confronto com o poder monárquico, estabeleceu um *commonwealth* puritano. O que se poderá observar claramente é que o papel dos magistrados do povo, segundo Calvino, acabou por constituir o viés pelo qual o seu potencial revolucionário influenciou outros calvinistas.

A partir desse viés, alguns de seus seguidores conseguiram ser mais radicais em suas considerações e ações, até desenvolverem um pensamento revolucionário.

O potencial revolucionário do próprio pensamento de Calvino exerceu influência sobre os radicais escoceses, sobre os huguenotes franceses e ainda sobre os ingleses. Principalmente com respeito a esse papel dos magistrados do povo ou inferiores, podem-se demonstrar as nuanças entre o pensamento calviniano e o pensamento dos calvinistas.

Indo, assim, além de Calvino, que tipo de calvinistas produziu a passagem de uma teoria da resistência puramente religiosa — dever religioso — para uma teoria genuinamente política da revolução — direito moral? Qual, então, é a real contribuição calvinista para a elaboração do conceito moderno de Estado? Mereceriam de fato Calvino, os calvinistas radicais e os huguenotes ser considerados participantes das fundações do pensamento político moderno?

O fato a ser considerado é que, no século XVI, a Igreja era parte integrante dos sistemas econômico e político e usava sua influência espiritual para apoiar esses sistemas. Hoje, o Estado praticamente ignora a Igreja. E esta vive a reboque do sistema econômico. São totalmente inversos os vetores dos séculos XVI e XXI.

A *soli Deo gloriae* (glória somente a Deus) tornou-se a glória do homem? Na Idade Média, a vida social girava em torno da Igreja; e hoje, gira em torno do Estado?

Talvez a resposta possa ser dada com uma colocação tangencial: em ambos os momentos, a descoberta de que Deus está presente no mundo ainda é uma ideia profundamente revolucionária.

Se o homem medieval tinha a sua teologia centrada no espaço, o homem contemporâneo insiste no tempo, uma vez que a ação divina é aqui e agora — *hic et nunc*. Num mundo dinâmico como o deste século, o calvinismo pós-Calvino é desafiado a agir, após ter enveredado por trilhas sinuosas e contraditórias.

Querer reformar ou reconstruir este mundo, copiando o que fez Calvino, seria uma grande tolice. Há que se considerar que a herança calvinista recebida hoje foi formada na Europa Ocidental. Obedeceu a valores da sociedade burguesa. Seguiu ideias trabalhadas por intelectuais, que estudaram em universidades e que eram profundamente influenciados pelo modo de pensar greco-romano. Como, então, eles se articularam politicamente?

No início, Lutero e a sua versão da Bíblia praticamente definiram a linha do idioma alemão. O mesmo se pode afirmar quanto aos textos produzidos por Calvino, em francês, ou ainda a Bíblia francesa de Olivétan, de 1535, e a Bíblia de Genebra, de 1560.

Foram justamente esses estudos de textos bíblicos que levaram os reformadores a uma oposição à hierarquia eclesiástica e à teologia medieval.

Os reformadores abominaram o escolasticismo. As *Institutas* foram um esforço de Calvino para repensar e reelaborar as doutrinas fundamentais da Igreja; os teólogos antigos foram lembrados em oposição ao calabouço intelectual dos escolásticos.

Naquela época, os reformadores abandonaram a leitura devocional da Bíblia, conforme faziam os mosteiros medievais. Os reformadores preferiam uma leitura direcional, pois queriam respostas aos seus anseios, e, quanto mais estudavam a Bíblia, mais percebiam a profundidade de seu significado.

Com referência aos seus anseios políticos no tumultuado século XVI, sérios problemas só foram encarados pelos calvinistas mais radicais, da década de 1550. Até 1550, os protestantes, tanto luteranos quanto calvinistas, sustentavam o princípio de não-resistência e a paciência diante da opressão; admitiam o simples dever da resistência passiva como o dever de suportar o *status quo* sem rebelião.

Essa doutrina serviu bem aos propósitos da nova fé reformada, apenas enquanto ela suportava os desmandos de suas autoridades. Com as sucessivas perseguições, porém, ocasionaram mudanças nos seus destinos e nas suas crenças e convicções políticas.

Com isso, a doutrina puritana do direito de resistência ao tirano acabou sendo produto do calvinismo e da lógica dos eventos, a ponto de chegar à revolução e ao tiranicídio, quando necessário (Harkness, 1931, p. 237).

A doutrina calvinista do direito de resistência constitucional produziu frutos. Na Escócia, o desenvolvimento do calvinismo político deveu-se principalmente à influência de um homem: John Knox. E uma mudança radical no governo foi efetuada mais por essa personalidade em ação do que pela própria teoria da resistência.

Na Escócia, também são consideradas as contribuições políticas de outros reformadores: John Ponet e Christopher Goodman. Primeiramente, porque Ponet e Goodman encararam o dilema proposto desde Agostinho. Para eles, quem julgasse ter Deus ordenado príncipes perversos e, ao mesmo tempo, alegasse ser legítimo resistir-lhes, estaria considerando Deus o autor do mal e da injustiça no mundo. Vale, portanto, deter-se no pensamento desses calvinistas radicais.

Na França, o movimento nunca assumiu as proporções de uma revolução calvinista. Ali, os calvinistas contribuíram positivamente para a formulação de uma teoria política democrática.

Na Inglaterra, ambas se encontraram: a teoria e a prática revolucionárias. Tornaram-se suficientes para subverter temporariamente a monarquia, decapitar um rei e estabelecer um *commonwealth* puritano.

A teoria do dever de resistir ao tirano começou a ser desenvolvida com as guerras religiosas francesas. A ideia geral é que houve um encadeamento direto entre as teses dos calvinistas radicais (anos 1550) e as teorias adotadas pelos huguenotes após o Massacre da Noite de São Bartolomeu (1572).

Os argumentos de Ponet, Goodman e Knox teriam influenciado diretamente os franceses da década de 1570. Os próprios huguenotes franceses, porém, desenvolveram sua estratégia política de maneira diferente, e até mais radical, que a dos assumidamente calvinistas radicais.

Assim como os radicais escoceses, os huguenotes franceses partiram de Calvino e foram por ele influenciados, embora o espírito de Calvino nunca tenha causado tanta impressão em sua terra natal. Ao menos, não foi tão expressivo na França quanto o foi na Escócia, na Inglaterra e na Holanda, e isso é verificável em matéria de teologia e organização de igrejas, bem como em política e ética. Apesar disso, o calvinismo alcançou muitas pessoas comuns do povo, e essas pessoas alimentaram a esperança de usar o seu poder contra o rei.

A partir desse ponto, os huguenotes acabaram desenvolvendo uma teoria da rebelião, mais cuidadosamente pensada que a de Knox e menos drástica em seu escopo. As revoluções dos huguenotes foram mais limitadas que as dos radicais escoceses. Não apenas pelo fato de manterem seu profundo respeito pela monarquia francesa, mas porque havia pouca coesão entre os vários grupos huguenotes; sem forças para uma ação conjunta e, com isso, com poucas chances de sucesso (Léonard, 1948, p. 153-157).

Com isso, a renovação do programa *politique* não foi efetuada apenas por parte dos huguenotes, mas também dos católicos moderados, dentre os quais o principal foi Jean Bodin, que, em 1576, defendera essa linha de ação nos *Seis livros da república*.

Segundo Bodin, as disputas religiosas poderiam acarretar a ruína e destruição das repúblicas; portanto, deveriam ser proibidas por leis mais severas. Uma religião acolhida e estabelecida por consentimento comum não viria outra vez a ser questionada e disputada. Se fosse impossível suprimir as religiões rivais, deveria tolerá-las. Com base nesse ponto, ele desenvolveu sua postura em prol da tolerância, principalmente após o Massacre da Noite de São Bartolomeu. A influência de Bèze foi muito grande, e seus escritos foram reescritos por huguenotes, holandeses, escoceses, ingleses e americanos calvinistas.

Outros textos também foram importantes naquele período. E a publicação que mais contribuiu para a teoria revolucionária huguenote foi a *Defesa da liberdade contra os tiranos — Vindiciae contra tyrannos* (1579) —, de Phillippe Duplessis-Mornay (1549-1623), conselheiro do rei Henrique de Navarra (SUTHERLAND, 1973, p. 318, 325).

Philippe de Mornay (1549-1623) era o senhor de Plessis Marly, mais conhecido como Duplessis-Mornay ou Mornay Du Plessis. Protestante francês, escritor e membro do partido dos monarcômanos, ou "matadores de reis".

Como Bèze e Hotman, esse autor tratou bem da soberania do povo e do direito popular por meio de representantes governamentais para restringir a tirania dos reis. Seu texto trouxe o mais completo sumário dos principais argumentos desenvolvidos pelos monarcômanos huguenotes na década de 1570.

No seu caso, o texto era da época em que Guilherme de Orange e os calvinistas holandeses lutavam contra a tirania de Filipe II, que, por intermédio de seu agente, o duque de Alba, tinha trucidado milhares de protestantes holandeses. A Holanda e suas províncias eram exemplos de acordos expressos entre o soberano e os magistrados, cuja violação dos acordos justificaria a revolta.

A defesa da liberdade — *Vindiciae* (1579) — exerceu, então, muita influência entre os calvinistas holandeses e ingleses até no século XVII. De fato, Mornay era mais lido nesses países que na França. É importante frisar que, mesmo após o massacre, os huguenotes ainda preocupavam-se em repudiar quaisquer elementos populistas ou insurrecionais do legado do pensamento político calvinista radical.

De modo mais generalizado, os huguenotes entenderam o Massacre da Noite de São Bartolomeu como o clímax de um conjunto ímpio e maquiavélico de políticas, que Catarina e seu governo já estavam praticando havia tempos.

O fato é que a obra de Maquiavel, *O príncipe*, fora dedicada ao pai de Catarina de Médicis. Por essa razão, era comum supor que o governo da França estava sendo dirigido sob a influência dos métodos de Maquiavel.

Surgiu uma retórica antimaquiavélica que difamou esse cientista político respeitável. Ainda que Jean Bodin procurasse reconhecer seu valor, Maquiavel foi tido como a fonte dos vícios infames que se enraizaram no governo da França. Considerando maquiavélica a tirania governamental, os huguenotes apresentaram sua decisão de resistir como um ato necessário e legítimo de autodefesa.

Esses recursos a argumentos escolásticos permitiram que os huguenotes afirmassem o caráter legítimo e constitucional de sua teoria da resistência, diferindo dos calvinistas radicais que exortavam a população a se insurgir contra seus senhores legítimos.

Conforme os demais calvinistas, essa ressalva adicional à teoria da resistência decorria do seguinte: embora conservasse a suprema soberania, deveria ser entendido que o povo como um todo delega o direito de exercê-la aos magistrados; afinal, os escolhera especificamente para esse fim.

Tanto Duplessis-Mornay quanto Bèze justificaram a resistência da seguinte forma: os magistrados prometeram sua força e energia ao reino e eles teriam o dever de combatê-lo pela força, caso esse governante se tornasse um tirano.

Para Bèze, os magistrados inferiores eram obrigados a resistir a uma flagrante tirania, pela força das armas, a fim de salvaguardar os que estavam sob seus cuidados. Duplessis-Mornay também insistiu na obrigação, não apenas na autorização, do uso da força para destituir um tirano — inimigo declarado do país e da república.

Em todos esses documentos, é evidente uma crescente asserção de princípios de democracia. Neles, observa-se o direito divino de resistir, começando como um direito assumido sob a pressão da compulsão de um dever.

Ou os huguenotes eram condenados à morte ou ao exílio; do contrário, a total submissão. Esse contexto francês contribuiu para que os huguenotes adotassem justificativas para a rebelião, até mesmo para sua autopreservação. O próximo passo seria justificar a rebelião como um dever religioso (Harkness, 1931, p. 245).

Assim, foi sem peso ou sombras na consciência que esses escritores huguenotes começaram a anunciar que a resistência e a rebelião contra reis tirânicos e idólatras, por parte dos seus magistrados populares, não apenas eram permitidas, mas ordenadas na Palavra de Deus.

Finalmente, efetuou-se a passagem definitiva de uma teoria da resistência puramente religiosa para uma teoria genuinamente política da revolução. Como os seus argumentos escolásticos os favoreciam, os huguenotes doutrinários se viram em condições de efetuar essa passagem definitiva. Uma teoria da resistência puramente religiosa — e subordinada à ideia de um pacto que visava a defender as leis de Deus — tornou-se a teoria genuinamente política da revolução.

A teoria política baseava-se na ideia de um contrato que criava o direito moral, não apenas o dever religioso. Esse direito moral consistia em resistir a todo governante que deixasse de cumprir suas incumbências e de visar ao bem do povo em todos os seus atos públicos.

A argumentação essencial dos huguenotes se fundamentava na base genérica de que o ato de prometer implicava a aceitação de uma obrigação moral de quem fez a promessa. Ao promitente, correspondia um direito moral da parte do outro signatário: direito de exigir que fossem cumpridas as suas condições.

O povo teria o direito de exigir que seus magistrados e representantes eleitos respeitassem, em todos os momentos, "os bons costumes do reino". Esses "magistrados do reino" detinham o *status* particular de terem prometido defender as leis e o bem do povo.

Tinham eles o direito de insistir em que o rei governasse de modo que promovesse realmente o bem comum. Se esse rei se mostrasse tirânico e descumprisse sua promessa, os representantes do povo poderiam resistir-lhe por direito — *par droit*.

A essência da argumentação huguenote era que os magistrados e representantes do povo tinham o direito moral de resistir pela força a um governo tirânico. Direito prévio e fundamental do povo soberano: considerar a república um meio de assegurar e aprimorar seu bem (Harkness, 1931, p. 247).

A teoria que foi elaborada por Duplessis-Mornay, Bèze e outros líderes huguenotes, após 1572, muito influenciou também os Países Baixos, em crise semelhante ocorrida em 1580 (Harkness, 1931, p. 247-248).

Guilherme de Orange e seus seguidores entraram em confronto direto com o soberano espanhol que dominava os Países Baixos: Filipe II. Abjuraram sua lealdade e recorreram aos argumentos já desenvolvidos pelos huguenotes.

Fizeram isso para justificar sua postura revolucionária contra a autoridade do governo espanhol em terras holandesas. Endossavam a tese de que todos os governantes legítimos deveriam ser escolhidos e investidos por aqueles que representavam toda a comunidade. Se o rei estivesse transgredindo as condições mediante as quais os representantes do povo o aceitaram como seu senhor e príncipe, esses representantes teriam o direito de resistir-lhe e reaver seus direitos originais, em razão do descumprimento da promessa.

Orange apresentou essa conclusão fundamental no *Edito dos Estados Gerais*, documento oficial de julho de 1581, no qual proclamava que o rei da Espanha perdera o direito à sua soberania.

Dessa forma, as Províncias Unidas dos Países Baixos recorreram ao seu indubitável direito de resistir a governos tirânicos, por "meios" que garantissem seus direitos, privilégios e liberdades.

A antiga ideia de que a preservação da uniformidade era a única justificativa possível para a resistência legítima caiu por terra com Bèze, Duplessis-Mornay e seus seguidores. Surgiu, dessa forma, a teoria da revolução inteiramente política e com base numa tese moderna e secularizada dos direitos naturais e da soberania original do povo.

Só mais tarde, com a teoria clássica e mais populista de John Locke (1602-1704), a resistência foi legitimada com base na linguagem dos direitos civis e dos direitos naturais. Locke localizou a autoridade para resistir no "corpo do povo" e até mesmo num único homem que fosse privado de seus direitos (LOCKE, 1991, p. 397).

Havia outra diferença entre os autores escoceses e os revolucionários huguenotes do século XVI. Os franceses haviam desenvolvido a teoria da soberania representativa no lugar da teoria da soberania popular direta.

Na década de 1580, houve súbita mudança de rumo nas guerras religiosas francesas. O duque de Anjou morreu em 1584, e um huguenote confesso herdou o trono: Henrique III, rei de Navarra (SKINNER, 1996, p. 611).

A Liga Católica foi ressuscitada pela família Guise para intensificar a pressão sobre o rei Henrique III. Por isso, diversos teólogos católicos adotaram uma justificativa para a resistência política muito parecida com a dos huguenotes. Seus principais autores foram Jean Boucher (1548-1644), que publicou *Da justa abdicação de Henrique III ao reino da França;* Guillaume

Rose (1542-1611), que escreveu *Da justa autoridade de uma república cristã sobre reis ímpios e heréticos*; e Juan de Mariana, com uma das mais notórias defesas católicas da rebelião e do tiranicídio, *Do rei e da educação do rei* (Ibid., p. 612)

Juan de Mariana deu a mão ao protestante Buchanan na exposição de uma teoria da soberania popular. Essa teoria, embora de origem escolástica, era calvinista em seu desenvolvimento ulterior e, essencialmente, independente desses dois credos religiosos. Por essa razão, Mariana foi o autor mais usado por todas as facções nas lutas constitucionais que se travaram no século XVII.

A teoria liberal moderna do constitucionalismo não pode ser considerada como realização essencialmente do século XVII. Até John Locke e seus seguidores desenvolverem suas ideias de soberania popular e do direito à revolução, a teoria foi sendo articulada e refinada por mais de um século.

Primeiramente, pelos revolucionários calvinistas; depois, em obras de juristas radicais como Salamonio, nos tratados teológicos de occamistas, como Almain e Mair, e em outros textos mais famosos. Com a evolução da teoria da resistência ao tirano, uma geração antes de Locke, Oliver Cromwell já considerara suficiente tranquilizar sua consciência quanto à legitimidade de executar Carlos I, consoante aos princípios defendidos por Buchanan e Juan de Mariana (Skinner, 1996, p. 616, nota).

Depois disso é que Locke desenvolveu suas ideias e sua clássica defesa do direito do povo à resistência contra um governo tirânico e à sua destituição. Com isso, é necessário frisar aqui a importância da influência que vem desde Calvino para as próprias fundações do pensamento político moderno.

Considerações finais

Retratos de Calvino. Uma biografia apaixonante de uma personagem que desperta sentimentos contraditórios. Observando-se detalhadamente cada traço de sua personalidade, bem como o pano de fundo onde ele foi desenhado, obtém-se uma apreciação diferente da tradicional.

Neste livro, foram muitos os detalhes e traços levados em consideração. Entre tantos, detalhou-se o cruzamento dos destinos de Calvino e Genebra. Desde a sua primeira tentativa fracassada, a sua consequente expulsão, o traçado de sua peregrinação por várias cidades como Basileia, Genebra, Estrasburgo, até regressar novamente a Genebra.

Esses traços ajudam a contemplar que houve o amadurecimento desse líder religioso e político. Maduro, trouxe contribuições à cidade e ao mundo. Outros detalhes observados, ao retratar Calvino, passaram pela análise de seus escritos, privilegiando o que tange ao seu pensamento político, com todas as nuanças possíveis.

Esse entendimento necessitou de melhor apreciação do pano de fundo, da paisagem ou do palco dos acontecimentos: Genebra e a revolução religiosa ocorrida no século XVI.

Só entendendo esse contexto de reviravoltas no cenário religioso e político da Europa renascentista, foi possível desvendar traços da personalidade e do pensamento dessa personagem que, por sua vez, foi descoberta por Genebra.

Foi em Genebra o nascedouro da teoria calviniana da resistência ao tirano. Anteriormente, o traçado de sua peregrinação foi o dublê de seu progresso espiritual e político. Com o amadurecimento do líder Calvino, vieram relevantes contribuições políticas e sociais de um homem além dos seus limites religiosos.

Não se deixou de analisar que Genebra jamais ofereceu passivamente condições para um regime totalitário ou teocrático. Genebra foi indócil com outros dominadores e o foi também com Calvino e Farel. Calvino não recebeu plenos poderes, ou melhor, não teve oportunidades de dominá-la.

Ao contrário disso, Genebra domou Calvino. Seria um contrassenso Calvino ter sido um tirano e, ao mesmo tempo, o defensor de uma teoria de resistência a uma tirania. Genebra respondeu a esse dilema: descobriu, domou e forjou um Calvino diferente do que se tem pintado comumente.

A diferença que merece destaque aponta para uma real contribuição calvinista na elaboração do conceito moderno de Estado. Calvino e os calvinistas, radicais e huguenotes, têm hoje o valor paradigmático, pois são participantes das fundações do pensamento político moderno.

Dessa forma, pretendeu-se alcançar o objetivo central de explicitar a teoria calviniana da resistência à autoridade a partir dos magistrados populares ou inferiores. Partindo de considerações sobre a obediência e a resistência nos primórdios da Reforma, sobre a importância dos reformadores da primeira geração, de Lutero e dos luteranos, chegou-se à formação do pensamento político de Calvino.

Nessa formação intelectual, destacou-se a relevância, para o pensamento calviniano, da *Confissão de Magdeburgo*, da teoria constitucional de Hesse e da teoria do direito privado da Saxônia; bem como o pensamento dos seus contemporâneos: Martinho Bucer, Melâncton, Zwinglio, John Knox, Osiander, Ponet, Goodman e outros.

Não foram apenas Genebra e seu contexto que forneceram a Calvino o destaque internacional merecido. Houve contribuições de muitos reformadores. Por isso, procurou-se demonstrar as principais características da doutrina política de Calvino e a terminologia apropriada que ele empregou nesse aspecto. Fruto de tantas influências recebidas, mas com o toque de sua genialidade que lhe deu o destaque mundial.

O capítulo político das *Institutas* (capítulo XX do livro IV) serviu para uma análise da evolução que se verificou no pensamento e na postura de Calvino quanto à resistência legítima às autoridades superiores. Isso pôde ser visto tanto nas sucessivas edições das *Institutas* quanto em seus outros escritos.

Essa evolução mostrou-se adequadamente pela exceção concedida por Calvino aos magistrados populares como os legítimos vingadores. Eram as autoridades escolhidas, por Deus e pelo povo, para oferecerem resistência às autoridades superiores que cometessem injustiças ou tirania. Com essa exceção, o pensamento calviniano revestiu-se de um potencial revolucionário.

Esta foi a questão central da análise política de Calvino: a inovação do destaque dado ao papel dos magistrados do povo e sua contribuição para o desenvolvimento da teoria da resistência. Reitera-se que, embora fosse um detalhe em seus escritos, até mesmo uma pequena exceção, nisso se encontra a colaboração de Calvino para o desenvolvimento de uma teoria da resistência à autoridade que extrapola os limites do mando político.

Os seguidores e intérpretes calvinistas adotaram e alteraram essa teoria calviniana. Deram exemplos históricos que comprovam a influência revolucionária do pensamento calviniano. Contudo, há nuanças entre o pensamento calviniano e o dos calvinistas que o sucederam.

A evolução da teoria da resistência ao Estado e a sua prática puderam ser analisadas no desenvolvimento do radicalismo calvinista, principalmente de seus três principais representantes escoceses: John Knox, John Ponet e Christopher Goodman.

Especificamente quanto à teoria da resistência constitucional às autoridades tirânicas, foram ainda mais radicais os huguenotes franceses, por meio de seus vários representantes. Isso se deveu ao contexto em que estavam inseridos e às suas exigências peculiares. Tanto nos huguenotes quanto nos radicais, pode ser demonstrada a influência do potencial revolucionário do pensamento calviniano, principalmente com respeito ao papel dos magistrados do povo, ou inferiores.

Indo, porém, além de Calvino e desses huguenotes franceses, os radicais calvinistas escoceses produziram a passagem de uma teoria da resistência puramente religiosa — dever — para uma teoria genuinamente política da revolução — direito.

Houve ainda a real contribuição calvinista para a elaboração do conceito moderno de Estado, o que situa Calvino, os calvinistas radicais e os huguenotes franceses nas fundações do pensamento político moderno.

O papel dos magistrados do povo, segundo Calvino, acabou por constituir o viés pelo qual o seu potencial revolucionário influenciou outros calvinistas. Foi a partir desse viés que alguns de seus seguidores conseguiram ser mais radicais em suas considerações e ações, até desenvolverem um pensamento revolucionário.

O potencial revolucionário do pensamento de Calvino teria exercido influência sobre os radicais escoceses, sobre os huguenotes franceses e ainda sobre os ingleses. Principalmente com respeito a esse papel dos magistrados do povo, ficaram claras algumas nuanças entre o pensamento calviniano e o pensamento dos calvinistas.

Esses calvinistas produziram a passagem de uma teoria da resistência puramente religiosa para uma teoria genuinamente política da revolução. Passaram do dever religioso para o direito moral do cidadão.

Referências

Obras de Calvino:

CALVINO, João. *Institutas*: tratado da religião cristã. Trad. Waldir C. Luz. São Paulo: CEP, 4 v.

_____. *Institutes of the Christian Religion*. John McNeill (Ed.). Tr. Ford Lewis Battles. Philadelphia: Westminster, 1960.

_____. *Institution de la religion chretienne*. J. Panier (Ed.). Paris: Belles Lettres; PUF, 1961.

_____. *The Deity of Christ and Other Sermons*. Trad. do francês e latim por Leroy Nixon. Michigan: Eerdmans, 1950.

_____. *Concerning Scandals*. Trad. John Fraser. Michigan: Eerdmans, 1978.

_____. Lettre à Sadolet. In: *La vraie piété*. Genebra: Labor et Fides, 1986 [Versão francesa de 1540].

_____. *Oeuvres complètes*: loannis Calvini Opera quae supersunt omnia. G. Braun; E. Cunitz; E. Reuss (Eds.). Berlim e Brunswick: Braunschweig, 1863-1900 [59 tomos em 58 v.].

_____. *Oeuvres choisies*. O. Millet (Ed.). Paris: Gallimard, Folio classique, 1995.

_____. *O livro dos Salmos*. Trad. Valter Graciano Martins. Baseada na tradução para o inglês de James Anderson. São Paulo: Paracletos, 1999.

_____. *John Calvin's Instruction in Christianity*: An Abbreviated Edition of the Institution of Christian Religion. Trad. do latim por Joseph Pritt Willes. Michigan: Eerdmans, 1947.

_____. *Sermons on Election & Reprobation*. Prefácio de David Engelsma. New Jersey: Old Paths Pub., 1996.

_____. *Commentaries on the Catholic Epistles*. Trad. John Owen. Michigan: Eerdmans, 1948.

_____. *Letters of John Calvin*. Edinburgh: Banner of Truth, 1980.

Outras referências:

ALBERIGO, Giuseppe. Lutero, para além da controvérsia. *Revista Eclesiástica Brasileira*, Petrópolis, v. 43, n. 172, p. 737-751, dez. 1983.

ALTMANN, Walter. *Lutero e libertação*: releitura de Lutero em perspectiva latino-americana. São Paulo: Ática e Sinodal, 1994.

ARMINIUS, J. *The Works of James Arminius*. Tr. e ed. James & William Nichols. Michigan: Baker, 1986.

ARMOGATHE, Jean Robert. *Les vies de Calvin aux XVIe et XVIIe siècles.* Historiographie de la Réforme. Neuchâtel: Delachaux et Niestlé, 1997.

AUBERT, Hyppolyte et al. (Ed.). *Correspondence de Théodore de Bèze.* Travaux d'Humanisme et Renaissance 20, nº 318. Genebra: Droz, 1998.

BABEL, Henry. Le rayonnement theologique de Genève depuis Calvin. In*: Informationes theologiae europae: internationales okumenisches Jahrbuch fur Theologie.* New York, v. 3, p. 251-260, 1994.

_____. *Histoire económique de Genève des origens juaqu'au début du XVIe siècle.* Genebra: GEORG, 1963.

BAINTON, Ronald H. *Michel Servet, hérétique et martyr.* Genebra: Droz, 1953.

BALKE, Wilhelm. Calvin's Concept of Freedom. In*:* EGMON, A. van (Ed.). *Freedom.* Baarn, Studies on Reformed Theology 1, Callenbach, p. 25-54, 1996.

BAKER, Robert A. *Compendio de historia cristiana.* Buenos Aires: Casa Bautista, 372p., 21cm. 1974.

BATTLES, Ford Lewis. *Calvin's Commentary on Seneca's De Clementia.* Leyde: Brill, 1969.

_____. *Interpreting John Calvin.* Grand Rapids: Baker Books, 1996.

_____. *Analysis of the Institutes of the Christian Religion of John Calvin.* Michigan: Baker, 1980.

BAUMGARTER, Frederic J. The Church: the Protestant Challenge. In*: France in the Sixteenth Century.* New York: St. Martin's Press, 1995, p. 135-150, 330.

BENDA, Kalman. Die Auswirkung der Lehren Calvins auf die Ideologie des standischen Widerstandes in Ungarn. Jahrl für geschichte des Protestantismus.In*: Osterreich* 110/11, 1994/95, p. 75-85.

BERGIER, Jean-François. *Les foires de Genève et l'economie européene de la Renaissance.* Paris: SEVPEN, 1980.

BERRINGTON, B. S. *Life and Times of Calvin.* Trad. do holandês por L. Penning. Kegan Paul, Trench. London: Trübner & Co Ltd., 1912.

BERTHOUD, G. *Antoine Marcout, réformateur et pamphlétaire.* Genebra: Droz, 1973.

BÈZE, Théodore de. Life of John Calvin. Trad. Henry Beveridge. In: *Tracts and Treatises of John Calvin.* Michigan: Eerdmans, 1958.

_____. *L'histoire de la vie et mort de Calvin.* Genebra: GEORG, 1565.

_____. *Du droit des magistrats.* Genebra: Kingdom, 1970.

BIÉLER, André. *L'homme et la femme dans la morale calviniste.* Genebra: Labor et Fides, 1963.

_____. *O pensamento econômico e social de Calvino.* São Paulo: CEP, 1990.

_____. *O humanismo social de Calvino.* São Paulo: Oikoumene, 1970.

_____. *The Social Humanism of Calvin.* Trad. P. Fuhrmann. Virginia: J. Knox, 1964.

_____. *A força oculta dos protestantes — oportunidade ou ameaça para a sociedade?* Trad. Paulo M. Protasio. São Paulo: CEP, 1999.

_____. *Igreja, política, trabalho.* Genebra: Labor et Fides, 1944.

_____. *Liturgia e arquitetura.* Genebra: Labor et Fides, 1961.

_____. *Calvino, profeta da era industrial.* Genebra: Labor et Fides, 1963.

_____. *Uma política da esperança — fundamentos e métodos da ética calvinista da sociedade.* Genebra: Labor et Fides, 1970.

_____. *O desenvolvimento louco*: o grito de alarme dos sábios e o apelo das igrejas. Genebra: Labor et Fides, 1973.

_____. *Cristãos e socialistas antes de Marx.* Genebra: Labor et Fides, 1982.

_____. *L'homme et la femme dans la morale calviniste*: la doutrine réformée sur l'amour, le mariage, le célibat, le divorce, l'adultère et la prostitution, considerée dans son cadre historique. Genebra: [s.n.], 1963.

BIBE-LUYTEN, Sônia M. Holandeses no Brasil e nos Estados Unidos: uma visão comparativa. In: *Revista de Antropologia.* São Paulo: Universidade de São Paulo, v. 29, 1986, p. 73-104, 1986.

BIHARY, Michel. Küldjetek vesszótek: a Genfi akadémia. In: *Kálvinista Szemble* 65, nº 10, p. 3, 1994a.

_____. Kálvin teológiai testamentuma: a nagy Institutio. In: *Kálvinista Szemble 65*, nº 8, p. 13, 1994b.

BINZ, Louis. Les confréries dans le diocèse de Genève à la fin du moyen âge. In: *Le mouvement confraternel au moyen âge.* Lausanne: Atas, 9-11 maio 1985. p. 233-261, 1987.

BOEGNER, Alfred. *Étude sur la jeunesse et la conversion de Calvin.* Montauban: Imprimerie coopérative, 1873.

BOETTNER, Loraine. *La predestinación.* Trad. Manuel E. Gómez. Subcomision de Literatura Cristiano. Michigan: TELL, 1988.

BOHATEC, Josef. *Calvins Lehre von Staat und Kirche, mit besonderer Berucksichtigung des Organismusgedankes.* M & H Marcus. Breslau, 1937.

______. *Budé und Calvin.* Studien zur Gedankenwelt des französischen Frühhumanismus. Graz: H. Böhlaus, 1950.

BOLT, John. *Christian and Reformed Today.* Ontário, Canadá: Paidez Press, 1947.

BOKENKOTTER, Thomas S. Calvin Makes Protestantism an International Movement. In: *A Concise History of the Catholic Church.* New York: Image Books, 1990, p. 201-213.

BONIVARD, F. *Advis et devis de l'ancienne et nouvelle police de Genève*: suivis des advis et devis de noblesse et ses offices ou deqrez et des III États monarchiques aristocratiques et democratique. Genebra: J.G. Fick, 1845.

BOSMA, M. J. *Exposition of Reformed Doctrine*: a Popular Explanation of the Most Essential Teachings of the Reformed Churches. 4. ed. Michigan: Smittes Book Co. 1927.

BOTMA, A & KOEKEMOER, J. H. Die verskynsel van die eenheid-verskeidenheid van die kerk. In: *Gesprek met Calvyn.* Hervormde teologiese studies 53, 1997, p. 326-352.

BOUWSMA, W. J. *John Calvin*: a Sixteenth-Century Portrait. New York: Oxford U. Press, 1988.

______. The Two Faces of Humanism. In: OBERMAN, H. O. & BRADY, T. A. *Itinerarium Italicum, Studies in Medieval and Reformation Thought XIV.* Leiden: [s.n.], 1975, p. 3-60.

BRATT, James D. *Dutch Calvinism in Modern America*: a History of a Conservative Subculture. Michigan: Eerdmans, 1984.

BRATT, John H. (Ed.). *The Heritage of John Calvin*: Heritage Hall Lectures 1960-1970. Grand Rapids, Michigan: Wm. B. Eerdmans, 1973.

BRATT, John H. *The Rise and Development of Calvinism*: a Concise History. Michigan: Wm. B. Eerdmans, 1959.

______. *The Life and Teachings of John Calvin.* Michigan: Baker, 1958.

BRAUDEL, F. *Civilization matérielle, economie et capitalisme.* Paris: [s.n.], 1979, v. II, p. 274-276.

BRECHT, Martin. *Revolta da Igreja contra a Igreja?* Concilium, n. 178, 55-62 p., 1982.

BRONKEMA, Fred. *The Doctrine of Common Grace in Reformed Theology*: or New Calvinism and the Doctrine of Common Grace. Boston: Harvard University, 1928.

BUDÉ, Guillaume. L'institution du prince. In: BONTEMS, C.; RAYBAUD, L. P; BRANCOURT, J.-P. *Le prince dans la France des XVIe et XVIIe siècles.* Paris: PUF, 1965.

BUSSER, Fritz & HOTTINGER, J. H. Der Theasaurus Hottingerianus und Calvin. In: *Calvin's Books*: Festschrift dedicated to Peter De Klerk on the occasion of his seventienth birthday. Wilhelm H. Neuser; Herman J. Selderhuis; Wilhelm van Spijker (Eds.). Heerenveen, J. J. Groen, J. J. 1997, p. 257-268.

BUISSON, F. *Sébastien Castellion*: sa vie et son œuvre, 1515-1563. Paris: Hachette, 1892.

CALVIN Memorial Adresses: Delivered Before the General Assembly of the Presbyterian Church in the USA at Savannah. GA, may 1909. Presbyterian Committee of Publications, Richmond, 1909.

CALVIN ON PRAYER: a Modernised Abridgement to Chapter 20 of Book 3 of Calvin's Institutes of the Christian Religion. Peace & Truth, nº2, p. 18-24, 1997

CANTALOUBE, C. *La Réforme en France*: vue d'un village cévenol. Paris: DU CERF, 1951.

CADIER, Jean. *The Man God Mastered*: a Brief Biography of John Calvin. Trad. do francês por R. Johnson. Michigan: Wm. B. Eerdmans, 1960.

CAPARIIS, V. de. *Propaganda e pensiero politico in Francia durante le Guerre di Religione.* Nápoles: [s.n.], 1959.

CAPONETTO, Salvatore. Il movemento calvinista nella Lombardia e nella Valtellina. In: *La Riforma protestante nell'Italia del cinquecento.* Torino: Claudiana, 1992.

CARBONNIER-BURKARD, Marianne. Calvin lecteur des psaumes. L'anatomie de l'âme. *Bulletin de la société de l'histoire du protestantisme français* n. 143, 1997, p. 131-134.

______. Le droit de punir et le sens de la peine chez Calvin. *Revue d'histoire et de philosophie religieuses* 54, n. 2, 1974, p. 187-210.

CATTERALL, Doug. Review of the Concept of Equity in Calvin's Ethics. *The Sixteenth Century Journal* 28, n. 4, 1997, p. 1.488-89.

CHAUBNU, Pierre (Org.). *L'aventure de la Réforme*: le monde de Jean Calvin. Paris: Desclée de Brower, 1986.

CHENEVIÈRE, Marc-Édouard. *La pensée politique de Calvin.* Genebra: Slatkine, 1970.

CHENG, Yang-En. *The Theology of The Calvinist Resistance Movement*: a Theological Study of the French Calvinist Resistance Literature. Tese (Ph.D), Princeton Theological Seminary (H. Henry Meeter Center — ensaios políticos) 1994.

CHILTON, D. *Productive Christians in an Age of Guilt Manipulators.* Texas: Institute of Christian Economics, 1981.

CHOISY, Eugene. *L'etat chretien*: la theocracie à Genève au temps du Calvin. Geneva: [s.n.], 1987.

CHOISY, Eugene. *L'État chrétien calviniste à Genève au temps de Théodore de Bèze*. Genebra: [s.n.], 1902.

CHRISTIN, Ólivier. *Une révolution symbolique*: l'iconoclasme huguenot et la reconstruction catholique. Paris: Minuit, 1991.

CHUNG, S. K. *A Study on Calvinism.* Seul, Korea: Chongshin Pub. Co., 1998.

CLOUSE, R. (Ed.). *Wealth and Poverty*: Four Christian Views of Economics. Illinois: Intervarsity Press, 1984.

COERTZEN, Pieter. *Spiritualiteit en Theologie*: Eenheid of vervreemding Die posisie van Johannes Calvyin. Groen: Heerenveen, 1997.

COTTRET, Bernard. *Calvin biographie.* Paris: Jean-Claude Lattès, 1995.

_____. *Pour une sémiotique de la Réforme*: le Consensus Tigurinus de Calvin. Annales ESC 39, 1984, p. 265-285.

_____. *L'édit de Nantes 1598*: pour en finir avec les guerres de religion. Paris: Perrin, 1997.

_____. Tolerance et liberté de conscience? Épistémologie et politique à l'aube des Lumières. *Études Théologiques et Religieuses*, n. 65, 1990, p. 333-350.

_____. Traducteurs et divulgateurs clandestins de la Réforme dans l'Angleterre henricienne, 1520-1535. *Revue d'Histoire Moderne et Contemporaine*, n. 28, 1981, p. 472.

COTTIN, Jérôme. Calvin: l'esthétique sans l'image. In: *Le regard et la parole*: une théologie protestante de l'image. Lieux Theologiques 25. Genebra: Labor et Fides, 1994.

CROUZET, Denis. *Les guerriers de Dieu*: la violence au temps des troubles de religion, vers 1525- vers 1610. Champ Vallon: Seyssel, 2 v., 1990.

_____. *La nuit de la Saint-Barthélemy*: un rêve perdu de la Renaissance. Paris: Fayard, 1994.

CROSS, F. L. & LIVINGSTONE, E. A. (Orgs.). *The Oxford Dictionary of the Chistian Church.* [S.L.: s.n.], 1989.

CURLEY, Edwin. Calvin and Hobbes, or, Hobbes as an Orthodox Christian. *Journal of the History and Philosophy* 34, 1996, p. 257-271.

DAKIN, A. *Calvinism.* London: Duck Worth, 1949.

DABNEY, R. L. & DICKINSON, J. *The Five Points of Calvinism.* Virgínia: Sprinkle Pub., 1992.

DE GREEF, Wulfert. The Origin and Development of the Doctrine of the Covenant. In: *Alvin's Books*: Festschrift dedicated to Peter de Klerk on the occasion of his seventieth birthday. Heerenven J. J. Groen, 1997, p. 337-356.

D'HANGEST, J. *Contre les ténébrions, lumière évangélique.* Paris: J. Petit, 1992.

DEIROS, P. A. (Org.). *Los evangelicos y el poder politico en America Latina.* Grand Rapids, Buenos Aires: Wm. B. Eerdmans, Nueva Creacion,1986.

DE KNIJFF, H. W. Calvijn. In: *Venus aan de Leiband: Europa's erotische cultuur en christelijke sexuele ethiek.* Kampen: J. H. Kok, 1987, p. 174-188.

DE MONTICELLI, Roberta. Jean Calvin et la triste richesse. Du travail, du loisir et du salut de l'âme. *Revue de theologie et philosophie* 129, n. 1, 1997, p. 51-66.

DEMURA, Akira. Two Commentaries on the Epistle to the Romans: Calvin and Oecolampadius. In: *Calvinus sincerioris religionis vindex*: Calvin as Protector of the Purer Religion. W. Neuser & B. G. Armstrong (Eds.). Sixteenth Century Essays & Studies 36. Kirksville, MO S.C.J. Press, 1997, p. 109-188.

DE REUVER, A. Hoe Luthers was Calvijn?. In: *De Waarheidsvriend* 81, 1993, p. 709-711.

DICKIE-CLARCK, H. F. The Irony of Apartheid: the Struggle for National Independence of Afrikaner Calvinism Against British Imperialism. *Canadian Journal of African Studies* 17, n. 1, 1983, p. 149-150 [Revisão do livro por Irving Hexham].

DILLENBERGER, John (Ed.). *John Calvin*: Selection from His Writtings. Scholars Press; American Academy of Religion, 1975 [Resumo das *Institutas*].

DÖLLINGER, Johann Joseph Ignaz von. *Die Reformation, ihre innere Entwicklung und ihre Wirkungen im Umfange des Lutherischen.* Frankfurt: MINERVA, 3 v., 1962.

DOUMERGUE, Émile. *Jean Calvin*: les hommes et les choses de son temp. Lausanne: G. Bridel, 7 v., 1889-1927.

______. *La Genève calviniste.* Lausanne: George Bridel et cie. Editeurs, 1896.

______. *The Christian Institutes of Calvin and the Confession of Faith of La Rochele.* Alliance on the reformed churches, 6th General Council. Glasgow, 1896.

DUNN, Samuel. (Comp.). *The Best of John Calvin*: Including a Biography of John Calvin and Selections from His Commentaries and Sermons. 2. ed. Michigan: Baker Book House, 1981 [Sua primeira edição é de 1837].

DUPÈBE, J. *Un document sur les persécutions de l'hiver 1533-1534 à Paris.* Paris: Biblioteque d'Humanisme et Renaissance, n. 48, 1986.

ELLIOT, Mark W. Calvin the hebraiser? Influence and Independence in Calvin's Old Testament Lectures, with Special Reference to the Commentary on Jeremiah. In: *Interpreting the Bible*: Historical & Theological Studies. A. Lane (Ed.). London: Apollos, Great Yarmouth, 1997, p. 99-112.

EICHENBERGER, Isabelle. *Calvino recebe museu em Genebra.* Trad. Alexander Thoele. Swissinfo.ch. 03 maio 2005. Disponível em http://www.swissinfo.org/por/sobre_a_suica/guia_da_suica/turismo/Calvino_recebe_museu_em_Genebra.html?siteSect=361&sid=5753431&cKey=1115536513000&ty=st. Acesso em: 8 jun. 2008.

ENGELSMA, David. *Hyper-Calvinism and the Call of the Gospel.* Michigan: Reformed Free, 1980.

ENGAMMARE, Max. *Calvin Incognito in London*: the Rediscovery in London of Sermons on Isaiah. Huguenot Society Proceedings, v. 26, n. 4, 1997, p. 453-462.

______. Plaisir des mets, plaisir de mots: Irdische Freude bei Calvin. Calvinus sincerioris religionis vindex: Calvin as Protector of the Purer Religion. *Sixteenth Century Journal Pub.*, 1997, p. 189-208.

ERASMUS, D. Institutio principis christiani, 1516. In: ______. *Opera Omnia Desiderii Erasmi Roterodami.* Amsterdã: O. Erding, v. 4.1, 1974.

ESBERNSHADE, Ranz C. Calvinism versus Democracy: Thimoty Dwight and the Origins of American Evangelical Orthodoxy. *American Achademy of Political and Social Science* 418, mar. 1975, p. 214-215 [Revisão do livro, por Stephen E. Berk].

ESTRADA, David. The Spanish Reformation. *The Journal of Christian Reconstruction* 14, n. 2, 1997, p. 9-22.

ESSER, Hans Helmut. Calvin's Concept of Property in View of the Introduction of a New Monetary Order. In: *Calvin's Books*: Festschrift dedicated to Peter De Klerk. Heerenveen: Groen, 1997, p. 149-173.

ETHIQUE, église et société. Lausanne, Berna: Institut d'ethique sociale de la Federation des Eglises Protestantes de Suisse, 1993.

FABER, Jelle. The Saving Work of the Holy Spirit in Calvin. *Essays in Reformed Doctrine.* Holanda: s.n., 1990, p. 282-291.

FAREL, Guillaume. Sommaire et brièfve declaration. 1525. In: _____. *Facsimile.* Paris: Facsimile ed., 1975.

FARIA, Eduardo Galasso (Org.). *João Calvino*: textos escolhidos. Trad. Claude Emmanuel Labrunie, Maria Antonieta Mota Kanji e Eduardo Galasso. São Paulo: Pendão Real, 2008.

FATIO, Olivier. *Confessions et catéchismes de la foi réformée.* Genebra: Labor et Fides, 1986.

FERREIRA, Edijéce M. *A ética de Calvino.* Recife: [s.n.], 1988.

FERREIRA, Wilson de Castro. *Calvino*: vida, influência e teologia. Campinas: LPC, 1985.

FETRIDGE, N.S. *Calvinism in History.* Edmonton City: Still Waters, 1989.

FEBVRE, Lucien. *Au cœur religieux du XVIe siècle.* Paris: Sev-Pen, 1968.

FIGGIS, John Neville. *Political Thought, in the Sixteenth Century in the Cambridge Modern History.* New York: MacMillan, 1907, v. III, p. 736-769.

FILLS, R. The Lawes and statutes of Geneva, 1562. In: GEISENDORF, P. J. (Ed.). *Livre des habitants de Genève*, 2 v., v. I, 1957, p. 1549-1560.

FISK, Samuel. *Calvinistic Paths Retraced.* Murfreesboro: Biblical ev. Press, 1985.

FONG, Chu-ming Abel. *Luther, Melanchton and Calvin*: the Dymnamic Balance Between the Freedom of God's Grace and Freedom of the Human Responsability in Salvation. Tese (Ph.D em Teologia), Westminster Theological Seminary, 1997.

FRENCH, Roger. Harvey in Holland: Circulation and the Calvinists. In: *The Medical Revolution of the Sixteenth Century*. Cambridge: U. Press, 1989, p. 46-86.

FRIEDMAN, Jerome. *Michael Servetus*: a Case Study in Total Heresy. Genebra: Droz, 1978.

FUCHS, E. *La morale selon Calvin.* Paris: Le Cerf, 1986.

FUCHS, E. & CRAPPE, C. *Le droit de résistir.* Genebra: Droz, 1990.

FULPIUS, L. *Les institutions politiques de Genève.* Genebra: Société d'Histoire et d'Archéologie de Genève, GEORG, 36, 1965.

GAFFAREL, Paul Louis Jacques. *Histoire du Brésil français au seizième siècle.* Paris: Maison Neuve, 1878.

GANOCZY, Alexandre. *Le jeune Calvin*: Genèse et évolution de sa vocation réformatrice. Genebra: Wiesbaden, 1966.

GARCIA VILLOSLADA, Ricardo. *Causas y factores historicos de la ruptura protestante.* Bilbao: Angeles de las Misiones, 118p., 19,5cm.,1961.

GARRISON, Janine. The Church and the Protestant Faction. In: *A History of Sixteenth-Century France, 1483-1598*: Renaissance, Reformation and Rebellion. Trad. Richard Rex. New York: St. Martin's Press, 1995, p. 279-296, 412.

GERRISH, B. A. *Reformatio Perennis*: Essays on Calvin and the Reformation in Honor of Ford Lewis Battles. Pennsylvannia: The Pickwick Press, 1981.

GILMONT, Jean-François. *Jean Calvin et le livre imprimé.* Genebra: Droz, 1997, Cahiers d'Humanisme et Renaissance 50.

GIRARDEAU, John L. *Calvinism and Evangelical Arminianism* — compared as to Election, Reprobation, Justification and Related Doctrines. Virgínia: Sprinkle Pub., 1984.

GONIN, Marc-François. Le couple et la vie de famille des Luther et des Calvin. *La Revue Reformée*, 1996, v. 47, n. 191, p. 35-42.

GONZALES, Justo. *Uma história ilustrada do cristianismo.* São Paulo: Vida Nova, 10 v., 1983.

GOUDINEAU, Hubert. *Luther et Calvin commentateurs de l'epître aux romains*: une comparaison. S. l.: Positions Luthérienne, 1996, p. 16-52.

GRAAFLAND, Cornelis. Van Calvijn via Graafland tot en met De Reuver. In: *Verantwoord gereformeerd:* Een voortgezet gesprek. Zoetermeer: Boekencentrum, 1995, p. 46-67.

GRAHAM, W. Fred. *The Constructive Revolutionary John Calvin and His Socio-Economic Impact.* Atlanta, Georgia: John Knox, 1978.

GREENE-MCCREIGHT, Kathryn. Selections from John Calvin's Sermons on Isaiah. In: *The Theological Interpretation of the Scripture*: Classic and Contemporary Readings. Sthephen Fowl (Ed.). Cambridge: Blackwell Pub., 1997.

GREENGRASS, Mark. Jean Calvin, Geneva and the Refugee Reformation. In: *The Longman Companion to the European Reformation 1500-1618.* London: Longman; 1998, p. 171-185.

GRELL, Ole Peter. *Calvinist Exiles in Tudor and Stuart England.* London: Scolar Press, Hants, 1988.

______. Godly Charity or Political Aid? Irish Protestants and International Calvinism, 1641-1645. *Historical Journal* 39, n. 3, 1996, p. 743-753.

GUTEK, Gerald L. John Calvin: Theologian and Educator of the Protestant Reformation. *Historical and Philosophical Foundations of Education*: a Biographical Introduction. S.L.: Columbus, 1997, p. 87-101.

HAITJEMA, Theodorus Lambertus. Abraham Kuyper und die Theologie des Hollandisschen Neucalvinismus. *Zwischen den Zeiten* 9, 1931, p. 331-354.

HALE, Frederick. A River Runs Through it — and a Stream of Calvinism, Too? *Scottish Bulletin of Evangelical Theology* 15, n. 2, 1997, p. 116-126.

HALL, David W. From Reformation to Revolution: 1500-1650. In: *Savior or Servant?* Putting Government in Its Place. Oak Ridge: The Covenant Foundation, 1996, p. 207-252.

HAN, Chu-Há. *Calvin's Doctrine of the Divine Election and Pastoral Ministry.* S.L.: Acts Theological Journal, 6, 1996, p. 1.

HANCOCK, Ralph C. *Calvin and the Foundations of Modern Politics.* Ithaca e London: Cornell U. Press, 1989.

HARKNESS, Georgia. *John Calvin:* The Man and His Ethics. New York; Nashville: Abingdon Press, 1931.

HEGEL, G. W. *Vorlesungen über der Philosophie der Geschichte.* Frankfurt: Werke, v. 12, 1973.

HELM, Paul. John Calvin, the Sensus Divinitatis, and the Moetic Effects of Sin. *International Journal of Philosophy of Religion* 43, n. 2, 1998, p. 87-107.

HENDRICKS, A. N. Calvijn over wetenschap en kunst. Parts 1-2. *De Reformatie* 72, n. 42, 1997, p. 869-871 e n. 43, p. 892-894.

HENDRIX, Scott. *Lutero e o papado.* Petrópolis: Concilium, n. 118, p. 38-45, 1976.

HEPP, Valentine. *Calvinism and the Philosophy of Nature:* the Stone Lectures Delivered at Princeton in 1930. Michigan: Eerdmans 1930.

HERON, Alasdair I. C. Die Widmungen der neutestamentlichen Kommentare Johannes Calvins. In: *In der Wahrheit blein dogma-Schriftauuslegung-Kirche*: Festschrift für Reinhard Slenczka zum 65. Geburstag. Manfred Sietz & Karten Lehmkühler (Eds.). Gottingen Vandenhoeck & Ruprecht, 1996, p. 72-78.

HESLAM, Peter S. *Creating a Christian Worldview*: Abraham Kuyper's Lectures on Calvinism. Grand Rapids: Eerdmans, 1998.

HESSELINK, I. John. *Calvin, the Holy Spirit and Mystical Union.* Perspectives 13, n. 1, 1998, p. 15-18.

______. *On Being Reformed*: Distinctive Characteristics and Commom Misunderstandings. Michigan: Servant Books, 1983.

______. *John Calvin's First Catechism*: a Commentary. Columbia Series in Reformed Theology. Louisville: John Knox Press, 1997.

HIGMAN, Francis Montgomery. Who Was John Calvin? Or Calvin and His Times. In: *A Series of Lectures.* Genebra: s.n., 1992a, p. 1-104.

______. *La diffusion de la Réforme en France, 1520-1565.* Genebra: Labor et Fides, 1992b.

HOOLE, Paul R. P. *John Calvin*: Reformer, Pastor and Theologian. The Burning Bush 4, n. 1, 1998, p. 15-22.

HORTON, Michel Scott. *Calvin and the Law*: Gospel Hermeneutic. Pro Ecclesia 6, n. 1, 1997, p. 27-42.

HOITENGA JR., Dewey J. *John Calvin and the Will.* Grand Rapids: Baker, 1997.

HOOGSTRA, Jacob T. *Juan Calvino profeta contemporáneo* — antologia ordenada por temas. Trad. David Vila y F. Cazorla. Barcelona, Espanha CLIE lit. evg., 1973.

HOOGSTRA, Jacob T. (Ed.). *American Calvinism* — a Survey — for the Christian Action Committee. Michigan: Baker Book House, 1957.

HÖPFL, Harro. *The Christian Polity of John Calvin.* New York, New Rochelle, Melbourne e Sidney: Cambridge University Press, 1985.

HÖPFL, Harro. Fundamental Law and the Constitution in Sixteenth Century France. In: SCHNUR, A. S. (Ed.). Die Rolle der Furisten im frühmodernen Staat, 198-.

HOURTICQ D. *Calvin, mon ami.* Genebra: Labor et Fides, 1963.

HYMA, Albert. *The Life of John Calvin.* Grand Rapids: Wm. B. Eerdmans, 1943.

JELLEMA, Dirk. Abraham Kuyper's Attack on Liberalism. *Review of Politics* 19. out. 1957, p. 472-485.

JERKOVIC, Jerônimo; SCHUMANN, Breno. *Martinho Lutero 450 anos depois.* Petrópolis: Vozes, 1967.

JOHNSON, Stephen M. The Sinews of the Body of Christ' in Calvin's Concept of Church Discipline. *The Westminster Theological Journal* 59, n. 1, 1997, p. 87-100.

JUNOD, Éric. *La dispute de Lausanne, 1536*: la théologie réformée après Zwingli et avant Calvin. Lausanne: Bibliothèque Historique Vaudoise, 1988.

KÁDÁR, Péter. Honnan, hová-magyar Kálvin-kutatás? *Reformatus Egyház* 47, 1995, p. 190-191.

KAUFNAB, Peter Iver. John Calvin's Geneva. In: *Redeeming politics,* 1997, p. 105-125.

KAYAYAN, Eric. La portée epistémologique de la mataphore du miroir dans l'institution de la religion chrétienne de Jean Calvin. *Revue d'histoire et de philosophie religieuses* 77, n. 4, 1997, p. 431-451.

KEARSLEY, Roy. Calvin and the Power of the Elder: a Case of the Rogue Hermeneutic? In: *Interpreting the Bible*: Historical and Theological Studies. Great Yarmouth: s.n., 1997, p. 113-129.

KEESECKER, W. F. (Ed.). *Calvin Treasury*: Selections from Institution of Christian Religion of John Calvin. Michigan: Baker, 1980.

KELLY, Douglas. Varied Themes in Calvin's 2Samuel Sermons and the Development of His Thought. In: Calvinus sincerioris religionis vindex: Calvin as Protector of the Purer Religion. *Sixteenth Century Jounal Publishers,* 1997, p. 209-224.

KIM, Jae Sung. *Calvin and the Foundation of Reformed Theology.* Suwon, Coreia: Hapdong Theological Seminary Press, 1997.

KIM, Kwang-yul. *The Concept of Definitive Sanctification in John Calvin's Thought.* Chongshin Review 2, 1997.

KINGDOM, Robert McCune. *Registers du consistoire de Genève au temps de Calvin.* Genebra: Droz, v. 2, 1992.

______. *Geneva and the Coming of the Wars of Religion in France, 1555-1563.* Genebra: Droz, 1956.

KINGDOM, Robert McCune. A New View of Calvin in the Light of the Registers of the Geneva Consistory. In: Calvinus sincerioris religionis vindex. Calvin as Protector of the Purer Religion. W. Neuser & Brian Armstrong (Eds.). Sixteenth Century Essays & Studies 36. *Sixteenth Century Journal Publishers*. Kirksville, MO, 1997, p. 21-34.

______. Editing Genevan Ecclesiastical Registers. In: *Editing Texts from the Age from Erasmus.* Toronto: University of Toronto Press, 1996, p. 25-37.

______. Calvin et la démocratie. In: *Réforme et révolutions*: aux origines de la démocratie moderne. Montpellier: Presses du Languedoc, 1990, p. 41-55.

KLAUBER, Martin I. Calvin on Fundamental Articles and Ecclesiastical Union. *The Westminster Theological Journal* 54, 1992, p. 341-348.

KNOWLES, Anne Kelly. *Calvinists Incorporated*: Welsh Immigrants on Ohio's Industrial Frontier. University of Chicago Geography Research Paper, 1997.

KRUITHF, Bastina. *The High Points of Calvinism.* Michigan: Baker, 1949.

KUYPER, Abraham. *Calvinism*: the Orign and Safeguard of Our Constitutional Liberties. Bibliotheca Sacra 52, 1985, p. 385-410, 646-675.

______. *Lectures on Calvinism.* Cap. 3: Calvinism and Politics. Michigan: Eerdmans, 1983.

______. *Calvinismo.* Trad. Ricardo Gouvêa e Paulo Arantes. São Paulo: Cultura Cristã, 2002.

LAMBERT, Thomas. *Cette loi ne durera guère*: inertie religieuse et espoirs catoliques à Genève au temps de la réforme. Genebra: Société d'Histoire et d'Archeologie de Genève 23, 1993-1994.

LANE, Anthony N. S. Calvin and Bernard of Clairvaux. In: *Studies in Reformed Theology and History.* New York: Princeton Theological Seminary, v. 1, 1996.

LANE, Anthony N. S. Calvin and the Fathers in Bondage and Liberation of the Will In: *Calvinus sincerioris religionis vindex*: Calvin as Protecter of the Purer Religion. Kirksville, MO: Sixteenth Century Essays & Studies, 36, p. 67-96, 1997.

LAWES, Carolyn J. Trifling with Holy Time: Women and the Formation of the Calvinist Church of Worcester — Massachussetts, 1815-1820. *Religion and American Culture* 8, n. 1, 1998, p. 117-144.

LEBRUN, François. Le choc de la réforme 1521-1598: Calvin et la diffusion du calvinisme en France. In: *Être chrétien en France*: sous l'ancien régime 1516-1790. Paris: Editions du Seuil, 1996.

LEE, Sou-Young. Calvin's Understanding of Pietas. In: Calvinus sincerioris religionis vindex: Calvin as Protector of the Purer Religion. *Sixteenth Century Journal Pub.*, 1997, p. 225-240.

LEE, Eun Seon. *The Theological Political Ethic of John Calvin.* 1996. Tese (Th.D Teologia), Chong Shin University, 1996.

LEE, Jung-Sook. *Excommunication and Restoration in Calvin's Geneva, 1555-1556.* 1997. Tese (Ph.D Teologia), Princeton Theological Seminary, 1997.

LEFRANC, Abwel. *Histoire du College de France depuis ses origines jusqu'à la fin du Premier Empire.* Paris: Hachette, 1893.

______. *La jeunesse de Calvin.* Paris: Fischbacher, 1888.

LEITH, John H. *An Introduction to the Reformed Tradition*: a Way of Being of the Christian Community. Atlanta: John Knox Press, 1981.

______. *A tradição reformada*: uma maneira de ser da comunidade cristã. São Paulo: Pendão Real, 1997.

LECLERC, J. *Histoire de la tolérance.* Paris: Aubier, 2 v., 1955.

LÉONARD, Émile G. *Histoire générale du protestantisme.* Paris: PUF, 3 v., 1961-1964.

______. *A History of Protestantism.* London/Edinburgh: H. H. Rowley, 2 v., 1965.

L'Histoire de Geneve des origines à 1798. Genebra: GEORG, Societé d'histoire et d'archéologie de Genève, 1951.

LIENHARD, Fritz. *La loi et la solidarité d'après Luther and Calvin.* Positions Luthériennes 44, 1996, p. 95-124.

LIPPY, Charls Howard. *Our Southern Zion*: a History of Calvinism in the South Carolina Law Country. Church History 66, n. 3, 1997, p. 657-659 [Revisão do livro por Erskine Clarke].

LLOYD-JONES, D. M. *Os puritanos*: suas origens e seus sucessores. Palestras proferidas nas Conferências Puritanas em Westminster 1959-1978. São Paulo: PES, 1983.

LOPES, A. Nicodemus: *Calvino e a responsabilidade social da igreja.* São Paulo: PES, 198-.

______. Calvin, Theologian of the Holy Spirit: the Holy Spirit as the Word of God. *Scottish Bulletin of Evangelical Theology* 15, n. 1, p. 38-49.

LOSE, David J. *Luther and Calvin on Preaching to the Human Condition.* Lutheran Quarterly 10, n. 3, 1996, p. 281-313.

LUTERO, Martinho. *Obras selecionadas.* V. 1 — Os primórdios, escritos de 1517 a 1519. V. 2 — O programa da Reforma, escritos de 1520. São Leopoldo; Porto Alegre: Sinodal — Concórdia, 1987-1989.

______. *Los Articulos de Esmalcalda.* Buenos Aires: La Aurora, 1944.

MADDOX, Graham. Calvinism and Democracy: The Growth of Oppositional Politics. In: *Religion and the Rise of Democracy.* New York: Routledge, 1996, p. 121-143 e 252-259.

MACHIAVELLI, Nicolao. *The Prince and the Discourses.* New York: M. Lerner, 1950.

MARIZ, Vasco & PROVENÇAL, Lucien. *Villegagnon e a França Antártica*: uma reavaliação. Rio de Janeiro: Nova Fronteira; Biblioteca do Exército Editora, 2001.

MARTINI, Romeu R. GROSS, Eduardo. *Movimento da Reforma no contexto latino-americano*. São Leopoldo: Instituto Ecumênico de Pós-graduação, 1993.

MATOS, Alderi S. Amando a Deus e ao próximo: João Calvino e o diaconato em Genebra. *Fides Reformata* 2, n. 2, 1997, p. 67-88.

MCGOWAN, Andrew Thomson Blake. Calvin. In: The Federal Theological of Thomas Boston. *Rutherford Studies in the Historical Theology*. Edinburgh: Paternoster Press, 1997, p. 65-75, 88-89.

______. Calvin on Limited Atonement. In: *The Federal Theology of Thomas Boston*. The Federal Theological of Thomas Boston. *Rutherford Studies in the Historical Theology*. Edinburgh: Paternoster Press, 1997, p. 48-58.

MCGRATH, Alister E. *A Life of John Calvin*. Oxford: Blakcwell, 1990.

MCINTYRE, John. Jean Calvin and the Trinitarian Mould. In: *The Shape of Pneumatology*: Studies in the Doctrine of the Holy Spirit. Edinburgh, Escócia: T & T Clark, 1997, p. 109-133.

MCKIM, Donald K. (Org.). *Encyclopedia of the Reformed Faith*. Edinburgh: Saint Andrew Press, 1992.

McNeill, John T. *The History and Character of Calvinism*. 2. ed. New York: Oxford U. Press, 1973 [A primeira edição é de 1954].

MEEK, Esther L. *A Polanyan Interpretation of Calvin's sensus divinitatis*. Presbyterian 23, n. 1, 1997, p. 8-24.

MEETER, H. Henry. *Calvinism* — an Interpretation of its Basics Ideas. 2. ed. rev., v. I — The Theological and Politics Ideas. Michigan: Zondervan, 196-.

______. *La Iglesia y el Estado*. 3. ed. Grand Rapids: TELL, 196-?

MEHL, Roger. *Pour une éthique sociale chrétienne*. Neuchâtel: [s.n.], 1967.

______. *Éthique catholique et éthique protestante*. Neuchâtel: [s.n.], 1970.

MENAGER, Daniel. *Théodere de Bèze, biographe de Calvin*. Genebra: Bibliothèque d'Humanisme et Renaissance, v. 45, 1983.

MIEGGE, Mario. *Vocation et travail*. Essai sur l'éthique puritaine. Genebra: [s.n.], 1989.

MIRELLA, Loris. *T. S. Elliot's Calvinist Modernism*: The Calvinists Roots of the Modern Era. Hannover: University Press of New England, 1997.

MILLET, Olivier. Docere/Movere: les catégories réthoriques et leurs sources humanistes dans la doctrine calvinienne de foi. In: Calvinus sincerioris religionis vindex: Calvin as protecter of the purer religion. *Sixteenth Century Essays & Studies* 36. Kirksville, MO, 1997, p. 35-52.

MILLET, Olivier. Le théme de la conscience libre chez Calvin. In: *La liberté de conscience (XVI-XVIIe siècles)*. Genebra, Droz, 1991.

_____. *Calvin et la dynamique de la parôle*. Étude de rhétorique réformée. Paris: Champion, 1992.

MONHEIT, Michael L. *Young Calvin, Textual Interpretation and Roman Law*. Genebra: Bibliothèque d'humanisme et Renaissance travaux at documents, 59, n. 2, 1997, p. 263-282.

MONSMA, John Clover. *What Calvinism Has Done for America?* Chicago: Rand McMally & Co., 1919.

MONTER, William. *Calvin's Geneva*. New York: John Wiley & Sons, 1967.

_____. *Studies in Genevan Government*. Genebra: Archiv für Reformationsgeschichte 64; Droz, 1964.

MORONEY, Sthepen K. *Calvin on Reason and the Noetic Effects of Sin:* an Exposition and Critical Evaluation. Grand Rapids Baptist Seminary, mar. 20. [Paper on the forty-third annual meeting of the midwestern section of the Evangelical Theological Society].

MOUT, Marianne Elisabeth Henriette Nicolette. Limits and Debates: a Comparative View of Dutch Toleration in the Sixteenth and Early Seventeenth Centuries. In: *The Emergence of Tolerance in the Dutch Republic*. Studies in the History of Christian Thought 76. New York, 1997, p. 37-47.

MÜLLER, Richard A. In the Light of Ortodoxy: The Method and Disposition of Calvin's Institution from the Perspective of Calvin's Late-Sixteenth-Century Editors. *The Sixteenth Century Journal* 28, n. 4, 1997, p. 1203-1229.

_____. Calvin's argument du livre (1541): an erratum to the McNeill and Battles Institutes. *The Sixteenth Century Journal* 29, n. 1, 1998a, p. 35-38.

_____. *The Unaccommodated Calvin*. New York: Oxford U. Press, 1998b.

MÜLLER, W. A. *Church and State in Luther and Calvin*. Nashville, Tenesse: [s.n.], 1954.

NEUSER, Wilhelm. *Calvinus sacrae scripturae professor* — Calvin as a Confessor of Holy Scripture. Michigan: Eerdmans, 1990.

_____. Die Entstehung der Opera Selecta Iohanis Calvini. In: *Calvin's Books*. Heerenveen: J. J. Groen, 1997a, p. 197-222.

_____; SELDERHUIS, H. & Van't SPIJKER, W. (Eds.). Premières tradutions de l'institution de la religion chrétienne. In: *Calvin's Books*: Festschrift Dedicated to Peter De Klerk on the occasion of his seventieth birthday. Heerenveen: J. J. Groen, 1997b.

NICHOLS, Robert Hastings. *História da igreja cristã*. São Paulo: Cultura Cristã, 2004.

NIESEL, Wilhelm. *The Theology of Calvin.* Trad. H. Knight. Philadelphia: Westminster, 1956.

NISCHAN, Bodo. *Calvinism, the Thirty Years' War, and the Beginning of Absolutism in Brandenburg*: the Political Thorn of John Bergius. Central European History, 15, n. 3, 1982, p. 203-223.

OBERMAN, Heiko Augustinus. Calvin and Farel. The Dynamics of Legitimation in Early Calvinism. In: *Journal of Early Modern History* 2, n. 1, 1998, p. 32-60.

______. The Pursuit of Happiness: Calvin Between Humanism and Reformation. In: *Humanity and Divinity in Renaissance and Reformation*: Essays in Honor of Charles Trinkaus. New York: E. J. Brrill. Studies in the History of Christian Thought 51, 1993, p. 251-283.

OLASKY, Marvin. *Samuel Adams*: Re-evaluating a Journalistic Calvinist. Antithesis 1, n. 4, 1990, p. 6-10.

OOSTHUYSEN, D. S. G. Die leer van die dubbele predestinasie by Johannes Calvyn en Karl Barth. *Nederlands Gereformeed Teologiese Tydskrif*, 34, n. 3, 1993, p. 316-330.

OSTERHAVEN, M. Eugene. *The Spirit of the Reformed Tradition.* Michigan: Eerdmans, 1971.

OZMENT, S. *The Reformation in the Cities.* London: New Haven, 1975.

PALMER, Edwin H. *Doctrinas Claves.* Trad. José María Blanch. Pennsylvannia: El Estandarte de la Verdad, 1976.

PARK, Sang Il. The Implications of John Calvin's Doctrine of Education for Religious Education in the Korean-American Church. 1994. Tese (Ph. D Teologia), New York University, 1994.

PARK, Gon-taik. Notion de la liberté chrétienne de Jean Calvin d'après son institution de la religion chrétienne. *Chongshin Theological Journal* 1, n. 2, 1996, p. 90-131.

______. Image of Calvin According to the Letters of Beza. *Presbyterian Theological Quarterly*, n. 56, 1989, p. 13-61.

______. Vérité et liberté: Calvin contre les nicodémites. *Chongshin Theological Journal* 3, n. 1, 1998.

PARKER, T. H. L. *John Calvin*: a Biography. London: J. M. Dent & Sons Ltd., 1975.

______. *Portrait of Calvin.* Philadelphia: The Westminster Press, 1940.

PARTEE, Charles Brookes. Calvin's Polemic: Foundational Convictions in the Service of God's Truth. *Sixteenth Century Journal*, 1987, p. 97-122.

PAYTON JR., James R. Calvin and the libri carolini. *The Sixteenth Century Journal* 28, n. 2, 1997, p. 467-480.

PENNING, L. *Gennius of Geneva*: a Popular Account of the Life and Times of John Calvin. Grand Rapids, Michigan: Wm. B. Eerdmans Pub. Co., 1954.

PERRENOUD, A. *La population de Genève du seizième au debut du dix-neuvième siècle.* Étude demographique. Genebra: GEORG, 1979.

PERROT, Alain. *Jean Calvin et la science genevoise.* Genebra: Suzanne Hurter, 1996.

PERROT, A. *Le visage humain de Calvin.* Genebra: Labor et Fides, 1986.

PETER, Rodolphe. Calvin traducteur de Melanchton. In: *Horizons europeens de la réforme en Alsace*: melanges offets à Jean Rott pour son 65e anniversaire. Marijn de Kroon & Marc Lienhard (Ed.). Strasbourg: Société savante d'Alsace et régions de l'est 17, Librairie Istra. 1980, p. 119-133.

PETERSON, B. *Calvin's Doctrine of the Atonement.* Presbyterian and Reformed Pub. Co. Phillipsburg, 1983.

PETTEGREE, Andrew. European Calvinism — History, Providence and Martyrdom. In: *The Church Retrospective:* Papers at the 1995 Summer Meeting and the 1996 Winter Meeting of the Ecclesiastical History Society. London: R. N. Swann. 1997, p. 227-53.

PIENAAR, P. A & KONIG, A. Die gesagswoord in Christelike genesing: Is ditte rym met Calvyn se teologie? *Nederland Gereformeerd Teologiese Tydskrif* 38, n. 1-2, 1997, p. 39-51.

PIUZ, Anne Marie & MOTTU-WEBER, Liliane. *L'economie genevoise de la réforme à la fin de l'ancien regime: XVIe-XVIIIe siècles.* Genebra: GEORG, 1990.

PROBES, Christine McCall. L'astrologie et le voyage spirituel avertissement et expréssion poétique: Jean Calvin et Jean Ceppède. In: *Renaissance européenne et phénomènes religieux 1450-1650.* Montbrison: Festival d'histoire de Montbrison 3 au 7 du octobre 1990. 1991, p. 137-148.

QUIRINO, Célia G. & SOUZA, Maria, T. R. de. *O pensamento político clássico.* São Paulo: T. A. Queiroz, 1980.

RACINE, Jean-Bernard. *La ville entre Dieu et les hommes.* Genebra: Labor et Fides, 1993.

REGISTRES de la Compagnie des Pasteurs de Genève au temps de Calvin. Genebra: Kingdon ed., 2 v., 1962-1964.

REID, Stanford W. (Org.) *John Calvin*: His Influence in the Western World. Michigan: Zondervan, 1982.

______. *Calvino e sua influência no mundo ocidental.* São Paulo: CEP, 1990.

REIST, Benjamin A. *A Reading of Calvin's Institutes.* Cap. 4: Reflections on the Church and Civil Government — Book IV. Westminster: John Knox Press, 1990.

RIETH, Ricardo Willy. A Reforma, os santos e a religião do povo na América Latina. *Revista Eclesiástica Brasileira.* Rio de Janeiro, v. 60, n. 240, p. 830-858, dez 2000.

ROGET, A. *L'Eglise et l'État à Génève du temps de Calvin.* Étude d'histoire politico-ecclésiastique. Genebra: J. Julien, 1867.

ROLSTON III, Holmes. *Calvin versus the Westminster Confession.* Virgínia: John Knox, 1972.

ROSSOUW, Pieter J. *Aspekte van die ampsbeskouing van Calvyn. Gereformeerde Ampsbediening.* Pretoria: NG Kerkboekhandel, 1988, p. 128-149.

ROUND, Nicholas G. Alonso de Cartagen and John Calvin as interpreters of Seneca's De Clementia. In: *Atoms, pneuma and tranquility:* Epicurean and stoic themes in european thought. Margaret Osler (Ed.). Cambridge: U. Press, 1991, p. 67-88.

ROUSSEL, Bernard. Un privilège pour la bible d'Olivétan (1535)? Jean Calvin et la polémique entre Alexander Alesius et Johannes Cochlaeus. *Revue française l'Histoire,* livre 50, 1986, p. 233-261.

RUMBLE, L. *A Reforma luterana.* Petrópolis: Vozes, 1959.

SABINE, George. *Historia de la teoria política.* México: Fondo de Cultura Económica, 1976.

SAINT-PIERRE, Héctor L. *Max Weber* — entre a paixão e a razão. Campinas: Editora da Unicamp, 1994.

SANTSCHI, Catherine. *Geneva, City of the Reformation*: the Influence of Calvin on the City's Institutions. Genebra: Swissair Gaz., n. 5, 1987, p. 25-27.

SCHOLASTICISM IN CALVIN: A Question of Relation and Disjunction. Sixteenth Century Journal, p. 247-265, 1997.

SCHUNEMANN, Rolf. *Do gueto à participação* — o surgimento da consciência sociopolítica na IECLB entre 1960 e 1975. São Leopoldo: Sinodal, EST-IEPG. v. 2 - Série Teses e Dissertações, 1992.

SCHÜMMER, Leopold. *Un aspect méconnu, oublié, perdu, caché ... de la synthese de Calvin*: la répartition des richesses. Heerenveen: Groen, 1980.

SCHWENDEMANN, Wilhelm. *Leib und Seele bei Calvin*: Die erkenntnistheoretische und anthropologische Funktion des platonischen Leib-Seele-Dualismus in Calvins Theologie. Arbeiten zur Theologie 83, Calwer, Stuttgart, 1996.

SHEDD, Russel. *A justiça social e a interpretação da Bíblia.* São Paulo: Vida Nova, 1984.

SHIM, Chang-sup. Assessing the Impact of Pentecostalism on the Korean Presbyterian Church in Light of Calvin's Theology. *Chongshin Theological Journal* 3, n. 1, 1998, p. 115-131.

SINGER, C. Gregg. *John Calvin*: His Roots and Fruits. Abingdon Press. Atlanta, 1989.

SKINNER, Quentin. *As fundações do pensamento político moderno.* Trad. Renato Janine Ribeiro e Laura T. Motta. S. Paulo: Cia das Letras, 1996.

______. *The Foundations of Modern Political Thought.* Cambridge, 2 v., 1978.

SPENCER, D. E. *Tulip*: The Five Points of Calvinism in the Light of the Holy Scripture. Michigan: Baker, 1979.

SPINKS, Bryan D. *The Liturgical Origins and Theology of Calvin's Genevan Marriage Rite.* Ecclesia Orans 3, 1986.

STAROBINSKI. *Montaigne en mouvement.* Paris: NRF, 1982.

STAUFFER, R. *L'humanité de Calvin.* Neuchâtel: Delachaux, 1964.

STEELE, David & THOMAS, Curtis C. *The Five Points of Calvinism.* Phillipsburg: Presbyterian and Reformed Pub. Co., 1963.

STICKELBERGER, E. *Calvin:* a life. Trad. David George Gelzer. John Knox, 1954.

STRONG, J. Selden. *The Essential Calvinism.* Boston: The Pilgrim Press, 1909.

STROHL, Henri. *O pensamento da Reforma.* São Paulo: Aste, 1963.

SPITZ, Lewis W. Impact of the Reformation on Church-State Issues. In: *The Reformation*: Education and History. Variorum: Brookfield, 1997, p. 459-472.

STEFFENS, Nicolas M. Calvinism and the Theological Crisis. *Presbyterian and Reformed Review* 12, abr. 1901, p. 211-225.

STROHL, Henri. La théorie et la pratique des quatre ministères à Strasbourg avant l'arrivée de Calvin. In: *Études sur Calvin et le Calvinism*,196-?, p. 123-144.

SUMMER, Robert. *An Examination of TULIP.* Brownsburg: Biblical Ev. Press, 1972.

SMYLE, James H. America's Political Covenants, The Bible, and Calvinists. *The Journal of Presbyterian History*, 75, 1997, p. 141-164.

SPROUL, Robert Charles. We Are Voluntary Slaves: John Calvin. In: *Willing to Believe*: the Controversy Over Free Will. Grand Rapids: Baker, 1997, p. 105-122, 209-210.

TAKASAKI, Takeshi. *Calvin's Theology as Pastoral Theology.* Reformed Review, 51, n. 3, 1998, p. 220-241.

TALBOT, K. & CRAMPTON, W. Gary. *Calvinism, Hyper-Calvinismand Arminianism.* Edmonton: Still Waters, 1990.

TANIS, Edward J. *Calvinism and Social Problems.* Michigan: Zondervan, 1936.

TAYLOR, E. L. H. *The Christian Philosophy of Law, Politics and the State*: A Study of the Political and Legal Thought of Herman Dooyeweerd of the Free

University of Amsterdan, Holland as the Basis for Christian Action in the English-Speaking World. New York: The Craig Press, 1969.

THOMPSON, Bard. Calvin. In: *Humanists and Reformers*: a History of the Renaissance and Reformation. Michigan: Eerdmans, 1996, p. 471-502.

TIM DOWKEY (Ed.) *Atlas Vida Nova da Bíblia e da história do cristianismo.* São Paulo: Vida Nova, 1997.

TOM, Timothy. *A Glimpse of the Life and Works of John Calvin.* Singapura: Christian Life Publishers, 1993.

TORRANCE, David. *Calvin's New Testament Commentaries.* Trad. A. W. Morrison. Eerdmans, Michigan, 1959-1972.

TORRANCE, Thomas Forsyth. The High Calvinists. In: *Scottish Theology:* from John Knox to John McLeod Campbell. Edinburgh, Scotland: T & T Clark, 1996a.

______. *Legal and Evangelical Priests*: the Holy Ministry as Reflected in Calvin's Prayer. Heerenveen: Groen, 1996b, p. 63-74.

TRIMP, C. Het recht van reformatie: Calvijns antwoord aan Sadoletus. *De Reformatie* 72, n. 35, 1997, p. 735-740.

TROELTSCH, Ernest. *The Social Teaching of the Christian Churches.* 3. ed. Tr. Olive Wyon. London; New York: George Allen & Unwin Ltd. 1950.

UPRICHARD, R. E. H. The Eldership in Martin Bucer and John Calvin. *Irish Biblical Studies* 18, 1996, p. 136-155.

VAN DER KOOI. Anthropomorfisms and Reliability in the Theology of John Calvin with a Short Note on Karl Barth. In: Freedom. *Studies in Reformed Theology* 1, Callenbach – Baarn, 1996, p. 68-77.

VAN LONKHUYZEN, John. *Abraham Kuyper: A Modern Calvinist.* Princeton Theological Review, 19, Jan 1921, p. 131-147.

VAN HALSEMA, T. B. *This Was John Calvin.* Michigan: Baker, 1959.

VAN RONGEN, Gerardus. De Reformatie: Calvijn. In: *Met al de Heiligen*: Liturgie in hemel en op aarde, 106-116. Barner. The Netherlands. Vuurbaak, 1990.

VAN THIL, Henry R. *The Calvinistic Concept of Culture.* Michigan: Baker, 1959.

VANCE, Laurence M. *The Other Idea of Calvinism.* Pensacola: Vance Pub., 1991.

VIÉNOT, J. *Histoire de la Réforme française.* Paris: Fischbacher, 1926-1934.

VOLTAIRE. *Mélanges.* Paris: NRF, Pléiade, 1961.

Esta obra foi composta em *AGaramond* e impressa
por Prol Gráfica sobre papel *Chamois Fine* 67 g/m²
para Editora Vida em janeiro de 2009.